Samsung Galaxy S5

Die verständliche Anleitung

von
Rainer Hattenhauer

Vierfarben

Liebe Leserin, lieber Leser,

Sie sind auch kein Tüftler und verlieren schnell den Spaß und die Geduld, wenn etwas nicht auf Anhieb klappt? Dann sind Sie nicht allein und müssen sich bestimmt nicht dafür schämen. Denn mal unter uns gesagt: Es gibt noch Spannenderes, als sich in alle möglichen Schaltflächen, Untermenüs und Optionen eines technischen Geräts hineinzuprobieren. Das überlassen wir lieber denen, die sich damit bestens auskennen.

Mit unserem erfahrenen Autor Rainer Hattenhauer haben wir dabei einen echten Glücksgriff getan! Er ist nicht nur ein unangefochtener Experte auf seinem Gebiet, sondern kann sich als Vollblutpädagoge auch sehr gut in die Lage von technischen Laien hineinversetzen. Unter seiner kundigen Anleitung kommt garantiert jeder ohne Anstrengung und sicher ans Ziel! Lassen Sie sich also von ihm alle Funktionen Ihres Galaxy S5 nach und nach zeigen. Er erklärt Ihnen ganz genau, wie Sie damit telefonieren, überall im Internet surfen, E-Mails schreiben, fotografieren, Musik hören, Videos ansehen oder Ihre Kontakte pflegen. Mit seinen Tipps zu MS-Office erledigen Sie sogar Ihre Büroarbeiten ganz schnell von unterwegs und übertragen Daten auf Ihren Computer. Natürlich lernen Sie bei ihm auch, wie Sie gekonnt mit dem Touchdisplay umgehen und Profi-Einstellungen zur Sicherheit und Wartung vornehmen. Kein Grund also, sich länger über die Technik den Kopf zu zerbrechen.

Dieses Buch wurde mit größter Sorgfalt geschrieben und hergestellt. Sollten Sie dennoch einmal einen Fehler finden oder inhaltliche Anregungen haben, freue ich mich, wenn Sie mit mir in Kontakt treten. Für Kritik bin ich dabei ebenso offen wie für lobende Worte. Doch nun wünsche ich Ihnen ungetrübten und andauernden Spaß mit Ihrem nagelneuen S5!

Ihre Isabella Bleissem
Lektorat Vierfarben

isabella.bleissem@vierfarben.de
www.facebook.com/vierfarben

Auf einen Blick

Sie haben Fragen, Wünsche oder Anregungen zum Buch?
Gerne sind wir für Sie da:

Anmerkungen zum Inhalt des Buches: isabella.bleissem@vierfarben.de
Bestellungen und Reklamationen: service@vierfarben.de
Rezensions- und Schulungsexemplare: sophie.herzberg@vierfarben.de

An diesem Buch haben viele mitgewirkt, insbesondere:

Lektorat Isabella Bleissem
Korrektorat Marita Böhm, München
Herstellung Vera Brauner
Einbandgestaltung Janina Conrady
Coverfoto Shutterstock: 34854835©Eugene Grabkin, 90191605©Irin-K; iStock-photo: 13124110©Monia33; Samsung
Layout Vera Brauner
Satz ars:pro:toto designteam, Köln
Druck Himmer, Augsburg

Gesetzt wurde dieses Buch aus der ITC Charter (10,5 pt/15 pt) in Adobe InDesign CC 2014.
Und gedruckt wurde es auf mattgestrichenem Bilderdruckpapier (115 g/m²).
Hergestellt in Deutschland.

Bibliografische Information der Deutschen Nationalbibliothek
Die Deutsche Nationalbibliothek verzeichnet diese Publikation in der Deutschen Nationalbibliografie; detaillierte bibliografische Daten sind im Internet über http://dnb.d-nb.de abrufbar.

ISBN 978-3-8421-0138-8

© Vierfarben, Bonn 2015
1. Auflage 2015
Vierfarben ist ein Verlag der Galileo Press GmbH
Rheinwerkallee 4, 53227 Bonn
www.vierfarben.de

Der Verlagsname Vierfarben spielt an auf den Vierfarbdruck, eine Technik zur Erstellung farbiger Bücher. Der Name steht für die Kunst, die Dinge einfach zu machen, um aus dem Einfachen das Ganze lebendig zur Anschauung zu bringen.

Inhalt

Kapitel 3: Telefonieren und Kontakte einrichten 77

Kapitel 4: Nachrichten senden und empfangen 103

Kapitel 5: Online mit dem Smartphone ... 115

Kapitel 6: E-Mails senden und empfangen ... 149

Kapitel 7: Kalender, Termine, Erinnerungen und Co.   167

Kapitel 8: Apps installieren und verwalten   191

Kapitel 9: Fotografieren mit dem S5 215

Kapitel 10: Videos aufzeichnen und abspielen 247

Kapitel 14: Sicherheit, Backup und Synchronisation

Kapitel 15: Die Akkulaufzeit verlängern

Kapitel 16: Tipps, Tricks und Fehlerbehebung

Kapitel 1
Start mit dem Samsung Galaxy S5

Endlich halten Sie es in Ihren Händen – Ihr schickes neues Smartphone, das Galaxy S5 aus dem Hause Samsung. Unter der Haube werkelt das Betriebssystem Android, und mit der Leistung der Hardware dieses Telefons hätte man in den Achtzigerjahren bequem ein ganzes Rechenzentrum betreiben können.

Die nächste Generation des derzeit erfolgreichsten Android-Smartphones der Welt: das Samsung Galaxy S5 (Bildquelle: Samsung)

Ihr Navigationssystem, Ihre Fotoausrüstung, Ihre CD- und Videosammlung: All die lieb gewonnenen Multimedia-Utensilien können in Zukunft zu Hause bleiben und werden durch Ihr neues Smartphone ersetzt. Sogar Gesundheitsapostel und Sicherheitsfanatiker kommen dank integriertem Pulsmesser und Fingerabdruckscanner auf ihre Kosten.

Android und Samsung – eine Erfolgsgeschichte

Das hätte sich Linus Torvalds, der Erfinder des freien Betriebssystems Linux, wohl auch nicht träumen lassen, dass sein studentisches Hobby einmal als Grundlage für ein rasant wachsendes Smartphone-Betriebssystem dienen würde: Fakt ist, dass das Linux-basierte Betriebssystem Android mittlerweile den Smartphone-Markt sehr deutlich dominiert: Die Gesamtzahl der aktivierten Einheiten hat im Jahr 2013 die Milliardenmarke geknackt, weltweit läuft Android derzeit auf 85 % aller Mobilgeräte (Tablets mit eingerechnet).

Tux, das Linux-Maskottchen, und der Android-Roboter

Samsungs kometenhafter Aufstieg als Smartphone-Hersteller ist direkt mit der steigenden Verbreitung von Android verknüpft. Die Erfolgsgeschichte der Galaxy-Serie spricht Bände: Allein vom Vorgänger des Galaxy S5, dem Galaxy S4, brachte Samsung in den ersten 150 Tagen nach Marktstart weltweit 40 Millionen Geräte unters Volk. Beim S5 wurden nach einem Monat 11 Millionen Geräte abgesetzt, beim S4 waren es nach einem Monat 10 Millionen – also auch hier ist noch Wachstumspotenzial drin.

Aber genug der drögen Zahlen – sicher wollen Sie nun endlich mit Ihrem neuen Schmuckstück loslegen oder sich zumindest, falls Sie noch in Ihrer Kaufentscheidung schwanken, informieren, was Sie mit diesem Hightech-Gerät so alles anstellen können. Und das ist in der Tat einiges.

Das Galaxy S5 – frisch ausgepackt

YouTube ist voll von sogenannten Unboxing-Videos, in denen stolze Käufer ihre Smartphones vor laufender Kamera auspacken, und Sie haben nun selbst das Vergnügen, das Galaxy S5 und das mitgelieferte Zubehör näher in Augenschein zu nehmen.

Galaxy S5: Unboxing

Das Gerät wird in einem schicken Karton aus recyceltem Papier im Holzlook geliefert; zum Lieferumfang gehören:

- das S5-Smartphone selbst ❶ (zunächst ohne Akku)

- der Akku ❷

- ein Micro-USB-Ladekabel ❸

- ein Ladeadapter ❹ für 230-V-Steckdosen, der an das USB-Kabel ange-schlossen werden kann

- ein einfaches In-Ear-Headset ❺ mit 3,5-mm-Klinkenstecker

- Reserve-Ohrenstöpsel ❻

- die Kurzanleitung zur ersten Inbetriebnahme des Geräts sowie ein Ga-rantieheft (in der Abbildung nicht zu sehen)

Fehlendes Handbuch herunterladen

Das im Lieferumfang fehlende Herstellerhandbuch zum Galaxy S5 können Sie hier direkt herunterladen:

bit.ly/1toJOFG

Nun scharren Sie sicher schon nervös mit den Hufen und wollen das gute Stück so schnell wie möglich in Betrieb nehmen. Aber halt – nicht so voreilig! Entfernen Sie zunächst das Verpackungsmaterial (Folien etc.), legen Sie den Akku ein, und laden Sie dann Ihr Galaxy auf. Dazu ist es erforderlich, die USB-Abdeckung am unteren Ende des Geräts aufzuklappen. Diese wur-

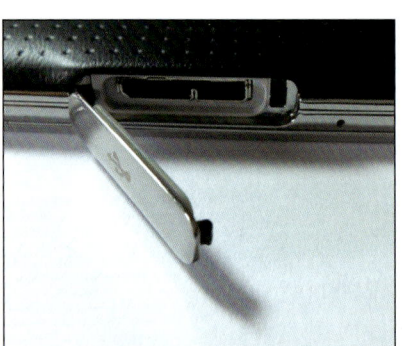

de im Vergleich zum S4 ergänzt, um das Smartphone im wahrsten Sinne des Wortes wasserdicht zu machen.

Die Abdeckung des USB-Anschlusses muss zum Laden geöffnet werden. Zu verwenden ist hier der rechte, kleinere Anschluss.

ACHTUNG

Laden Sie Ihr Smartphone zuerst vollständig auf!

Bauen Sie den mitgelieferten Akku ein, und laden Sie das Gerät *vollständig* auf. Das S5 meldet, sobald es vollständig geladen ist: Während des Ladevorgangs leuchtet die LED am linken oberen Displayrand rot, nach Abschluss grün. Aus Gründen der Sicherheit werden

Akkus bei elektronischen Geräten, die verschickt werden, stets nur halb aufgeladen. Mit der ersten vollständigen Ladung sorgen Sie zudem dafür, dass die Ladeelektronik korrekt kalibriert wird.

Eine nette Animation verdeutlicht den Ladevorgang.

Die Bedienelemente des Galaxy S5

Während des Aufladens können Sie sich schon einmal mit den am Gerät befindlichen Knöpfen und Anschlüssen vertraut machen. Folgende Elemente werden Sie entdecken:

Bildquelle: Samsung

❶ Lautstärkewippe

❷ Kamera

❸ LED-Blitz

❹ Pulsmesser

❺ Kopfhöreranschluss, Klinke, 3,5 mm

❻ USB-Anschluss bzw. Multifunktionsanschluss mit Abdeckung. Ihr S5 beherrscht mittlerweile den schnellen USB3-Übertragungsstandard.

❼ Mikrofon

❽ **Home**-Taste mit Fingerabdruckscanner

❾ Softbutton **Menü** bzw. **Zuletzt geöffnete Anwendungen** (erscheint bei Bedarf)

❿ Softbutton **Zurück** (erscheint bei Bedarf)

⓫ Lautsprecher

⓬ Frontkamera

⓭ Benachrichtigungs-LED (hier unsichtbar)

⓮ Ein-Aus-Schalter

Das S5 zum ersten Mal starten

Nachdem der Akku frisch geladen ist, steht dem ersten Start nichts mehr im Weg. Legen Sie einfach los:

1. Öffnen Sie zunächst die rückseitige Abdeckung, nehmen Sie den Akku noch einmal heraus, und legen Sie die SIM-Karte Ihres Providers in den vorgesehenen Einschub ❶. Die rückwärtige Abdeckung ist mit einer feinen Gummilippe ❷ versehen, die das Eindringen von Wasser verhindern soll.

2. Falls Sie bereits eine zusätzliche Micro-SD-Speicherkarte ❸ (diese ist nicht im Lieferumfang enthalten) erworben haben, können Sie sie nun ebenfalls einsetzen. Mit so einer Karte erweitern Sie die Speicherkapazität Ihres S5. Der Einschub für die Micro-SD-Karte ist direkt über der Halterung für die SIM-Karte platziert. Beide Karten liegen somit nahezu aufeinander. Mit ein klein wenig Fingerspitzengefühl ist das Einlegen aber kein Problem.

3. Befestigen Sie wieder sorgfältig den hinteren Gehäusedeckel, und schalten Sie das Galaxy durch einen langen Druck auf den auf der

rechten Seite befindlichen Einschaltknopf ❹ ein. Halten Sie den Knopf so lange, bis Ihnen das Smartphone mit einer kurzen Vibration bestätigt, dass es eingeschaltet ist.

Ist der rückwärtige Deckel oder USB-Anschluss geöffnet bzw. nicht ordnungsgemäß verschlossen, so erhalten Sie eine entsprechende Meldung von Ihrem Gerät auf dem Display. Der korrekte Verschluss ist wichtig, um die Elektronik vor Wassereintritt zu schützen. Dieses Feature ist bei dem Galaxy S5 brandneu und schützt Ihr Gerät vor Wasserschäden. Dennoch würde ich Ihnen nicht empfehlen, mit dem Smartphone Unterwasseraufnahmen im Meer anzufertigen.

INFO

Der Zoo der SIM-Karten

Standard-, Micro-, ja sogar Nano-SIM-Karten bevölkern derzeit den Markt. Das Galaxy S5 benötigt eine Micro-SIM-Karte. Diese können Sie aus einer Standard-SIM-Karte auch selbst herstellen, indem Sie mit einem Teppichmesser die vorgezeichneten Grate, die die Micro-SIM umgeben, durchtrennen.

Der erste Startvorgang (das *Booten*) des Betriebssystems Ihres S5 beansprucht eine gewisse Zeit.

INFO

S5 – die Kurzschreibweise

»Samsung Galaxy S5« – was für ein langer Name, der noch dazu bei häufiger Erwähnung wertvollen Platz im Buch einnimmt. Diesen werde ich in Zukunft sparen: Wenn vom »S5« die Rede ist, dann können Sie sich denken, dass ich damit nicht das iPhone meine. ;-)

Nachdem der Startvorgang abgeschlossen ist, begrüßt Sie der erste Dialog zur Einrichtung und Personalisierung Ihres Smartphones. Jetzt geht es mit folgenden Schritten weiter:

1. Bei eingelegter SIM-Karte werden Sie zunächst aufgefordert, die PIN (persönliche Identifikationsnummer) der Karte einzugeben. Folgen Sie der Aufforderung, und bestätigen Sie die Eingabe mit **OK** ❶. Die PIN finden Sie im Schreiben Ihres Providers oder auf der Plastikkarte, aus der Sie den SIM-Chip herausgelöst haben. Sie lässt sich jederzeit ändern, mehr dazu später im Abschnitt »Die PIN der SIM-Karte ändern« ab Seite 334.

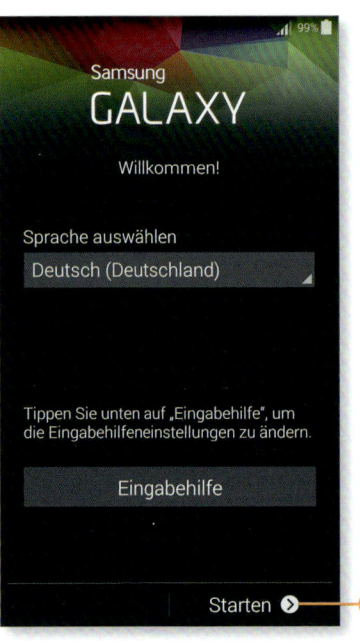

2. Ein Assistent nimmt Sie bei der Ersteinrichtung Ihres S5 an die Hand. Im ersten Schritt wählen Sie die Sprache der Benutzeroberfläche aus. Durch Betätigen der Schaltfläche **Starten** ❷ gelangen Sie zum nächsten Dialog.

3. Befinden Sie sich in der Nähe eines drahtlosen Netzwerks (WLAN), so haben Sie im nächsten Schritt die Gelegenheit, sich mit diesem zu verbinden. Tippen Sie den entsprechenden Eintrag, der dem Namen Ihres Netzes entspricht, an. Anschließend werden Sie nach Ihrem WLAN-Passwort gefragt, das Sie mithilfe der Displaytastatur eingeben. Experten können sich an dieser Stelle die erweiterten Optionen ❸ zum Herstellen der WLAN-Verbindung anzeigen lassen, mehr dazu erfahren Sie im Abschnitt »WLAN aktivieren und einrichten« ab Seite 115.

4. Nun müssen Sie die Endbenutzer-Lizenzvereinbarung bestätigen ❹. Das kennen Sie sicher schon, wenn Sie bereits ein gängiges Computerbetriebssystem wie z. B. Windows selbst installiert haben. Außerdem können Sie Samsung gestatten, Fehlerprotokolle von Ihrem Smartphone zu erstellen.

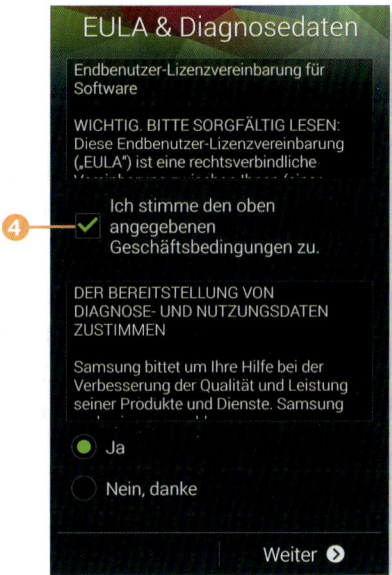

5. Im nächsten Schritt wird nachgefragt, ob Sie ein bestehendes Google-Konto nutzen möchten. In der Regel verfügen die meisten Android-Nutzer schon über ein Konto bei Google, z. B. wenn Sie einen Gmail-Account besitzen. Sie können sich also bereits an dieser Stelle mit den entsprechenden Login-Daten anmelden. Das Google-Konto ist Dreh- und Angelpunkt eines Android-Smartphones. Sollten Sie noch kein Google-Konto eingerichtet haben, so können Sie das an dieser Stelle nachholen. Alternativ können Sie auch ein Google-Konto bequem am PC mithilfe eines Browsers erstellen.

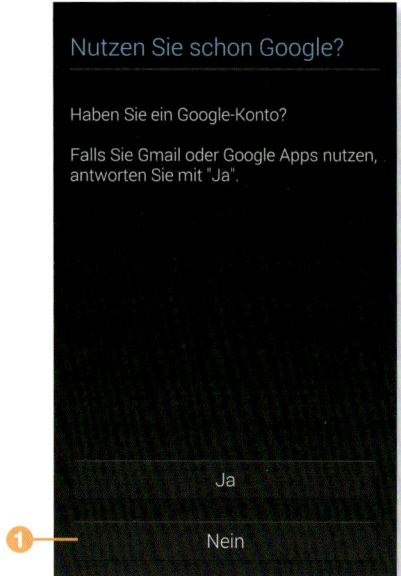

Wenn Sie in diesem Schritt ein neues Konto bei Google erstellen wollen, beantworten Sie dazu die Frage im Dialog mit **Nein** ❶. Der Assistent **Konto erstellen** ❷ führt Sie dann selbsterklärend durch die notwendigen Schritte. Im Folgenden gehe ich davon aus, dass Sie bereits ein Google-Konto besitzen bzw. ein solches mithilfe des Assistenten erstellt haben.

6. Nach der Anmeldung bei Google erwartet Sie ein Dialog, mit dessen Hilfe Sie die automatische Wiederherstellung Ihres Smartphones einrichten können. Aktivieren Sie die entsprechenden Haken vor den gewünschten Optionen.

Ich habe es im vorliegenden Fall vermieden, den Haken vor **Sicherung & Wiederherstellung** ❸ zu setzen. Wird die Sicherung und Wiederherstellung an dieser Stelle bereits aktiviert, so werden Apps, die Sie bereits auf anderen Geräten installiert hatten (bei mir war dies ein Galaxy S4), im Rahmen der Einrichtung auch auf Ihrem neuen Smartphone hergestellt, was recht viel Zeit in Anspruch nehmen kann und zum Teil auch nur unvollständig erfolgt. Ich werde Ihnen in Kapitel 14, »Sicherheit, Backup und Synchronisation«, noch zeigen, wie Sie Ihr Smartphone effektiv sichern können.

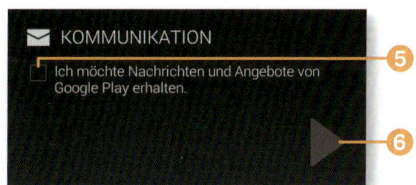

7. Aktivieren Sie bei Bedarf Googles Standortdienste ❹. Misstrauische Naturen lassen die Finger davon: Schließlich können Sie so jederzeit über Ihr Smartphone lokalisiert werden. Wenn Sie nicht von Werbemails seitens Google behelligt werden möchten, so lassen Sie die entsprechende Option ❺ aus. Weiter geht's durch Antippen der pfeilförmigen Schaltfläche ❻.

8. Geben Sie im nächsten Schritt Ihren Namen ein, um das Gerät zu personalisieren.

9. Auch Samsung möchte Sie an ein spezielles Konto binden. Dieses können Sie im nächsten Schritt einrichten und gleichfalls Ihr Gerät registrieren. Unter anderem bietet Samsung ebenfalls ein eigenes Backup-System an, das mit dem Konto genutzt werden kann. Sie können diesen Schritt aber auch überspringen und das Konto später noch einrichten.

10. Im nächsten Schritt wird Ihnen die Nutzung eines Dropbox-Kontos (siehe den Abschnitt »Onlinespeicher nutzen« ab Seite 346) angeboten. Diesen Schritt überspringen Sie bei Bedarf, oder Sie nutzen ein bereits bestehendes Dropbox-Konto. Ihr Speicherplatz wird dadurch für zwei Jahre um satte 50 GB aufgestockt.

11. Das Prozedere endet damit, dass Sie einen individuellen und prägnanten Namen für Ihr Gerät vergeben. Und schon kann's losgehen!

Noch ein kleiner Tipp an dieser Stelle: Aktivieren Sie bitte nicht die Option **Einfacher Modus** ❶, schließlich wollen Sie ja die gleiche Optik haben, die auf den nachfolgenden Screenshots zu sehen ist. Mehr zum einfachen Modus erfahren Sie im Kasten »S5 ohne Ballast« auf Seite 68.

Geschafft! Ihr S5 ist einsatzbereit. Gegebenenfalls lädt Ihr neues Smartphone noch ein Update des Betriebssystems sowie einiger bereits auf dem Smartphone befindlicher Apps aus dem Internet, wofür sich, wie bereits oben erwähnt, eine WLAN-Verbindung anbietet. Das geschieht beinahe alles im Hintergrund. Mein Tipp dabei: Legen Sie das gute Stück mit aktiviertem WLAN ruhig eine halbe Stunde lang in die Ecke, und warten Sie darauf, dass es sich »beruhigt« bzw. alle Updates installiert hat. Danach reagiert die Oberfläche wesentlich flüssiger. Den Fortschritt der Aktualisierung können Sie kontrollieren, indem Sie per Finger die Statusleiste am oberen Bildrand herunterziehen.

hen. Sollte ein Systemupdate vorliegen, so schauen Sie im Abschnitt »Das System aktualisieren« ab Seite 376 nach, wie dabei zu verfahren ist.

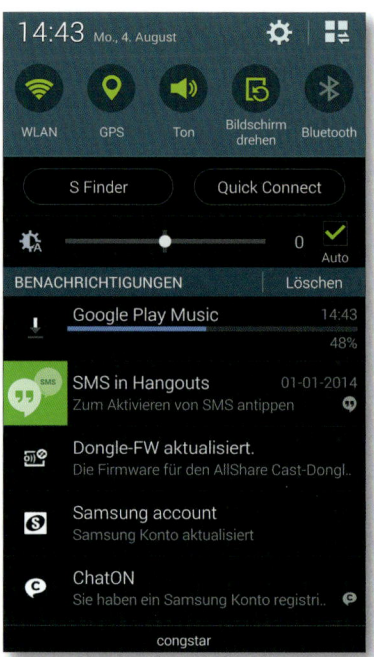

Bei der ersten Einrichtung werden diverse Dienste und Programme aktualisiert.
Dafür müssen Daten aus dem Internet heruntergeladen werden – der Status-
bereich zeigt den Fortschritt an.

TIPP

Ersteinrichtung im WLAN

Die erste Einrichtung Ihres S5 sollten Sie stets in Verbindung mit
dem heimischen WLAN vornehmen. Das geht schneller, und so be-
lasten die notwendigen Datentransfers (z. B. für Updates) nicht unnötig Ihr Onlinebudget.

Nach der ersten Inbetriebnahme werden Sie ggf. noch von dem einen oder
anderen Tipp »belästigt«. Das gibt sich aber mit der Zeit. Dagegen sollten
Sie Hinweise auf Aktualisierungen des Betriebssystems nicht ignorieren.
Warum es wichtig ist, diese Updates durchzuführen, erfahren Sie im Kasten
auf der folgenden Seite.

INFO

Aktualisierungen unbedingt durchführen

Ziehen Sie doch einmal nach der Ersteinrichtung die Statusleiste, die sich am oberen Bildrand befindet, mit gedrücktem Finger herunter. Dort erfahren Sie, ob Aktualisierungen des Betriebssystems oder ggf. auch einiger Anwendungen (*Apps* genannt) zur Verfügung stehen. Es empfiehlt sich stets, solche Aktualisierungen durchzuführen, da sie oft die Sicherheit des Betriebssystems betreffen. Wichtig: Sorgen Sie bei Aktualisierungen des Betriebssystems stets dafür, dass der Akku Ihres S5 randvoll geladen ist. Ein Absturz infolge Energiemangels wäre bei einem Update fatal.

Nachdem Sie Ihr neues Smartphone auf den aktuellen Stand gebracht haben, werde ich Ihnen nun zeigen, wie Sie es sicher in den Standby-Modus befördern oder gar ausschalten.

1. Ein kurzer Druck auf den Ein-Aus-Knopf bringt Ihr Telefon in den Standby-Modus bzw. erweckt es wieder.

2. Möchten Sie das Gerät komplett ausschalten, so halten Sie den Ein-Aus-Knopf etwas länger gedrückt. In dem erscheinenden Menü wählen Sie nun die Option **Ausschalten** ❶, um das Telefon herunterzufahren.

3. Sollte das Telefon aus irgendwelchen unerfindlichen Gründen einmal hängen, so bietet sich an dieser Stelle die Option **Neustart** ❷ an. Mit den restlichen Punkten des Menüs werden wir uns später noch beschäftigen.

Menü des Ein-Aus-Schaltknopfes

Kapitel 2
Das Galaxy S5 einrichten und bedienen

Nach dem Einrichtungsmarathon werde ich Sie nun nach und nach mit der Oberfläche Ihres neuen Hightech-Spielzeugs bekannt machen. Dabei lernen Sie auch, wie Sie das Gerät gemäß Ihren eigenen Vorlieben anpassen können.

Die Oberfläche im Überblick

Sollten Sie das erste Mal ein Smartphone in der Hand halten, so werden Sie vielleicht von der bunten Oberfläche voller Icons (siehe die Abbildungen auf Seite 30) ein wenig überfordert sein, und auch die Begriffe sind vielleicht neu für Sie:

Home-Bildschirm(e) bzw. **Startbildschirm(e)**: Darunter versteht man den Bildschirm, auf dem sich die bunten Bildchen und Symbole Ihres Smartphones tummeln. Da ein einziger Bildschirm nicht sonderlich viel Platz auf dem kleinen Display bieten würde, gibt es davon mehrere: Sie wechseln, wie bereits erwähnt, zwischen den einzelnen »Bildschirmchen«, indem Sie mit einem Finger über das Display von rechts nach links oder umgekehrt wischen. Oft verwende ich im Buch für die Home- oder Startbildschirme auch das Synonym »Desktop«. Das verdeutlicht die Ähnlichkeit des Smartphones mit dem entsprechenden Bereich auf dem Computer.

Apps: Eine *App* ist zunächst einmal die Kurzform von *Application*. Früher nannte man so etwas einfach *Programm*. Apps sind also Programme auf dem Smartphone und damit ein ganz entscheidender Teil dessen, was das Smartphone so universell einsetzbar und »smart« im Sinne von intelligent macht.

Beginnen wir mit dem grundlegenden Aufbau. Das folgende Bild zeigt zwei unterschiedliche Home-Bildschirme. Sie wechseln zwischen diesen Bildschirmen, indem Sie auf der Oberfläche von rechts nach links oder umgekehrt wischen.

❶ Statusleiste

❷ **Widgets**, hier zur Anzeige des lokalen Wetters, zu S Health und den Geo News

❸ **Google-Suchfeld** (Spracheingabe möglich)

❹ Icons einiger Apps bzw. Verknüpfungen (**E-Mail**, **Kamera**, **Play Store**, **Kindermodus**, **Galerie**)

❺ Ordner mit den **Google Apps**: Hier sind mehrere Apps von Google enthalten, die sich beim Antippen des Ordners auffächern.

6 Anzeige des momentan verwendeten **Home-Bildschirms**. Das Haus symbolisiert den Hauptbildschirm. Links vom Haussymbol befindet sich der spezielle Bildschirm der Samsung-App *My Magazine*.

7 **Schnellzugriffsleiste** mit Apps bzw. Verknüpfungen, die auf jedem Home-Bildschirm erscheinen.

Sehr wichtig für den Umgang mit Ihrem Smartphone sind die drei Tasten am unteren Rand des Displays. Sie sehen nur einen dicken, breiten Knopf? Nun, bewegen Sie einmal einen Finger rechts oder links neben den Hauptknopf – wie von Geisterhand erscheinen zwei virtuelle Schaltflächen.

Die drei Tasten haben folgende Funktionen:

Aktuelle Anwendungen **1**: Mit dieser virtuellen Taste erreichen Sie eine Übersicht über alle kürzlich gestarteten Anwendungen. Sie können durch Antippen einer App in der Übersicht sofort zu dieser wechseln. Beim erstmaligen Antippen erscheint ein Hilfetext, der erläutert, dass diese Taste früher eine andere Funktionalität hatte; sie diente vormals dazu, das integrierte Menü einer App aufzurufen.

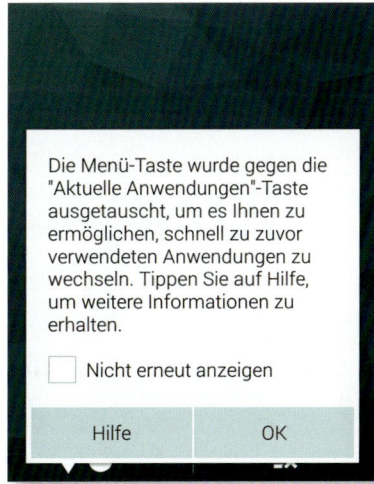
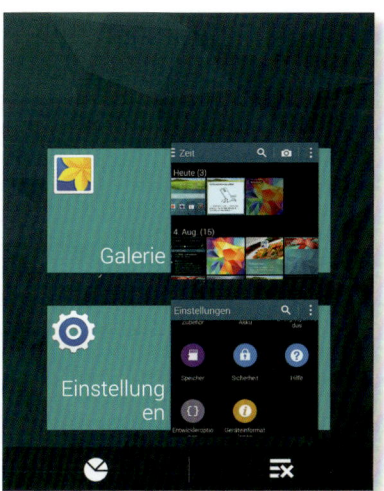

Die **Home**-Taste (❷ auf Seite 31): Dies ist die einzige »echte« Taste. Mit ihr gelangen Sie aus jeder Situation wieder zurück auf den Start-Desktop. Sie können sich auf Ihrem Smartphone also praktisch nicht verlaufen. Ein langer Druck auf die Home-Taste führt Sie direkt zu Googles omnipräsenter Suche *Google Now*.

Die Home-Taste ist übrigens auf »puren« Android-Geräten – also Geräten, die Google selbst herstellt, wie die Nexus-Serie – nicht als echte Taste, sondern ebenfalls nur virtuell realisiert.

Zurück-Taste ❸: Mit ihr bewegen Sie sich aus dem Untermenü einer App jeweils um einen Schritt zurück. Wenn Sie sich bereits im Hauptmenü der App befinden, dann beenden Sie die App durch Betätigen der Zurück-Taste.

INFO

Physikalische und virtuelle Tasten

Ich werde im Buch nicht mehr explizit unterscheiden, ob es sich bei einer Taste oder Schaltfläche um eine »echte« (physikalische) oder virtuelle (auf dem Display realisierte) handelt.

Genug der Erklärungen, Zeit für praktische Übungen:

1. Wechseln Sie vom Startbildschirm auf einen anderen Home-Bildschirm, indem Sie nach links oder rechts wischen, und sehen Sie sich an, womit Samsung die anderen Home-Bildschirme bestückt hat. Der Positionsanzeiger über den Apps am unteren Bildrand ❶ zeigt Ihnen, auf welchem Desktop Sie sich gerade befinden.

2. Tippen Sie auf einem Home-Bildschirm länger auf eine freie Stelle, und schauen Sie sich das erscheinende Menü an. Alternativ können Sie auch zwei Finger auf dem Bildschirm zusammenführen. Sie haben nun die Gelegenheit, den Hintergrund des Home-Bildschirms zu ändern, sogenannte *Widgets* zu ergänzen oder das Verhalten des Startbildschirms zu ändern. Samsung nennt diesen Modus *Feldbearbeitungsmodus*.

Beginnen wir einmal mit der letzten Möglichkeit.

3. Wählen Sie das Menü **Startseiten-Einstellungen** ❷ aus. Hier können Sie zunächst den momentan noch überflüssigen Bildschirm **My Magazine** (eine Samsung-Besonderheit) deaktivieren ❸. Wir werden uns später noch ausführlicher mit My Magazine beschäftigen.

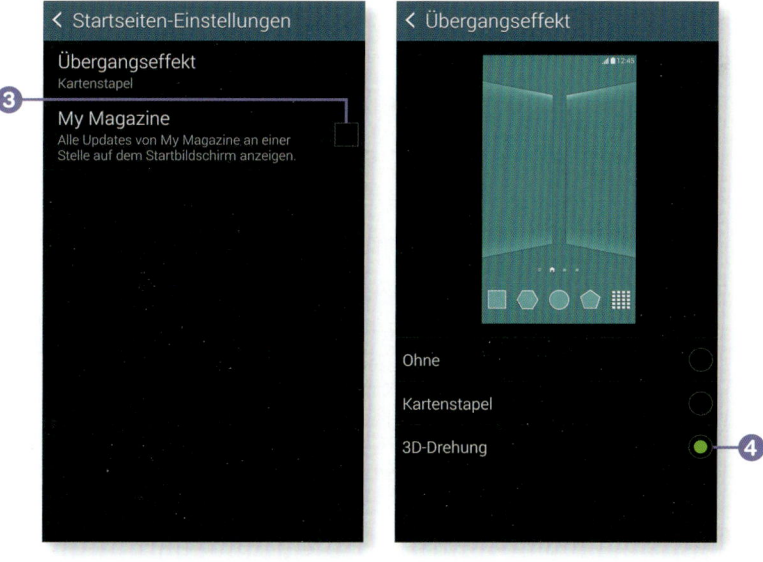

4. Wählen Sie anschließend als Übergangseffekt die Option **3D-Drehung** (**4** auf Seite 33) aus. Begeben Sie sich nun mit der Zurück-Taste wieder ganz zurück in den Home-Bildschirm-Bereich, und wischen Sie erneut durch die Bildschirme. Sie werden bemerken, dass sich der Effekt verändert hat.

Sie wünschen sich mehr Home-Bildschirme? Kein Problem!

5. Rufen Sie erneut das Home-Bildschirm-Menü auf, und fügen Sie mithilfe des +-Bildschirms (**5** auf Seite 33) einen neuen Home-Bildschirm zu den bereits bestehenden hinzu. Durch Antippen des kleinen Haussymbols am oberen Bildrand können Sie zudem festlegen, welcher Bildschirm der Hauptbildschirm sein soll. Auf diesen werden Sie stets weitergeleitet, wenn Sie die Home-Taste Ihres Smartphones betätigen.

> **INFO**
>
> **Wie viele Home-Bildschirme dürfen's denn sein?**
>
> Sie können beliebig viele Home-Bildschirme hinzufügen, indem Sie auf dem Bildschirm eine Pinch-to-Zoom-Geste (siehe Glossar) ausführen, sich durch die bestehenden Home-Bildschirme bewegen und mit dem erscheinenden +-Symbol einen neuen Bildschirm ergänzen. Das Ganze kann natürlich bisweilen unübersichtlich werden, aber keine Angst: Ziehen Sie überflüssige Home-Bildschirme einfach in der Übersichtsansicht nach oben aus dem Displaybereich auf den erscheinenden Papierkorb, und schon sind sie verschwunden. Wir werden uns dieser Technik später noch bedienen, um die Home-Bildschirme Ihres S5 aufzuräumen.

Es verbergen sich noch weitere Funktionen hinter der Statusleiste. Diese haben Sie direkt nach der Ersteinrichtung kennengelernt.

1. Ziehen Sie mit gedrücktem Finger die Statusleiste am oberen Rand des Displays herunter. Zunächst erscheint der Meldungsbereich.

Im vorliegenden Fall erkennen Sie, dass ich mein Smartphone per USB-Anschluss als *Mediengerät* am PC angeschlossen habe **1** und dass mein

S5 am Ladegerät hängt ❷. Zusätzlich finden Sie Schnellschaltflächen zur Aktivierung bzw. Deaktivierung wichtiger Funktionen. Diese Leiste kann durch Wischen mit dem Finger von rechts nach links durchlaufen werden, hier finden Sie dann weitere Schnellschaltflächen.

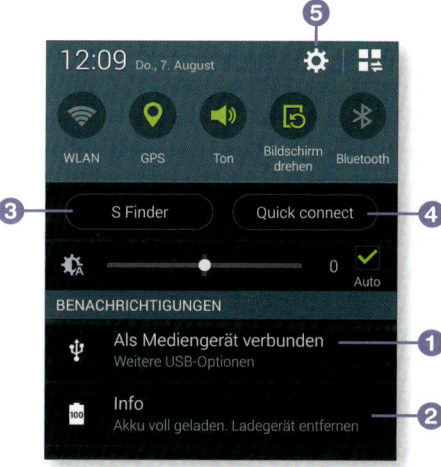

Der *S Finder* ❸ ist Samsungs Alternative zur Google-Suche, und *Quick Connect* ❹ erlaubt die Ad-hoc-Verbindung zwischen zwei Samsung-Geräten zum Zweck des Datenaustauschs. Das soll uns aber alles noch nicht interessieren, wir schauen uns stattdessen noch einen wichtigen Bereich an, den wir in Zukunft häufig nutzen werden: den Bereich der *Einstellungen*.

2. Tippen Sie das Zahnradsymbol ❺ am oberen rechten Bildrand an. Damit gelangen Sie in den Bereich der Einstellungen Ihres Smartphones.

Der Einstellungsbereich ist der Dreh- und Angelpunkt, wenn es um die Konfiguration Ihres S5 geht.

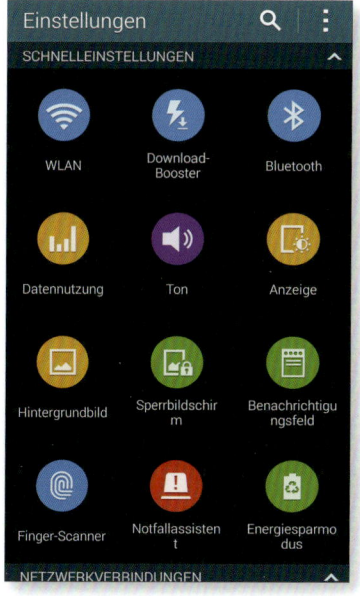 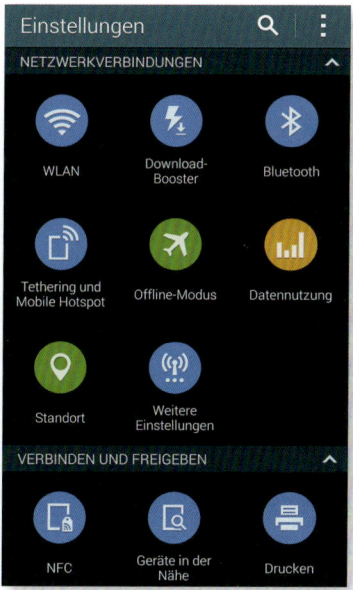

3. Verlassen Sie schließlich den Einstellungsbereich durch Betätigen der Zurück- oder Home-Taste.

Frühjahrsputz – überflüssige Samsung-Extras entfernen

Ich weiß nicht, wie es Ihnen geht, aber ich bin nicht begeistert, wenn mir jemand vorschreibt, wie ich mein Heim einrichten soll. Grund genug, die vorhandenen Home-Bildschirme von allen Samsung-Extras zu säubern. Keine Angst: Es handelt sich dabei um App-Verknüpfungen und sogenannte *Widgets*, die Sie bei Bedarf jederzeit wieder auf die Home-Bildschirme befördern können.

> **INFO**
>
> **App-Icons und Widgets**
>
> Auf den Home-Bildschirmen werden lediglich Verknüpfungen zu den Apps (*Icons*) oder Informationsfelder von Apps (Widgets) abgelegt, nicht jedoch die eigentlichen Programme (Apps). Wenn Sie den Home-Bildschirm säubern, werden die mit den Icons und Widgets verknüpften Apps nicht gelöscht.

Los geht's mit dem Frühjahrsputz auf der Oberfläche!

1. Tippen Sie nacheinander etwas länger auf jedes unerwünschte Element auf der Startseite und den übrigen Home-Bildschirmen, und ziehen Sie es per Finger über den nun am oberen Rand des Displays erscheinenden Papierkorb mit der Bezeichnung **Entfernen** ❶. Dabei färbt sich das Objekt leicht rot, und wenn Sie es loslassen, wird es entfernt.

Sie können Ihre Widgets und Apps auch von dem einen Bildschirm entfernen, indem Sie diese auf einen der anderen, unten klein dargestellten Home-Bildschirme ❷ verschieben.

Natürlich können Sie auch die sogenannten *Fix-Icons* (**Telefon, Kontak-te** usw.) in der unteren Hauptmenüzeile ❸ entfernen und nach Belieben durch neue ersetzen.

2. Ebenso lassen sich ganze Home-Bildschirme löschen, indem Sie diese mit gedrücktem Finger nach oben schieben, vorausgesetzt, es befinden sich darauf keine Objekte.

Lassen Sie uns den Desktop auch noch mit einem neuen Hintergrundbild versehen:

3. Halten Sie den Finger auf einem leeren Bereich der Oberfläche gedrückt, und wählen Sie im erscheinenden Startbildschirm-Menü den Punkt **Hintergrund**. Hier können Sie sowohl den Hintergrund für den Home-Bildschirm als auch denjenigen für den Sperrbildschirm konfigurieren.

4. Wählen Sie aus der Hintergrundbildgalerie, der Fotogalerie oder aus den Live-Hintergründen einen neuen Hintergrund aus. Ich verwende nachfolgend einen sehr schlichten Hintergrund, damit Sie bei den folgenden Screenshots nicht vom Wesentlichen abgelenkt werden. Die Live-Hintergründe mit den Namen *Bubbles* bzw. *Phase Beam* haben den Nachteil, dass sie den Akku über Gebühr strapazieren.

5. Tippen Sie auf die Schaltfläche **Hintergrundbild festlegen** ❶, um den gewählten Hintergrund zu übernehmen.

Die Oberfläche selbst einrichten

Nachdem Sie nun aufgeräumt haben, ist es an der Zeit, alle Apps auf die Home-Bildschirme zu befördern, die Sie aller Voraussicht nach häufiger verwenden werden. Doch wo finden Sie sie?

1. Wischen Sie mit dem Finger nach links oder rechts, bis Sie einen Home-Bildschirm gefunden haben, auf dem noch genügend Platz ist.

2. Tippen Sie die **App-Menü**-Schaltfläche im unteren rechten Displaybereich an ❷. Sie gelangen in den Bereich aller auf Ihrem Smartphone installierten Apps (siehe die folgende Abbildung).

3. Halten Sie einen Finger über einer App gedrückt, und verschieben Sie sie auf eine freie Fläche des Home-Bildschirms. Wenn Sie den Finger loslassen, wird eine Verknüpfung zur App auf dem Screen abgelegt (nicht die App selbst!).

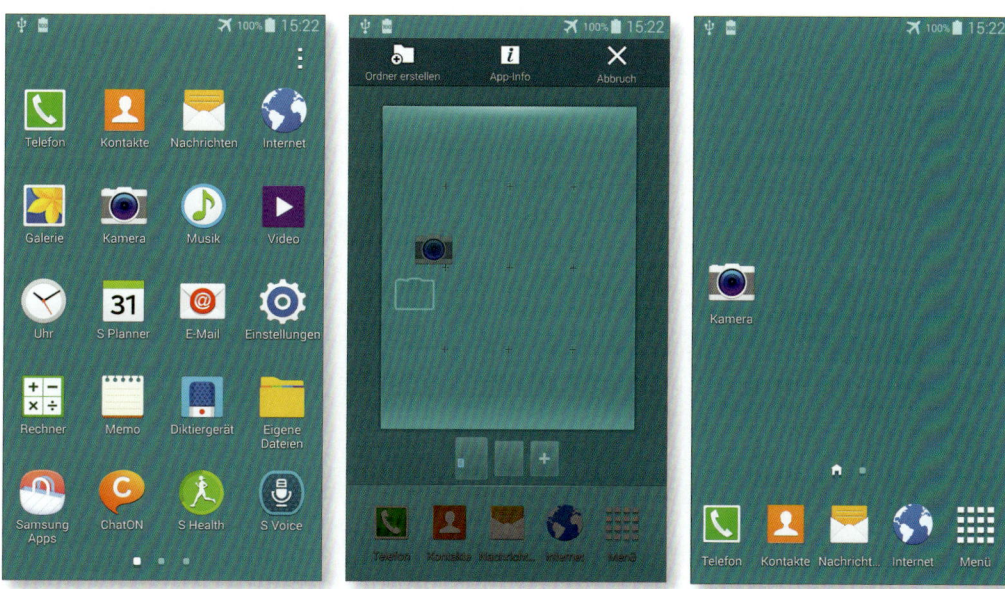

4. Auf die gleiche Art können Sie auch Widgets auf den Home-Bildschirmen ablegen. Sie gelangen direkt zu den Widgets durch längeres Antippen einer freien Fläche auf einem Home-Bildschirm.

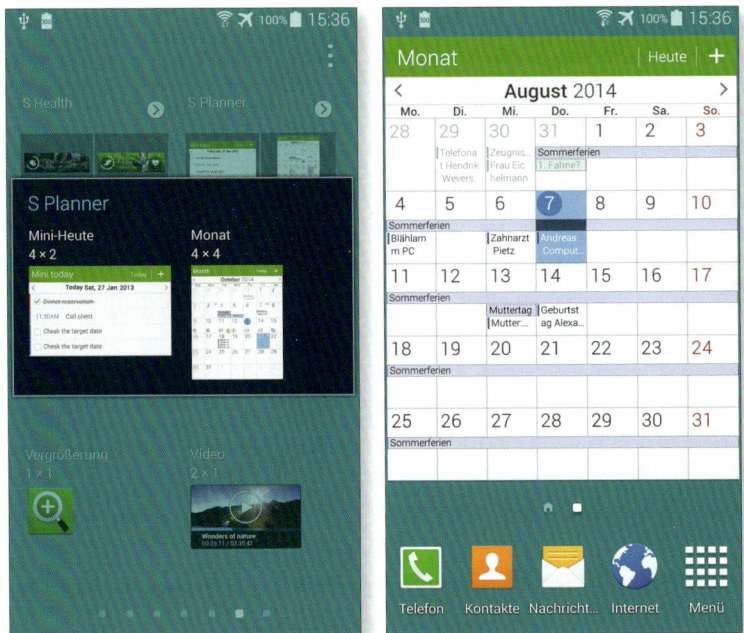

Ein Widget wird auf einem Startbildschirm abgelegt,
in diesem Fall der aktuelle Kalender.

Der App-Launcher und das App-Menü

Sehen wir uns noch einmal die Zentrale aller Apps an: das *App-Menü*. Darin finden Sie alle auf Ihrem S5 installierten Apps vor und können diese dort auch starten. Das englische Verb *to launch* bedeutet sinngemäß übersetzt starten, daher wird die Oberfläche zum Starten von Apps auch *Launcher* genannt.

Eine wesentliche Neuerung der aktuellen Galaxy-Generation besteht darin, dass das Gerät keine explizite Menütaste hat: Diese wurde durch die Taste der kürzlich geöffneten Anwendungen ersetzt, siehe dazu den Abschnitt »Die Bedienelemente des Galaxy S5« auf Seite 17. Stattdessen verwenden Sie nun die integrierte Menüfunktion der App selbst. Diese finden Sie auch im App-Menü beim App-Launcher vor.

1. Begeben Sie sich ins App-Menü, und betätigen Sie die Menü-Schaltfläche ❶, die drei kleinen quadratischen Punkte am rechten oberen Displayrand.

2. Im vorliegenden Menü finden Sie folgende Optionen, um das App-Menü Ihren Vorstellungen entsprechend anzupassen (auf den Punkt **Apps ausblenden** gehe ich in Schritt 3 ein):

- **Bearbeiten**: Dient zum Umsortieren der Apps. Das funktioniert nur, wenn die Anordnung der Apps auf **Benutzerdefiniert** voreingestellt ist. Letztere Einstellung nehmen Sie im Menüpunkt **Anzeigen als** vor.

- **Ordner erstellen**: Ermöglicht das Zusammenfassen von Apps in Ordnern.

- **Anzeigen als**: Die Apps werden benutzerdefiniert bzw. in alphabetischer Reihenfolge angezeigt.

- **Heruntergeladene Apps**: Zeigt diejenigen Apps an, die Sie nachträglich installiert haben.

- **Apps deinstallieren/deaktivieren**: Löscht bestimmte Apps bzw. deaktiviert diese, falls sie sich nicht löschen lassen.

- **Deaktivierte/Verborgene Apps anzeigen**: Blendet alle deaktivierten bzw. verborgenen Apps ein.

- **GALAXY Essentials**: Installation von Samsung-spezifischer Software

- **Hilfe**: Zeigt einen Hilfetext zum Gerät an.

TIPP

Alte Menüfunktion erreichen

Sollten Sie von einem Vorgänger, z. B. dem S3 oder S4, zum S5 gewechselt sein, so werden Sie den Menüknopf und dessen Funktion evtl. vermissen. Keine Sorge: Sie erreichen die Funktion, indem Sie auf die Schaltfläche der zuletzt geöffneten Anwendungen tippen.

Die interessantesten Punkte sind hier zum einen das Ausblenden von Apps, die sich nicht ohne Weiteres deinstallieren lassen (z. B. *cewe smartphoto*, *pizza.de* etc.), sowie die *GALAXY Essentials*.

3. Blenden Sie die Einträge der Werbeträger (z. B. pizza.de) aus, indem Sie aus dem Menü den Punkt **Apps ausblenden** (❷ auf Seite 41) auswählen und die Haken vor den Anwendungen durch Antippen setzen. Bestätigen Sie die Auswahl mit der Schaltfläche **Fertig** ❸.

4. Rufen Sie den Menüpunkt **GALAXY Essentials** auf, und schauen Sie nach, welche der dort angebotenen Apps interessant für Sie wären. Die Apps mit der Play-Schaltfläche ❶ sind bereits installiert und können durch Antippen direkt gestartet werden, die Apps mit dem Pfeil-nach-unten-Symbol können heruntergeladen und installiert werden.

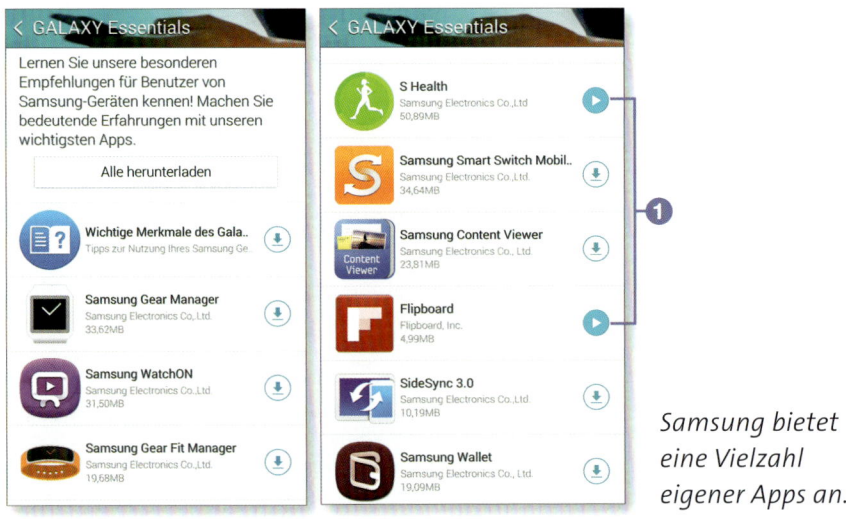

Samsung bietet eine Vielzahl eigener Apps an.

Ordnung schaffen mit Ordnern

Mit der Zeit werden das App-Menü und die Home-Bildschirme recht unübersichtlich, und zwar dann, wenn zu viele Icons darauf liegen. Der Trick: Legen Sie die Icons säuberlich in Ordnern ab. Auf einem Home-Bildschirm geht das folgendermaßen:

1. Halten Sie einen Finger über einer auf dem Home-Bildschirm befindlichen App gedrückt, und ziehen Sie diese auf die erscheinende Fläche **Ordner erstellen** ❷ (in der Abbildung vom Kamera-Icon überlagert).

2. Geben Sie dem Ordner einen prägnanten Namen, und betätigen Sie anschließend die **+**-Schaltfläche.

3. Wählen Sie nun die Apps, die in dem Ordner enthalten sein sollen, durch Antippen aus. Schließen Sie die Auswahl über **Fertig** ❸ ab.

4. Weitere Apps können Sie später per Drag & Drop (»Ziehen und Ablegen«) einfach in den Ordner hineinziehen.

5. Über die Menü-Schaltfläche ❹ innerhalb des Ordners lässt sich die Hintergrundfarbe des Ordners ändern.

Sie können ganz einfach Ordner auf dem Home-Bildschirm erstellen. Hier werden die Kamera-, die Galerie- und die Fotos-App in einem Ordner namens »Fotografie« untergebracht.

Die Displaysperre mit dem Fingerabdruckscanner einrichten

Wenn Sie das S5 durch einen kurzen Druck am Ausschalter in den Standby-Modus fahren und anschließend mit der Home-Taste wieder erwecken, so landen Sie im Sperrbildschirm. Um diesen zu verlassen, streichen Sie einfach über das Display. Das Entsperren per Wischgeste ist natürlich kein wirkliches Hindernis für einen Dieb, der Ihnen das Gerät gestohlen hat, der Sperrbildschirm schützt als solches lediglich vor unbeabsichtigten Fingertipps.

Ein neues Feature des S5 ist der *Fingerabdruckscanner*, und diesen wollen wir im Folgenden zum Entsperren des Geräts nutzen. Zunächst wird der Fingerabdruckscanner entsprechend eingerichtet.

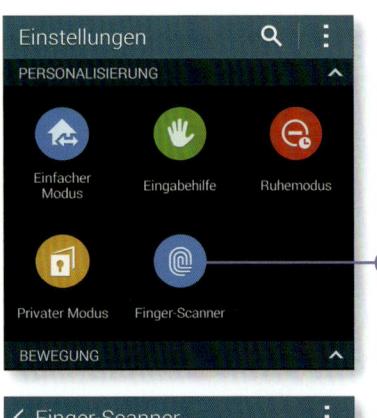

1. Begeben Sie sich in den Einstellungen in den Bereich **Personalisierung**, und tippen Sie auf das Symbol **Finger-Scanner** ❶.

2. Wählen Sie im folgenden Menü den Punkt **Fingerabdruck-Manager** ❷. Ein kurzer Dialog erläutert die Funktionen und erweiterten Möglichkeiten. Unter anderem können Sie nach der Konfiguration mit Ihrem Fingerabdruck per *PayPal* bezahlen. Bestätigen Sie den Dialog.

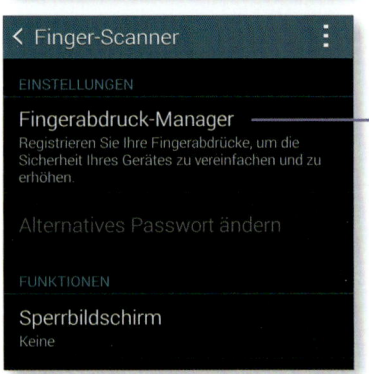

3. Registrieren Sie Ihren Fingerabdruck gemäß der Anleitung. Dazu müssen Sie mit einem Finger (vorzugsweise dem Zeigefinger) acht Mal von oben nach unten über die Home-Taste streichen. Jeder Vorgang wird registriert. Wichtig ist dabei, dass Ihr Finger in einer Abrollbewegung komplett über die Home-Taste geführt wird, um eine möglichst große Fläche zu erfassen.

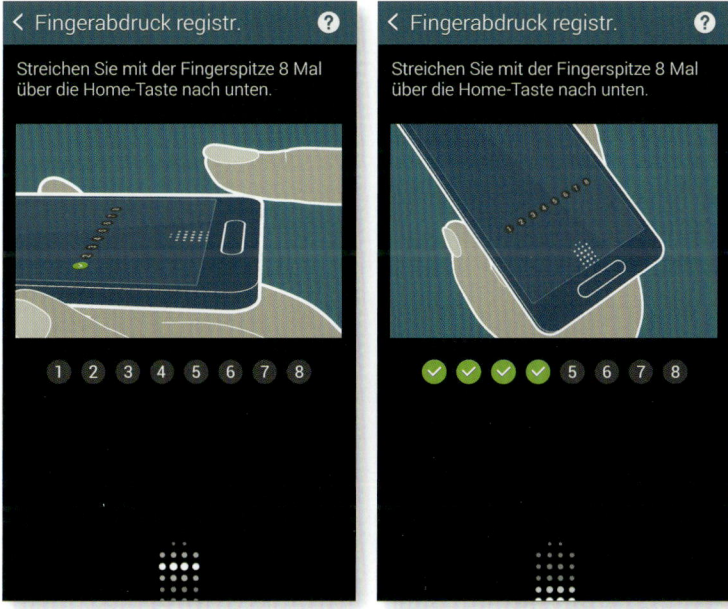

4. Definieren Sie ein Notfallpasswort, falls der Fingerabdruckscanner wider Erwarten einmal nicht funktionieren sollte.

5. Der Scanner ist damit konfiguriert. Sie haben an dieser Stelle auch noch die Möglichkeit, weitere Fingerabdrücke zu registrieren, z. B. von Ihrem Daumen oder einer anderen Person, etwa Ihrer Frau. Der Fingerabdruck dient nun automatisch zur Entsperrung des Sperrbildschirms.

6. Testen Sie schließlich die Funktion des Scanners, indem Sie Ihr Gerät per Ein-Aus-Schalter kurzzeitig in den Ruhezustand versetzen und wieder per Fingerscan aufwecken.

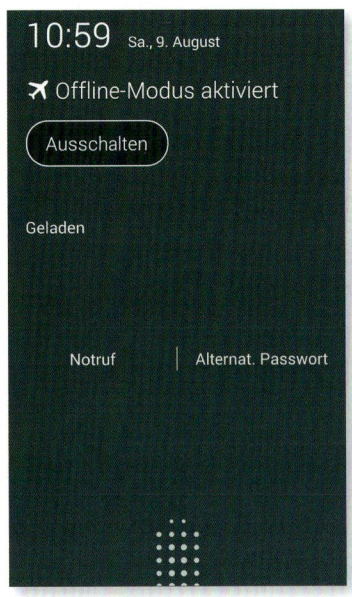 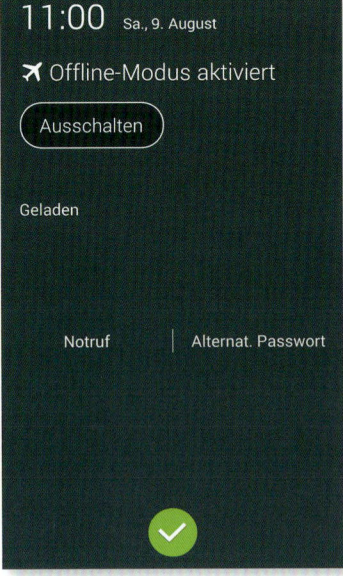

Der aktive Fingerabdruckscanner ist an der punktförmigen Matrix am unteren Bildrand zu erkennen. Über den Link »Alternat. Passwort« können Sie das Gerät im Notfall per Passwort entsperren.

So bedienen Sie Ihr S5

Die Oberfläche und ihre Elemente haben Sie bereits kennengelernt, jetzt geht es darum, die Bedienung des S5 noch einmal systematisch auszuprobieren und einzuüben. Einiges haben Sie im letzten Abschnitt bereits gelernt, hier fasse ich noch einmal die wichtigsten Grundregeln zusammen:

- Apps, Widgets, Menüpunkte, einfach alles, was als Symbol auf dem Bildschirm liegt, starten Sie durch Antippen.

- Sie gelangen mit der Zurück-Taste stets eine Ebene zurück oder verlassen damit ggf. auch eine gestartete App.

- Sollten Sie sich einmal komplett »verfahren« haben: Ein kurzer Druck auf die Home-Taste genügt, und Sie landen auf dem zuletzt verwendeten Home-Bildschirm.

- Sie möchten schnell zu einer kürzlich gestarteten Anwendung zurückwechseln? Tippen Sie auf die Schaltfläche Zuletzt **gestartete Anwendungen** (links neben der Home-Taste), und starten Sie in der daraufhin erscheinenden Liste die gewünschte App durch Antippen.

Die Liste zeigt alle Apps, die im Hintergrund schlummern. Möchten Sie eine App aus der Liste endgültig beenden, so halten Sie den Finger über der Anwendung gedrückt und ziehen sie aus dem Bildschirm heraus. Sie können auch alle Anwendungen beenden, indem Sie auf die Schaltfläche mit dem Kreuz ❶ tippen.

Die Liste aller Apps, die zuletzt gestartet wurden

TIPP

Bedienung mit Handschuhen

Das wird die Skifahrer freuen: Ihr S5 lässt sich auch mit Handschuhen bedienen. Wichtig dafür ist, dass dazu die Berührungsempfindlichkeit der Anzeige über die Einstellungen im Bereich **Ton und Anzeige ▸ Anzeige ▸ Touch-Empfindlichkeit hoch** heraufgesetzt wird. Drücken Sie je nach Handschuhtyp mehr oder weniger kräftig auf das Display. Im Normalbetrieb empfehle ich allerdings, diese Einstellung wieder zurückzunehmen.

Es geht auch mit dem Handschuh. Sie müssen allerdings die Berührungsempfindlichkeit des Displays erhöhen.

Der Multi-Window-Modus

Sicher haben Sie schon die eine oder andere App durch Antippen gestartet. Dabei belegt die Anwendung in der Regel den ganzen Bildschirm. Das S5 kann aber auch anders: Im sogenannten *Multi-Window-Modus* können Sie zwei Apps auf dem Display nebeneinander laufen lassen. Probieren Sie es doch einmal aus.

1. Ziehen Sie die Statusleiste herunter, und wischen Sie in der Schnelleinstellungsleiste nach rechts, bis Sie zum Punkt **Multi Window** ❶ gelangen. Aktivieren Sie diesen Modus durch Antippen.

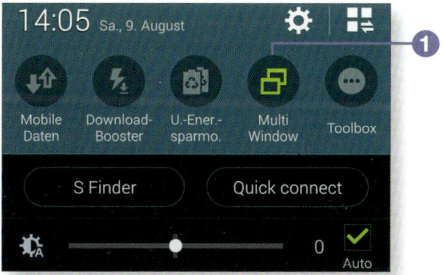

2. Nach der Aktivierung des Multi-Window-Modus finden Sie am linken
Displayrand einen Pfeil ❷. Tippen Sie diesen an: Es erscheint eine Liste
❸ der Anwendungen, die diesen Modus unterstützen. Die Multi-Win-
dow-Leiste kann später durch längeres Drücken der Zurück-Taste ein-
bzw. ausgeblendet werden.

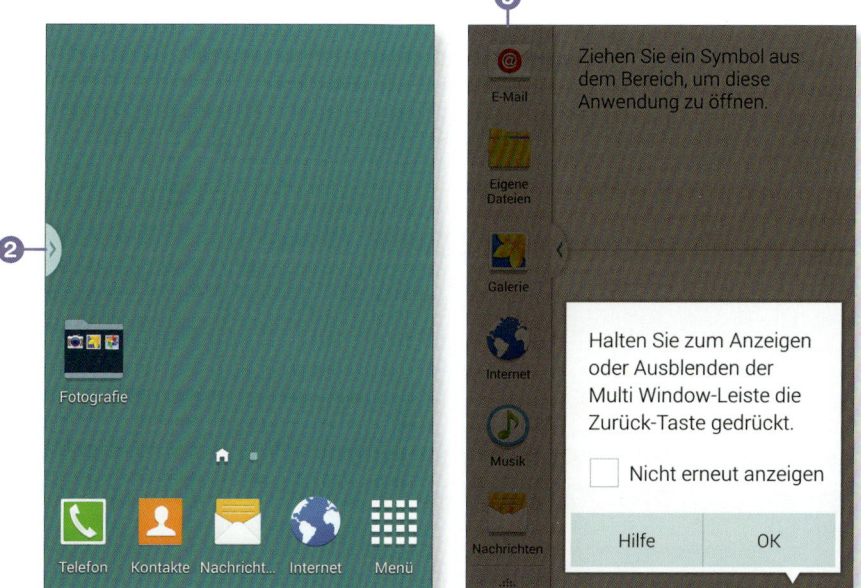

3. Ziehen Sie eine App aus der Liste auf den oberen Bereich des Bildschirms; sie wird dort wie gewohnt gestartet.

4. Ziehen Sie nun eine zweite App in den unteren Bereich des Bildschirms: Beide Apps werden übereinander bzw. wie in der folgenden Abbildung im Querformat nebeneinander dargestellt und können wechselweise bedient werden. Durch Anfassen des Knopfs ❶ zwischen den Fensterbereichen kann die relative Größe der Teilfenster angepasst werden.

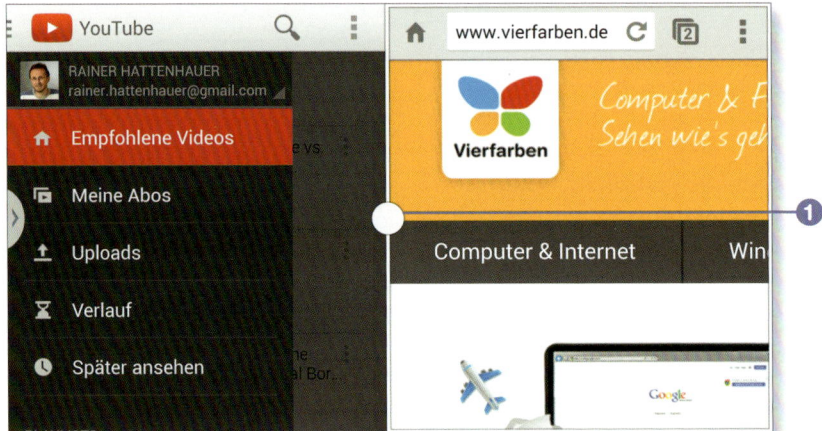

Die Liste der Multi-Window-fähigen Apps lässt sich auch bearbeiten:

5. Tippen Sie die Schaltfläche **Bearb.** ❷ an, und ziehen Sie die beiden Apps, die nicht in der Liste erscheinen sollen, in den freien Bereich auf der rechten Seite. Möchten Sie die Apps wieder in der Leiste haben, so ziehen Sie sie einfach wieder zurück.

INFO

Konfiguration der Schnelleinstellungsleiste

Die Schaltflächen der Schnelleinstellungsleiste lassen sich beliebig anordnen. Ziehen Sie dazu die Statusleiste herunter, und tippen Sie auf das schachbrettförmige Feld ❸. Nun tauchen alle Schnellstartoptionen in einer Übersicht auf. Diese können Sie nun durch Antippen aktivieren bzw. deaktivieren. Die erste Reihe erscheint direkt, wenn Sie die Statusleiste herunterziehen. Zur zweiten Reihe der Symbole gelangen Sie im normalen Statusbildschirm durch Wischen nach links. Alle Symbole sehen Sie, wenn Sie auf die schachbrettartige Fläche tippen.

Um die Symbole umzuordnen, tippen Sie zunächst das Stiftsymbol ❹ an, halten den Finger über einem Symbol gedrückt und verschieben es an die gewünschte Stelle. Dadurch können Sie Ihre »Lieblingssymbole« in die erste bzw. zweite Reihe befördern, um noch schneller darauf zugreifen zu können.

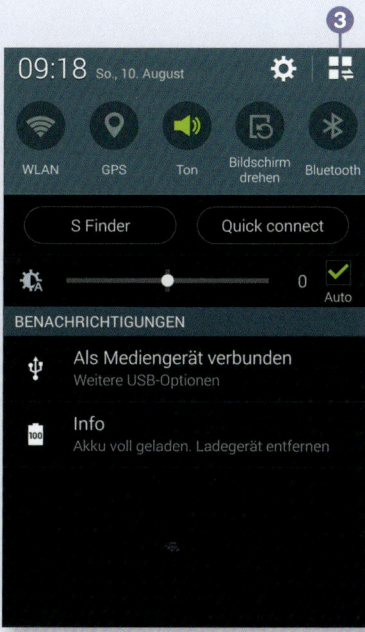

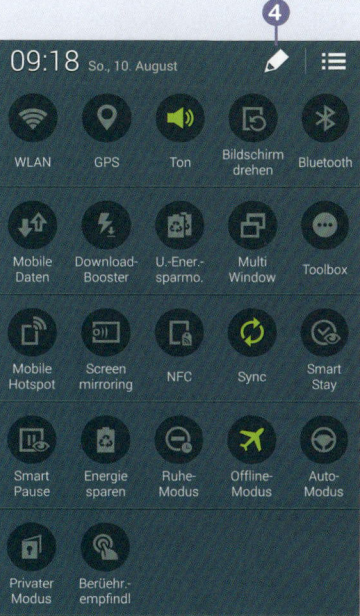

Bedienungshilfen

Samsung hat sich einiges einfallen lassen, um die Interaktion mit dem S5 zu einem echten Erlebnis für alle Sinne werden zu lassen. So gibt es eine ganze Reihe von Gesten, mit denen Sie völlig ohne Berührung des Bildschirms Aktionen ausführen können. Begeben Sie sich dazu in die Einstellungen in den Bereich **Bewegung**. Dort finden Sie die Menüpunkte **Bewegungen und Gesten** sowie **Air View**. In diesen beiden Bereichen finden Sie jeweils folgende Funktionen:

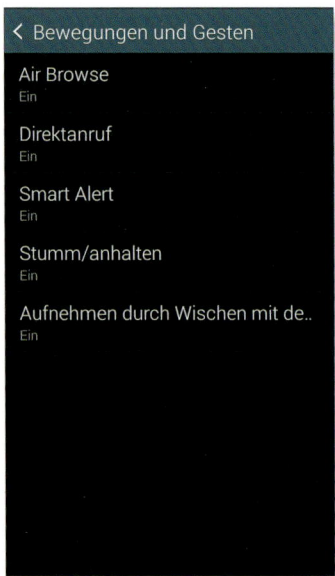

Bewegungen und Gesten

- **Air Browse:** Sie scrollen durch Elemente des Displays, z. B. durch die Musikstücke des Players oder die Bilder der Galerie-App, indem Sie Ihre gesamte Hand berührungslos über den Bildschirm bewegen. Diese Bewegung wird von einem Gestensensor registriert und in eine Steuerungsgeste umgesetzt.

- **Direktanruf:** Rufen Sie einen Kontakt, der auf dem Display erscheint, sofort an, indem Sie Ihr Smartphone einfach an Ihr Ohr halten.

- **Smart Alert:** Ihr S5 vibriert, wenn Sie es hochheben, um Sie über verpasste Anrufe oder Nachrichten zu informieren.

Die einzelnen Funktionen werden durch kurze Tutorials erläutert.

- **Stumm/anhalten:** Schalten Sie das Gerät durch eine Wischbewegung (siehe oben) über dem Display stumm, wenn ein Anruf zu unpassender Zeit eingeht. Mit der gleichen Geste können Sie auch Videos während des Abspielens kurzfristig unterbrechen.

- **Aufnehmen durch Wischen:** Fertigen Sie einen Screenshot des Displays an, indem Sie mit der Handkante darüberwischen.

Air View

Bei einigen Anwendungen, z. B. im Kalender, erscheinen beim Schwebenlassen eines Fingers über einem Bildelement Zusatzinformationen. Dieses Verhalten können Sie über **Air View** aktivieren.

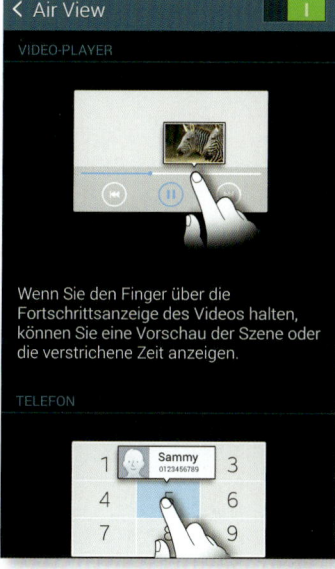

Lassen Sie einen Finger über einem Termineintrag schweben, ohne den Bildschirm zu berühren, und die Termindetails werden angezeigt.

Auch Ihre Augen werden in Interaktion mit dem Smartphone gebracht. Die Frontkamera registriert Kopf- und Augenbewegungen und setzt diese um. Die entsprechenden Optionen finden Sie in den Einstellungen im Bereich **Personalisierung ▶ Eingabehilfe ▶ Geschicklichkeit und Interaktion ▶ Smart Scroll.**

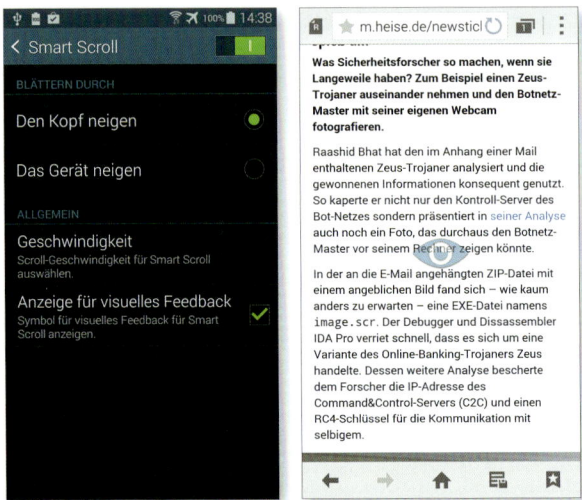

Auch hier gilt wieder: Tippen Sie den entsprechenden Menüpunkt an, um eine Anleitung zu erhalten.

Abschließend stelle ich Ihnen noch ein praktisches Feature vor, wenn Sie einmal nicht beide Hände zur Bedienung Ihres S5 nutzen können. Aktivieren Sie in diesem Fall die Option **Einhändiger Betrieb** im Bereich **Ton und Anzeige**. Wischen Sie später bei Bedarf mit dem Daumen vom rechten Rand in die Mitte und wieder zurück. Dadurch wird das Display verkleinert, dass Sie sämtliche Funktionen mit dem Daumen erreichen können.

Beim Einhand-Modus wird das Display verkleinert. Wichtige Schaltflächen werden virtuell am unteren Bildrand dargestellt.

Äußerst nützlich in diesem Zusammenhang sind auch die sogenannten **Quick Access Apps**. Diese können Sie in Form einer kleinen **Toolbox** an einer beliebigen Stelle des Bildschirms ablegen.

1. Wählen Sie aus der Schnellstartleiste die Option **Toolbox** aus. Darauf erscheint eine kreisförmige Fläche mit drei Punkten ❶.

2. Tippen Sie auf die Fläche, und es öffnet sich ein Menü mit einigen Anwendungen ❷. Diese werden durch Antippen geöffnet. Die Toolbox lässt sich jederzeit mit gedrücktem Finger über der Kreisfläche an eine beliebige Stelle des Bildschirms verschieben.

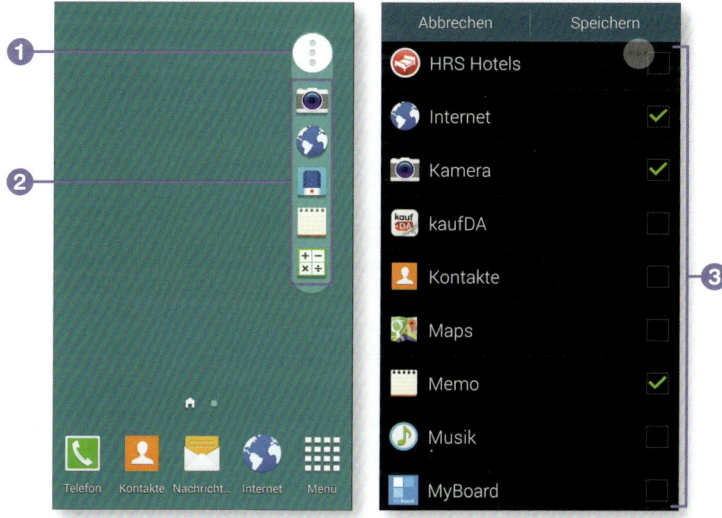

Sie können das spezielle App-Menü der Toolbox auch selbst konfigurieren. Dazu gehen Sie folgendermaßen vor:

1. Halten Sie einen Finger auf dem Toolbox-Kreis gedrückt, bis am oberen Displayrand eine Schaltfläche **Bearbeiten** erscheint. Ziehen Sie den Toolbox-Kreis auf die Schaltfläche **Bearbeiten**.

2. Es erscheint eine Liste von Apps, die Sie durch einfaches Markieren ❸ zur Toolbox hinzufügen können. Natürlich ist der Platz in der Liste begrenzt, aber fünf bis sechs Apps lassen sich dort schon unterbringen.

Die Toolbox ist somit eine ideale Ergänzung zum Einhand-Modus, da Sie diese auf den in diesem Modus entstandenen freien Bildschirmbereich positionieren können.

TIPP

Wo finde ich die Funktion XY?

Das Einstellungsmenü des Galaxy S5 ist mittlerweile so vollgepfropft mit Funktionen, dass man spezielle Dinge oft gar nicht findet. Hier hilft die integrierte Suchfunktion ❶: Tippen Sie die Lupe im Einstellungsmenü an, und geben Sie die gesuchte Funktion ein – das führt Sie deutlich schneller zum Ziel als das Herumhangeln in den Tiefen des Menüs. Und wer weiß – vielleicht entdecken Sie auf diese Weise ja auch noch weitere unbekannte praktische Funktionen.

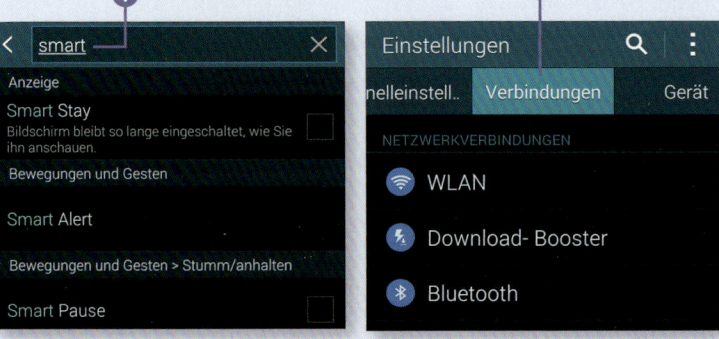

Eine weitere Möglichkeit, eine bestimmte Funktion schneller zu finden, ist die Veränderung der Ansicht. Dazu wählen Sie im Menü der Einstellungen, das Sie mithilfe des Symbols mit den drei Punkten aufrufen, die Option **Anzeigetyp** und verändern diesen von der standardmäßig eingestellten Rasteransicht auf die Listen- bzw. Registerkartenansicht ❷. Bei Letzterer werden sich insbesondere ehemalige Anwender des Galaxy S3 oder S4 sofort heimisch fühlen. Wir werden uns im Abschnitt »Das Einstellungsmenü und die Schnellzugriffsleiste« ab Seite 64 noch etwas genauer mit dem Einstellungsmenü beschäftigen.

Sprachsteuerung und Spracheingabe

Erinnern Sie sich an den alten Star-Trek-Film, in dem Spock mit dem Computer spricht? Das ist längst mit Ihrem S5 Realität geworden. Man muss nur wissen, wo man derartige Komfortmerkmale aktiviert. Um beispielsweise einen Anruf per Sprachkommando anzunehmen, markieren Sie in den Einstellungen unter **Eingabehilfe ▸ Anrufe beantworten und beenden** den Punkt **Sprachsteuerung ❸**. Jeder eingehende Anruf kann dann in Zukunft über das Sprachkommando »Annehmen« entgegengenommen werden.

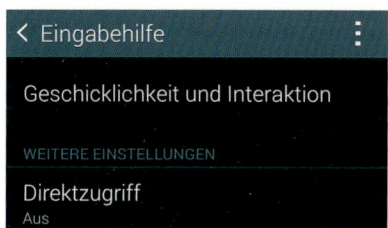 

Wenn Sie eine wirklich umfassende Sprachkontrolle über Ihr S5 haben wollen, dann sollten Sie sich zunächst **S Voice** einmal genauer anschauen.

Es ist das Äquivalent zu Siri beim iPhone, und damit wird Ihr S5 fast schon menschlich.

1. Starten Sie zur erstmaligen Konfiguration die App S Voice aus dem App-Menü. Stellen Sie sicher, dass Sie per WLAN oder Mobilfunknetz mit dem Internet verbunden sind, da S Voice als Online-Spracherkennungsdienst realisiert wurde.

2. Bestätigen Sie zunächst die Haftungsausschlussvereinbarung (❶ auf Seite 58). Sie haben anschließend die Gelegenheit, ein kleines Tutorial ❷ zu durchlaufen, das Sie mit den wichtigsten Funktionen von S Voice vertraut macht.

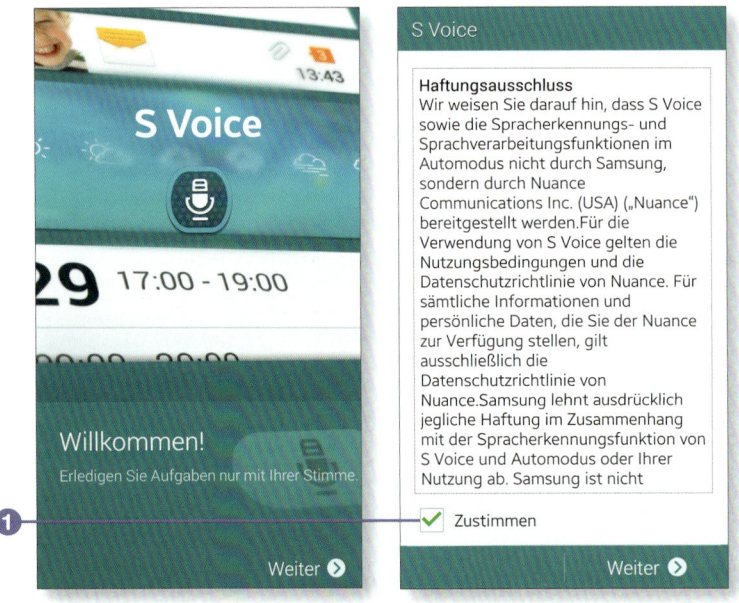

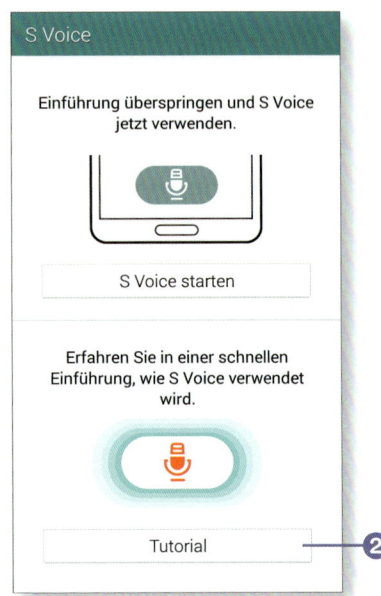

Zukünftig können Sie S Voice auch durch zweimaliges Drücken der Home-Taste aktivieren. Ist S Voice einmal gestartet, so wird das Mikrofon über das Sprachkommando »Hallo Galaxy« aktiviert.

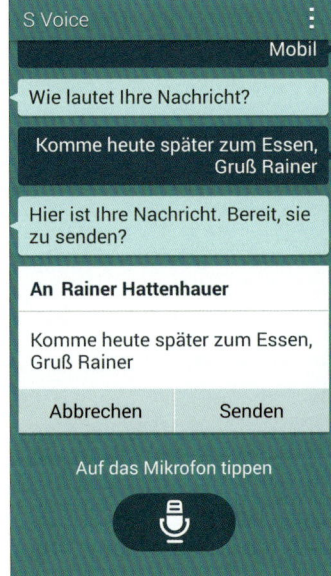

Beispiele zur Nutzung von S Voice: Links wird ein Telefonanruf getätigt, rechts eine SMS geschrieben.

Folgende Beispiele können Sie selbst einmal ausprobieren:

- **Telefonieren**: indem Sie einfach »Egon im Büro anrufen« sagen, falls ein Egon mit seiner Büronummer in Ihrem Adressbuch steht.

- **Eine SMS schreiben**: »SMS an Peter, Nachricht: 'Hallo Peter, komme pünktlich zum gemeinsamen Abendessen.'«

- Ihren **Facebook**-Status aktualisieren: »Poste auf Facebook: Mein Samsung Galaxy ist super.«

- Die aktuelle **Wettervorhersage** abfragen: »Wird es heute in München regnen?«

Zur Abfrage von Informationen aus dem Internet eignet sich S Voice nach meiner Erfahrung nur bedingt, hier schlägt die große Stunde von *Google Now*, dem eingebauten sprachbasierten Suchdienst von Google. Wir werden uns im Abschnitt »Google Now und der Knowledge Graph« ab Seite 142 noch eingehender mit Google Now beschäftigen.

Texte eingeben

Sie haben die virtuelle Tastatur bereits bei der Einrichtung Ihres S5 kennengelernt. Schauen wir uns das gute Stück einmal näher an:

1. Starten Sie testweise die universelle App **Memo** zum Verfassen einer kurzen Notiz.

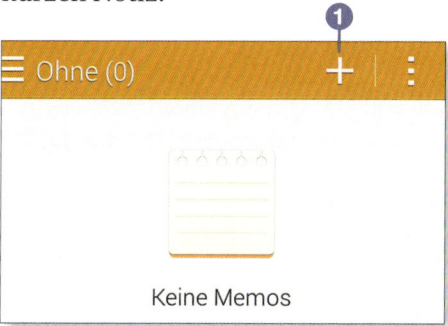

2. Erstellen Sie durch Antippen der Schaltfläche + (❶ auf Seite 59) ein Memo im Textmodus. Dadurch wird die Tastatur aufgerufen. Geben Sie nun einen beliebigen Text ein, und beobachten Sie die intelligente Wortergänzung oberhalb der Tastatur ❷.

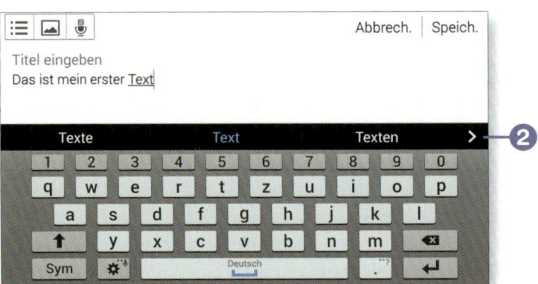

3. Leichter tippt es sich übrigens beidhändig, wenn Sie das Smartphone ins Querformat drehen. Dazu muss die Option **Bildschirm drehen** in den Schnelleinstellungen aktiviert sein.

Sie können einen Wortvorschlag jederzeit durch Antippen des Wortes in den Text übernehmen. Dadurch erhöht sich Ihre Tippgeschwindigkeit beträchtlich.

4. Schreiben Sie Umlaute und Sonderzeichen, indem Sie den Finger länger auf dem entsprechenden Grundbuchstaben platzieren ❸ (für ein »ü« halten Sie z. B. das »u« länger gedrückt).

5. Sonderzeichen erreichen Sie, indem Sie auf die Taste **Sym** ❹ tippen. Dort gibt es zwei Tastaturbelegungen, zwischen denen Sie per Taste ⌞1/2⌟ ❺ wechseln können.

6. Wer Spaß daran hat, gelangt durch Antippen der Smiley-Schaltfläche ❻ in eine Übersicht mit erweiterten Symbolen, insbesondere mit Smileys. Wischen Sie in der Übersicht nach unten, um weitere Symbole zum Vorschein zu bringen.

Wenn Sie länger auf die Multifunktionsschaltfläche links neben der Leertaste tippen, gelangen Sie in eine weitere Übersicht. In der oberen Zeile sieht man zunächst Zeichen, die Sie bei bisherigen Texten besonders häufig verwendet haben. Außerdem können Sie durch Antippen des Mikrofons ❼ einen Text diktieren, durch Anwahl des Handschriftfelds ❽ Texte durch Schriftzüge eingeben oder durch Antippen des Zahnradsymbols ❾ zu den erweiterten Einstellungen der Tastatur gelangen.

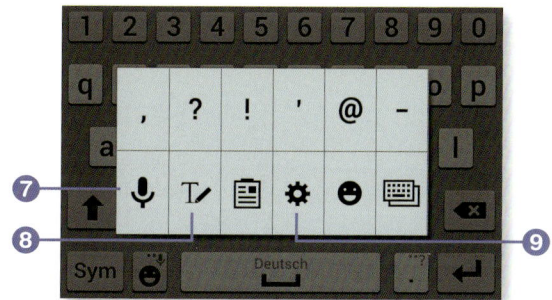

7. Geben Sie schließlich Ihrer Notiz durch Antippen der Fläche **Titel eingeben** ❿ einen aussagekräftigen Namen, und speichern Sie das Dokument durch **Speichern** ab.

Alternativ können Sie aber auch andere Eingabemodi auswählen.

Schreiben Sie beispielsweise handschriftlich per Finger, indem Sie die erwähnte Handschriftschaltfläche ⓫ antippen.

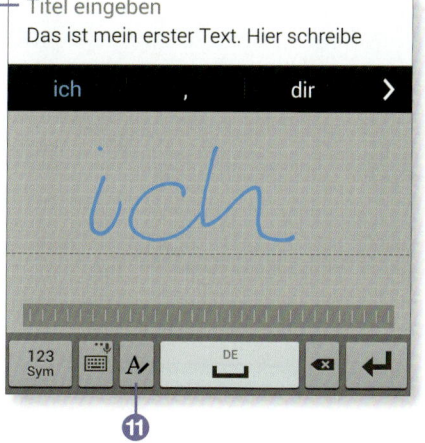

TIPP

Schreiben wie auf dem Galaxy Note

Viele Anwender schwören auf das Galaxy Note. Bei diesem Samsung-*Phablet* (das Kunstwort ist eine Mischung aus *Phone* und *Tablet*) wird ein besonderer Stift, ein sogenannter *Stylus*, verwendet, um die handschriftliche Eingabe zu perfektionieren. Bei Ihrem Samsung Galaxy S5 können Sie das wesentlich billiger haben: Erhöhen Sie zunächst die Touchempfindlichkeit des Displays über die Einstellungen im Bereich **Ton und Anzeige ▶ Anzeige ▶ Touch-Empfindlichkeit hoch**. Verwenden Sie anschließend einen mittelharten Bleistift mit leicht abgerundeter Spitze. Letzteres erreichen Sie, indem Sie mit dem Bleistift in verschiedenen Positionen einige Male über ein Blatt Papier fahren. Anschließend können Sie den Bleistift wie einen gewöhnlichen Stylus auf Ihrem S5-Display nutzen – allerdings mit verblüffender Präzision! Der Grund dafür, dass der Bleistift als feine Eingabehilfe genutzt werden kann, besteht darin, dass dessen Mine aus Graphit besteht. Dieses Material wechselwirkt in geeigneter Weise mit dem elektrischen Feld des Touchscreens. Und schließlich noch ein letzter Tipp: Möchten Sie diese Eingabemethode häufiger verwenden, dann versehen Sie Ihr Display am besten

mit einer der vielen Displayschutzfolien, welche es für wenige Euro im Internet zu kaufen gibt. Dadurch ersparen Sie Ihrem Bildschirm auf lange Sicht Verschmutzungen. Über Kratzer brauchen Sie sich hingegen weniger Sorgen zu machen: Das für das Display verwendete Gorillaglas ist ziemlich robust.

Ein alter Bleistiftstummel genügt, und fertig ist der perfekte Stylus für Ihr S5.

Sie können auch Wörter mit einer fließenden Bewegung über die Buchstaben der Tastatur schreiben, wenn Sie den Menüpunkt **Tastatur wischen** aktivieren. Diese Technik nennt man **Swypen**. Dabei entsteht eine charakteristische blaue Wischspur.

Beim Swypen wischt man von Buchstabe zu Buchstabe, sodass ein blauer »Kondensstreifen« entsteht. Ein integriertes Lexikon schlüsselt aus der Buchstabenfolge die Wörter auf.

Copy & Paste

Es ist nicht nur bei Verfassern unrühmlicher Doktorarbeiten in Mode: das Kopieren und Einfügen von Text. Hier eine Anleitung für Ihr S5:

Copy & Paste ist auf dem S5 ein Kinderspiel.

1. Doppeltippen Sie auf eine Stelle im Text, sodass zwei kleine blaue Trapeze ❶ erscheinen. Diese können Sie durch Verschieben mit dem Finger sehr exakt am Anfang und am Ende des zu kopierenden Textes positionieren.

2. Tippen Sie auf die Schaltfläche **Kopieren** (❷ auf Seite 63), die unterhalb des Textes erschienen ist.

3. Wechseln Sie an die Stelle, an der der zu kopierende Text eingefügt werden soll. Das kann durchaus auch eine andere Anwendung sein. Tippen Sie dazu einfach die gewünschte Stelle an.

4. Fügen Sie den Text mit der Schaltfläche **Einfügen** ❸ an den entsprechenden Ort ein.

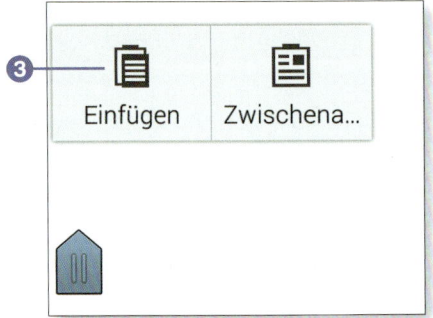

Das Ganze funktioniert prinzipiell auch mit Bildern, die Sie z. B. per Internetbrowser aufspüren: Ein längerer Tipp über dem Bild im Browser öffnet ein Menü zum Kopieren des Objekts.

Das Einstellungsmenü und die Schnellzugriffsleiste

Im Vergleich zum iPhone verfügt Ihr Galaxy S5 über schier unglaubliche Konfigurationsmöglichkeiten. Einige davon haben Sie ja bereits kennengelernt. Dieser Dschungel an Möglichkeiten kann für den Profi ein Segen, für den Einsteiger aber auch ein Fluch sein. Daher werde ich Ihnen im Folgenden die Konfigurationsbereiche im Einstellungsmenü vorstellen, damit Sie einen groben Überblick haben, wo man was verändern kann.

Zunächst gibt es zwei Möglichkeiten, zum Einstellungsmenü zu gelangen, das Dreh- und Angelpunkt aller Einstellungen rund um das S5 ist:

1. Starten Sie aus dem App-Menü die App *Einstellungen*.

2. Bequemer: Ziehen Sie die Statusleiste herunter, und tippen Sie auf das Zahnradsymbol.

Das Einstellungsmenü ist in der Standardkonfiguration folgendermaßen gegliedert (scrollen Sie zum Sichtbarmachen der gesamten Einträge einfach nach unten):

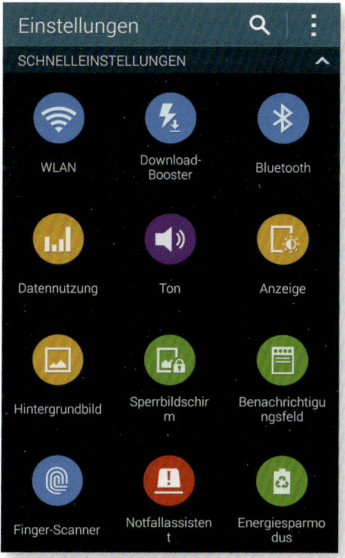

- Unter der Überschrift **Schnelleinstellungen** finden Sie schnellen Zugang zur Konfiguration häufig benutzter Funktionen wie z. B. **Ton** und **Anzeige**. Die dort aufgeführten Schaltflächen tauchen in den tieferen Menüs zwar auch noch einmal auf, hier gelangen Sie aber schneller zum Ziel.

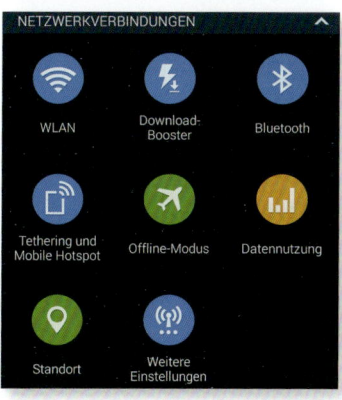

- Im Bereich **Netzwerkverbindungen** legen Sie fest, auf welche Weise Ihr Gerät mit der Umwelt kommunizieren soll. Ob WLAN, Bluetooth oder LTE: Alles, was Datentransfer anbelangt, stellen Sie in diesem Bereich ein.

- Im Bereich **Verbinden und Freigeben** finden Sie Funktionen, die es beispielsweise gestatten, Dateien unkompliziert zu verschicken. Hier können Sie insbesondere auch die **NFC**(*near field communication*)-Übertragung von Daten aktivieren.

- In der Rubrik **Ton und Anzeige** konfigurieren Sie alles, was das Aussehen oder das Feedback Ihres Geräts betrifft. Das sind z. B. die Gestalt der Oberfläche, der Klingelton oder der Benachrichtigungston bei eingehenden Nachrichten.

- Im Bereich **Personalisierung** können Sie diverse Eingabehilfen, aber auch den Finger-Scanner konfigurieren. Außerdem aktivieren Sie hier den einfachen Modus (siehe den Kasten »S5 ohne Ballast« auf Seite 68).

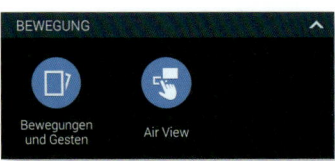

- Im Menübereich **Bewegung** konfigurieren Sie u. a. die Gestensteuerung Ihres S5.

- Im Bereich **Benutzer und Sicherung** gelangen Sie zur Konfiguration Ihrer Onlinekonten (neudeutsch: *Accounts*), z. B. das Samsung-Konto oder das Google-Konto.

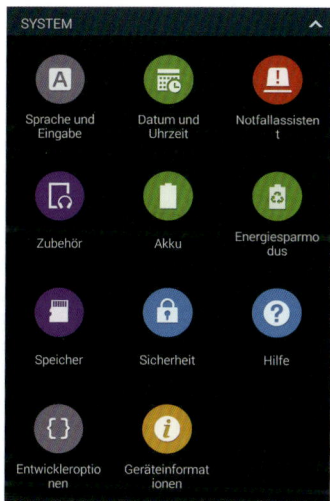

■ Unter der Rubrik **System** finden Sie diverse systemrelevante Einstellungen. Hier finden Sie auch ein Menü, mit dessen Hilfe Sie die Sicherheit Ihres Geräts optimieren können.

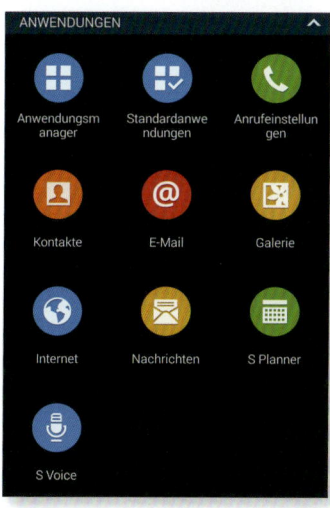

■ Schließlich finden Sie im Untermenü **Anwendungen** Konfigurationsmöglichkeiten für diverse Apps, aber auch den **Anwendungsmanager**, mit dessen Hilfe Sie störrische Apps schließen können.

INFO

Nutzen Sie die eingebaute Hilfe!

Viele Optionsmenüpunkte kommen mit einer exzellenten Hilfestellung daher. Bei komplexeren Einstellungsmöglichkeiten nimmt Sie oft ein Assistent an die Hand, sodass Sie nicht wirklich etwas falsch machen können.

Im Übrigen gibt es eine exzellente *Hilfe*-App im Bereich der Apps. Es empfiehlt sich, sie in einer ruhigen Stunde einmal zu durchstöbern.

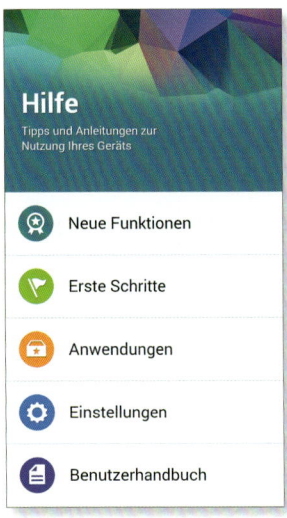

Ich werde an entsprechenden Stellen im Buch noch auf die verschiedenen Optionen eingehen. Für den Moment genügt es, wenn Sie eine grobe Ahnung haben, in welchen Bereichen sich die verschiedenen Optionen verstecken.

TIPP

S5 ohne Ballast

Sie sind von den vielfältigen Konfigurationsmöglichkeiten erschlagen? Wie wär's mit einer ganz einfachen Oberfläche? Begeben Sie sich in die Einstellungen zum Menü **Personalisierung**, und wählen Sie dort den Punkt **Einfacher Modus**. Mit den großen Schaltflächen sollten auch blutige Anfänger klarkommen.

Im einfachen Modus kommen auch weniger Smartphone-erfahrene Nutzer mit dem S5 klar. Hier werden die Einstellungsmöglichkeiten auf ein Minimum reduziert.

Apps aus dem Google Play Store installieren

Sie sind die Bausteine, mit deren Hilfe Sie aus Ihrem »gewöhnlichen« Smartphone die sprichwörtliche »eierlegende Wollmilchsau« machen können: Kleine Programme oder Applikationen, kurz Apps genannt, erweitern die Möglichkeiten Ihres Minicomputers in nie gekannter Weise. Der folgende Abschnitt gibt Ihnen einige erste Handreichungen, wie Sie die kleinen digitalen Freunde im Handumdrehen auf Ihr S5 befördern.

Wir werden uns später im Abschnitt »Ein Rundgang durch den Google Play Store« ab Seite 191 noch sehr ausführlich dem Play Store widmen. Dort zeige ich Ihnen dann auch, wie Sie kostenpflichtige Apps kaufen können. An dieser Stelle genügt es, zu wissen, wie Sie eine App suchen, installieren und ggf. aktualisieren.

Der Google Play Store

Die zentrale Anlaufstelle für Apps ist der *Google Play Store*. Sie gelangen via Smartphone in den Play Store, indem Sie das entsprechende Icon im App-Menü antippen. Wenn Sie den Play Store häufiger benutzen wollen, dann legen Sie das Icon am besten auf einem Home-Bildschirm ab. Wie das funktioniert, können Sie noch einmal im Abschnitt »Die Oberfläche selbst einrichten« ab Seite 38 nachlesen

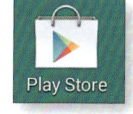

Bevor Sie den Play Store aufrufen, sollten Sie natürlich sicherstellen, dass Sie auch mit dem Internet verbunden sind und dass Ihr Smartphone mit einem Google-Konto verknüpft ist. Das sollte ja bereits während der Einrichtung geschehen sein. Lesen Sie dazu ggf. noch einmal im Abschnitt »Das S5 zum ersten Mal starten« ab Seite 18 nach.

Sehen Sie sich zunächst einmal in Ruhe im Play Store um. Es gibt dort viel zu entdecken. Wechseln Sie dazu zunächst in den Bereich der Apps durch Antippen der gleichnamigen Schaltfläche (❶ auf Seite 70).

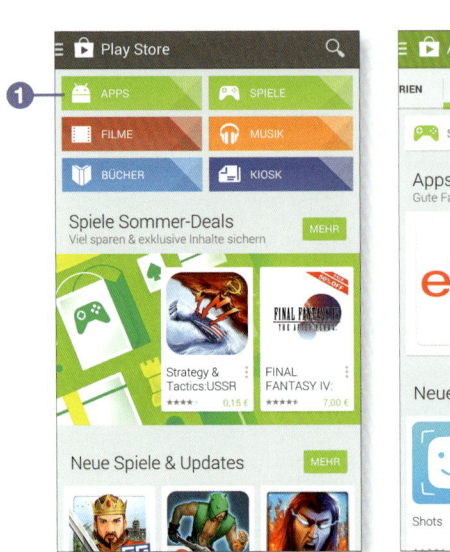
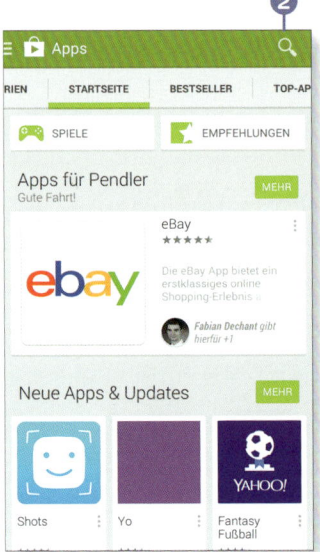

Der Play Store ist Dreh- und Angelpunkt aller Software, die für Ihr Smartphone erhältlich ist. Auf der rechten Seite sehen Sie die Unterrubrik »Apps«.

Eine App suchen und installieren

Beginnen wir damit, die vielleicht wichtigste App für Ihr künftiges Leben im Android-Kosmos zu installieren: einen Virenscanner. Ja, Sie haben richtig gelesen: Auch auf Googles Smartphone-Betriebssystem spielen die fiesen kleinen digitalen Schädlinge mittlerweile eine ernst zu nehmende Rolle. Sie sollten daher einen Virenscanner installieren. Einen sehr guten Ruf genießt **TrustGo**. Sie installieren ihn folgendermaßen:

1. Starten Sie Google Play, und begeben Sie sich in den Bereich **Apps** (❶ in der Abbildung oben).

2. Tippen Sie das Lupensymbol ❷ an, und geben Sie per Tastatur »trustgo« ein.

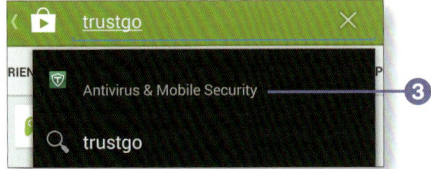

3. Wählen Sie gleich den ersten angebotenen Eintrag ❸ aus. Dann wird die App vorgestellt.

4. Tippen Sie auf die Schaltfläche **Installieren** ❹. Der Play Store informiert Sie anschließend darüber, welche Berechtigungen die App für sich beansprucht.

An dieser Stelle sollten Sie bei jeder Installation einer App genau hinsehen. Bedenklich ist es z. B., wenn ein scheinbar harmloses, kostenloses Spiel die Berechtigung zum Versenden einer SMS einfordert. Das ist bei der vorliegenden App zwar der Fall, dies geschieht allerdings nur zu dem Zweck, um Ihnen im Fall eines Verlustes des Geräts eine entsprechende Nachricht von dessen Position zu schicken.

5. Akzeptieren Sie die geforderten Berechtigungen; daraufhin wird die App installiert. Während der Installation erscheint eine Warnung, dass die App in der Lage ist, Nachrichten zu versenden. Bestätigen Sie diese Meldung.

6. Sie können den Virenschutz nun aus dem App-Menü oder gleich über die Schaltfläche **Öffnen** aus dem Play Store heraus starten.

7. Nach dem Starten der App sollten Sie noch ein Benutzerkonto für Trust-Go anlegen. Dies ist notwendig, um das Gerät beispielsweise bei Verlust aus der Ferne sperren zu können. Danach steht Ihnen die App uneingeschränkt zur Verfügung. Sie können nun einmal einen Virenscan auf Ihrem frischen Gerät durchführen. Dieser sollte keine Auffälligkeiten zeigen.

Fertig! Der TrustGo-Virenscanner schützt fortan Ihr Smartphone. Ein Icon in der Statuszeile informiert Sie darüber, dass der Scanner im Hintergrund aktiv ist.

Eine App per QR-Code installieren

Sie haben sich schon ein wenig im Buch umgesehen, es durchgeblättert und sind auf diese merkwürdigen zerfransten schwarz-weißen Quadrate gestoßen? Dabei handelt es sich um sogenannte *QR-Codes* (oder *Tags*). Ihre nächste Aufgabe besteht darin, eine App auf Ihrem Galaxy S5 zu installieren, die in der Lage ist, die QR-Codes in lesbare Informationen umzuwandeln. Diese Anforderung erfüllt der *Barcode Scanner* von ZXing.

1. Suchen Sie im **Play Store** im Bereich **Apps** nach dem Begriff »barcode scanner«. Als erster Treffer sollte der ZXing-Scanner aufgelistet sein. Installieren Sie diesen.

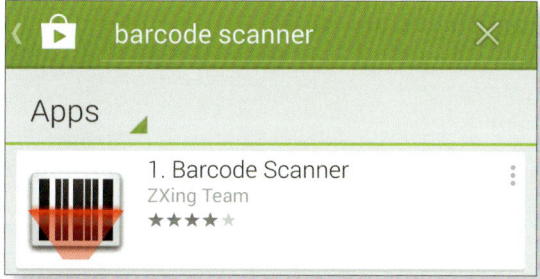

2. Starten Sie den Barcode Scanner, und lassen Sie per Kamera den QR-Code rechts auslesen.

Mit dieser App sind Sie bestens ausgerüstet, um die im Buch vorgestellten Apps per Knopfdruck zu installieren. Hinter den im weiteren Verlauf des Buches abgedruckten QR-Codes verbergen sich jeweils Links zu der entsprechenden App im Google Play Store. Ein Beispiel gefällig? Installieren Sie mit dem ZXing-Scanner einen weiteren beliebten Scanner, *Google Goggles*, mithilfe des entsprechenden QR-Codes:

*Google
Goggles*

3. Scannen Sie dazu den zweiten auf dieser Seite abgebildeten QR-Code mit der Barcodescanner-App ein.

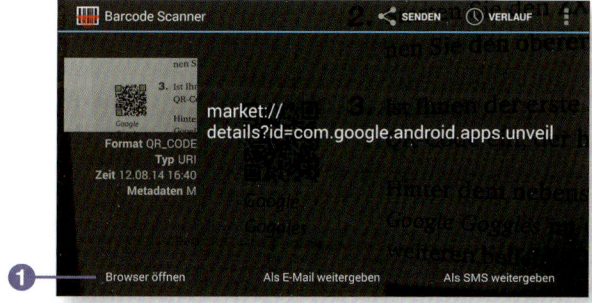

4. Tippen Sie anschließend auf die Schaltfläche **Browser öffnen** ❶. Sie werden nun per Play-Store-Browser zur entsprechenden App im Store geleitet.

5. Installieren Sie die App über die Schaltfläche **Installieren** ❷.

INFO

Text und QR-Code

Der Text unter dem im Buch abgedruckten QR-Code nennt die App oder den Inhalt des Links und dient zur manuellen Suche der App im Play Store, falls der Hersteller den Link kurzfristig geändert haben sollte und der Scanner-Link ins Leere läuft.

Apps auf dem neuesten Stand halten

Ebenso wichtig wie die Installation eines Virenscanners ist die Aktualisierung Ihrer Apps in regelmäßigen Abständen. Sie werden gelegentlich durch eine Meldung in der Statusleiste informiert, wenn aktualisierbare Apps auf Google Play vorliegen. Tippen Sie die Meldung an, und Sie werden zur Aktualisierung direkt in den Play Store geleitet. Das kennen Sie schon aus dem Kapitel zur Ersteinrichtung Ihres S5.

Wer selbst einmal nachschauen möchte, ob bereits Aktualisierungen vorliegen, geht folgendermaßen vor:

1. Starten Sie die App Play Store, und tippen Sie auf die Menü-Schaltfläche in der linken oberen Displayecke ❶.

2. Wählen Sie aus dem nun auftauchenden Menü den Punkt **Meine Apps**
❷ aus. Es erscheint eine Übersicht über alle Apps, die auf Ihrem S5
installiert sind. Ganz oben auf der Liste stehen Apps, für die Aktualisierungen bereitstehen. Dahinter sehen Sie das Schlüsselwort **Aktualisieren** ❸.

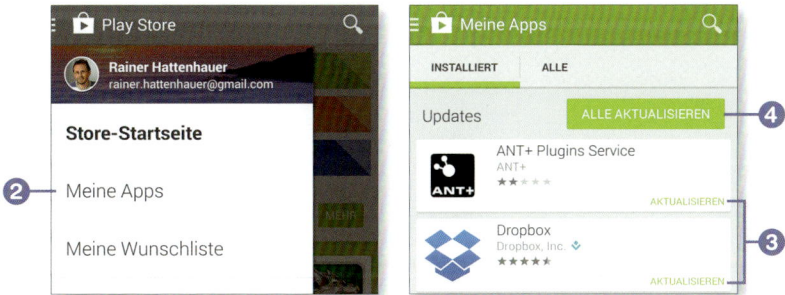

3. Sie können nun die aktualisierbaren Apps entweder selektiv durch Antippen auf den neuesten Stand bringen oder aber den Punkt **Alle Aktualisieren** ❹ wählen. Letzteres ist zu empfehlen.

4. Sollten Apps neue Berechtigungen verlangen, so wird dies explizit ge-
meldet, und Sie müssen es ggf. bestätigen. Das kennen Sie bereits von
der Installation des Virenscanners.

Damit wären Sie nun gut gerüstet, um in die wunderbare Welt des Galaxy
S5 einzutauchen.

Kapitel 3
Telefonieren und Kontakte einrichten

Wer hätte das gedacht: Sie können mit Ihrem S5 sogar telefonieren. Man verzeihe mir an dieser Stelle den ironischen Unterton – Fakt ist, dass ein Smartphone mittlerweile nur noch einen Bruchteil der Zeit für die ursprüngliche Aufgabe eines Handys genutzt wird. Trotzdem sollten Sie wissen, wie Sie mit dem S5 telefonieren.

Die Telefon-App

Der Weg zur eingebauten Telefoniefunktion führt über das entsprechende Symbol ❶ in der Leiste der Hauptanwendungen bzw. aus dem App-Menü.

Die Leiste der Hauptanwendungen befindet sich am unteren Displayrand.

Nach dem Antippen des **Telefon**-Icons öffnet sich das Telefonmenü. Hier können Sie nun eine beliebige Nummer per Hand eintippen und wie gewohnt telefonieren. Sollten Sie beim Start die übliche Tastatur nicht sehen, so tippen Sie auf den Reiter **Tastenfeld** (❶ auf Seite 78) Auf den nächsten beiden Bildern sehen Sie die Telefonie-App nach dem Start und beim Tätigen eines Anrufs sowie die Elemente und Schaltflächen, die Ihnen dabei zur Verfügung stehen:

① Wahlbereich **Tastenfeld**, **Protokolle**, **Favoriten**, **Kontakte**

② aktuell gewählte Nummer (hier aus Datenschutzgründen verschleiert)

③ Zahlenblock

④ Videotelefonie, Hörer abnehmen, Zeichen löschen

⑤ gewählte Nummer

⑥ Makeln (Anruf hinzufügen), nur aktiv bei aufgebauter Verbindung

⑦ Tastatur während eines Anrufs erneut einblenden

⑧ Anruf beenden

⑨ Lautsprecher einschalten

⑩ Telefon stumm schalten

⑪ Bluetooth-Headset oder Autofreisprechanlage benutzen

Die Verwendung des Telefonmenüs ist selbsterklärend – jeder, der schon einmal mit einem Handy telefoniert hat, wird auf Anhieb mit der App klarkommen.

Jemanden anrufen

1. Geben Sie eine Telefonnummer über die Tastatur ein. Beachten Sie, dass das System anhand der eingegebenen Ziffern nach Kontakten sucht, welche diese Zahlenkombination enthalten. Sie können sich also etwas Tipparbeit ersparen, wenn Sie den gewünschten Kontakt aus der erscheinenden Liste direkt antippen.

2. Tippen Sie auf das Feld mit dem grünen Hörer. Dadurch wird der Anruf aufgebaut.

3. Zum Beenden des Anrufs tippen Sie auf den roten Hörer.

Einen Anruf annehmen

1. Zum Annehmen eines eingehenden Anrufs schieben Sie einfach das erscheinende Feld mit dem grünen Hörer ❶ nach rechts.

2. Wenn Sie den Anruf hingegen abweisen möchten, schieben Sie den roten Hörer ❷ von rechts nach links. Alternativ können Sie den Anruf auch mit einer vorgefertigten Nachricht abweisen (»Ich fahre gerade«). Dazu ziehen Sie einfach die graue Leiste am unteren Displayrand ❸ nach oben und wählen den entsprechenden Eintrag aus der Liste ❹.

3. Sie können eigene Nachrichten über die Schaltfläche **Neue Nachricht verfassen** ❺ ergänzen, das empfiehlt sich aber nur, wenn Sie dabei nicht Auto fahren oder Ähnliches tun.

79

Verpasste Anrufe

Haben Sie einen Anruf verpasst? Keine Sorge, Ihr S5 zeigt Ihnen im Benachrichtigungsfeld, das Sie durch Herunterziehen der Statusleiste erreichen, wer Sie wann angerufen hat. Sie können dann per Knopfdruck zurückrufen.

 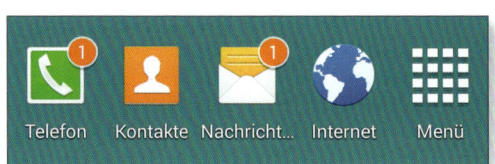

Unbeantwortete Anrufe werden im Benachrichtigungsfeld und am Telefon-Icon selbst angezeigt.

> **TIPP**
>
> **Wahl per Spracheingabe**
>
> Besonders praktisch ist die Möglichkeit, *S Voice* das Wählen von Telefonnummern zu überlassen: Starten Sie dazu S Voice (siehe den Abschnitt »Sprachsteuerung und Spracheingabe« ab Seite 57), und sagen Sie z. B. »Rainer auf Handy anrufen« oder »Petra im Büro anrufen«. Den Rest erledigt Ihr S5.

Mit mehreren Gesprächspartnern telefonieren

Selbstverständlich können Sie im Zeitalter der modernen Telefonie auch mit mehreren Gesprächsteilnehmern kommunizieren. Das funktioniert allerdings nur, wenn Sie bereits ein Gespräch führen. Den dritten Partner fügen Sie dann folgendermaßen hinzu:

1. Tippen Sie auf die Schaltfläche **Anruf hzfg.** ❶, und wählen Sie die Nummer eines weiteren Kontakts, oder übernehmen Sie diese direkt aus Ihrer Kontaktsammlung.

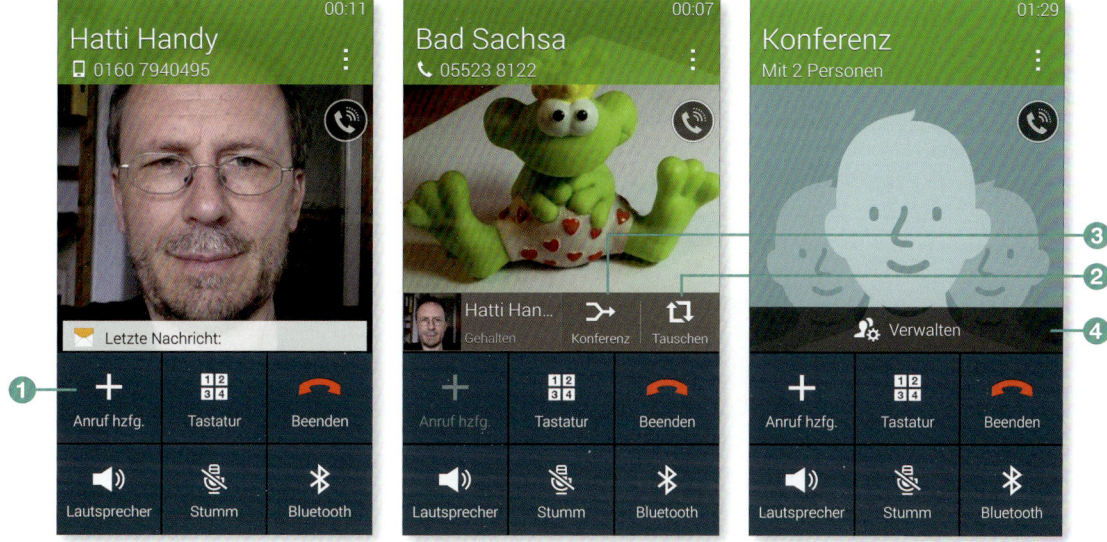

2. Sie können nun über die Schaltfläche **Tauschen** ❷ zwischen beiden Gesprächspartnern hin und her schalten.

3. Entspannter für alle Beteiligten ist es, wenn Sie die Schaltfläche **Konferenz** ❸ betätigen. In diesem Fall legen Sie alle Telefonate zusammen, sodass die Teilnehmer gleichzeitig sprechen können.

4. Über die Schaltfläche **Verwalten** ❹ schließen Sie bei Bedarf einzelne Teilnehmer von der Konferenz wieder aus.

Der Nachteil des Verfahrens: Sie zahlen nun für zwei Anrufe. Im Zeitalter der Flatrates kein Problem, mögen Sie denken. Nun, schon, nicht aber, wenn sich die Kommunikationspartner in einem anderen Mobilfunknetz befinden.

Die Lösung: Organisieren Sie Konferenzen stets per WLAN über **Google Hangouts**. Mehr dazu erfahren Sie im Abschnitt »Videotelefonieren mit Google Hangouts« ab Seite 96.

Das Anrufprotokoll einsehen und löschen

Um Ihre gesamten ausgehenden und eingehenden Anrufe einzusehen, begeben Sie sich in der Telefon-App in den Bereich **Protokolle**. Mithilfe des Kontextmenüs, das Sie über die Menü-Taste (die drei kleinen Quadrate) aufrufen, können Sie Ihre Anruferliste auch löschen ❶.

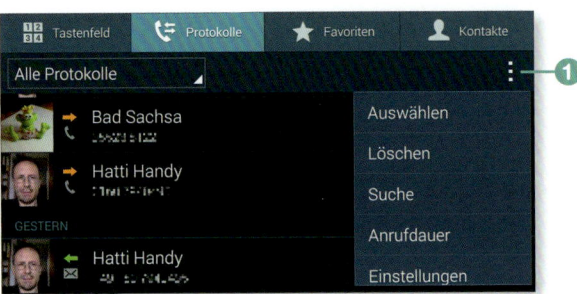

Die Mailbox einrichten

Zur Einrichtung Ihrer Mailbox müssen Sie eine Rufumleitung auf selbige einrichten. Gehen Sie dazu folgendermaßen vor:

1. Bringen Sie zunächst die Mailboxnummer Ihres Providers in Erfahrung. Die folgende Tabelle gibt Ihnen dazu einige Anhaltspunkte:

Provider	Mailboxnummer
T-Mobile	3311
Vodafone	5500
E-Plus	9911
O2	333

2. Begeben Sie sich über das Menü der Telefon-App (das sind die drei Quadrate rechts oben ❶) in die Einstellungen und dort in den Bereich **Anruf ▶ Mailbox**.

 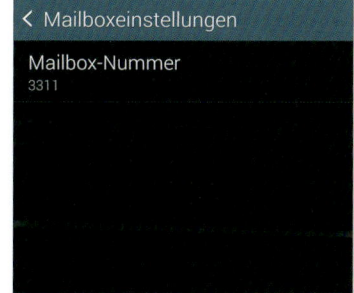

3. Hier tragen Sie im Bereich **Mailboxeinstellungen** ❷ die Nummer Ihres Providers ein.

Die eigentliche Einrichtung der Sprachansage Ihrer Mailbox erfolgt dann über die providerspezifische Anleitung, die Sie mit Ihrem Mobilfunkvertrag erhalten haben. Dazu rufen Sie in der Regel mit dem Smartphone die Mailboxnummer an und lassen sich per Sprachassistent durch ein entsprechendes Menü führen.

4. Konfigurieren Sie die Rufumleitungsoptionen gemäß der Anleitung Ihres Providers. Dies können Sie auch einfach in der Telefon-App im Bereich **Einstellungen** ▶ **Anruf** ▶ **Zusätzliche Einstellungen** ▶ **Rufumleitung** ▶ **Sprachanruf** erledigen, falls die SIM-Karte Ihres Providers dies unterstützt.

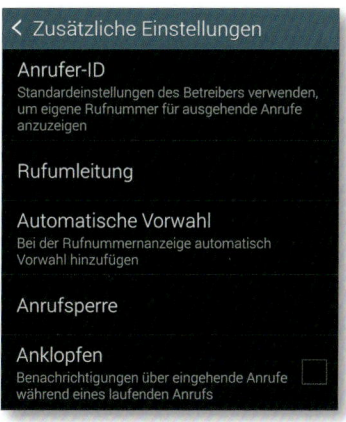 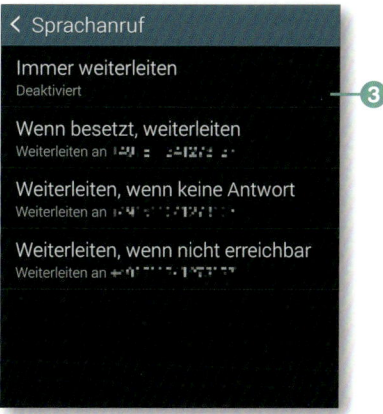

Im Bereich der Rufumleitungen unterscheidet man folgende Typen:

● Bei der *absoluten Rufumleitung* werden alle Anrufe ohne Wenn und Aber an Ihre Mailbox weitergeleitet. Das würde man im obigen Menü mit der Option **Immer weiterleiten** (❸ auf Seite 83) erreichen.

● Bei der *bedingten Rufumleitung* werden die Anrufe nur unter bestimmten Bedingungen weitergeleitet, z. B. wenn Ihr Telefon gerade besetzt ist oder wenn Sie nicht erreichbar sind. Im obigen Menü erscheint dann hinter den entsprechenden Menüpunkten Ihre Telefonnummer.

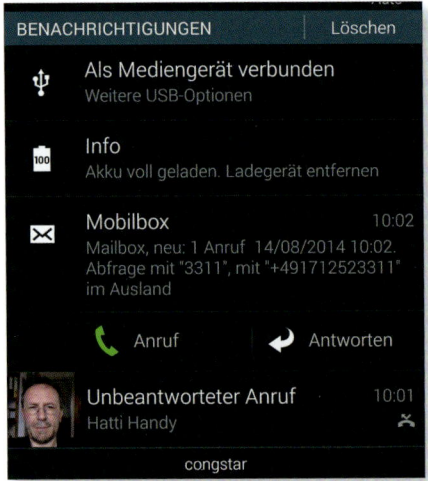

Eine Nachricht auf Ihrer Mailbox wird in der Statusleiste angezeigt. Ziehen Sie diese herunter, um weitere Informationen zu erhalten.

INFO

Wo finde ich meine Telefonnummer?

Die allseits beliebte Frage bei Gelegenheitsnutzern: »Wie lautet eigentlich meine Telefonnummer?« Diese finden Sie schnell im Bereich **Einstellungen ▸ System ▸ Geräteinformationen ▸ Status**. Dort sehen Sie ebenfalls die **MAC-Adresse** des WLAN-Adapters sowie die eindeutige Hardwarekennung IMEI. Letztere zu kennen kann sich lohnen, falls das Smartphone einmal gestohlen wird, Erstere ist eine eindeutige Hardwareadresse zur Identifizierung Ihres Geräts in einem WLAN.

Ein Headset nutzen

Ihr Galaxy S5 wird mit einem Headset ausgeliefert, das recht ordentlich ist. Sie können natürlich auch andere Sets nutzen, auch kabellose Bluetooth-Headsets. Mehr zum Anschließen von Bluetooth-Hardware erfahren Sie im Abschnitt »Bluetooth-Hardware verwenden« ab Seite 374. Schließen Sie das mitgelieferte Headset an die Kopfhörerbuchse Ihres S5 an, und führen Sie ein Probetelefonat durch.

Nach dem Anschluss des Headsets stehen Ihnen Schnellzugriffe auf Apps, die das Audiosystem nutzen, zur Verfügung. Ziehen Sie dazu einfach die Statusleiste herunter.

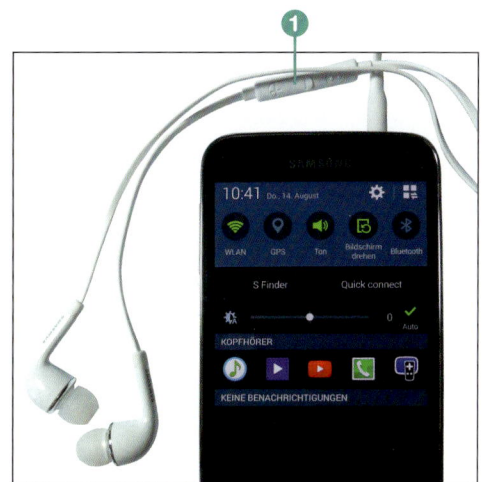

Das mitgelieferte Headset verfügt sogar über eine externe Lautstärkeregelung ❶.

Kontakte einrichten und verwalten

Das Adressbuch namens **Kontakte** ist der Dreh- und Angelpunkt, wenn es darum geht, Freunde oder Geschäftspartner dauerhaft an Ihrem digitalen Leben teilhaben zu lassen.

Wenn Sie ein Google-Konto eingerichtet haben, dann sollten Sie es als Basis für Ihre Kontaktdatensammlung verwenden. Dadurch ist sichergestellt, dass Ihnen Ihre Kontakte auch auf dem PC per Browser oder weiteren Android-Smartphones, die mit dem gleichen Google-Konto verknüpft sind, zur Verfügung stehen. Alternative Speicherorte für Ihre Kontakte sind die SIM-Karte oder der Speicher Ihres S5. Diese beiden Alternativen sind allerdings nicht geeignet, um die Adresssammlung auf unterschiedlichen Geräten synchron zu halten.

Im Folgenden gehe ich zunächst davon aus, dass Sie bereits über eine reichhaltige Kontaktsammlung auf Ihrem S5 verfügen. Sollten Sie von einem anderen System (z. B. Outlook) kommen und Ihre bestehenden Kontakte noch nicht in Ihr Google-Konto importiert haben, so können Sie die Vorgehensweise schon einmal im Abschnitt »Synchronisierung mit Outlook« ab Seite 183 nachlesen.

Kontakte

Starten Sie die Kontakte-Anwendung. Diese befindet sich in der Standardkonfiguration bereits in der Schnellstartleiste am unteren Bildrand. Der Bildschirm der Kontakte-Anwendung ist folgendermaßen aufgebaut:

① Bereiche der Kontakte-App:
Tastenfeld, **Protokolle**, **Favoriten**, **Kontakte**

② Kontakt-Gruppen

③ Suchfeld/Lupe: Eingabe eines Namens zur Suche

④ +-Feld: Hinzufügen eines neuen Kontakts

⑤ gespeicherte Kontakte

⑥ Scrollbalken bzw. Schnellsprungleiste zur schnellen alphabetischen Suche

⑦ spezielles Menü zur Nutzung und Verwaltung von Kontaktgruppen

⑧ +-Feld zur Erstellung neuer Gruppen

Die Kontakte-App ist eng mit der Telefon-App verzahnt. De facto ist es ein und dieselbe App, allerdings mit unterschiedlichen Einstiegspunkten. Daher finden Sie hier auch ähnliche Bereiche:

- **Tastenfeld**: Hier gelangen Sie unmittelbar zum Tastenfeld bzw. der Telefon-App.

- **Gruppen**: Hier können Sie Ihre Kontaktgruppen einsehen, durchblättern und auswählen. Die Kontaktgruppen entsprechen im Grunde den **Circles** von Google+. Sie können Ihre Kontakte speziellen Gruppen zuordnen und hier auch per App-Menü neue Gruppen anlegen.

- **Favoriten**: In diesem Bereich erscheinen Kontakte, die Sie besonders häufig aufrufen.

- **Kontakte**: In diesem Bereich finden Sie alle Kontakte alphabetisch geordnet zum Durchscrollen vor. Ein Symbol hinter dem Kontakt zeigt an, aus welchem Adresspool er importiert wurde. Wenn Sie beispielsweise die Facebook-App nutzen, so erscheinen hier auch alle Ihre Facebook-Kontakte mit entsprechendem Symbol.

> **INFO**
>
> **Kontakte nach Nachnamen sortieren**
>
> Die Kontakte-App ordnet die Namen alphabetisch nach Vornamen. Möchten Sie die übliche Ordnung per Nachnamen, so begeben Sie sich durch Drücken der Menü-Schaltfläche ins Menü der App und wählen bei den Einstellungen den Punkt **Kontakte ▸ Sortieren nach Nachname** sowie **Kontakte anzeigen nach: Nachname zuerst**.

Neue Gruppen erstellen

Um Kontakte zu einer Gruppe hinzuzufügen, gehen Sie folgendermaßen vor:

1. Wählen Sie den Menübereich **Gruppe**, und tippen Sie auf das **+**-Zeichen (siehe die Abbildung auf Seite 88).

2. Benennen Sie die Gruppe ❶. An dieser Stelle können Sie auch einen speziellen Klingelton oder ein Vibrationsmuster für Mitglieder der Gruppe definieren. Tippen Sie anschließend auf **Speichern** ❷.

Die neue Gruppe erscheint nun in der Übersicht.

3. Wählen Sie die Gruppe durch Antippen aus. Tippen Sie nun auf die +-Schaltfläche, und fügen Sie die gewünschten Mitglieder der Gruppe hinzu. Hinter jedem ausgewählten Mitglied erscheint daraufhin ein grüner Haken.

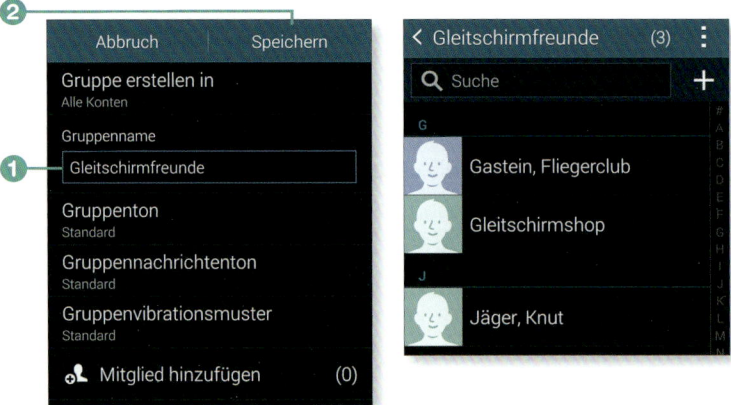

4. Bestätigen Sie die Übernahme der Gruppenmitglieder schließlich über die Schaltfläche **Fertig**.

Das Kontakte-Menü

Durch Betätigen der Menü-Schaltfläche ❸ gelangen Sie in das Menü der App. Hier finden Sie die folgenden Menüpunkte:

- **Auswählen**: Auswahl mehrerer Kontakte, um diesen beispielsweise eine Rund-Mail bzw. -SMS zu schicken.

- **Löschen**: ermöglicht das selektive Löschen mehrerer Kontakte.

- **Visitenkarten**: listet Kontakte auf, die im Visitenkartenformat vorliegen.

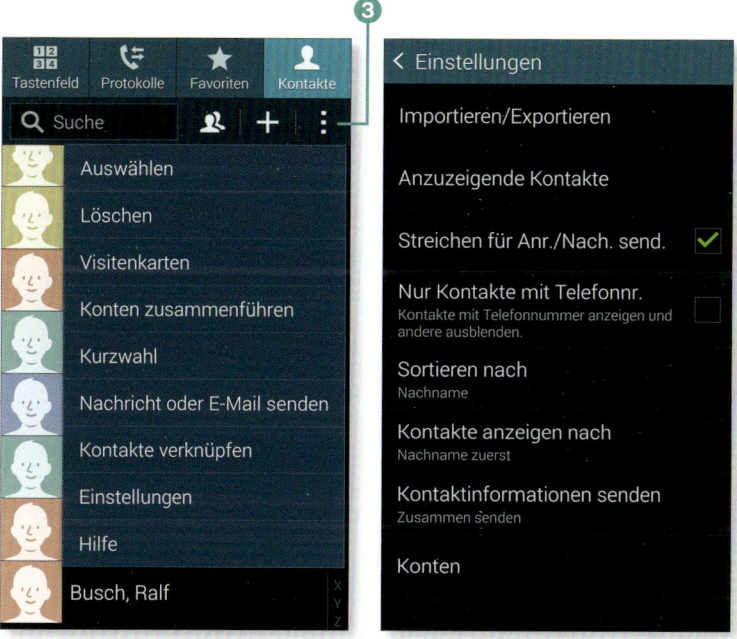

- **Konten zusammenführen**: An dieser Stelle können Sie aus einer externen Quelle importierte Kontakte mit Ihrer Google-Kontaktdatensammlung zusammenführen.

- **Kurzwahl**: Hier haben Sie die Möglichkeit, sämtliche Tasten des Zehnerblocks mit einer Kurzwahlrufnummer zu belegen. Wenn Sie die entsprechende Taste später länger antippen, wird der zugeordnete Kontakt angerufen.

- **Nachricht/E-Mail senden**: An eine frei zu definierende Auswahl von Kontakten wird dieselbe SMS bzw. Mail verschickt. Vorsicht: Beim SMS-Versand kann das teuer werden!

- **Kontakte verknüpfen**: eine Suche nach Dubletten (also doppelt auftretenden Einträgen) mit der Möglichkeit, diese zusammenzuführen.

- **Einstellungen**: Hier gelangen Sie über den Unterbereich **Kontakte** zu weiteren Konfigurationsmöglichkeiten der Kontakte-App. Insbesondere finden Sie hier ein Menü vor, welches den Import bestehender Kontakte gestattet.

- **Hilfe**: Hilfesystem der Telefon- und Kontakte-App.

Einen neuen Kontakt manuell hinzufügen

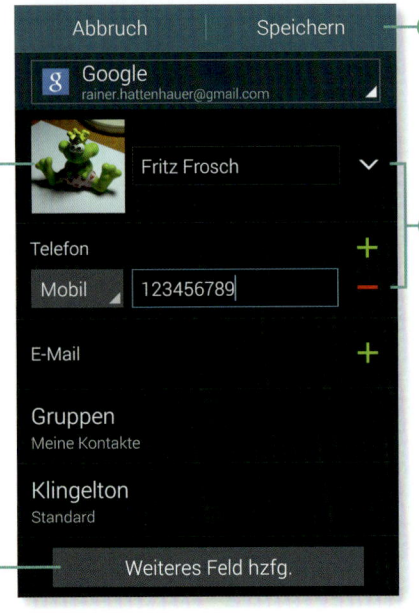

1. Tippen Sie in der Kontakte-App auf das +-Zeichen neben dem Suchfeld.

2. Wählen Sie zunächst das Konto aus, mit dem der Kontakt verknüpft werden soll. Ich empfehle an dieser Stelle die Verwendung des Google-Kontos. Später wird diese Frage nicht noch einmal gestellt, Sie können dann aber stets auch zu einem anderen der genannten Konten wechseln.

3. Geben Sie die Kontaktdaten ❶ ein. Durch Antippen des Fotosymbols ❷ können Sie von Ihrem Kontakt auch sofort ein Foto per Smartphone schießen und mit dem Kontakt verknüpfen.

Weitere Optionen, z. B. zum Eintragen eines Geburtstags, finden Sie, wenn Sie die Schaltfläche **Weiteres Feld hzfg.** ❸ antippen. Hier können Sie beispielsweise Geburtstage über das Feld **Termine** hinzufügen.

4. Bestätigen Sie die Änderungen schließlich durch Antippen der Schaltfläche **Speichern** ❹.

Verbindung zu einem Kontakt herstellen

Die Kommunikation mit Kontakten ist kinderleicht: Tippen Sie einen Kontakt aus dem Adressbuch an, oder suchen Sie ihn per Eingabe im Suchfeld. Die Kontaktdaten erscheinen, und es werden Ihnen diverse Möglichkeiten angeboten, mit dem gewählten Kontakt zu kommunizieren. Wählen Sie die gewünschte Möglichkeit aus, und die Verbindung wird entsprechend aufgebaut.

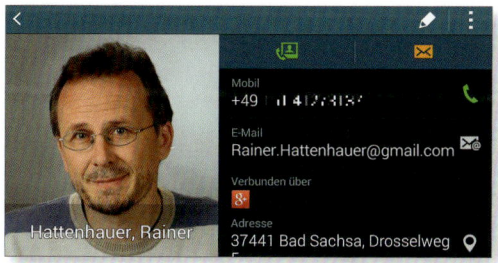

TIPP

Kontakt automatisch anwählen

Samsung hat beim S5 eine nette Extrafunktion für das Telefonieren eingebaut, die Sie einmal ausprobieren sollten:

Wenn Sie einen Kontakt aus dem Kontaktverzeichnis auswählen, dem eine eindeutige Telefonnummer zugeordnet ist, wird er automatisch angerufen, wenn Sie das S5 an Ihr Ohr halten.

Kontakte im Browserinterface

Die nahtlose Integration des Android-Systems in die Google-Cloud wird auch bei den Kontakten deutlich: Sie können auf die Kontakte auch problemlos per Browser zugreifen.

Loggen Sie sich mit Ihrem Google-Account am PC per Browser (z. B. Chrome) ein, und begeben Sie sich zum Bereich **Gmail ▸ Kontakte**. Dort finden Sie alle Kontakte Ihres Google-Kontos, die auch mit Ihrem Android-Smartphone synchronisiert wurden.

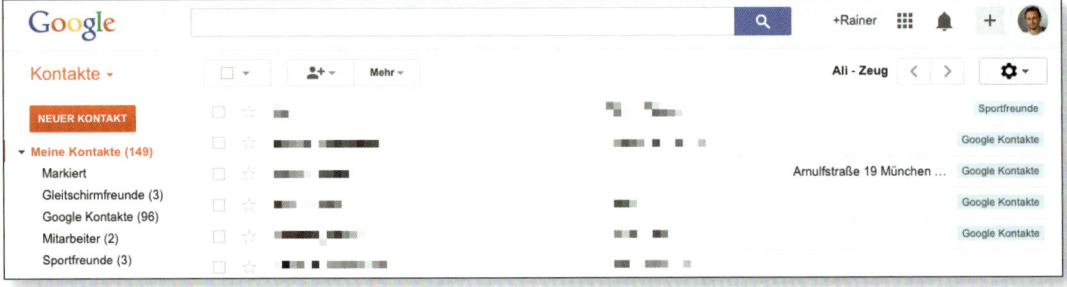

Ihre Kontakte finden Sie nach der Synchronisation online im Google-Mail-Bereich. Wählen Sie dazu im Dropdown-Menü der Mail-App im Browser den Punkt »Kontakte«.

Kontakte importieren

Das einfachste Szenario: Ihre Kontakte sind auf Ihrer SIM-Karte gespeichert, die sich ihrerseits in Ihrem neuen Smartphone befindet. Gehen Sie zum Import folgendermaßen vor:

1. Begeben Sie sich in der Kontakte-App in den Bereich **Einstellungen ▶ Kontakte**, und wählen Sie dort den Punkt **Importieren/Exportieren**.

2. Es erscheint ein Auswahldialog. Wählen Sie hier den Punkt **Von SIM-Karte importieren ❶**. Hinweis: Dieser Menüpunkt erscheint nur, wenn Sie eine SIM-Karte eingelegt haben und sich das Smartphone nicht im Flugmodus befindet.

3. Im nächsten Dialog wird gefragt, mit welchem Konto die Kontakte verknüpft werden sollen. Hier empfiehlt sich erneut das Google-Konto.

4. Nun wählen Sie die Kontakte aus, die übernommen werden sollen. Über den Punkt **Alle auswählen** werden sämtliche Kontakte übernommen.

5. Bestätigen Sie schließlich den Dialog über das Antippen der Schaltfläche **Fertig**.

Klingeltöne und Vibration anpassen

Was wäre die Handy-Welt nur ohne den bunten Zoo der Klingeltöne? In den nächsten Abschnitten erfahren Sie, wie Sie Ihr S5 soundtechnisch individuell gestalten.

1. Schauen wir uns zunächst einmal an, was Samsung an Bordmitteln bietet. Begeben Sie sich in den Bereich **Einstellungen ▸ Ton und Anzeige ▸ Ton**.

2. Zur Auswahl eines Klingeltons wählen Sie den Punkt **Klingeltöne** ❷.

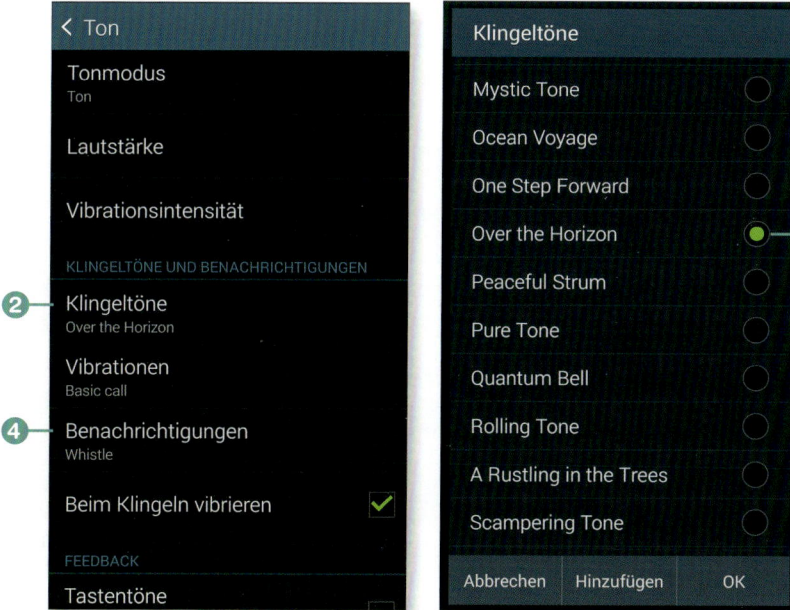

3. Tippen Sie verschiedene Töne in der Übersicht (❸ auf Seite 93) an. Diese werden in Form einer akustischen Vorschau sofort wiedergegeben. Wählen Sie einen Ihnen sympathischen Ton aus.

Auf die gleiche Art können Sie den Benachrichtigungston für Mails, SMS etc. ändern: Wählen Sie zu diesem Zweck den Punkt **Benachrichtigungen** ❹ aus.

Passen Sie die Lautstärke des Klingel- bzw. Benachrichtigungstons im Untermenü **Lautstärke** über die Schieberegler an. Hier können Sie auch die Lautstärke für die Medienwiedergabe ❺ etc. konfigurieren.

Analog verfahren Sie, um die Vibration des Geräts bei eingehenden Anrufen zu konfigurieren. Auch hier stehen Ihnen unterschiedliche Signale zur Verfügung, auch die Intensität können Sie konfigurieren.

Eigene Klingeltöne hinzufügen

Sie möchten Ihre Lieblingsmelodie als Klingelton haben? Kein Problem – Sie müssen lediglich dafür sorgen, dass das Musikstück auf einen allgemein zugänglichen Bereich geladen wird.

1. Begeben Sie sich wieder in den Bereich **Einstellungen ▸ Ton und Anzeige ▸ Ton**.

2. Wählen Sie den Punkt **Klingeltöne**, und betätigen Sie hier die Schaltfläche **Hinzufügen**.

3. Es öffnet sich ein Dialogfeld, in dem Sie den Quelldienst für die gewünschte Musik auswählen ❶.

Ich habe im Folgenden beispielsweise in einem **Dropbox**-Ordner ein Musikstück gespeichert. Mehr zur Konfiguration des Dropbox-Dienstes erfahren Sie im Abschnitt »Onlinespeicher nutzen« ab Seite 344.

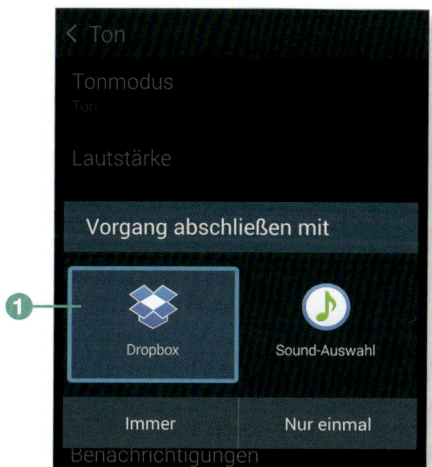

4. Wählen Sie das entsprechende Stück durch Antippen ❷ aus. Sollte es sich bei dem Klingelton wie beim vorliegenden Fall um ein Musikstück handeln, dann werden Sie noch gefragt, ob es auszugsweise oder **Von Anfang an** ❸ wiedergegeben werden soll. Treffen Sie Ihre Wahl.

Nun werden Sie in Zukunft von Ihrem Lieblingsstück ans Telefon gerufen.

> **HINWEIS**
>
> **Klingeltöne kaufen? – Bloß nicht!**
>
> Natürlich bleibt es Ihnen freigestellt, im Internet kostenpflichtige Klingeltöne à la »Jamba« zu erwerben. Davon rate ich aber ab, da diese Angebote oft Abonnements enthalten oder zumindest fragwürdig sind. In der Regel werden Sie aber auch bei kostenfreien Angeboten fündig.

Videotelefonieren mit Google Hangouts

Wenn Sie eine Begrenzung (z. B. 100 Freiminuten) in Ihrem Mobilfunkvertrag festgelegt haben, können Sie Telefonzeit sparen, indem Sie über WLAN telefonieren. Die Google-eigene Lösung ist bereits im System eingebaut und nennt sich *Google Hangouts*.

Hangouts ist eine App, mit der Sie über das Internet telefonieren können. Aber auch Videokonferenzen sind per Hangouts möglich. Zum Testen benötigen Sie einen Gesprächspartner, der ebenfalls ein Android-Smartphone besitzt, auf dem Google Hangouts installiert ist.

1. Beide Kommunikationspartner starten Hangouts auf ihrem Smartphone. Sie finden es über das App-Menü.

2. Beim ersten Start der App werden Sie gefragt, ob Hangouts zukünftig auch als SMS-App verwendet werden soll. Das können Sie mit der Schaltfläche **SMS aktivieren** bestätigen.

   Wir werden uns im nächsten Kapitel noch ausführlicher mit SMS & Co. beschäftigen.

3. Starten Sie nun einen Hangout, was so viel wie »Treff« bedeutet, durch Antippen der **+**-Schaltfläche ❶. Alternativ wischen Sie nach rechts und schauen nach, wer von Ihren Kontakten derzeit online ist. Wenn Sie

einen neuen Kontakt anrufen möchten, geben Sie in die Eingabezeile dessen Namen, E-Mail-Adresse oder Telefonnummer ein.

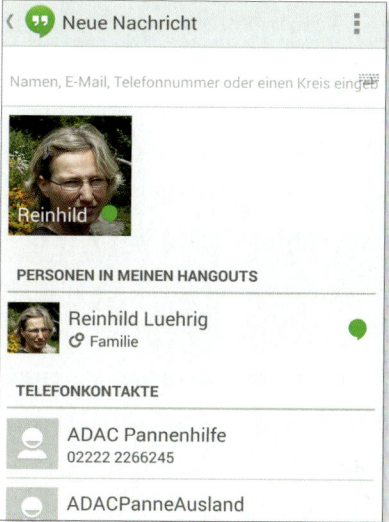

Das Tolle an einem Google-Hangout ist, dass Sie beliebig viele Freunde für eine Konferenzschaltung einladen können.

4. Die Videokonferenz leiten Sie nun durch Antippen der Schaltfläche **Videoanruf** ❷ ein.

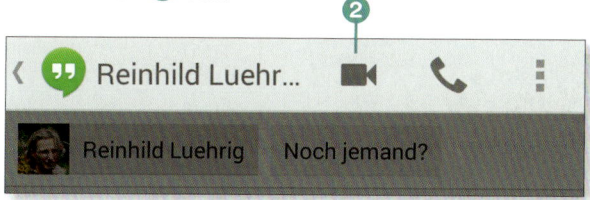

TIPP

Hangouts am PC per Browser

Google Hangouts können Sie auch prima per Browser am PC nutzen. Sie müssen natürlich ein Mikrofon, Lautsprecher und möglichst auch eine Webcam besitzen und bei Google eingeloggt sein. Die besten Rahmenbedingungen schaffen Sie, wenn Sie dazu den Google-Chrome-Browser verwenden.

5. Ihr Gegenüber wird automatisch benachrichtigt und schiebt wie beim Telefonieren das Hörersymbol zum Annehmen des Rufs nach rechts.

6. Durch Antippen der Bildschirmmitte gelangen weitere Schaltflächen zum Vorschein, insbesondere lässt sich hier der Anruf durch Antippen der roten Hörerfläche ❶ beenden.

So einfach und günstig kann »Videofonieren« sein!

Videotelefonie mit Google Hangouts. Zum Sichtbarmachen der Steuerflächen tippen Sie kurz auf das Display.

Die Alternative – Skype

Nun kann es ja durchaus vorkommen, dass Sie in Ihrem Bekanntenkreis den einen oder anderen iPhone-Fan haben. Möchten Sie mit diesen kostengünstig telefonieren, so bietet sich die Universallösung **Skype** an. Das Programm müssen Sie zunächst aus dem Play Store installieren. Dabei hilft der auf Seite 99 abgebildete QR-Code.

Mit Skype können Sie sowohl reine Audio- als auch Videotelefonate durchführen. Gehen Sie zur Einrichtung von Skype folgendermaßen vor:

Skype

1. Falls Sie noch keinen Account bei Skype haben, legen Sie einen solchen auf *https://login.skype.com/account/signup-form* an.

2. Laden Sie die Skype-App aus dem Google Play Store per QR-Code auf Ihr S5, und installieren Sie sie.

3. Starten Sie anschließend die Skype-App, und loggen Sie sich mit Ihrem Skype-Namen und dem zugehörigen Passwort ein.

4. Suchen Sie nach einem Gesprächspartner, der ebenfalls ins Skype-Netz eingeloggt ist. Das geschieht am einfachsten, indem Sie über das Kontaktmenü nach der (Ihnen bekannten) E-Mail-Adresse Ihres Gegenübers oder dessen Namen suchen. Fügen Sie den Skype-Namen zu Ihren Kontakten hinzu, und rufen Sie ihn an.

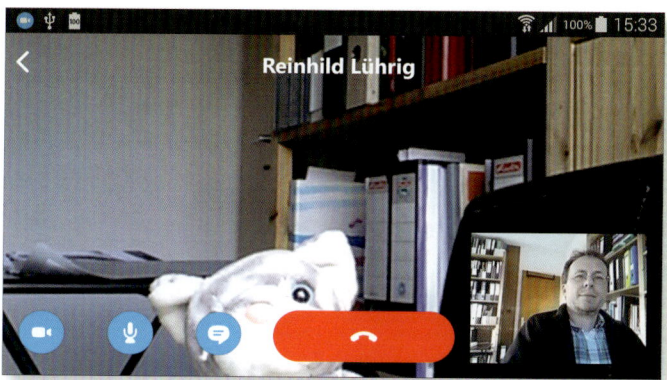

Sie können auch Teilnehmer im Festnetz anrufen. Dazu müssen Sie aber zunächst Ihr Onlineguthaben per Überweisung oder Kreditkarte aufladen. Ein Anruf ins Festnetz kostet ca. 2 Cent pro Minute.

5. Beginnen Sie ein Skype-Telefonat mit einem Bekannten, der die Software ebenfalls verwendet.

Nach dem Start läuft die App im Hintergrund und kann sofort auf eingehende Anrufe reagieren.

Skype lässt sich auf fast allen Smartphones und Computern nutzen. Unter *http://www.skype.com* finden Sie Programme für die gängigsten Betriebssysteme.

Einige nützliche GSM-Codes

Haben Sie schon von GSM-Codes gehört? Das sind kurze Kombinationen aus Zahlen und Symbolen, mit denen Sie schnell und einfach Einstellungen ändern und Informationen abrufen können. GSM steht für *Global System for Mobile Communications*, das bedeutet, GSM-Codes funktionieren bis auf wenige Ausnahmen auf jedem Handy und Smartphone gleich.

Um einen GSM-Code einzugeben, gehen Sie folgendermaßen vor:

1. Stellen Sie zunächst sicher, dass Sie mit einem Mobilfunknetz verbunden sind.

2. Starten Sie die Telefon-App so, als wollten Sie telefonieren, und geben Sie statt einer Telefonnummer einen der Codes aus der Tabelle auf der folgenden Seite ein.

3. In einigen Fällen ist der Code noch mit der Rufannahme-Taste (grüner Hörer) zu bestätigen.

Ein Beispiel: Wenn Sie *#0228# eingeben, erhalten Sie einige Informationen zum Akku und zum verwendeten GSM-Modus.

Die folgende Tabelle listet einige nützliche GSM-Codes auf, die mit einem S5 im Netz der Telekom getestet wurden. Beachten Sie aber: Einige Funktionen können je nach Provider abweichen.

GSM-Code	Funktion
*135#	eigene Handynummer anzeigen
#0#	verstecktes Testmenü öffnen
*#0228#	Akkuinformationen einholen
*#34971539#	Informationen zur Smartphone-Kamera
*#1111#	Gerätename
*#1234#	Firmwareversion ermitteln
*#06#	Seriennummer (IMEI) anzeigen
#31#	vor Rufnummer gesetzt: unterdrückt die Nummer
*43#	Anklopfen aktivieren
#43#	Anklopfen deaktivieren
*004#	Rufumleitung einschalten
#004#	Rufumleitung ausschalten
*#004#	Rufumleitung prüfen
##002#	Rufumleitung löschen
*#5005*86#	Mailboxeinstellungen anzeigen

Übersicht über einige interessante GSM-Codes

Kapitel 4
Nachrichten senden und empfangen

Obwohl wir im Zeitalter des mobilen Internets in erster Linie per Mail, Messenger oder Videokonferenz kommunizieren, hat die klassische SMS noch längst nicht ausgedient. Gerade im Ausland bietet sie eine günstige Form der Kommunikation, denn mobile Internetverbindungen sind dort noch vergleichsweise teuer. Aber auch MMS erfreuen die lieben Verwandten, wenn sie Ihr Abbild vor den klassischen Touristenzielen zeigen.

SMS senden und empfangen

Beginnen wir mit dem Klassiker: der guten alten SMS. Die Abkürzung steht für *Short Message Service*. Eines sei vorab gesagt: Es gibt heute wesentlich günstigere Methoden, Informationen per Text auszutauschen. So findet sich bei Heise Online ein Artikel, der die Kosten für die Übertragung einer Datenmenge von 1 Megabyte bei einem Tarif von 6 Cent pro SMS auf 470 € beziffert, vergleiche *http://bit.ly/1nJVaAk*. Im Vergleich dazu übertragen Sie die gleiche Datenmenge per E-Mail im EU-Raum für günstige 24 Cent. Der große Vorteil der SMS ist aber: Sie funktioniert auch im hintersten Winkel von Tadschikistan.

Alles, was Sie über den Versand von E-Mails mit Ihrem S5 wissen müssen, erfahren Sie übrigens in Kapitel 6, »E-Mails senden und empfangen«.

Der Weg zur ersten SMS auf Ihrem S5 ist leicht:

1. Suchen Sie auf Ihrem Homescreen im unteren Bereich das Icon **Nachrichten** ❶, und tippen Sie es an. Finden Sie dieses Icon nicht, suchen Sie nach der App über das **App-Menü** ❷.

2. Beim ersten Start wird Ihnen angeboten, die Nachrichten-App als Standard für zukünftige Textkommunikationen auszuwählen. Diese Nachfrage sollten Sie bestätigen. Damit wird der Nachrichten-App der Vorzug gegenüber *Hangouts* (siehe das vorherige Kapitel) gegeben.

   An dieser Stelle driften Google- und Samsung-Universum auseinander: Während Google die App Hangouts zum Übermitteln von Kurznachrichten bevorzugt, wartet Samsung hier mit der eigenen App *Nachrichten* auf.

   Nach dem Start präsentiert sich die Nachrichten-App in schlichtem Design.

3. Wählen Sie nach dem Starten der App das Symbol mit dem Stift ❶ zum Erstellen einer neuen Nachricht. Das große **+**-Zeichen ❷ im Hauptmenü dient dazu, besonders häufig genutzte Kontakte in eine sogenannte VIP-Liste einzutragen, um darauf schneller zugreifen zu können.

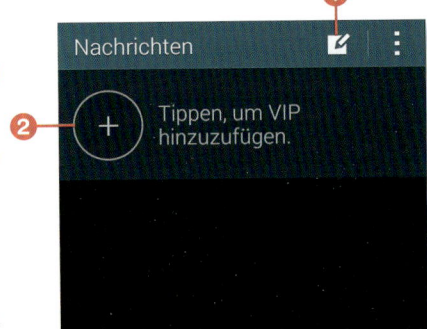

4. Geben Sie in das Feld **An** die Handy-nummer Ihres Gegenübers ein, oder wählen Sie einfach einen Kontakt aus Ihrem Adressbuch über die **Kontakte**-Schaltfläche ❸. Sie können hier auch direkt einen Namen eintippen, der nach einigen wenigen Buchstaben vom System vervollständigt wird.

5. Geben Sie einen Text in das Nachrichtenfeld ❹ ein. Mithilfe der integrierten Spracheingabe können Sie die kurzen Texte sogar diktieren – vorausgesetzt, Sie sind online.

6. Nach der Fertigstellung des Textes tippen Sie auf die umschlagförmige Schaltfläche **Senden** ❺.

Fertig! Die SMS tritt nun ihren Weg zum Empfänger an. Die Antwort Ihres Gegenübers erscheint direkt unter der verschickten SMS als Sprechblase. Um den Empfang einer SMS außerhalb der App zu bemerken, schauen Sie am besten auf das Nachrichten-Icon am unteren Bildrand: Hier wird jede neue SMS durch eine Zahl signalisiert. Sie können aber auch die Statusleiste herunterziehen und sich eine Vorschau der SMS anschauen.

Android-typisch werden Kommunikationen im Gesprächsverlauf gespeichert. Solche Verläufe nennt man *Threads*. Die Antwort erfolgt dann direkt im Thread.

Die Nachrichten-App bietet weitere Möglichkeiten für den SMS-Versand oder die Verwaltung Ihrer SMS. Tippen Sie dazu mit dem Finger länger auf die betreffende SMS im SMS-Darstellungsmodus.

Tippen Sie im erscheinenden Menü auf **Löschen** (❶ auf Seite 106), und die Nachricht verschwindet, es sei denn, Sie haben sie zuvor per **Schützen** ❷

gesperrt. Außerdem haben Sie hier die Möglichkeit, Nachrichten weiterzu-
leiten oder Details der Nachricht anzeigen zu lassen.

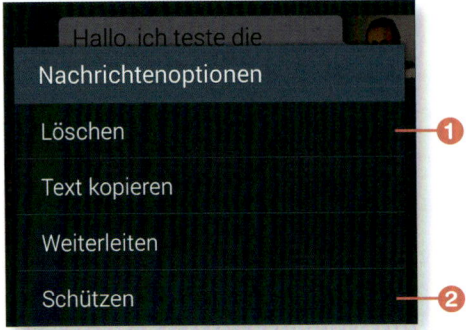

SMS verwalten

Um ganze Konversationen bzw. Threads zu entfernen, begeben Sie sich zunächst mithilfe der Zurück-Taste ins Hauptmenü der App.

Hier finden Sie sämtliche Gesprächsverläufe, geordnet nach Ihren Kommu-
nikationspartnern. An dieser Stelle können Sie komplette Threads löschen,
indem Sie diese länger antippen und anschließend das Mülleimersymbol ❸
antippen. Es verschwinden dann alle Nachrichten mit Ausnahme derjeni-
gen, die Sie als geschützt markiert haben.

 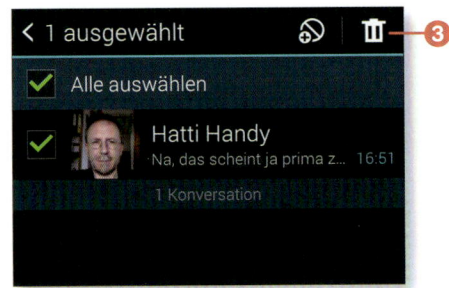

Threads werden durch langes Antippen gelöscht.

Schauen Sie sich auch einmal das Menü **Einstellungen** genauer an, das Sie durch Antippen der Menü-Schaltfläche ④ und die anschließende Auswahl des Menüpunkts **Einstellungen** ⑤ erreichen. Hier können Sie im Untermenü **SMS** ⑥ u. a. festlegen, ob Sie Zustellberichte für Ihre versendeten SMS wünschen, oder auch die Nummer der Nachrichtenzentrale vorgeben, falls dies nicht schon bereits automatisch über die SIM erfolgt ist.

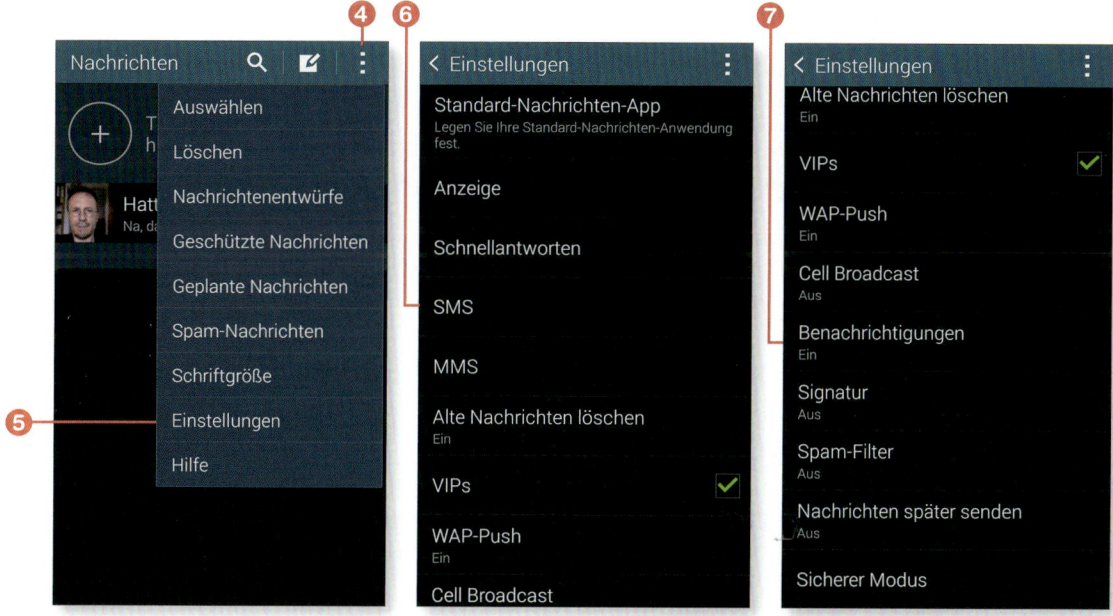

Wenn Sie sich in das Menü **Benachrichtigungen** ⑦ begeben, finden Sie außerdem Optionen, mit denen Sie die optische und akustische Meldung beim Eingang einer SMS beeinflussen können.

In den erweiterten Optionen können Sie u. a. den Benachrichtigungsklang der SMS verändern.

MMS senden und empfangen

War schon die SMS für die Mobilfunkprovider eine willkommene Geldquelle, so stellt die MMS (*Multi Messaging Service*) einen wahren Goldesel dar: Das Verschicken von multimedialen Inhalten wie Fotos, Textdokumenten oder kleinen Videos kostet richtig Geld – meist das Vier- bis Fünffache einer »normalen« SMS.

Der Versand einer MMS erfolgt prinzipiell über den gleichen Weg, über den auch andere Onlinedaten verschickt und empfangen werden, Sie haben also keinen Geschwindigkeitsvorteil gegenüber einer E-Mail. Somit fahren Sie wesentlich günstiger, wenn Sie Ihr Urlaubsfoto gleich per E-Mail-Attachment verschicken – am besten abends über das hoteleigene WLAN. Wenn Sie dennoch auf MMS nicht verzichten können, folgt hier die Anleitung zum Verschicken der Multimediabotschaft.

1. Stellen Sie sicher, dass Sie mit dem Smartphone online sind, d. h., dass sich das Gerät im Datenübertragungsmodus befindet (siehe dazu auch das folgende Kapitel).

2. Erstellen Sie einen SMS-Text wie schon zu Beginn dieses Kapitels beschrieben.

3. Wählen Sie durch Antippen des Büroklammersymbols ❶ die Option **Anhängen**. Hierdurch haben Sie die Möglichkeit, auf alle Medien zuzugreifen, die sich auf Ihrem S5 befinden.

   Sie können direkt ein neues Bild aufnehmen (**Foto aufnehmen**) oder ein altes aus der Bildergalerie wählen. Mehr zu Fotos und zur Bildergalerie erfahren Sie in Kapitel 9, »Fotografieren mit dem S5«.

4. Wählen Sie aus dem sich öffnenden Menü die Option **Bild** ❷, und begeben Sie sich in die Galerie. Wählen Sie dort ein Bild aus.

   Eine MMS darf in der Regel 300 Kilobyte nicht überschreiten. Sie müssen sich aber nicht selbst darum kümmern, das Bild auf die richtige Dateigröße zu verkleinern, das übernimmt Ihr Smartphone automatisch.

Sie erkennen die Größe des zu verschickenden Bilds an der Zahl unter dem Symbol zum Versenden. Im vorliegenden Fall wurde das Bild automatisch auf 268 Kilobyte reduziert.

5. Betätigen Sie dann die **Senden**-Schaltfläche ❸.

Fertig! Die MMS kommt allerdings nur dann beim Empfänger an, wenn er MMS ebenfalls aktiviert und konfiguriert hat. Falls nicht, erhält er aber auch eine Nachricht, sodass er zumindest informiert ist. Der eigentliche Empfang erfolgt wie bereits oben beschrieben automatisch, der Nutzer muss dazu nicht aktiv tätig werden.

> **TIPP**
>
> **MMS-Einrichtung leicht gemacht**
>
> Oft ist es schwierig, das Smartphone und seine Gegenstelle korrekt auf den Empfang von MMS einzustellen. Dabei hilft aber in der Regel der Provider. T-Online z. B. bietet einen Service an, mit dem der MMS-Dienst per SMS automatisch auf Ihrem Smartphone konfiguriert wird. Sie finden ihn unter *http://bit.ly/1jcuwzt*.

WhatsApp – die kostengünstige Alternative

Es gibt kostengünstige Alternativen zur klassischen SMS. Der Platzhirsch ist hier sicher *WhatsApp*. Der Name ist ein Wortspiel mit dem englischen Ausdruck *What's up?,* zu Deutsch »Was ist los?«. Die App gibt es für alle prominenten Smartphone-Betriebssysteme, und sie ist wirklich sehr verbreitet,

*WhatsApp
Messenger*

sodass die Chancen gut stehen, dass Sie damit eine Vielzahl von Freunden erreichen können.

Wenn Sie WhatsApp ausprobieren möchten, installieren Sie zunächst die App über den QR-Code, oder suchen Sie nach »WhatsApp« im Play Store.

Im ersten Jahr der Benutzung nach Aktivierung der App ist WhatsApp kostenlos, danach müssen Sie für jedes weitere Jahr 89 Cent Benutzungsgebühr bezahlen – ein echtes Schnäppchen im Vergleich zur klassischen SMS. Und so richten Sie WhatsApp ein:

1. Stellen Sie zunächst sicher, dass Sie sich im Mobilfunkmodus befinden bzw. Ihre SIM-Karte aktiviert haben. WhatsApp wird stets mit einer Mobilfunknummer verknüpft bzw. stellt über eine SMS-Autorisierung sicher, dass sich kein Datendieb mit Ihrer Mobilfunknummer beim Service anmeldet.

2. Starten Sie die App, und bestätigen Sie beim ersten Start die Lizenzvereinbarungen ❶.

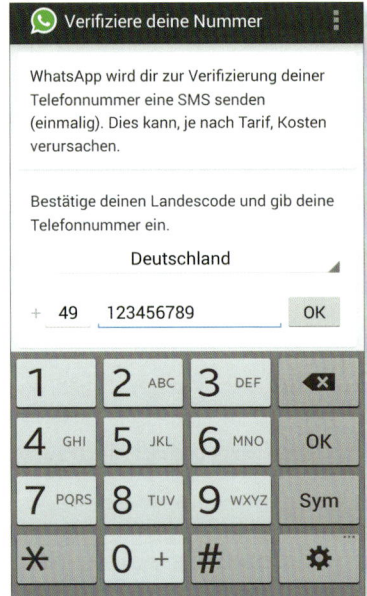

3. Geben Sie im ersten Dialogfeld Ihre Mobiltelefonnummer ohne führende Null ein. Wenn Sie Ihre Nummer nicht auswendig wissen, schauen Sie bitte noch einmal in der Tabelle am Ende von Kapitel 3, »Telefonieren und Kontakte einrichten«, auf Seite 101 nach, wie Sie sie schnell per GSM-Code in Erfahrung bringen.

4. Bestätigen Sie im nächsten Dialogfeld Ihre Telefonnummer. Das Anmeldungssystem testet nun per SMS-Gateway, ob Ihre Nummer gültig ist.

5. Wählen Sie im nächsten Schritt einen Namen ❷ und ggf. ein Profilbild ❸ aus. Denken Sie bei Namen und Foto daran, dass Sie von Ihren Freunden und Gesprächspartnern ja erkannt werden wollen.

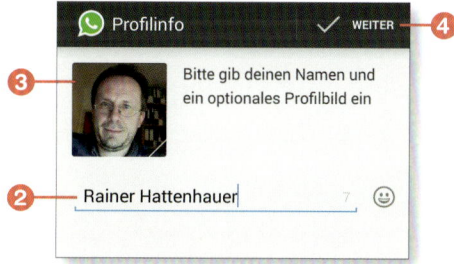

6. Durch Betätigen der Schaltfläche **Weiter** ❹ schließen Sie die Grundkonfiguration ab.

7. Schauen Sie nun einmal nach, wer von Ihren Freunden in der Kontaktesammlung WhatsApp bereits verwendet. Dazu tippen Sie auf das +-Symbol ❺.

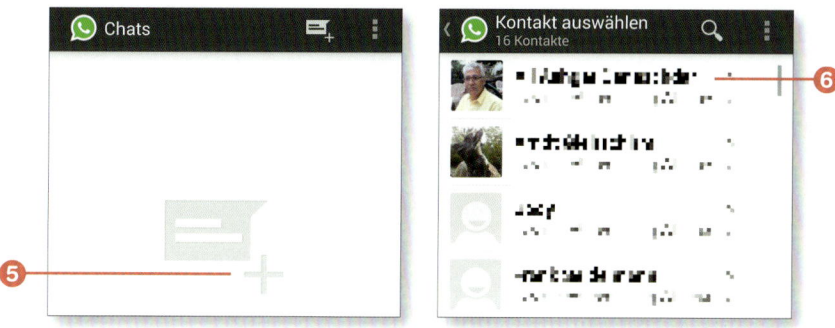

8. Kontaktieren Sie einen Freund, indem Sie seinen Namen in WhatsApp antippen (❻ auf Seite 111). Das Schöne an WhatsApp: Sie sind nicht in der Länge Ihrer Botschaften beschränkt und können auch Bilder, Audiodateien oder Videos anfügen. Und das Ganze ist um ein Vielfaches günstiger als bei SMS oder MMS.

Mit WhatsApp können Sie auch kostengünstig Bilder verschicken.

TIPP

Online im Ausland

Im Ausland gibt es verschiedene Möglichkeiten, kostengünstig via Textbotschaft zu kommunizieren. Für kurze Botschaften in Gebieten mit schlechter Verbindung ist immer noch die SMS das Mittel der Wahl. In Städten können Sie offene WLANs in vielen Cafés (z. B. bei McDonald's oder Starbucks) nutzen oder sich eine spezielle SIM für die Internetkommunikation von einem lokalen Anbieter besorgen. Mittlerweile sind zumindest im Bereich der EU die Datentarife gedeckelt: Mehr als 24 Cent pro Megabyte müssen Sie heute mit der SIM-Karte eines deutschen Providers in einem EU-Land nicht mehr bezahlen. Die Deutsche Telekom bietet außerdem Tages- oder Wochentickets zu vergleichsweise günstigen Preisen an, wenn Sie doch größere Datenmengen transferieren wollen: Ein Daypass kostet 2,95 € und beinhaltet ein Volumen von 50 MB – ideal zum Verschicken von Urlaubsbildern.

Weitere Programme zum Senden von Nachrichten

Wer direkt mit Freunden per Textbotschaft kommunizieren möchte, die ebenfalls ein Android-Handy besitzen, kann dazu Google Hangouts einsetzen, siehe dazu den Abschnitt »Videotelefonieren mit Google Hangouts« ab Seite 96. Das Programm versteht sich nicht nur auf Internettelefonie und Videokonferenzen, sondern kann auch zum Chatten genutzt werden.

1. Starte Sie Hangouts, und öffnen Sie Ihr Adressbuch.

2. Tippen Sie einen Kontakt an, der auch ein Android-Smartphone besitzt. Dadurch ist sichergestellt, dass Ihr Gegenüber ebenfalls Hangouts verwendet.

3. Starten Sie direkt einen Chat, indem Sie die Zeile am unteren Bildrand zum Eintippen einer Nachricht nutzen.

Google-Hangouts-Chats funktionieren übrigens auch im Browser auf dem PC, wenn Sie sich bei Google mit Ihrem Konto angemeldet haben.

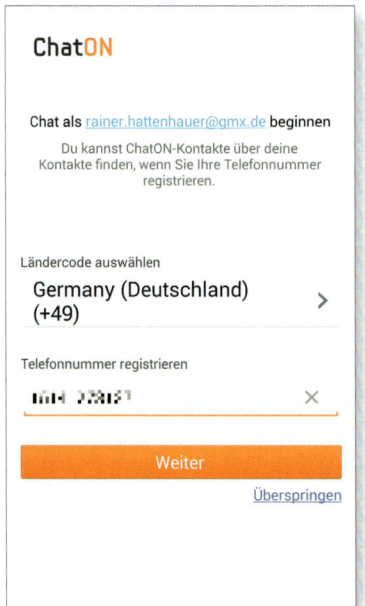 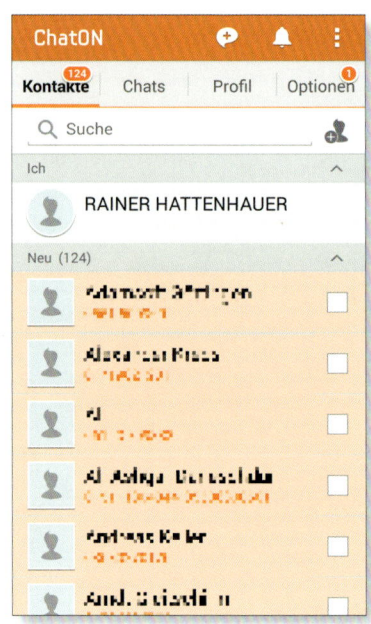

ChatOn ersetzt nach der Konfiguration die vordefinierte SMS-App.

Kapitel 5
Online mit dem Smartphone

Sicherlich wollen Sie mit Ihrem Smartphone auch ins Internet. Vielleicht war das ja sogar der Grund, warum Sie sich Ihr S5 gekauft haben. Deshalb werde ich Ihnen in diesem Kapitel zeigen, wie Sie das am besten anstellen und welche Möglichkeiten es gibt.

Über WLAN günstig ins Internet

Bevor Sie das Budget bei Ihrem Mobilfunkprovider unnötig strapazieren, zeige ich Ihnen den einfachsten und günstigsten Weg, mit Ihrem S5 ins Internet zu gelangen: per WLAN. So ein drahtloses Netz steht vielen Menschen zu Hause oder im Büro zur Verfügung, und so verursacht das Surfen keine weiteren Kosten.

> **INFO**
>
> **WLAN = Wi-Fi**
>
> Im Ausland können die Menschen mit dem deutschen Kunstwort *WLAN* bzw. *Wireless LAN* nichts anfangen – der drahtlose Internetzugang wird hier *Wi-Fi* genannt.

WLAN aktivieren und einrichten

Bevor Sie sich in einem WLAN anmelden, müssen Sie zunächst den WLAN-Empfang am Smartphone aktivieren. Bei Ihrem S5 geht das so:

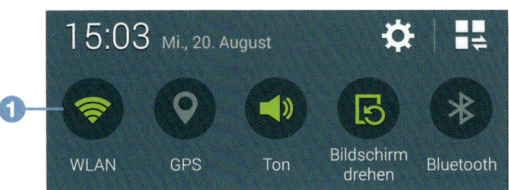

1. Ziehen Sie die Statusleiste herunter, und tippen Sie die Schnellschaltfläche **WLAN** ❶ an.

   Sollten Sie sich im heimischen WLAN befinden, so wird die Verbindung sofort hergestellt, vorausgesetzt, Sie haben während der Einrichtung Ihres Smartphones den Zugang zu diesem Netz schon definiert, siehe dazu den Abschnitt »Das S5 zum ersten Mal starten« ab Seite 18.

2. Um Zugang zu weiteren Netzen zu haben, begeben Sie sich durch längeres Antippen des WLAN-Symbols im Energie-Widget in den Bereich **WLAN**. Diesen finden Sie alternativ auch in den Einstellungen, die Sie über das Zahnradsymbol erreichen, unter **Netzwerkverbindungen**. Lassen Sie Ihr Smartphone die Umgebung nach drahtlosen Netzwerken scannen. Sollte dies nicht schon automatisch geschehen, dann tippen Sie für einen manuellen Scan die Schaltfläche **Suchen** ❶ aus dem App-Menü ❷ an.

3. Besonders einfach ist die Verbindung mit einem heimischen WLAN, wenn der Router über eine WPS (*WiFi Protected Setup*)-Taste verfügt.

In diesem Fall betätigen Sie zunächst die WPS-Taste am Router und tippen anschließend im Menü auf den Punkt **WPS – Taste drücken** (❸ auf Seite 116) – dadurch wird die Verbindung automatisch konfiguriert. Ob Ihr Router WPS unterstützt, wird im entsprechenden Netzeintrag in der Liste angezeigt ❹.

TIPP

Wann immer möglich, WLAN verwenden!

Die meisten Mobilfunkverträge bieten Zugang zum Internet per UMTS oder 3G an, einige sogar mit dem noch schnelleren LTE-Standard. Bei Prepaid-Verträgen wird in der Regel nach der Menge der übertragenen Daten abgerechnet – 1 MB übertragene Daten kostet dabei 24 Cent. Auch bei den viel beworbenen Mobilflatrates ab ca. 5 € pro Monat wird nach einer gewissen übertragenen Datenmenge (meist zwischen 200 MB und 1 GB) die Geschwindigkeit der Verbindung drastisch reduziert. Es empfiehlt sich also fast immer, Ihren Datentransfer per Mobilfunknetz zu begrenzen, wo es nur geht. Nutzen Sie stattdessen ein WLAN, um ins Internet zu gehen.

---

4. Um eine WLAN-Verbindung – ins heimische wie in andere Netze – manuell vorzunehmen, wählen Sie aus der Liste durch Antippen das Netz aus, dessen Zugangsdaten Sie besitzen. Im vorliegenden Fall ist es das Netz mit dem Namen *Drosselweg* ❺; der Name eines solchen Netzes wird auch als *SSID (Service Set Identifier)* bezeichnet.

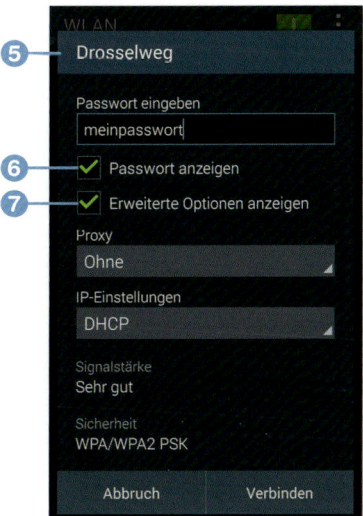

5. Geben Sie das Kennwort für das Netz ein ❻. Kennen Sie sich damit schon etwas besser aus, können Sie sich an dieser Stelle **Erweiterte Optionen anzeigen** ❼ lassen, um weitere Konfigurationen vorzunehmen.

6. Kurze Zeit später sollten Sie die Meldung erhalten, dass Ihr Smartphone mit dem WLAN verbunden wurde. Außerdem wird dies durch ein entsprechendes Symbol ❶ in der Statusleiste angezeigt. Eine parallele Verbindung per Mobilfunknetz wird zugunsten der WLAN-Verbindung abgebrochen. Wenn Sie die Option **Intelligenter Netzwechsel** ❷ aktiviert haben, schaltet Ihr S5 zwischen WLAN und mobilem Netzwerk um, damit die Verbindung zum Internet stets gewährleistet ist.

Ein erster Verbindungstest

Nachdem Sie nun mit dem Internet verbunden sind, rufen Sie eine beliebige Seite im Browser des Smartphones auf, um sich zu überzeugen, dass die Verbindung steht. Der Browser versteckt sich hinter dem Icon mit dem Namen **Internet**. Rufen Sie z. B. die Seite *www.google.de* auf. Um einen Eindruck von der Verbindungsgeschwindigkeit zu erhalten, begeben Sie sich auf die Seite *http://www.wieistmeineip.de/speedtest/*.

Test der Verbindungsgeschwindigkeit

Was tun bei Problemen?

Im Normalfall wird sich Ihr Smartphone ohne Probleme mit dem heimischen Router verbinden. Sollte trotz aller Bemühungen keine Verbindung zustande kommen, so prüfen Sie, ob auf Ihrem Router ein sogenannter DHCP-Server läuft. Dieser weist den angeschlossenen Endgeräten, im vorliegenden Fall also Ihrem Smartphone, automatisch eine eindeutige Netzwerkadresse zu (siehe die folgende Abbildung), die sich aber auch einmal ändern kann.

Dagegen erfordert es das Login in einige Firmen-WLANs, dass Ihr Smartphone mit einer festen IP versehen wird. Diese definieren Sie ebenfalls in den WLAN-Einstellungen, und zwar im erweiterten Menü. Tippen Sie dazu länger auf den zu bearbeitenden WLAN-Eintrag im Menü **Einstellungen ▸ Netzwerkverbindungen ▸ WLAN**, und wählen Sie den Punkt **Netzwerkkonfig. ändern**. Hier ändern Sie nun die bestehenden Einstellungen. Achtung: Viele Optionen, so auch die Konfiguration einer statischen IP-Adresse, werden erst sichtbar, wenn Sie den Haken bei **Erweiterte Optionen anzeigen** setzen (siehe die Abbildung auf Seite 117).

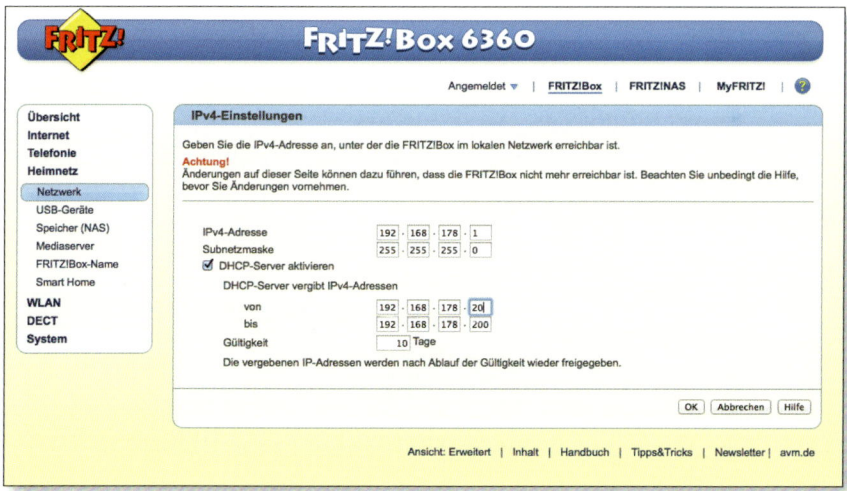

Die meisten Router (hier eine Fritz!Box) werden über ein Browserinterface konfiguriert. Damit können Sie überprüfen, ob ein DHCP-Server aktiviert wurde. Näheres entnehmen Sie bitte dem Handbuch Ihres Routers.

Im erweiterten Menübereich können Sie das Feintuning der Netzwerkeinstellungen vornehmen, so z. B. auch eine statische IP für Ihr Gerät definieren.

Das erweiterte Menü der WLAN-Konfigurations-App (Sie erreichen es über die Menü-Schaltfläche) enthält u. a. Informationen zur *MAC-Adresse* Ihres Smartphones. Dabei handelt es sich um eine eindeutige Hardwareadresse, anhand derer das Gerät in besonders abgesicherten WLANs identifiziert werden kann.

WLANs analysieren

Wifi Analyzer

Möchten Sie mehr Informationen über die in Ihrer Nähe befindlichen WLANs erhalten, so bietet sich die App *Wifi Analyzer* an. Damit können Sie insbesondere die Signalstärke Ihres WLAN ausloten und über eine Dreieckspeilung sogar unbekannte Router ausfindig machen. Ideal ist die App dann, wenn es darum geht, einen Kanal für Ihr WLAN ausfindig zu machen, der keine oder wenige andere Funknetze enthält.

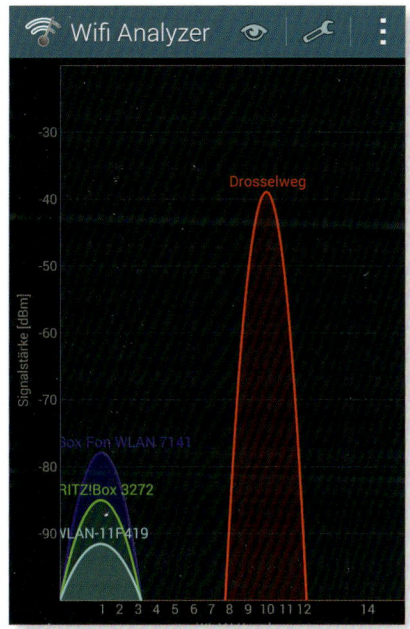
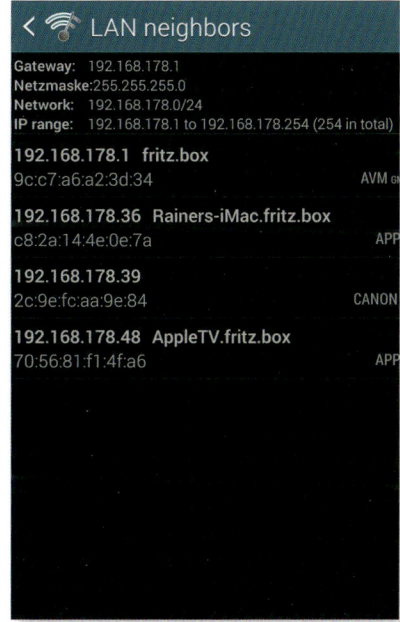

Der Wifi Analyzer bietet eine perfekte Analyse der Netzwerkumgebung. Im Beispiel senden drei schwache Netze auf demselben Kanal (Nr. 1), was zu Störungen führen kann. Rechts sehen Sie einen Scan der eigenen Umgebung.

Überall online mit UMTS und Co.

Nachdem Sie nun per WLAN den ersten Kontakt zum Internet hergestellt haben, wünschen Sie sich vielleicht, per Mobilfunknetz überall online gehen zu können.

In dieser Tabelle sehen Sie zunächst, welche Übertragungsraten beim mobilen Datenverkehr aktuell zur Verfügung stehen.

Mobilfunktechnik	Maximale Downloadrate	Zeit für 5-MB-Download
GPRS	54 Kbps	760 Sekunden
EDGE	217 Kbps	190 Sekunden

Mobilfunktechnik	Maximale Downloadrate	Zeit für 5-MB-Download
UMTS (auch: WCDMA)	384 Kbps	105 Sekunden
HSDPA (1. Ausbaustufe)	1800 Kbps	20 Sekunden
HSDPA (2. Ausbaustufe)	3600 Kbps	10 Sekunden
HSDPA (3. Ausbaustufe)	7200 Kbps	5 Sekunden
LTE (4. Ausbaustufe)	50.000 Kbps	< 1 Sekunde

Übersicht über die Übertragungstechniken und theoretisch möglichen Datenraten beim mobilen Datenverkehr

Was bedeuten die Raten in der Praxis des mobilen Surfens?

- *GPRS* genügt in der Regel, wenn es lediglich darum geht, Textnachrichten wie E-Mails zu senden und zu empfangen bzw. über den Eingang neuer Mails informiert zu werden. Auf diese Geschwindigkeit wird das Surfen im Übrigen begrenzt, wenn Sie Ihr monatliches Datenkontingent überschritten haben.

- Mit dem *EDGE*-Standard sind Sie in der Lage, auf speziell aufbereiteten mobilen Webseiten zu surfen. »Reines« UMTS ist nicht wesentlich schneller als EDGE, sodass Sie im Zweifelsfall EDGE bevorzugen sollten: Dieses Verfahren belastet den Akku Ihres Smartphones weniger.

- Wenn es flott gehen soll und Sie größere Datenmengen aus dem Internet herunterladen möchten, ist *HSDPA* das Mittel der Wahl.

- Mittlerweile steht in Deutschland auch der Datenturbo *LTE* weiträumig zur Verfügung. Problematisch ist hier die Tatsache, dass Sie bei unbedachter Nutzung Ihr limitiertes mobiles Highspeed-Datenvolumen binnen kürzester Zeit verbrauchen.

Den richtigen Anbieter finden

Das mobile Internet ist aufgrund der vielen günstigen Angebote mittlerweile für alle bezahlbar geworden. Dennoch empfiehlt sich vor Abschluss eines Mobilfunkvertrags mit integrierter Datenflatrate eine vorherige Recherche. Achten Sie dabei auf diese Kriterien:

- **Netzabdeckung:** Welches Netz deckt den geografischen Bereich, in dem Sie sich üblicherweise außer Haus bewegen, am besten ab? Ich wohne z. B. auf dem Land, und hier stellt mitunter das D-Netz der Telekom die einzige Option dar, um schnell ins Internet zu gelangen. LTE hält mittlerweile auch in abgelegenen Dörfern Einzug, deren Einwohner nicht mit DSL-Festnetzanschlüssen versorgt werden können.

- **Enthaltenes Datenvolumen:** Mehr als 500 MB mobiles Volumen pro Monat braucht kaum jemand, selbst wenn Sie ständig Ihre Mails per Push abrufen oder die Statusmeldungen der Freunde auf Facebook verfolgen. Auch ein paar längere Internetsitzungen täglich und die Navigation per Google Maps sind damit drin. Anders sieht es natürlich aus, wenn Sie auch auf der Zugfahrt mit YouTube und Co. versorgt werden möchten: Das zehrt beträchtlich an Ihrem Kontingent.

- **Mindestvertragslaufzeit:** Sollte bei der Vielfalt heutiger Angebote eigentlich kein Thema sein bzw. vermieden werden. Die Preise ändern sich rasant, und nichts ist ärgerlicher, als auf einem Vertrag festzusitzen, der doppelt so teuer wie das neue Angebot der Konkurrenz ist.

INFO

Vergleichen Sie Mobilfunktarife und Netzabdeckungen

Wer eine unabhängige Seite sucht, die Mobilfunktarife tagesaktuell einander gegenüberstellt, wird auf *www.laptopkarten.de* fündig. Insbesondere finden Sie hier auch Links zur Netzabdeckung der gängigen Mobilfunknetze.

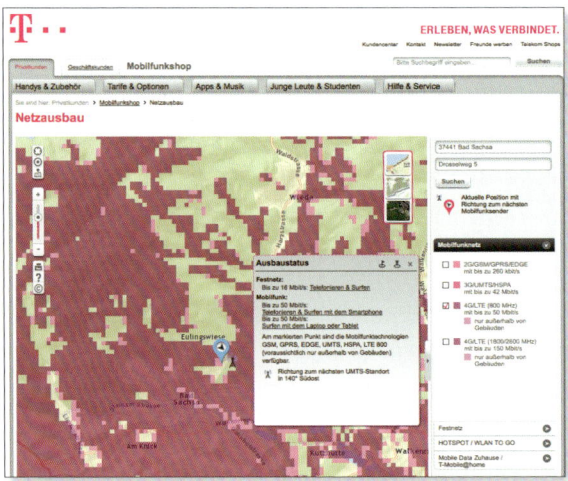

Auf »www.t-mobile.de/ funkversorgung/inland« sehen Sie die Netzabdeckung von T-Mobile an einer von Ihnen gewählten Adresse. Dunkelrosa Bereiche bieten Datenübertragung per UMTS oder HSDPA.

Den mobilen Datenzugang einrichten

In den Pionierzeiten des mobilen Internets hätte an dieser Stelle eine mehrseitige Anleitung gestanden. Heute heißt es: SIM-Karte ins Smartphone stecken, einschalten, fertig! Die Provider bieten mittlerweile vorkonfigurierte Zugänge zum mobilen Internet an. Sobald eine Internetverbindung erforderlich ist, stellt das Smartphone sie automatisch über die auf der SIM-Karte abgelegten Providerdaten her. Der Test der Verbindung erfolgt dann wieder, wie im Abschnitt »Ein erster Verbindungstest« ab Seite 118 beschrieben, über den Aufruf einer Seite im Android-Webbrowser.

Ein wenig schwieriger ist es, dem Smartphone abzugewöhnen, automatisch eine Internetverbindung herzustellen und permanent Daten zu laden. Dies erreichen Sie beim Galaxy S5 am schnellsten durch Auswählen des Flug- bzw. Offline-Modus ❶. Dabei werden sämtliche Netzwerkverbindungen gekappt, auch Telefonieren

Den Offline-Modus aktivieren und deaktivieren Sie durch langes Drücken des Ein-Aus-Schalters. Dadurch wird jeglicher Datenverkehr unterbrochen.

ist dann nicht mehr möglich. Eine entsprechende Schaltfläche finden Sie in den Schnellschaltflächen oder durch längeren Druck auf den Ein-Aus-Schalter.

> **TIPP**
>
> **Offline-Modus spart Energie**
>
> Wenn Sie mit dem Ein-Aus-Schalter in den Offline-Modus (auch Flugzeugmodus genannt) wechseln, können Sie die Akkulaufzeit verlängern. Der Nachteil: Sie sind dann nicht erreichbar.

In den Einstellungen können Sie die Konfiguration Ihres mobilen Internetzugangs feintunen. Gehen Sie dazu auf **Einstellungen** ▶ **Netzwerkverbindungen** ▶ **Weitere Einstellungen** ▶ **Mobile Netzwerke**: Zunächst lässt sich dort die Datenübertragung über den Punkt **Mobile Daten ❷** deaktivieren – im Gegensatz zum Flugmodus kann anschließend weiterhin telefoniert werden. Außerdem können Sie hier direkt auswählen, über welchen Netzwerkstandard (siehe die Tabelle ab Seite 121) die Verbindung erfolgen soll. LTE- und WCDMA-Modi bzw. die automatische Verbindung zehren deutlich stärker am Akku als der EDGE-Modus. Wenn Sie sowieso auf dem Land unterwegs sind, sollten Sie Letzteren bevorzugen ❸. Sollten Sie im nicht europäischen Ausland unterwegs sein, dann empfiehlt sich die Deaktivierung des Menüpunkts **Daten-Roaming ❹**.

Im Bereich »Mobile Netzwerke« wählen Sie den Modus für die mobile Datenübertragung aus. Die automatische Verbindung zehrt dabei deutlich stärker am Akku, zum Energiesparen wählen Sie für unterwegs »Nur GSM«.

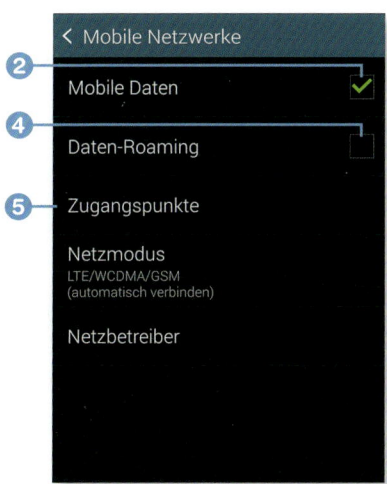

Den Zugang manuell einrichten

Einige Provider erfordern manuelle Nacharbeit, wenn es darum geht, den mobilen Zugang zum Internet herzustellen. Das ist insbesondere bei Prepaid-Anbietern der Fall, wenn Sie nicht von vornherein eine Flatrate für den Datenzugang mitgebucht haben. So richten Sie den Zugang manuell ein:

1. Begeben Sie sich in der App **Einstellungen** zum Bereich **Netzwerkverbindungen**, und rufen Sie dort den Unterpunkt **Weitere Einstellungen** auf. Wählen Sie im folgenden Menü den Punkt **Mobile Netzwerke**. Dieser ist nur dann anwählbar, wenn Sie Ihre SIM-Karte aktiviert haben, sich also nicht etwa im Flugmodus befinden.

2. Stellen Sie zunächst sicher, dass der Netzmodus aktiviert ist. Das erkennen Sie am Häkchen neben **Mobile Daten** (siehe die Abbildung oben).

3. Zur Einrichtung eines Zugangs zum mobilen Internet wählen Sie hier den Punkt **Zugangspunkte** (**5** auf Seite 125) und tippen zum Einrichten eines neuen Zugangspunkts die **+**-Schaltfläche **1** an. Zugangspunkt heißt im Englischen *APN (Access Point Name)*, daher die Untermenübezeichnung **APNs** **2**.

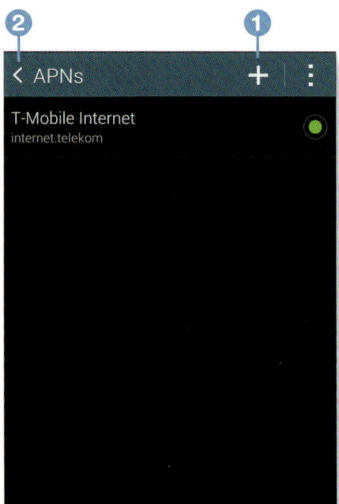
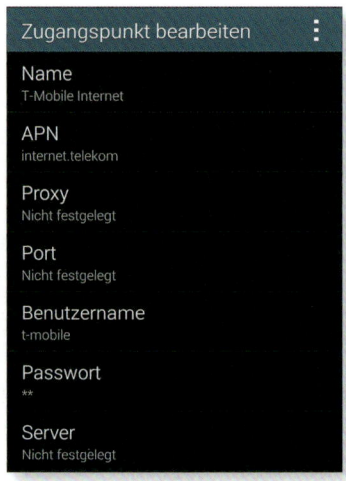
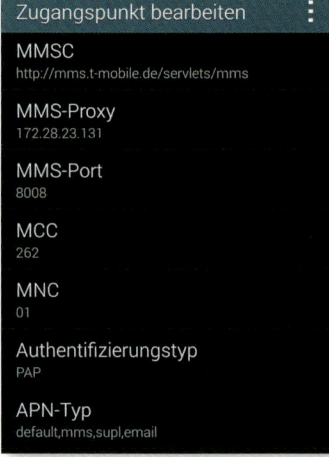

4. Tragen Sie hier die von Ihrem Provider vorgegebenen Daten ein. Diese Daten finden Sie auf der Website Ihres Providers oder per Google über die Suchabfrage »APN [Name des Providers]«. Für das T-Mobile-Netz sehen Sie die benötigten Daten in der folgenden Tabelle. Benutzername und Passwort sind zwar beliebig, dürfen aber dennoch nicht leer gelassen werden.

Wie schon erwähnt: Im Normalfall wird der Zugangspunkt bei eingelegter und aktivierter SIM-Karte selbstständig konfiguriert. Auch die Möglichkeit, MMS zu versenden, erfordert die Konfiguration des APN.

Menüpunkt	Einstellung
Name	z. B. T-Mobile Internet
APN	internet.telekom
Benutzername	t-mobile
Passwort	d1
Authentifizierungstyp	PAP

Zwischen Verbindungsarten wechseln

Ihr Galaxy S5 kann sich mit unterschiedlichen Datenraten mit dem Internet verbinden. In der Praxis ist es ratsam, die schnellsten Übertragungsmodi LTE bzw. UMTS/HSDPA nur dann zu wählen, wenn Sie sie wirklich nutzen können und wollen, z. B. bei grafik- oder multimedialastigen Internetseiten oder im Bedarfsfall bei Downloads.

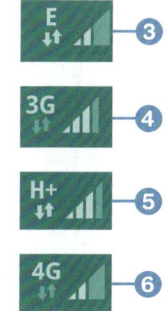

In der Statusleiste finden Sie Informationen darüber, wie schnell Sie im Moment mit dem Internet verbunden sind. Die Symbole bedeuten: EDGE-Modus ❸, UMTS-(3G-)Modus ❹, HSDPA-Modus ❺, 4G/LTE-Modus ❻. (Siehe zu den Modi auch den Abschnitt »Überall online mit UMTS und Co.« ab Seite 121.)

Sie schalten zwischen dem normalen EDGE-Modus und den schnellen Übertragungsmodi im Einstellungsmenü im Bereich **Netzwerkverbindungen** ▸ **Weitere Einstellungen** ▸ **Mobile Netzwerke** ▸ **Netzmodus** um. In der Regel ist dort die automatische Wahl des schnellsten Modus voreingestellt. Achten Sie darauf, dass der Punkt bei **Nur GSM** entfernt ist, da Sie sonst »mit angezogener Handbremse« surfen.

Während der Datenübertragung erkennen Sie an dem entsprechenden Symbol in der Statuszeile, ob Sie sich im schnellen Übertragungsmodus befinden. Der Datentransfer wird damit ebenfalls angezeigt: Ein ausgefüllter Pfeil nach unten bedeutet das Herunterladen (*Download*), ein ausgefüllter Pfeil nach oben das Hochladen (*Upload*) von Daten.

TIPP

Downloads beschleunigen – der Download-Booster

Wenn Sie größere Dateien (über 30 MB) aus dem Internet herunterladen möchten, dann können Sie den Download mit dem Download-Booster beschleunigen. Dabei werden bei vorhandener LTE- *und* WLAN-Verbindung beide Kanäle gekoppelt, was zu einer sehr hohen Download-Geschwindigkeit führt. Sie können den Download-Booster in den **Einstellungen** unter **Netzwerkverbindungen** ▸ **Download-Booster** aktivieren.

Behalten Sie die Kosten im Blick

Eigentlich ist es ziemlich riskant, ein Smartphone ohne mobile Datenflatrate zu betreiben: Zu groß ist die Gefahr, durch unbeabsichtigten Verbindungsaufbau bei einem unlimitierten Tarif in die Kostenfalle zu geraten. Immerhin werden Sie nach neuem EU-Recht darüber informiert, wenn die Kosten einen bestimmten Betrag (meist 60 €) überschreiten. Aber auch Flatrate-Inhaber sollten sich darüber im Klaren sein, dass ihr Freivolumen nicht unbegrenzt ist und sie nach dessen Verbrauch im Schneckentempo im Internet unterwegs sind. Grund genug, den Datentransfer zu überwachen.

Bei Ihrem Galaxy S5 können Sie Ihren Datenverbrauch direkt in den Systemeinstellungen überprüfen.

1. Begeben Sie sich in den Einstellungen in den Bereich **Netzwerkverbindungen ▶ Datennutzung**. Hier können Sie den Datenverbrauch einsehen, aber auch Limits festlegen.

2. Stellen Sie Ihr Datenlimit durch Verändern der Markierungen ein **❶**. Durch Antippen der Zahlen gelangen Sie in einen Feinjustierungsmodus **❷**.

3. Passen Sie den Zeitraum der Überprüfung (den **Datennutzungszyklus**) an **❸**.

Nach dem Überschreiten eines solchen Limits werden Sie benachrichtigt, und die Onlineverbindung wird gekappt, sodass keine weiteren Kosten anfallen können. Sie können auch überprüfen, welche Apps den meisten Datenverkehr verursacht haben. Scrollen Sie dazu einfach in der App nach unten.

Meine Grenze habe ich auf 500 MB gesetzt, die erste Warnung erhalte ich bereits bei 350 MB Datenverkehr. Über das App-Menü können Sie auch die Protokollierung des WLAN-Datenverbrauchs aktivieren.

TIPP

Datenverbrauch direkt kontrollieren

Kunden der Deutschen Telekom (T-Mobile, Congstar) haben die Möglichkeit, ihr verbrauchtes Datenvolumen direkt unter *pass.telekom.de* einzusehen. Dazu müssen Sie die Seite über das Mobilfunknetz aufrufen.

Mit anderen Geräten die Internetverbindung des S5 nutzen (Tethering)

Stellen Sie sich vor, Sie sind unterwegs und wollen mit Ihrem Laptop ins Internet, haben aber keinen WLAN-Zugang. Kein Problem! Denn Sie können die Internetverbindung Ihres Galaxy nutzen und so Ihren Laptop oder auch andere Geräte über das S5 mit dem Internet verbinden. Das nennt man *Tethering*. Sie können über Tethering eine Verbindung sowohl über USB als auch kabellos über einen WLAN-Hotspot herstellen. Der Einfachheit halber beschränke ich mich im Folgenden darauf, Ihnen zu zeigen, wie man eine drahtlose Verbindung herstellt. Für die Nutzung des Smartphones als USB-Modem müssen auf dem Laptop ggf. noch Treiber installiert werden.

1. Stellen Sie mit Ihrem S5 wie oben beschrieben eine Datenverbindung zum Mobilfunknetz her.

Begeben Sie sich in den Einstellungen in den Bereich **Netzwerkverbindungen,** und wählen Sie hier den Punkt **Tethering und Mobile Hotspot**. Tippen Sie auf den Punkt **Mobile Hotspot**, und aktivieren Sie diesen über den Schalter ❶.

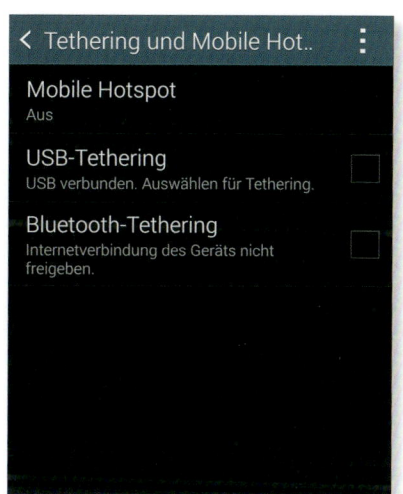
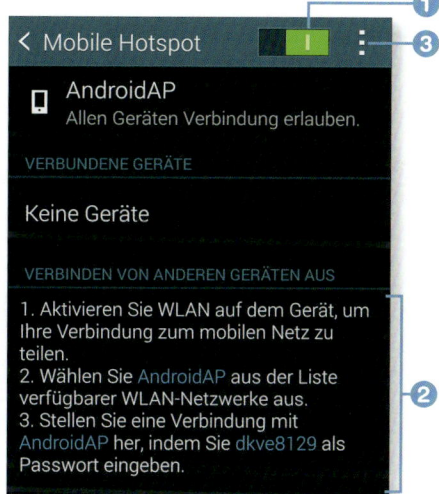

2. Damit können Sie bereits das S5 als Hotspot nutzen. Die Zugangsdaten für externe Geräte entnehmen Sie der Anleitung ❷ auf dem Display.

3. Wenn Sie den Zugang individueller konfigurieren möchten, dann tippen Sie auf das App-Menü ❸ und wählen dort den Punkt **Mobile Hotspot konfigurieren**. Hier können Sie Ihrem Hotspot einen anderen Namen ❹ (auch SSID genannt) sowie ein frei gewähltes Passwort ❺ zuweisen.

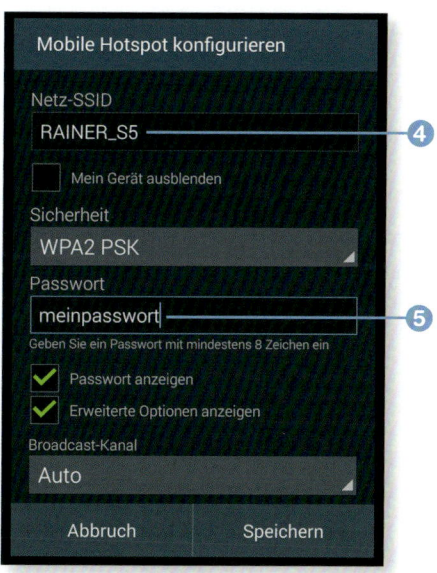

4. Achten Sie darauf, dass nach dieser individuellen Konfiguration des WLAN-Hotspots der Schalter **Mobile Hotspot** aktiviert wurde.

Nun können Sie sich auf dem Laptop mit Ihrem Smartphone wie mit jedem anderen WLAN-Hotspot verbinden.

Auf dem Laptop, hier ein MacBook, finden Sie den neuen WLAN-Hotspot unter den Drahtlosnetzwerken. Wenn Sie den Namen nicht geändert haben, heißt er *AndroidAP*, in meinem Fall ist es *RAINER_S5*.

Auf Ihrem PC bzw. Laptop sehen Sie die neue WLAN-Verbindung wie jedes andere WLAN-Netz.

Im Internet surfen

Ihr Galaxy S5 ist von vornherein mit zwei leistungsfähigen Browsern ausgestattet: Durch Antippen des Icons **Internet** starten Sie den Samsung-eigenen Browser. Dieser befindet sich in der Standardkonfiguration gleich am unteren Displayrand. Wer mag, kann natürlich auch andere Browser, z. B. den Google-Browser **Chrome**, verwenden. Dieser ist im App-Menü zu finden und funktioniert ganz ähnlich wie die im Folgenden beschriebene App (der Samsung-Browser). Sie können natürlich noch weitere Browser aus dem Google Play Store installieren, ich empfehle aber, dass Sie zunächst diese beiden Browser einmal ausprobieren.

Die beiden mitgelieferten Browser im Vergleich: der angepasste Samsung-Browser (links) und der Chrome-Browser (rechts). Letzterer stellt im Vergleich zum Samsung-Browser die aktuelle Seite im augenschonenden Mobilgeräte-modus dar.

TIPP

Such-Widget nutzen

Zum integrierten Google-Browser bzw. zu **Google Now** (siehe den Abschnitt »Google Now und der Knowledge Graph« ab Seite 142) gelangen Sie auch, wenn Sie eine Suchabfrage im Such-Widget ein-geben. Dieses befindet sich in der Standardkonfiguration auf dem Homescreen.

Wenn Sie sich für einen Browser entschieden haben, wollen Sie bestimmt auch endlich im Internet surfen. Rufen Sie dazu einfach einmal eine beliebige Internetseite auf. Tippen Sie z. B. *www.heise.de* in die Adresszeile (siehe Erklärungen zur Abbildung unten) des Browsers ein.

Die Seite wird aufgerufen. Schauen wir uns die einzelnen Elemente des Browsers einmal an. Dazu vorab ein Hinweis: Die Steuerelemente des Samsung-Browsers erscheinen erst, wenn man aktiv per Fingerbewegung nach oben scrollt.

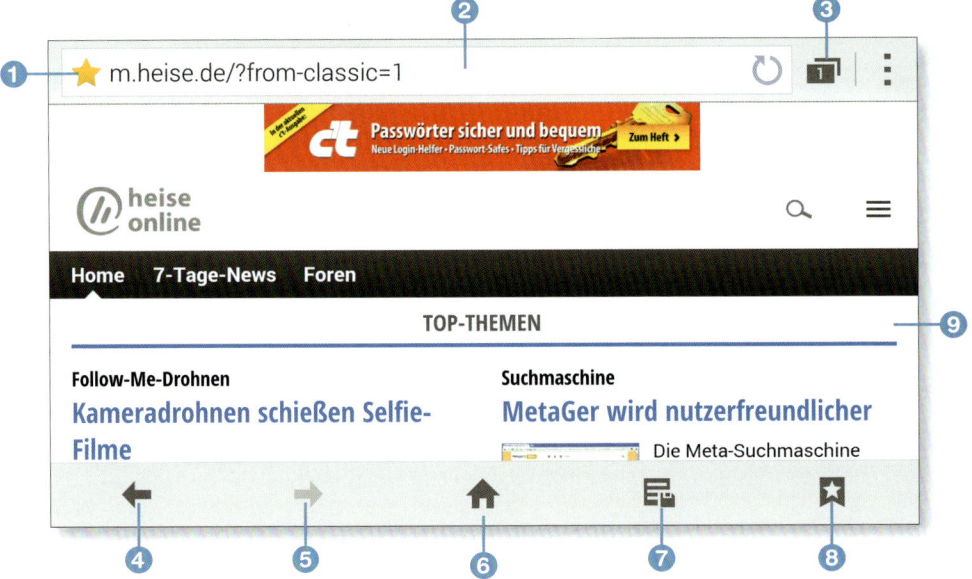

❶ Favorit setzen (gelber Stern = Seite ist Favorit)

❷ Adresszeile

❸ Fenster-Manager (Die Zahl im Symbol gibt Auskunft über die Anzahl der aktuell geöffneten Fenster.)

❹ eine Seite zurück

❺ eine Seite vorwärts

❻ zur Browser-Startseite (frei definierbar), siehe die folgende Tabelle unter der Option »Einstellungen«

❼ gespeicherte Seiten

❽ Favoriten- bzw. Lesezeichen-Schaltfläche

❾ aktuelle Seite, dargestellt im Mobilbrowser-Modus

Wenn Sie auf die Menü-Schaltfläche der App tippen, sehen Sie mehrere Optionen. Diese Optionen sind in der folgenden Tabelle aufgelistet:

Option	Bedeutung
Neues Fenster	Öffnet eine neue Instanz im Browser, in einem *Tab*, in der mobilen Version auch *Fenster* genannt.
Zu Schnellzugriffen hinzufügen	Legt einen Schnellzugriff in der Übersicht an, die erscheint, wenn man einen neuen Tab erzeugt.
Shortcut zu Startbildschirm hinzufügen	Legt einen direkten Verweis zur Seite auf dem Startbildschirm ab.
Seite speichern	Speichert die aktuelle Seite für die Offlinebetrachtung.
Senden via	Übermittelt den aktuellen Link per Mail an den Empfänger oder auch direkt an soziale Netzwerke.
Auf der Seite suchen	Suchabfrage im Text der aktuellen Seite durchführen
Anonymer Modus	Erlaubt das »Surfen ohne Spuren«, also das private Surfen.
Desktop-Ansicht	Zeigt die aktuelle Seite so, wie man sie mit einem PC-Browser sähe.
Helligkeit	Wechselt direkt zum Widget für die Steuerung der Helligkeit.
Drucken	Druckt die aktuelle Hilfe, sofern ein Drucker (siehe den Abschnitt »Dokumente vom S5 aus drucken« ab Seite 370) an das System angebunden wurde.
Einstellungen	Ermöglicht die Anpassung der App, z. B. lässt sich hier die Startseite definieren.
Hilfe	Allgemeine Hilfe zur Browser-App

Ein Beispiel für die Anwendung einer der obigen Optionen: In der Regel erkennt der Server, dessen Internetseite Sie aufrufen, dass es sich bei Ihrem Gerät um ein mobiles Endgerät handelt. Die Seite wird dementsprechend als *informationsreduzierte Mobilseite* dargestellt, um die Datenmenge für die Übertragung zu reduzieren.

Aktivieren Sie die Option **Desktop-Ansicht** aus dem Einstellungsmenü, und begeben Sie sich auf eine im Normalfall grafisch überladene Seite wie z. B. *www.heise.de*, um den Unterschied zwischen Mobilbrowser und klassischer Browseransicht im direkten Vergleich zu sehen.

Links sehen Sie die Mobil-Ansicht, rechts die Desktop-Ansicht von »heise.de«. Die Werbung nimmt im Desktop-Modus einen großen Teil des Bildschirms ein.

Bei einigen Websites, wie z. B. *spiegel.de*, wird die deutlich entspannter zu lesende mobile Ansicht auf den Hightech-Smartphones mittlerweile nicht mehr automatisch geladen. Hier bietet sich die *Pinch-to-Zoom*-Technik an: Legen Sie Daumen und Zeigefinger auf das Display, und spreizen Sie sie – daraufhin wird der Inhalt dynamisch vergrößert.

Ziehen Sie zum Vergrößern der Webseite das Bild mit gespreizten Fingern auseinander (Pinch to Zoom).

Auf der nun vergrößerten Seite bewegen Sie sich, indem Sie mit dem Finger auf das Display drücken und ihn hin und her schieben.

Folgende goldene Regeln gelten beim Surfen mit dem mobilen Browser:

■ Sie folgen einem Link durch Antippen.

■ Sie gelangen wieder zurück zur vorher betrachteten Seite durch Antippen der Zurück-Schaltfläche Ihres Smartphones oder der grafischen Zurück-Schaltfläche links unten im Display.

■ Sie gelangen eine Seite nach vorn durch Antippen der Vorwärts-Schaltfläche links unten im Display.

■ Sie erhalten eine optimal vergrößerte Ansicht eines Seitenteils durch doppeltes Antippen des gewünschten Textbereiches.

Das Galaxy S5 hat noch weitere Besonderheiten, die das Surfen zum Vergnügen machen:

■ Aktivieren Sie **Smart Scroll** in den Einstellungen im Bereich **Personalisierung ▸ Eingabehilfe ▸ Geschicklichkeit und Interaktion ▸ Smart Scroll**, und Sie können durch alleiniges Nicken Ihres Kopfes eine Seite hoch- und herunterscrollen.

 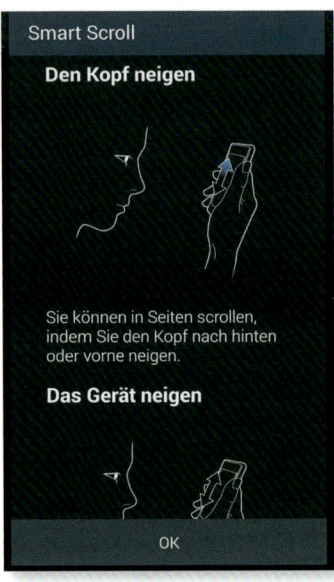 

■ Aktivieren Sie die Bewegungserkennung unter **Einstellungen ▸ Bewegung ▸ Bewegungen und Gesten ▸ Air Browse**, und Sie können per Wischgeste mit der Hand zwischen mehreren geöffneten Fenstern hin und her wechseln.

Das wären erst einmal die Basics zum mobilen Surfen, schauen wir uns nun die erweiterten Möglichkeiten an.

Browsen mit mehreren Fenstern

Tabs, wie Sie sie von Ihrem Desktopbrowser gewohnt sind, gibt es wegen des kleinen Displays nicht. Dennoch können Sie mehrere Browserinstanzen als jeweils eigenes Fenster öffnen und dazwischen hin und her wechseln – praktischerweise auch per Air Browse. Das geht folgendermaßen:

1. Starten Sie den Browser, und öffnen Sie eine beliebige Webseite durch Eingabe einer URL in die Adresszeile ❶.

2. Öffnen Sie den Fenster-Manager durch Antippen des entsprechenden Symbols ❷.

3. Tippen Sie die +-Schaltfläche in der rechten oberen Displayecke an ❸. Dadurch wird ein neues Fenster geöffnet.

4. Geben Sie in der Adresszeile des neuen Fensters eine neue URL ein, um zu dieser Seite zu surfen. Sie können auf diese Weise mehrere Fenster öffnen.

5. Wechseln Sie zwischen den Fenstern, indem Sie die Fenster-Manager-Schaltfläche antippen und das gewünschte Fenster auswählen.

6. Fenster, die nicht mehr gewünscht sind, ziehen Sie per Fingerstreich nach rechts aus der Übersicht heraus oder schließen sie durch Antippen des Minussymbols ❹.

TIPP

Mit Air Browse zwischen Fenstern wechseln

Mithilfe der Air-Browse-Funktion können Sie durch berührungsloses Überstreichen des Displays von links nach rechts und umgekehrt zwischen den geöffneten Fenstern wechseln. Vertikales Überstreichen scrollt durch die aktuell geöffnete Seite. Die Handfläche muss dabei über den Bereich der Frontkamera bewegt werden.

Lesezeichen verwalten

Die Lesezeichen heißen auf dem S5 *Favoriten*. Sie können sie ganz einfach verwalten:

1. Rufen Sie eine Seite auf, für die Sie ein Lesezeichen setzen möchten.

2. Tippen Sie das Favoritensymbol, das die Form eines blassgrauen Sterns ❶ hat, im linken Teil der Adresszeile an.

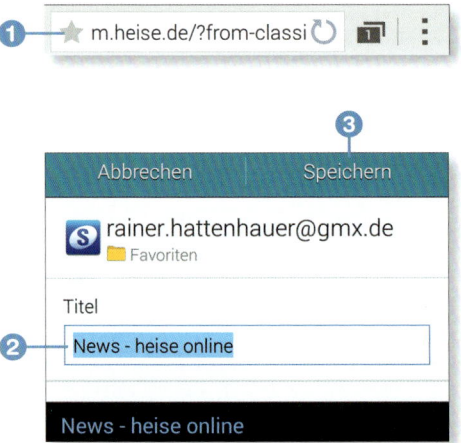

3. Geben Sie dem Favoriten einen neuen Namen ❷, oder belassen Sie ihn bei dem vorgegebenen.

4. Sichern Sie Ihre Eingaben durch Antippen der Schaltfläche **Speichern** ❸.

5. Möchten Sie die Seite später schnell wieder aufrufen, so öffnen Sie ein neues Fenster mittels der **+**-Schaltfläche und wählen Ihren Favoriten aus den erscheinenden Schnellzugriffen aus. Alternativ können Sie auch das Lesezeichensymbol ❹ am unteren Displayrand antippen.

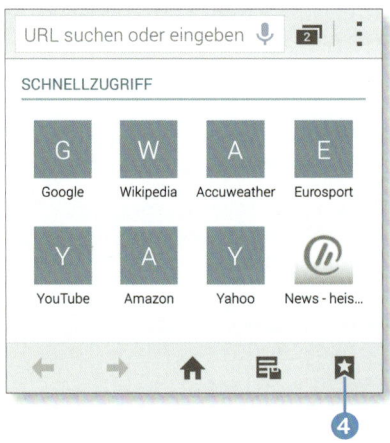

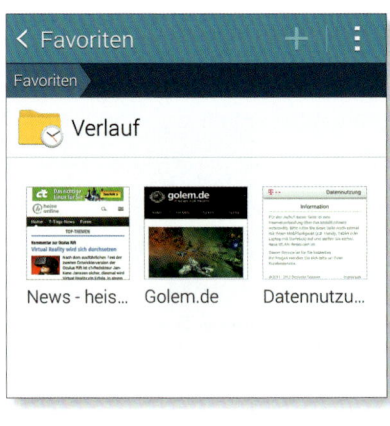

Eine weitere Möglichkeit, auf beliebte Seiten schnell zuzugreifen, bietet ein Shortcut auf einem Home-Bildschirm. Das funktioniert folgendermaßen:

1. Begeben Sie sich auf einen Homescreen, der noch genügend freien Platz bietet.

2. Starten Sie die App **Internet**, und surfen Sie auf eine Seite, die Sie häufig nutzen.

3. Wählen Sie aus dem App-Menü den Punkt **Shortcut zu Startbildschirm hinzufügen** aus. Der entsprechende Link landet auf einem freien Bereich des Bildschirms.

Durch Antippen des Schnellzugriffs können Sie nun die entsprechende Seite direkt vom Homescreen aus öffnen.

Schnellen Zugriff auf wichtige Webseiten erhalten Sie direkt vom Home-Bildschirm aus per Shortcuts.

Webseiten teilen

Sie haben folgende Möglichkeiten, den Inhalt einer Webseite anderen zukommen zu lassen:

- Verschicken Sie den Link der Seite per Mail: Wählen Sie dazu einfach aus dem Menü der App den Punkt **Senden via**, und tippen Sie anschließend die gewünschte Mail-App für den Versand an.

- Drucken Sie die Seite auf einem WLAN-fähigen Drucker aus, der sich in Ihrem Netzwerk befindet. Dazu wählen Sie im Menü den Punkt **Drucken**. Mehr zur Nutzung und Einrichtung von Druckern unter Android erfahren Sie im Abschnitt »Dokumente vom S5 aus drucken« ab Seite 370.

Google Now und der Knowledge Graph

Ein echtes Killerfeature im Umgang mit den Informationen, die Sie per Google-Suchmaschine auf Ihrem Smartphone erhalten, ist *Google Now*. Die Idee: Beim Aufruf der globalen Suche auf Ihrem Android-Gerät begrüßt Sie ein personalisierter Startbildschirm, der Informationen zu Ihrer individuellen Situation bietet, etwa zum örtlichen Wetter.

1. Rufen Sie die Google-App aus dem App-Menü auf. Alternativ können Sie auch eine Suchabfrage per Google-Widget starten oder die Home-Taste Ihres S5 länger drücken.

2. Beim ersten Aufruf erhalten Sie einige Erläuterungen und müssen ggf. weitere Daten vom Google-Server herunterladen. Sie können Ihren Startbildschirm nun per Karteikarten individuell konfigurieren.

3. Tippen Sie z. B. im Startbereich auf den Zauberstab ❶, und verschaffen Sie sich einen Überblick darüber, welche Informationskarten für Ihren Google-Now-Startbildschirm zur Verfügung stehen.

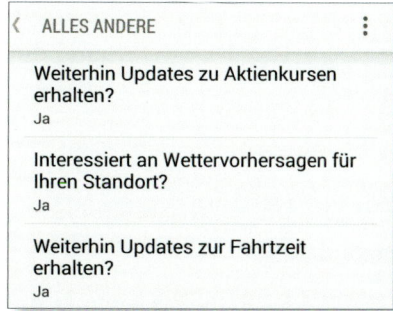

4. Aktivieren Sie Informationskarten nach Belieben durch Antippen des entsprechenden Menüpunkts. Die Karten können Sie über ein eigenes Menü konfigurieren. Karten, die Ihnen später nicht zusagen, wischen Sie einfach aus dem Display heraus.

Äußerst interessant innerhalb der Google-Now-Umgebung ist die Vernetzung von Informationen mithilfe einer Technik namens *Google Knowledge Graph*. So versteht die Suchmaschine gesprochene Suchabfragen, die in Umgangssprache formuliert werden, und versucht nach Möglichkeit, diese mit weiteren Informationen über Google-Now-Karten zu vernetzen. Testen Sie dazu einmal folgende Beispiele:

Google Now verknüpft alltägliche Fragen mit dem Informationspool des Internets.

- »Wie alt ist David Bowie?«
- »Regnet es nächste Woche im Harz?«
- »Zeige mir Bilder von Picasso!«
- »Wie ist die Verkehrslage um Hannover?«

Richtig spannend ist auch die kontextabhängige Verknüpfung von Fragen. Testen Sie beispielsweise einmal die folgende Fragesequenz per Spracheingabe:

- »OK Google«
- »Wie groß ist Barack Obama?«
- »OK Google«
- »... und wie alt ist er?«
- »OK Google«
- »... und wo wurde er geboren?«

> **TIPP**
>
> **Suchabfrage per Sprache: »OK Google«**
>
> Sie können jederzeit auch Suchabfragen per Sprache eingeben, wenn Sie in der Google-Now-App Ihr S5 mit dem Kommando »OK Google« aufwecken.

Ebenfalls beeindruckend sind die Fähigkeiten von Google Now als Übersetzer, was derzeit allerdings nur bei US-englischer Spracheingabe funktioniert, und zwar unter **Einstellungen ▸ System ▸ Sprache und Eingabe ▸ Sprache ▸ English (United States)**. Dazu verwenden Sie die Schlüsselphrase »how do I say ... in«. Die entsprechende Antwort wird Ihnen dann sogar in der Fremdsprache vorgelesen. Es ist eine Frage der Zeit, bis diese Funktion auch in der deutschen Lokalisierung des Systems Einzug hält.

Dient der Völkerverständigung: der eingebaute Übersetzer – derzeit noch ausschließlich für die englische Oberfläche

Facebook, Twitter und Google+

In diesem Abschnitt steht weniger der Umgang in und mit den sozialen Netzwerken im Vordergrund als vielmehr eine kurze Übersicht, welche Apps für Facebook und Co. Ihnen auf Ihrem S5 zur Verfügung stehen. Es empfiehlt sich stets, die Original-App vom Anbieter des jeweiligen sozialen Netzwerks zu verwenden.

Facebook

Kaum einer kommt an diesem sozialen Netz vorbei: *Facebook* ist in aller Munde und ersetzt den Kaffeeklatsch unserer Großeltern. Man tauscht sich untereinander mit Statusmeldungen, Bildern, Videos und Links zu interessanten Materialien aus dem Internet aus.

1. Nach der Installation des Programms fragt die App beim ersten Start Ihre Zugangsdaten ab. Geben Sie diese ein.

2. Anschließend werden Sie gefragt, ob Sie dem Galaxy S5 Zugriff zu Ihrem Facebook-Konto gewähren wollen. Bestätigen Sie die Nachfrage.

3. Schließlich werden Sie gefragt, ob Sie Ihren lokalen Kalender sowie die Galerie mit Facebook synchronisieren möchten. Das bestätigen Sie ggf. auch.

Schon können Sie am bewegten Treiben des größten sozialen Netzwerks teilnehmen. Durch Antippen der Schaltfläche in der linken oberen Ecke erreichen Sie das Auswahlmenü, mit dessen Hilfe Sie in verschiedene Bereiche (eigene Timeline, Neuigkeiten, Nachrichten etc.) gelangen.

Google+ ist nicht ganz so beliebt wie Facebook, bietet aber eine bessere Anbindung an die per Smartphone geschossenen Bilder.

Google+, Googles Antwort auf Facebook, erfreut sich in der breiten Masse bei Weitem nicht derselben Beliebtheit wie das große Vorbild. Seriöse Anwender schätzen Google+ genau deswegen: Statusmeldungen können selektiv bestimmten Kreisen (*Circles*) zugänglich gemacht werden. Da Sie Ihr Android-Smartphone bereits mit Ihrem Google-Konto verknüpft haben, steht Ihnen Google+ automatisch zur Verfügung.

> **TIPP**
>
> **Die Google+-Circles**
>
> Ein Vorteil gegenüber Facebook besteht darin, dass Sie in Google+ sogenannte Circles (Kreise) definieren und damit den Empfänger-kreis einer Statusmeldung ganz gezielt begrenzen können. Sie können Kreise für Ihre Familie, Ihre Freunde, für Kollegen oder für Gruppen Ihrer Wahl einrichten. Dadurch verhindern Sie beispielsweise, dass das unüberlegt geschossene exzessive Partyfoto via Google+ auf dem Smartphone Ihres Chefs landet.

1. Starten Sie die Google+-App aus dem Anwendungsmenü, und durch-laufen Sie zunächst den Assistenten, der Ihnen die wichtigsten Funktionen erläutert. Google+ ist mittlerweile vollständig mit Googles Foto-dienst *Picasa* in der Cloud verschmolzen. Es empfiehlt sich in jedem Fall, im Menü der App den angebotenen Sofort-Upload von Bildern, die Sie mit Ihrer Smartphone-Kamera schießen ①, zu erwägen.

2. Passen Sie im App-Menü die Synchronisationseinstellungen für Google-Fotos nach Ihren Wünschen an. Dies funktioniert allerdings nur, wenn Sie die Synchronisierung bereits aktiviert haben. Mehr zum Thema Synchronisierung erfahren Sie in Kapitel 14, »Sicherheit, Backup und Synchronisation«.

Twitter – das ist die SMS des Internets, und natürlich finden Sie im Google Play Store die passende App:

Twitter

Der direkte Draht zur digitalen Umwelt: Twitter.

ACHTUNG

Vorsicht: vertrauliche Daten!

Gehen Sie im Zusammenhang mit sozialen Netzwerken äußerst behutsam mit Ihren vertraulichen Daten um. Die Apps sind so konzipiert, dass sie schnellen Zugriff auf die Netze gestatten und der Log-in nur einmal vorgenommen werden muss. Das birgt eine große Gefahr: Sollten Sie Ihr Smartphone einmal verlieren oder sollte Ihnen das Gerät gestohlen werden, so ist der Finder bzw. Dieb im Besitz all Ihrer Zugangsdaten. Wie Sie in so einem Fall Ihr Gerät wiederfinden oder sperren können, lesen Sie im Abschnitt »Das Galaxy S5 wiederfinden oder sperren« ab Seite 347.

My Magazine

Zu Beginn dieses Buches habe ich Ihnen empfohlen, Samsungs Nachrichtenseite *My Magazine* vorerst zu deaktivieren. Nun können Sie das Journal aber aktivieren und mit Neuigkeiten füllen. My Magazine ist eine angepasste Version des bekannten Dienstes *Flipboard*.

1. Aktivieren Sie My Magazine, indem Sie sich durch einen langen Druck auf einen Home-Bildschirm in die Starteinstellungen begeben und dort die entsprechende Option markieren.

2. Wischen Sie in den Home-Bildschirmen ganz nach links: Sie gelangen auf die Startseite von My Magazine. Hier führt Sie ein Assistent durch die Erstkonfiguration.

3. Stellen Sie sich über das App-Menü Ihr eigenes Nachrichtenprogramm zusammen. Hier können Sie auch Social-Media-Kanäle wie Twitter oder Google+ integrieren.

4. Sie gelangen jederzeit zum Nachrichtenüberblick von My Magazine, wenn Sie sich nach links zum äußersten Home-Bildschirm bewegen.

My Magazine ist eine von Samsung modifizierte App für den beliebten Dienst Flipboard.

Kapitel 6
E-Mails senden und empfangen

Sie ist zwar mittlerweile infolge des hohen Spamaufkommens ein wenig in Verruf geraten, gehört aber dennoch nach wie vor zum Standardkommunikationsmittel des Webbürgers: die E-Mail. Auf dem Galaxy S5 haben Sie dabei grundsätzlich zwei eingebaute Alternativen, per E-Mail zu kommunizieren:

- Durch die Registrierung bei Google steht Ihnen automatisch ein Gmail-Konto zur Verfügung. Hierzu verwenden Sie die *Gmail*-App.

- Mailkonten anderer Provider werden mit der »normalen« *E-Mail*-App behandelt. Deren Konfiguration erfordert in der Regel Handarbeit.

Aufgrund der hervorragenden Integration in das Android-Betriebssystem soll nachfolgend die Google-eigene Lösung im Vordergrund stehen.

Das Google-Programm Gmail

Das Gmail-Konto steht Ihnen sofort nach der Aktivierung Ihres Smartphones bei Google zur Verfügung. Zur Anmeldung verwenden Sie eine E-Mail-Adresse entweder in der Form *<IhrName>@googlemail.com* oder *<IhrName>@<IhrProvider>.de*.

Testen wir zunächst, ob Ihr Gmail-Account funktioniert. Stellen Sie dazu sicher, dass Ihr S5 online ist.

1. Schicken Sie sich vom PC aus, von Ihrem bisherigen Mailaccount, eine E-Mail an Ihre Gmail-Adresse. Die Mailadresse hat typischerweise die Form *<IhrName>@gmail.com*.

2. Achten Sie auf die Benachrichtigungszeile Ihres S5: Nach kurzer Zeit sollte der Eingang einer neuen E-Mail angezeigt werden ❶.

Die E-Mail wird an Ihr Smartphone weitergeleitet. Voraussetzung dafür ist natürlich, dass sich Ihr Handy im Online-Modus befindet.

3. Lesen Sie die E-Mail, indem Sie entweder die Statuszeile herunterziehen und die Benachrichtigung ❷ antippen oder die Gmail-App aus dem Anwendungsmenü starten.

4. Nach dem Start der Gmail-App gelangen Sie zunächst auf die Übersichtsseite, auf der auch die Mail erscheint. Durch Antippen der Betreffzeile ❸ öffnen Sie die E-Mail, um sie zu lesen.

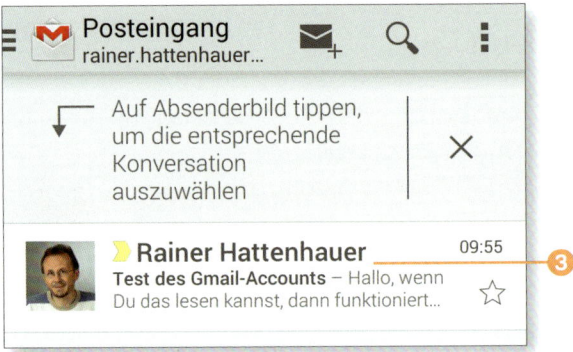

5. Beantworten Sie nun die E-Mail durch Antippen des Pfeils ❹, und versenden Sie Ihre Antwort durch Betätigen der Schaltfläche **Senden** ❺, welche die Form eines stilisierten Papierfliegers hat.

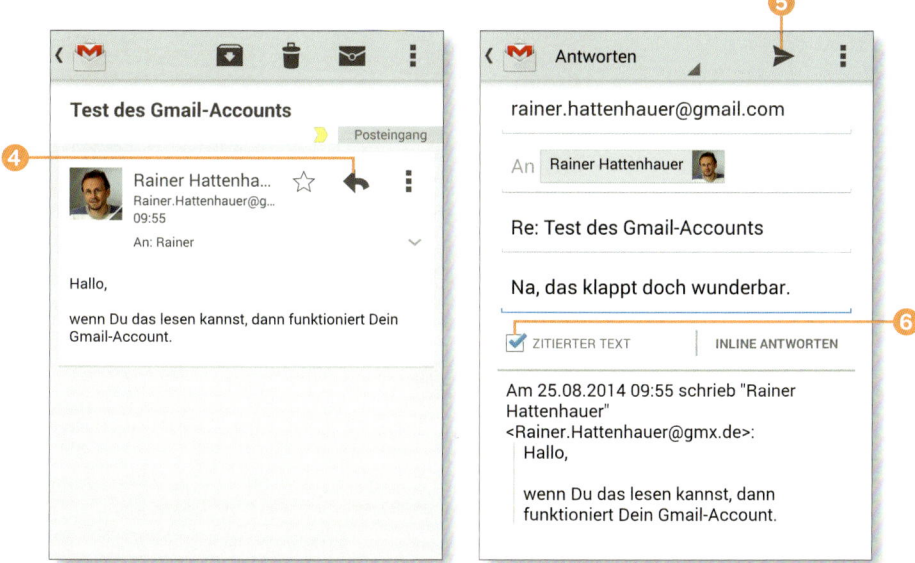

6. Standardmäßig wird die Originalmail als Zitat eingefügt. Das können Sie verhindern, indem Sie den blauen Haken ❻ vor **Zitierter Text** entfernen.

Die E-Mail wird nun gesendet, wie Ihnen Gmail noch einmal bestätigt.

Gmail im Überblick

Schauen wir uns die Gmail-App einmal etwas genauer an. Dazu verlassen Sie Gmail und starten die App noch einmal neu, um direkt in den Posteingang zu gelangen. Das abgebildete Hauptmenü erreichen Sie durch Antippen der Menü-Schaltfläche oben links. Folgende Schaltflächen stehen Ihnen zur Verfügung:

1. Übersicht/Seitenmenü
2. neue E-Mail schreiben
3. E-Mail suchen
4. In-App-Menü Posteingang: **Mail verschieben**, **Label ändern** etc.
5. E-Mail archivieren

6. E-Mail löschen
7. E-Mail als ungelesen markieren
8. E-Mail als Favorit markieren
9. E-Mail beantworten
10. Menü zu einzelner E-Mail: **Allen antworten**, **E-Mail weiterleiten**, **Drucken**

Eine E-Mail schreiben

Es ist wirklich ganz einfach, von Gmail aus eine E-Mail zu versenden. Zwei kleine Schritte sind nötig:

1. Um eine neue E-Mail zu schreiben, tippen Sie einfach auf die Schaltfläche mit dem Briefumschlag und dem Plus.

2. Die Schaltfläche zum Versenden der Mail ist der stilisierte Papierflieger ⑪. Das kennen Sie schon aus dem vorangegangenen Abschnitt.

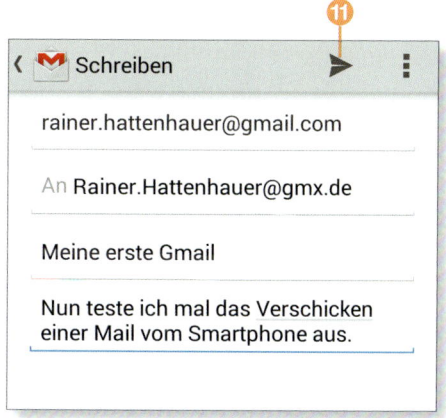

E-Mails verwalten, ordnen und sortieren

Auf den ersten Blick gewöhnungsbedürftig ist die Art und Weise, in der Gmail die E-Mails abspeichert: Diese werden in sogenannten *Konversationen* angeordnet. Das sind Gruppierungen von Mails, die z. B. denselben Betreff haben oder zwischen denselben Leuten hin und her gesendet wurden. Jeder Mailaustausch wird dabei in einem *Thread*, also der Konversation, gesammelt. Die einzelnen Mails lassen sich dann durch Antippen der Statuszeile separat lesen.

Wenn Sie schon eine ganze Zahl von Mails bekommen haben, fragen Sie sich sicherlich, wie Sie Ordnung in die scheinbar willkürliche Folge von Konversationen bekommen. Die Lösung lautet: Mit Labels! Das Ganze können Sie sich in etwa so vorstellen, als würden Sie Etiketten an jede Mail heften. Die E-Mail von Ihrem Bruder bekommt z. B. das Etikett *Privat*, die Bestellbestätigung von Amazon das Etikett *Einkäufe*. Das kennen Sie bestimmt schon, denn das funktioniert so wie das alte Ordnerprinzip: Jede Mail wird in einen Ordner verschoben. Labels können aber noch mehr. Sie können einer E-Mail auch mehrere Labels zuweisen; beispielsweise bekommt die E-Mail von Ihrem Bruder zusätzlich das Label *Familie* oder die Bestellbestätigung zusätzlich das Label *Amazon*. So können Sie geschickter sortieren und behalten viel besser den Überblick über Ihre Mails.

Um eine E-Mail einem Label zuzuordnen, rufen Sie per Menü-Taste ❶ das Kontextmenü auf und wählen den Punkt **Labels ändern** ❷.

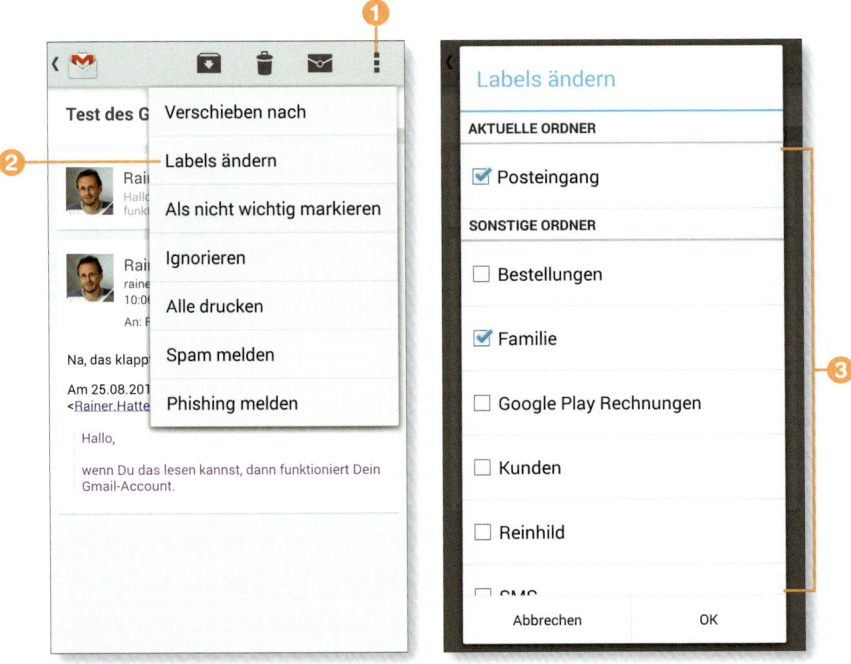

Per Label wird die E-Mail eingeordnet.

Es öffnet sich ein weiteres Fenster, in dem Sie ein oder mehrere vordefinierte Labels ❸ auswählen können. Die Verwendung mehrerer Labels für die gleiche E-Mail hat den Vorteil, dass Sie Ihre Mails so in verschiedene Kategorien gleichzeitig einordnen können. Die Labels definieren Sie am einfachsten am PC, indem Sie mit einem Browser Gmail aufrufen. Sie finden den Zugang, wenn Sie sich auf *www.google.de* begeben und aus dem Google-Menü ❹ dem Verweis zu Gmail ❺ folgen. Dort können Sie unter dem Punkt **Labels verwalten** neue Labels erstellen, mehr dazu im folgenden Abschnitt.

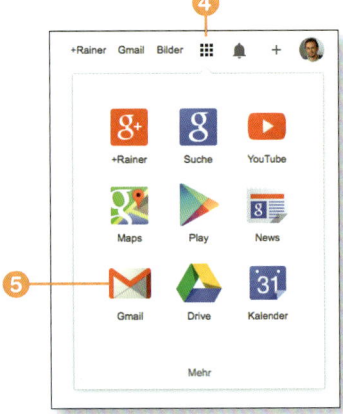

Ich habe beispielsweise sämtliche Rechnungen über Apps aus dem Google Play Store mit dem Label *Google Play Rechnungen* ❻ versehen.

Sie greifen auf die verschiedenen Labels in der Mail-App durch Antippen der Seitenmenü-Schaltfläche (oben links) zu. Auch der Posteingang und der Postausgang erscheinen dort als Label.

> **TIPP**
>
> **Eingegangene E-Mails schnell archivieren und löschen**
>
> Möchten Sie eine eingegangene E-Mail schnell aus dem Postein-gang ins Archiv befördern, so wischen Sie sie einfach aus dem Dis-playbereich zur Seite heraus.

E-Mails über die Website am PC abrufen

Das Schöne an Gmail ist die Möglichkeit, am heimischen PC bequem per Browser auf die Konversationen zuzugreifen.

1. Starten Sie Ihren Browser auf dem PC, und loggen Sie sich mit Ihrem Google-Account bei *www.google.de* ein.

2. Klicken Sie den Link **Gmail** im Google-Menü an. Sie können nun Ihre E-Mails im Browser betrachten, bearbeiten, einordnen und per Menü-punkt **Neues Label erstellen** mit neuen Labels versehen.

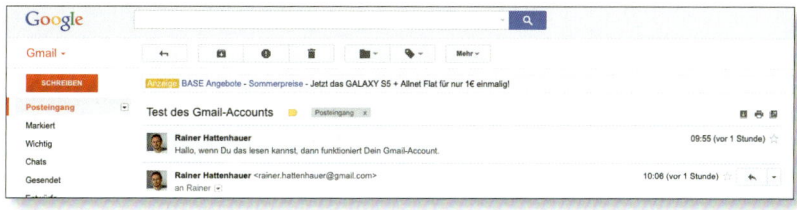

Einstellungen vornehmen

Durch Betätigen der Seitenmenü-Schaltfläche von Gmail gelangen Sie über den Menüpunkt **Einstellungen** (diesen finden Sie erst nach längerem Scrollen nach unten) in das Hauptmenü der App. Dort stehen Ihnen die üblichen Möglichkeiten zur Konfiguration einer Mailanwendung zur Verfügung. Insbesondere können Sie dort auch durch Antippen Ihres Google-Kontonamens eine individuelle Signatur definieren, die an jede E-Mail angehängt wird ❶.

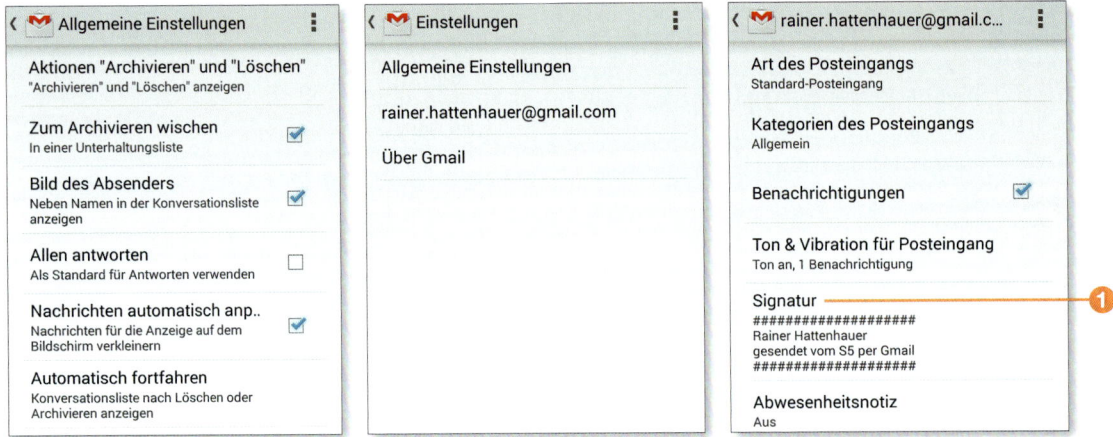

Die Einstellungen der Gmail-App: links die allgemeinen Einstellungen, rechts die Optionen für ein einzelnes E-Mail-Konto

Bilder und andere Dokumente an E-Mails anhängen

Bilder fügen Sie in einfacher Weise an Ihre E-Mail an wie bereits im Abschnitt »MMS senden und empfangen« ab Seite 108 beschrieben – mit dem kleinen, aber feinen Unterschied, dass diese Art des Dateitransfers wesentlich günstiger als der Versand einer MMS ist.

1. Schreiben Sie eine Mail so wie weiter oben beschrieben.

2. Wählen Sie das Kontextmenü der Gmail-App über die Menü-Schaltfläche ❷ aus.

3. Tippen Sie im Kontextmenü auf den Punkt **Datei anhängen** ❸, und wählen Sie anschließend ein Bild aus der Galerie, Google Drive oder einer anderen Bildquelle.

4. Verschicken Sie die E-Mail durch Klick auf die **Senden**-Schaltfläche ❹.

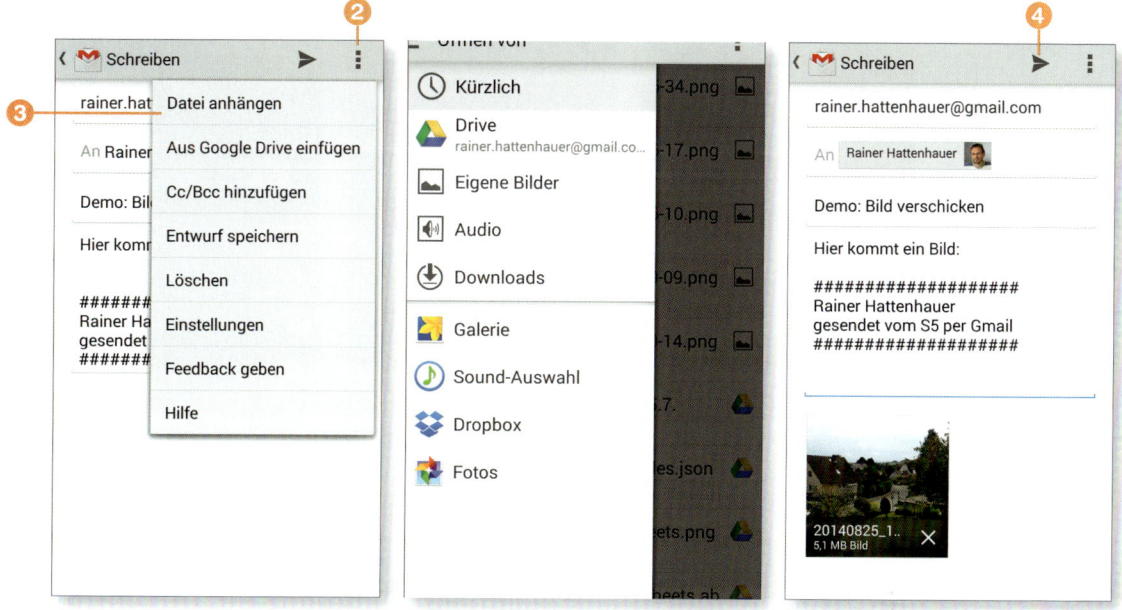

Ein eingefügtes Bild aus der Galerie wird in Originalgröße übernommen.

Wenn es sich um ein Originalbild der eingebauten Kamera handelt, sollten Sie das Bild nach Möglichkeit vor dem Versenden komprimieren. Methoden zur Bildbearbeitung werden später noch in Kapitel 9, »Fotografieren mit dem S5«, ausführlich besprochen.

Sie können auch andere Anhänge als Bilder versenden. Möchten Sie Ihrem Kollegen ein PDF- oder gar Word-Dokument schicken? Auch das ist kein Problem – vorausgesetzt, es sind die entsprechenden Programme installiert (siehe dazu den Abschnitt »Office-Software« ab Seite 188). Dazu verwenden Sie den eingebauten Dateimanager:

Eigene Dateien

1. Starten Sie die App **Eigene Dateien** aus dem App-Menü, und navigieren Sie damit zur Datei, die Sie verschicken möchten ❶.

2. Halten Sie den Finger über der Datei gedrückt, und wählen Sie aus dem erscheinenden Kontextmenü den Punkt **Senden via** ❷.

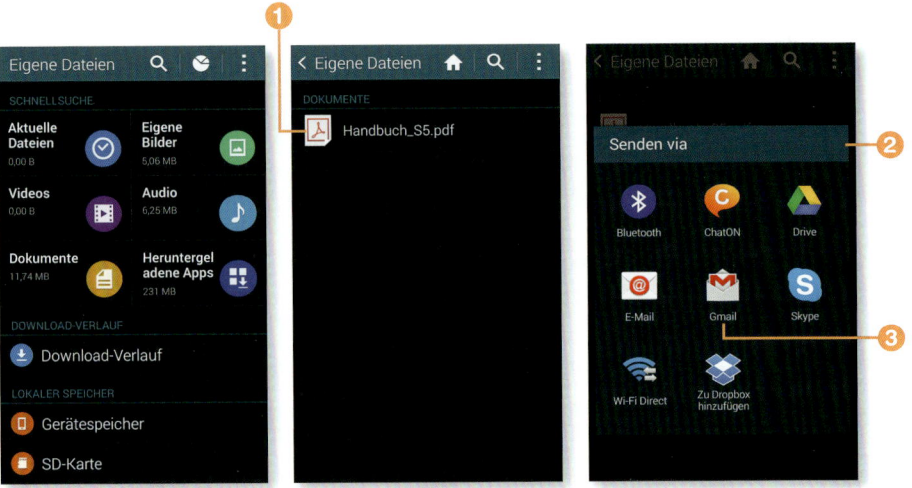

3. Wählen Sie die E-Mail-App aus ❸ (hier: Gmail).

4. Es wird eine neue E-Mail erstellt, der automatisch die ausgewählte Datei angehängt wird.

5. Schreiben Sie noch einen erläuternden Text zum Dokument in die E-Mail, wenn Sie möchten, und verschicken Sie sie.

Andere E-Mail-Anbieter einrichten: GMX, Web.de, Yahoo und Co.

E-Mail

Möchten Sie Ihren gewohnten E-Mail-Provider auf dem S5 nutzen, so bietet sich die klassische E-Mail-App an. Vor der ersten Verwendung müssen Sie diese App mithilfe eines Assistenten konfigurieren. Dessen Verwendung demonstriere ich Ihnen exemplarisch anhand der Einrichtung eines GMX-Kontos.

1. Starten Sie die E-Mail-App aus dem Hauptmenü der Anwendungen.

2. Beim ersten Start werden Ihre E-Mail-Adresse ❹ sowie das Passwort Ihres Mailkontos ❺ abgefragt. Geben Sie diese in das jeweilige Einga-befeld ein. Wer sich etwas besser auskennt, kann nun schon hier, im ersten Dialog nach Eingabe der Mailadresse, die Möglichkeit nutzen, das Konto manuell einzurichten ❻. Wie das im Einzelnen geht und wann eine manuelle Einrichtung sinnvoll ist, lesen Sie im folgenden Abschnitt.

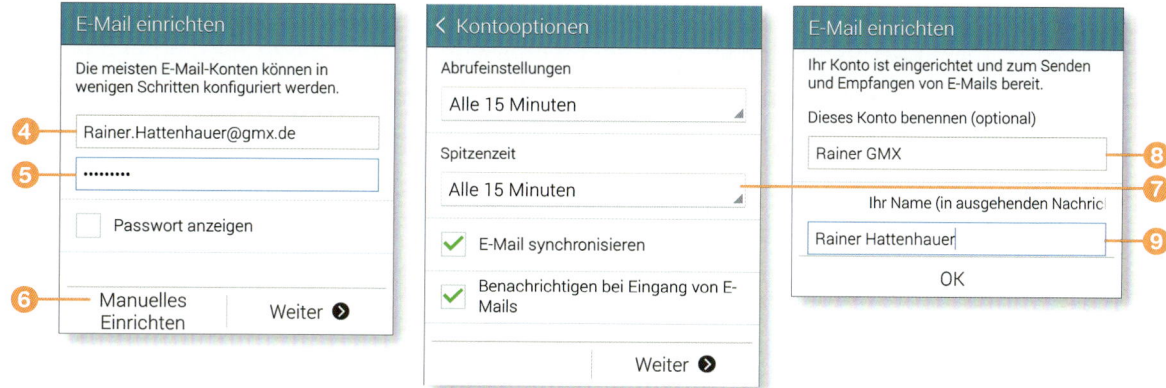

3. Das Programm prüft im nächsten Schritt die Servereinstellungen. Waren die Zugangsdaten korrekt, so müssen Sie nun lediglich einige Infor-mationen ergänzen, z. B. die Häufigkeit des E-Mail-Abrufs ❼. Die für die Kommunikation notwendigen Serverdaten ermittelt die Mail-App automatisch.

4. Das neu erstellte Konto muss abschließend noch benannt werden ❽, und es ist schließlich der Name anzugeben, der im E-Mail-Header, so-zusagen im Briefkopf der Mail, beim Nachrichtenversand erscheinen soll ❾. Bestätigen Sie die Eingaben mit **OK**.

Das war's: Ihr Konto ist eingerichtet. Einfacher geht's nun wirklich nicht. Bei Web.de, Yahoo und anderen Anbietern ist der Vorgang im Grunde derselbe.

Ein IMAP-Konto einrichten

Die im vorherigen Abschnitt beschriebene Kontoeinrichtung per Assistent birgt einen Nachteil: Standardmäßig erfolgt der E-Mail-Abruf mit dem POP-Verfahren. Dabei werden (sofern nicht anders konfiguriert) sämtliche Mails beim Mailabruf komplett vom Server heruntergeladen und gelöscht. Schlecht, wenn Ihr Chef auf die Idee gekommen ist, ein 20 MB großes PDF-Dokument per E-Mail an Sie zu verschicken.

Günstiger ist in jedem Fall der Abruf der E-Mail im IMAP-Verfahren. Dabei greift das Smartphone auf eine zuvor auf dem Mailserver erstellte Ordner-struktur zu, und die abgerufenen Mails verbleiben so lange auf dem Server, bis sie explizit gelöscht werden.

Um Ihr Mailkonto auf IMAP umzustellen, müssen Sie lediglich den Na-men des IMAP-Servers herausfinden, den Ihr Mailprovider anbietet. Das geschieht am schnellsten durch eine Google-Recherche nach »imap« und dem Namen Ihres Providers. Im Falle von GMX lautet der Name des IMAP-Posteingangsservers beispielsweise *imap.gmx.net*, T-Online verwendet *secureimap.t-online.de*. Der Mailtransfer per IMAP muss, wie angedeutet,

manuell eingerichtet werden. Sollten Sie das Konto für den Provider bereits per Assistent eingerichtet haben, so müssen Sie die Mailserver-Einstellungen erneut konfigurieren. Das geht am einfachsten, indem Sie noch einmal von vorn beginnen.

1. Starten Sie die Mail-App, und begeben Sie sich im Seitenmenü (Schaltfläche oben links) in den Bereich **Konten verwalten** ❶.

2. Tippen Sie auf das Mülleimersymbol in der oberen rechten Ecke ❷, und wählen Sie (falls vorhanden) das alte POP3-Konto ❸ zum Lö-schen aus.

3. Löschen Sie das Konto durch Antippen der Schaltfläche **Löschen**.

4. Beginnen Sie per Assistent erneut, das IMAP-Konto einzurichten. Wählen Sie aber nun nach Eingabe der eigenen Mailadresse den Punkt **Manuelles Einrichten** (siehe dazu auch den letzten Abschnitt). Das Programm bietet im folgenden Dialog eine Auswahl verschiedener Kontotypen an. Wählen Sie hier die Option **IMAP-Konto** ④.

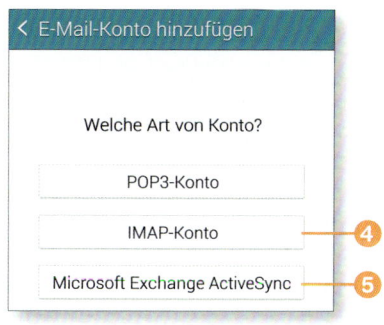

Sie haben an dieser Stelle auch die Gelegenheit, Ihr S5 mit einem Exchange-Konto ⑤ zu verbinden..

5. Tragen Sie in der folgenden Maske die Serverdaten Ihres Providers ⑥ ein.

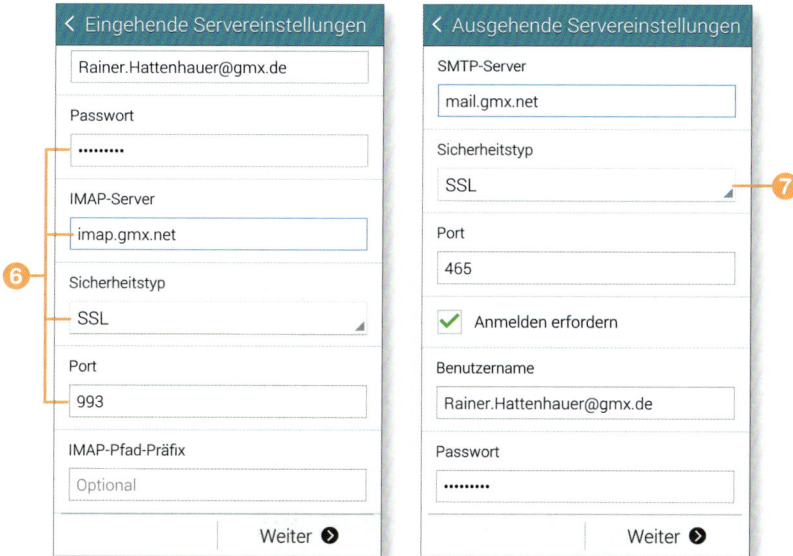

6. Danach bestätigen Sie Ihre Eingaben mit **Weiter**. Daraufhin wird der Zugang zum Server geprüft.

7. Schließlich müssen Sie noch den Postausgangsserver konfigurieren. Auch diese Daten erhalten Sie von der Website Ihres Mailproviders. Im vorliegenden Beispiel wird eine verschlüsselte Übertragung der E-Mail per SSL (**7** auf Seite 161) verwendet.

8. Im nächsten Dialog konfigurieren Sie noch die Abruffrequenz für Ihre E-Mails. Das kennen Sie schon von der Einrichtung mit dem Assistenten aus dem vorherigen Abschnitt.

9. Abschließend müssen Sie das Konto noch benennen – fertig ist die manuelle Einrichtung des IMAP-Kontos.

Über Ihr IMAP-Konto haben Sie nun Zugriff auf die zuvor auf dem Server per Webmail bequem im Browser eingerichtete Ordnerstruktur. Wenn ich im Urlaub bin, verschiebe ich z. B. wichtige Mails nach ihrer Kenntnisnahme in meinen selbst erstellten Ordner **Sicherung** **1**, um sie dann zu Hause in aller Ruhe zu lesen. Auf die beschriebene Weise können Sie Mailkonten aller bekannten Provider (GMX, Web.de usw.) einbinden.

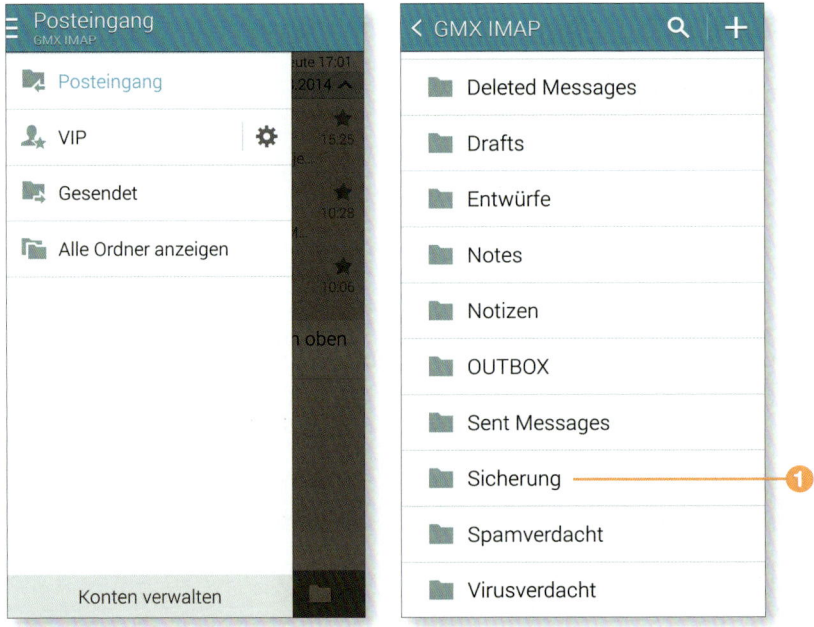

Die Ordnerstruktur eines IMAP-E-Mail-Kontos. Zum Sichtbarmachen der Ordnerstruktur tippen Sie im Menü auf »Alle Ordner anzeigen«.

Mehrere E-Mail-Konten nutzen

Mit der E-Mail-App ist es überhaupt kein Problem, mehrere Konten, z. B. GMX- und Outlook-Postfach, bei unterschiedlichen Providern zu nutzen. Die eingehenden Mails landen dann in einem kombinierten Posteingang. Erstellen Sie dazu einfach wie im letzten Abschnitt beschrieben in der Mail-App über **Konto hinzufügen** ein weiteres Konto. Die unterschiedlichen Konten erscheinen dann im Mailprogramm in der kombinierten Ansicht ②, die Sie über das Seitenmenü öffnen.

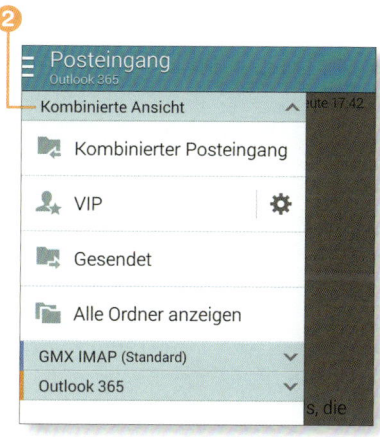

E-Mails an Kontakte aus dem Adressbuch schicken

Eine E-Mail lässt sich auch direkt an einen Empfänger aus Ihrem Kontakte-Verzeichnis erstellen:

1. Starten Sie die Kontakte-App, und wählen Sie einen Kontakt aus, an den Sie eine E-Mail verschicken möchten.

2. Tippen Sie in den Kontaktdaten der betreffenden Person auf das E-Mail-Symbol hinter der Zieladresse ③. Gegebenenfalls erhalten Sie hier eine Auswahl mehrerer Mailadressen.

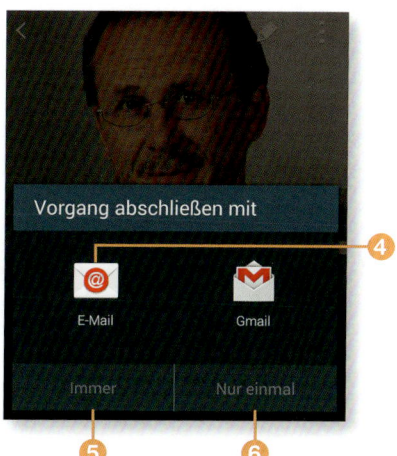

3. Wählen Sie die Mail-App aus, die Sie verwenden möchten (❹ auf Seite 163). Durch Auswahl der Schaltfläche **Immer** ❺ wird diese Mail-App in Zukunft standardmäßig verwendet. Wenn Sie das nicht wünschen, so wählen Sie an dieser Stelle **Nur einmal** ❻ aus.

4. Nun können Sie loslegen, die E-Mail schreiben und wie oben beschrieben verschicken.

TIPP

Adressbuch direkt in der Mail-App nutzen

Alternativ zur oben beschriebenen Vorgehensweise können Sie natürlich auch in der E-Mail-App direkt auf Ihr Adressbuch zugreifen. Tippen Sie dazu auf die Adressbuch-Schaltfläche ❶.

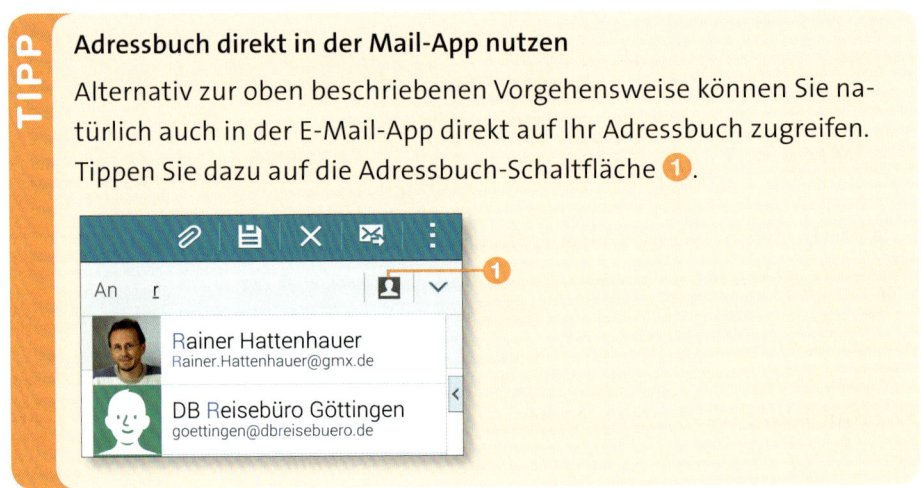

Signatur und Benachrichtigungston anpassen

Sowohl in der Gmail- als auch in der E-Mail-App haben Sie die Möglichkeit, Ihre Mails mit einer Signatur zu versehen. Mehr noch: Für unterschiedliche Mailkonten können Sie sowohl unterschiedliche Signaturen als auch unterschiedliche Benachrichtigungstöne festlegen. Ich zeige Ihnen das im Folgenden am Beispiel der E-Mail-App.

1. Starten Sie die E-Mail-App, und begeben Sie sich zunächst per Seitenmenü in die Übersicht. Wählen Sie den Punkt **Konten verwalten** ❷, und tippen Sie in der erscheinenden Übersicht das Konto an ❸, in dem Sie Signatur und Benachrichtigungston anpassen möchten.

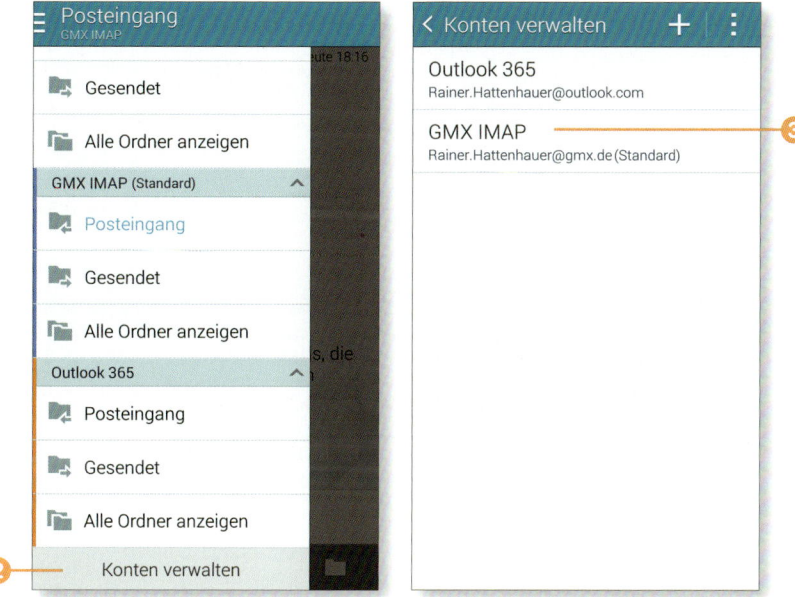

2. Nun haben Sie Gelegenheit, für das Eintreffen einer E-Mail einen individuellen Benachrichtigungston auszuwählen ④ sowie die Signatur durch Antippen anzupassen ⑤.

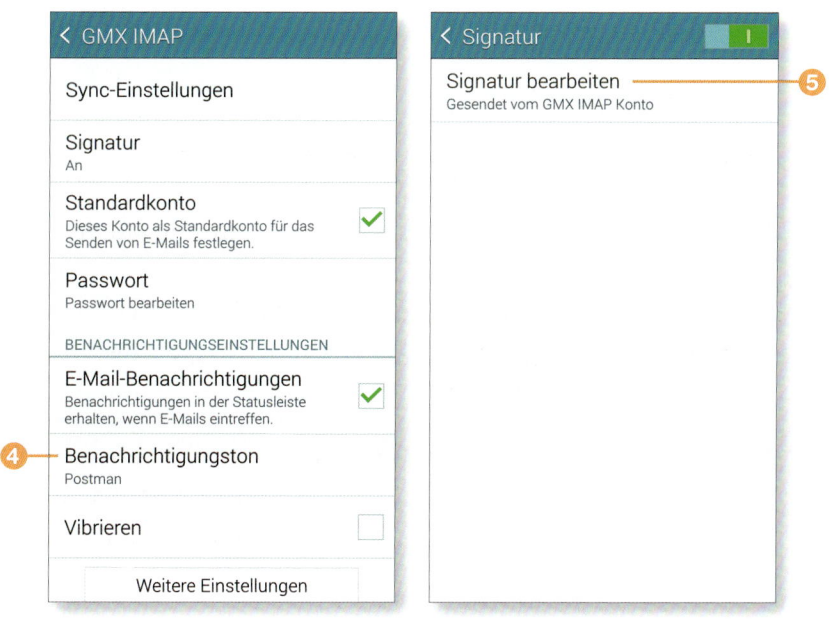

TIPP

Globale Einstellungen schnell im Griff

Ihre E-Mail-App kann auch über das globale Einstellungsmenü auf Ihrem S5 konfiguriert werden: Begeben Sie sich dazu in den Einstellungen in den Bereich **Anwendungen**, und tippen Sie hier auf das Symbol **E-Mail** ❶: Dort finden Sie u. a. auch Zugang zur Verwaltung der E-Mail-Konten ❷.

Kapitel 7
Kalender, Termine, Erinnerungen und Co.

Android und damit auch Ihr Galaxy S5 ist längst in der Business-Liga angekommen. Das System bietet eine exzellente Terminverwaltung und Aufgabenplanung und lässt sich obendrein mit Office-Software bestücken, sodass
Sie unterwegs noch schnell an einem wichtigen Vortrag feilen oder Ihre
Spesenabrechnung vornehmen können.

Die Kalender-App

Ihr S5 ist von Haus aus mit einer perfekten Terminverwaltung ausgestattet.
Ich muss an dieser Stelle zugeben, dass es mir zunächst äußerst suspekt
war, meine sämtlichen beruflichen und privaten Termine dem Datenkraken
Google (oder alternativ Samsung) zu übergeben. Andererseits: Sie liegen
dort wahrscheinlich sicherer als im Safe einer Schweizer Bank, wenn man
einige grundlegende Prinzipien des Datenschutzes beachtet. Und es ist
schon äußerst bequem, eine reibungslose Terminsynchronisation zu haben,
ohne dass man das Smartphone umständlich per Dockingstation mit dem
PC verbinden muss.

Das folgende Kapitel gibt Ihnen einen Überblick darüber, was Sie beachten sollten, wenn Sie sich Ihren Alltag von Google planen lassen möchten.
Dabei wird besonderer Wert auf die Verzahnung und Synchronisation von
Smartphone und Google-Kalender gelegt. Die Synchronisation mit Outlook
und Co. beschreibe ich ebenfalls.

INFO

Google- vs. Samsung-Konto

Sie können selbst auswählen, ob Sie Ihre Termine mit Ihrem Google-oder Samsung-Konto synchronisieren wollen. Ich empfehle Ihnen das Google-Konto, denn es ist universeller, da Sie so eine hersteller- und plattformunabhängige Synchronisation zur Hand haben. Auch wenn Ihr nächstes Smartphone nicht mehr von Samsung ist, haben Sie ganz leicht wieder Zugriff auf alle Ihre Daten. Ich werde mich im Folgenden daher auf den Abgleich mit dem Google-Konto beschränken. Eine Übersicht über alle aktuell verwendeten Konten finden Sie in den Einstellungen im Bereich **Benutzer und Sicherung** unter **Konten**.

Der Google-Kalender

Bevor wir uns den Möglichkeiten des Kalenders auf dem Smartphone widmen, sehen wir uns zunächst einmal den »großen Bruder« im Netz näher an. Dies soll die enge Beziehung von Smartphone- und Cloud-Kalender verdeutlichen. Im Folgenden gehe ich davon aus, dass Sie ein Google-Konto besitzen und dieses wie im ersten Kapitel beschrieben eingerichtet haben.

1. Loggen Sie sich auf Ihrem PC per Browser in Ihrem Google-Konto ein.

Alternativ können Sie sich natürlich auch per Smartphone-Browser (mittels der App *Internet*) im Desktop-Modus auf der Google-Seite einloggen.

2. Begeben Sie sich ins Google-Menü im rechten oberen Bereich des Browserfensters, und wählen Sie dort die Option **Kalender** ❶.

Es öffnet sich der Google-Kalender. Er ist in folgende Bereiche aufgeteilt:

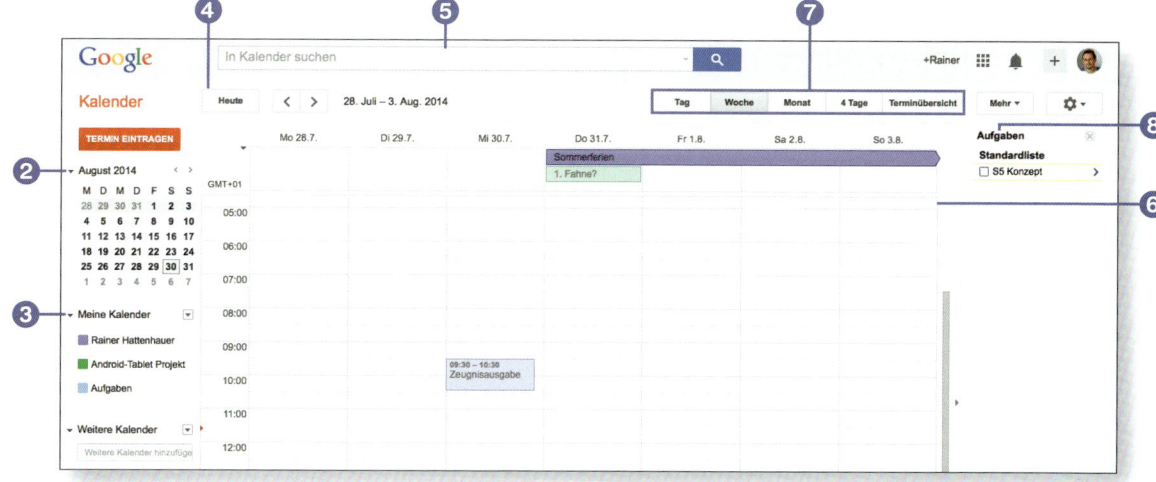

2 **Monatsübersicht**: Hier können Sie schnell zwischen den Monaten wechseln.

3 **Meine Kalender**: Zeigt Ihre aktuell verwendeten Kalender an. Das ist zunächst der zu Ihrem Konto gehörende Standardkalender, aber auch der Aufgabenbereich (englisch: *tasks*) taucht hier auf. Sie können jederzeit neue Kalender definieren, z.B. einen gemeinsamen Kalender für Projektmitarbeiter, um Projektmeilensteine einzutragen und einzuhalten.

4 **Heute**: Mithilfe dieser Schaltfläche navigieren Sie zum aktuellen Datum.

5 **Suchfeld**: Hier können Sie gezielt nach Terminen suchen.

6 **Zentraler Kalender**: Hier tragen Sie Ereignisse und Termine in den Browser ein. In der Abbildung sehen Sie einen fest eingetragenen Termin (hellblau), ein Dauerereignis (violett) sowie einen Termin ohne Zeitvorgabe (grün).

7 **Ansichten**: Hier wechseln Sie zwischen verschiedenen Kalenderansichten. Im Normalfall ist die Wochenansicht am günstigsten, um sich einen Überblick über die aktuelle Arbeitswoche zu verschaffen.

8 **Aufgaben**: Die Aufgabenliste am rechten Rand erscheint, wenn Sie den entsprechenden Punkt im Bereich **Meine Kalender** aktiviert haben. Ist das nicht der Fall, so klicken Sie einfach einmal auf den Kalender **Aufgaben** im Bereich **Meine Kalender**.

Einen Termin eintragen

Zum Eintragen eines neuen Termins im Onlinekalender gehen Sie folgendermaßen vor:

1. Navigieren Sie zum gewünschten Datum, und klicken Sie einfach auf das gewünschte Zeitfeld. Es öffnet sich ein kleines Fenster, in dem Sie den Termin beschreiben können ❶. Durch Betätigen der Schaltfläche **Termin eintragen** ❷ wird der Termin im Kalender fixiert. Mittels **Bearbeiten** ❸ können Sie den Termin feinjustieren, d. h. weitere Details hinzufügen.

2. Die Termineinteilung erscheint Ihnen im Nachhinein zu grob, Sie möchten außerdem weitere Einzelheiten ergänzen? Klicken Sie dazu einfach den Termin im Onlinekalender an, und schon können Sie die Termindetails weiter editieren.

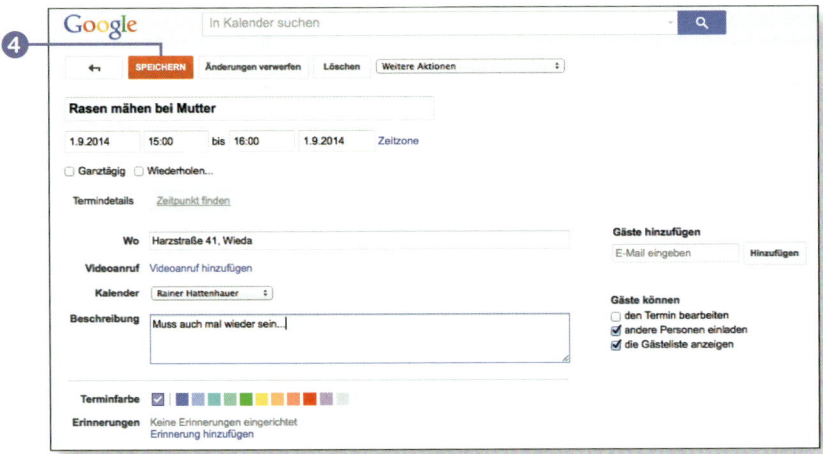

3. Schließen Sie die Änderungen schließlich durch Betätigen der Schaltfläche **Speichern** ❹ ab.

Nun haben Sie eine grobe Vorstellung von der Art und Weise gewonnen, wie Google Ihre Termine in der Cloud verwaltet. Sehen wir uns nun an, wie sich die Terminverwaltung auf dem Smartphone gestaltet.

Termine auf dem S5 verwalten

Sie gelangen zum Kalender Ihres S5, indem Sie die Kalender-App starten. Sie nennt sich *S Planner* und befindet sich im App-Menü.

Ich empfehle Ihnen für einen schnellen Zugriff auf den Terminplaner, das S-Planner-Widget auf einem Home-Bildschirm abzulegen. Tippen Sie dazu länger auf eine freie Stelle eines Home-Bildschirms, und halten Sie Ausschau nach dem Widget S Planner. Es gibt davon zwei Varianten. Platzieren Sie am besten die Monatsansicht auf einen freien Home-Bildschirm.

Schauen Sie sich die angezeigten Termine an. Taucht der Termin, den Sie im vorangegangenen Abschnitt per Browser in Ihren Google-Kalender eingetragen haben, nicht im Kalender bzw. im Kalender-Widget auf, prüfen Sie, ob die Synchronisierung des Kalenders aktiviert wurde. Um diese zu aktivieren, gehen Sie wie in der folgenden Schrittanleitung beschrieben vor:

Der S Planner in Widget-Form auf einem Home-Bildschirm

171

1. Wischen Sie von der oberen Kante Ihres Smartphones nach unten, und aktivieren Sie im Schnellstartflächen-Bereich (zu erreichen über die Schaltfläche ❶) mit der Schnellstartfläche **Sync** ❷ die Synchronisierung Ihres Smartphones.

2. Begeben Sie sich nun in den Einstellungen in den Bereich **Benutzer und Sicherung**, und tippen Sie hier die Verknüpfung **Konten** an. Kontrollieren Sie dort durch Antippen Ihres Google-Kontos, ob die Synchronisierung des Google-Kalenders aktiviert ist ❸.

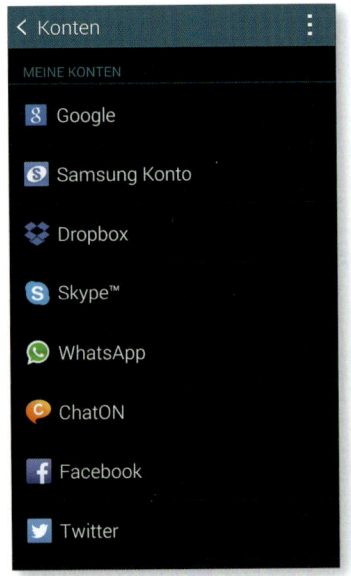
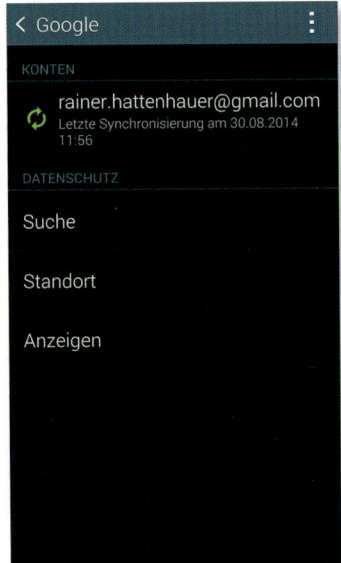
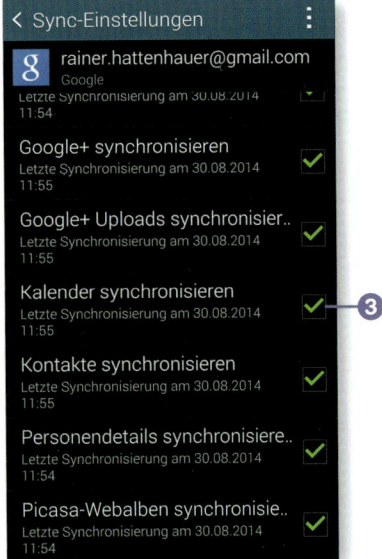

3. Selbstverständlich müssen Sie online sein, wenn Sie Ihren Google-Kalender synchronisieren möchten. Führen Sie nun noch einmal eine manuelle Synchronisation des Kalenders durch, indem Sie die S-Planner-App starten und aus dem Menü der App den Punkt **Sync** ④ wählen.

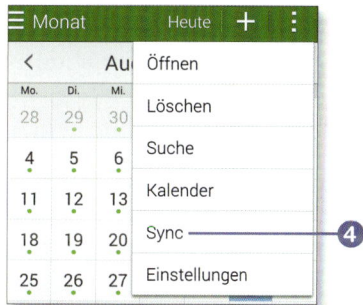

Jetzt sollten alle Ihre Termine im S Planner zu sehen sein. Infolge der ähnlichen Struktur von S-Planner- und Google-Kalender fühlen Sie sich bestimmt in der S-Planner-App des Smartphones sofort heimisch. Schauen wir uns die App doch einmal etwas genauer an:

1. Starten Sie sie durch Antippen des Icons S Planner im App-Menü.

2. Suchen Sie sich eine geeignete Ansicht in der Menü-Seitenleiste aus, z. B. die Monats- ⑤ oder Agenda-Ansicht ⑥.

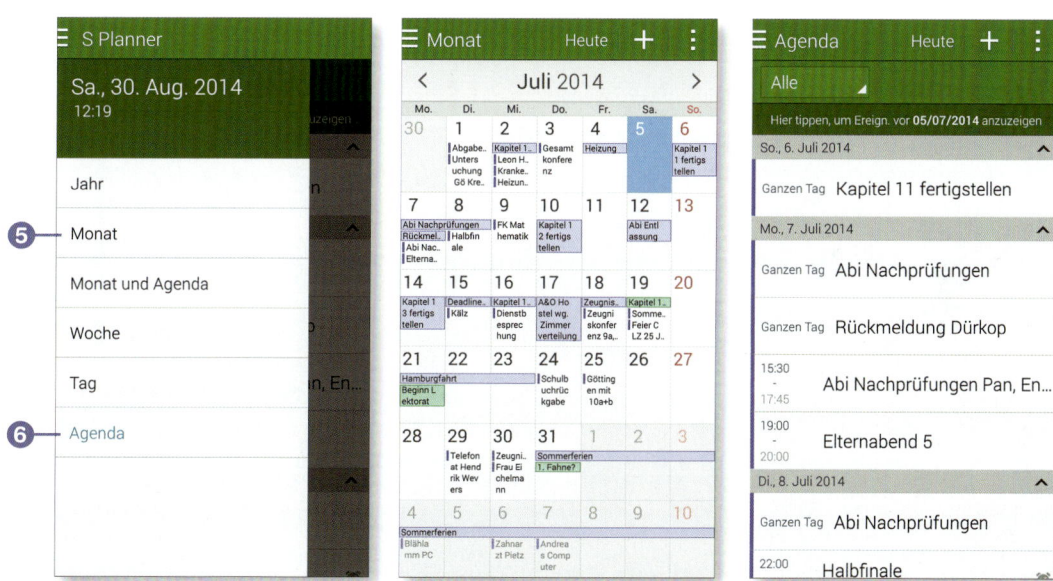

3. Tippen Sie den Kalender an der Stelle an, an der Sie einen neuen Termin einfügen möchten. Es erscheint daraufhin ein Pluszeichen. Tippen Sie dieses erneut an.

Gegebenenfalls erscheint auch eine Warnung, dass der Google-Kalender nicht mit Samsung Kies synchronisiert werden kann. Das können Sie an dieser Stelle geflissentlich ignorieren.

4. Beschreiben Sie den Termin ❶. Sie können den Ort angeben ❷ und über **Weitere Optionen anzeigen** ❸ Details ergänzen. Beginn und Ende des Termins lassen sich durch praktische Rollflächen ❹ präzisieren. Speichern Sie den Termin schließlich über Antippen der Schaltfläche **Speichern** ❺ ab.

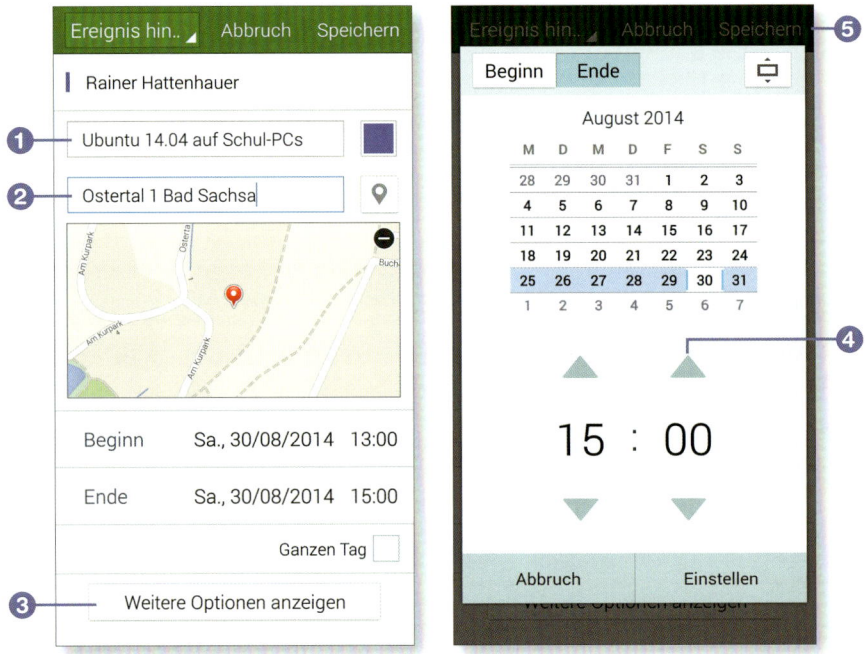

Sollten Sie den Termin nachträglich genauer beschreiben wollen, so gehen Sie folgendermaßen vor:

5. Öffnen Sie zunächst den Termin im Kalender durch Antippen. Tippen Sie erneut auf den Termin im Popup-Fenster ❻ und anschließend auf die Schaltfläche **Bearbeiten** ❼.

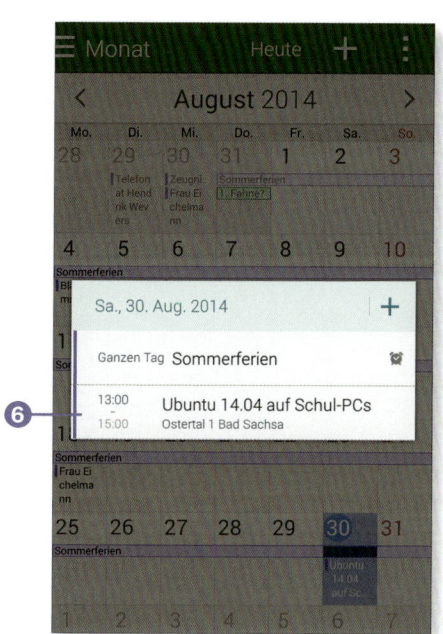

6. Es öffnet sich die Detailansicht für den Termin. Hier können Sie weitere Feinheiten definieren, z. B. im Menü **Weitere Optionen anzeigen** die automatische Benachrichtigung bzw. eine Erinnerung für den Termin aktivieren ❽. So können Sie den Termin nicht vergessen. Mit **Speichern** ❾ bestätigen Sie die durchgeführten Änderungen.

Auf die gleiche Weise können Sie auch den Termin auf ein anderes Datum legen. Nach dem Bearbeiten von Terminen werden diese automatisch mit dem Google-Kalender synchronisiert, sofern Sie die Synchronisierung korrekt konfiguriert haben und Ihr Smartphone mit dem Internet verbunden ist. Ob das funktioniert hat, testen Sie ganz einfach, indem Sie den Google-Kalender auf Ihrem PC öffnen.

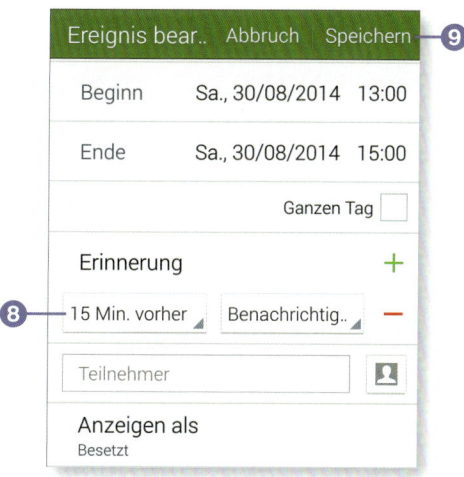

TIPP

Schnelles Anpassen von Terminen

Ein Termin kann z. B. in der Wochenansicht schnell verschoben oder zeitlich angepasst werden, indem Sie zunächst einen Finger über diesem gedrückt halten. Es erscheint ein gelber Rahmen. Diesen können Sie nun an eine andere Stelle im Planer schieben oder auch durch Ziehen an den gelben Punkten zeitlich verändern.

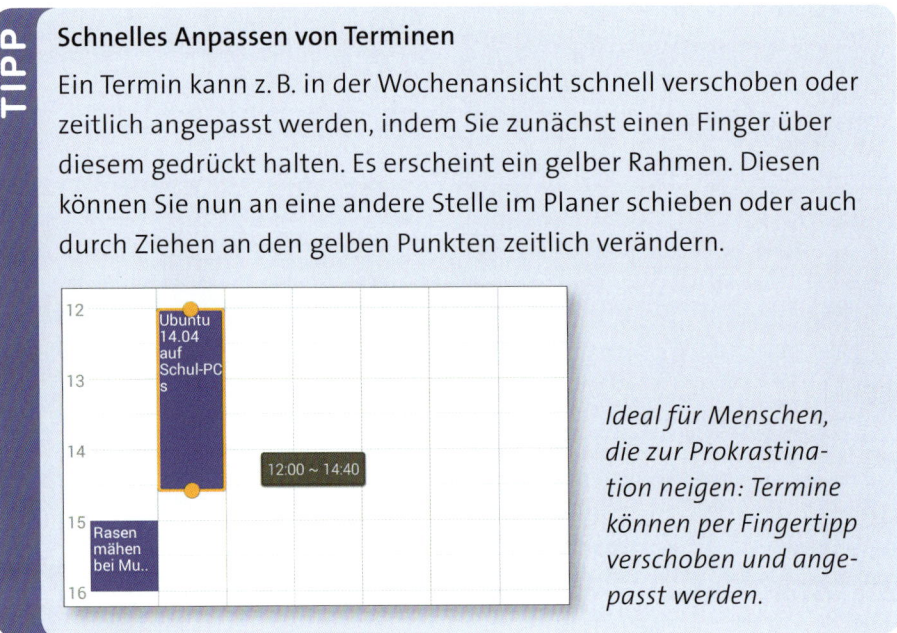

Ideal für Menschen, die zur Prokrastination neigen: Termine können per Fingertipp verschoben und angepasst werden.

Einen Eintrag löschen

Gehen Sie in der App S Planner folgendermaßen vor, um einen Kalendereintrag zu löschen:

1. Tippen Sie den betreffenden Termin zunächst in der Kalender-App und anschließend in der Übersicht an. Sie gelangen in die Detailansicht des Ereignisses.

2. Tippen Sie auf die **Löschen**-Schaltfläche ❶ (das Mülleimersymbol).

3. Bestätigen Sie schließlich die Löschanfrage mit **OK** ❷.

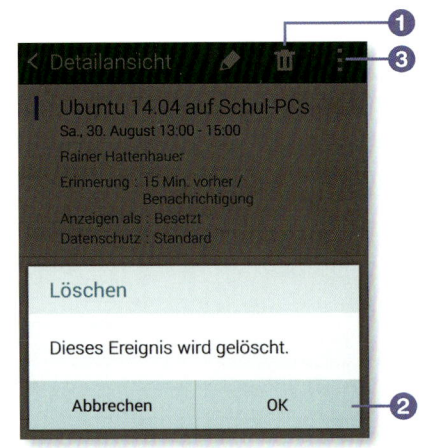

Im Menü (❸ auf Seite 176) eines Termins finden Sie noch weitere Optionen: Mittels **Kopieren** können Sie den aktuellen Termin kopieren und an eine andere Stelle im Planer wieder einsetzen, per **Senden via** teilen Sie den aktuellen Termin per Mail, soziale Netze etc.

Weitere Optionen finden Sie im Bearbeitungsmodus eines Termins. Hier eine Übersicht:

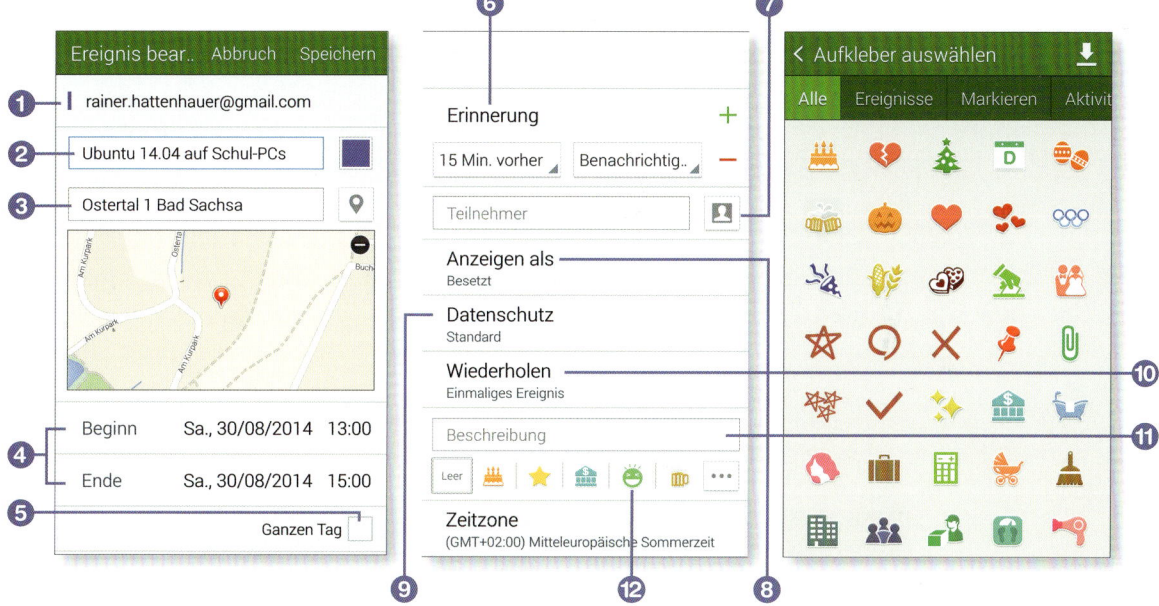

❶ zugeordneter Kalender (Google, Samsung etc.)

❷ Titel des Termins

❸ Ort des Termins

❹ Zeitraum des Termins

❺ Option »ganztägig«

Die folgenden Optionen finden Sie, wenn Sie die Schaltfläche **Weitere Optionen anzeigen** betätigen:

❻ Erinnerung durch Alarmton oder Nachricht (E-Mail)

❼ Teilnehmer aus dem Kontaktverzeichnis (können per Mail eingeladen werden)

⑧ Anzeige des Termins (besetzt, verfügbar)

⑨ Datenschutzoption (**Standard**, **privat** oder **öffentlich**)

⑩ Wiederholung des Termins

⑪ weitere Beschreibung des Termins

⑫ Termin mit Aufkleber bzw. Symbol versehen (rechts im Bild auf Seite 177 sehen Sie eine Übersicht über die verfügbaren Symbole.)

Regelmäßige Termine und Geburtstage

Sicher haben Sie auch einige Termine, die sich regelmäßig wiederholen. In meinem Fall wäre das z. B. der wöchentliche Termin zum Volleyballspielen mit den Sportfreunden. So einen wiederkehrenden Termin legen Sie folgendermaßen an:

1. Starten Sie den S Planner, und geben Sie den gewünschten Termin wie gewohnt ein ❶.

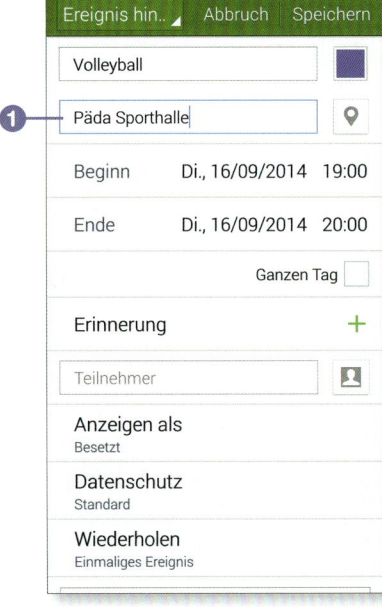

2. Wählen Sie in den weiteren Optionen den Punkt **Wiederholen**, und stellen Sie im folgenden Menü die gewünschte Wiederholungsfrequenz **❷** ein.

3. Geben Sie im nächsten Schritt schließlich noch die Anzahl der Wiederholungen oder das Enddatum **❸** an. Für die erste Möglichkeit tippen Sie die Wahlschaltfläche **Bis** **❹** an.

4. Speichern Sie den fertigen Termin schließlich über **OK** **❺**, gefolgt von **Speichern** ab.

TIPP

Air View beim Kalender nutzen

Wenn Sie Ihren Finger über der App S Planner schweben lassen, können Sie sich per *Air View* Kalenderdetails anzeigen lassen. Wichtig ist, dass Sie hierfür die Option **Air View** in den Einstellungen im Bereich **Bewegung** aktiviert haben. Weitere Informationen zu diesem Thema, auch zu anderen Bewegungen und Gesten, finden Sie im Abschnitt »Bedienungshilfen« ab Seite 52.

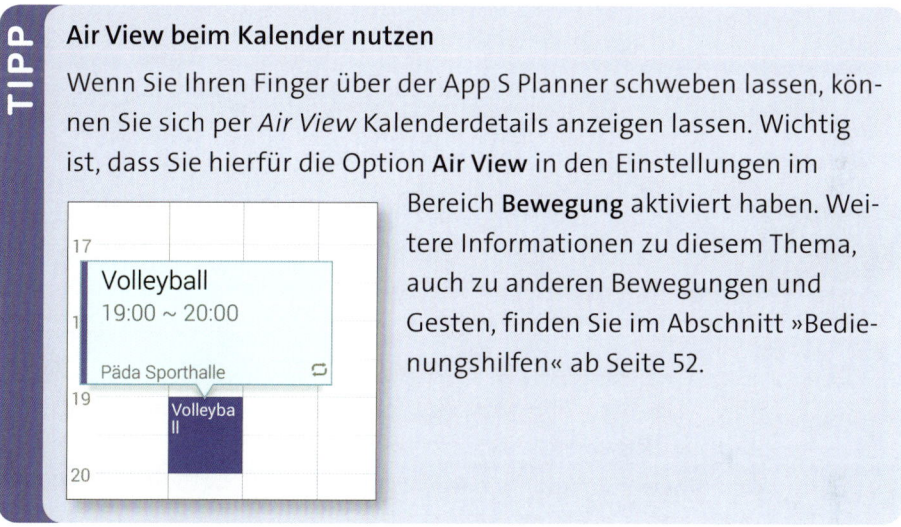

Mehrere Kalender und Konten verwalten

Sie können die App S Planner in Verbindung mit mehreren virtuellen Kalendern nutzen. Das sind dann jeweils Datensätze, die zu einem bestimmten Thema bzw. Bereich gehören. Dazu müssen Sie die entsprechenden Kalender innerhalb der App aktivieren. In der Standardeinstellung werden folgende Kalender und Aufgabensammlungen mit der App verknüpft:

- Der *Google-Kalender*: Er ist unmittelbar mit Ihrem Android-Konto verknüpft und wird auf allen Geräten synchronisiert, die Android verwenden.

- Der *Samsung-Kalender*: Dieser Kalender ist mit Ihrem Samsung-Konto verknüpft. Sollten Sie mehrere Geräte von Samsung besitzen, so werden diese über den Samsung-Kalender synchron gehalten.

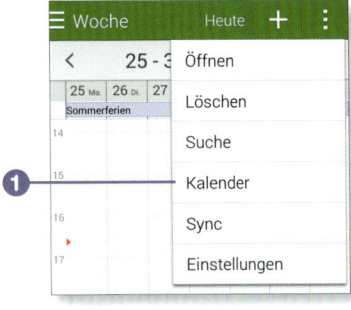

- Die *Samsung Tasks*: Die reguläre Android-Kalender-App synchronisiert keine Aufgabenlisten. Samsung schafft hier Abhilfe durch Verwendung einer eigenen Task-Liste, die auf allen Samsung-Geräten synchron gehalten wird.

- *Eigene Kalender*: Dabei handelt es sich um den lokal auf dem Smartphone befindlichen Kalender, der in der Regel nicht mit anderen Geräten, wohl aber mit Samsungs PC-Synchronisationslösung *Kies* synchronisiert wird.

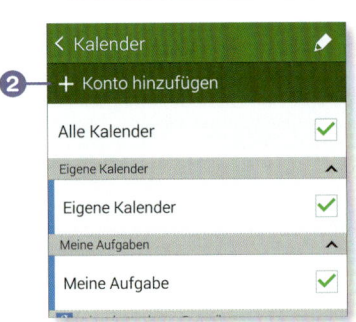

Welche Kalender mit der App S Planner verknüpft sind, erfahren Sie per Blick in die Option **Kalender** der App ❶, die Sie wieder per App-Menü erreichen. Über **Konto hinzufügen** ❷ lassen sich auch weitere Termindatenbanken wie z. B. auch ein Microsoft-Exchange-Konto anbinden.

Einen neuen Kalender erstellen

Möchten Sie Ihren höchstpersönlichen Kalender mit jeweils gesonderten Einträgen, z. B. einen Geburtstags- oder Jubiläumskalender, erstellen, so gehen Sie folgendermaßen vor:

1. Loggen Sie sich per Browser auf Ihrem Google-Konto ein, und begeben Sie sich in den Bereich **Kalender**.

2. Wählen Sie aus dem Kontextmenü zu **Meine Kalender** den Punkt **Neuen Kalender erstellen** ③.

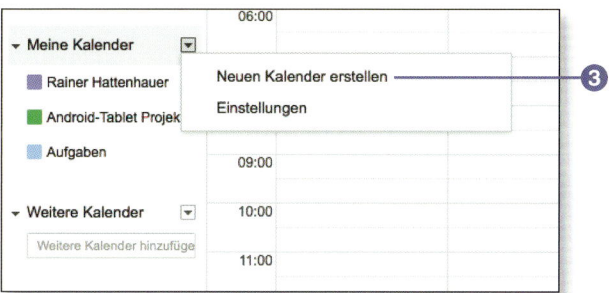

3. Benennen Sie den neuen Kalender im Feld **Kalendername** ④, und beenden Sie den Dialog mit der Schaltfläche **Kalender einrichten** ⑤.

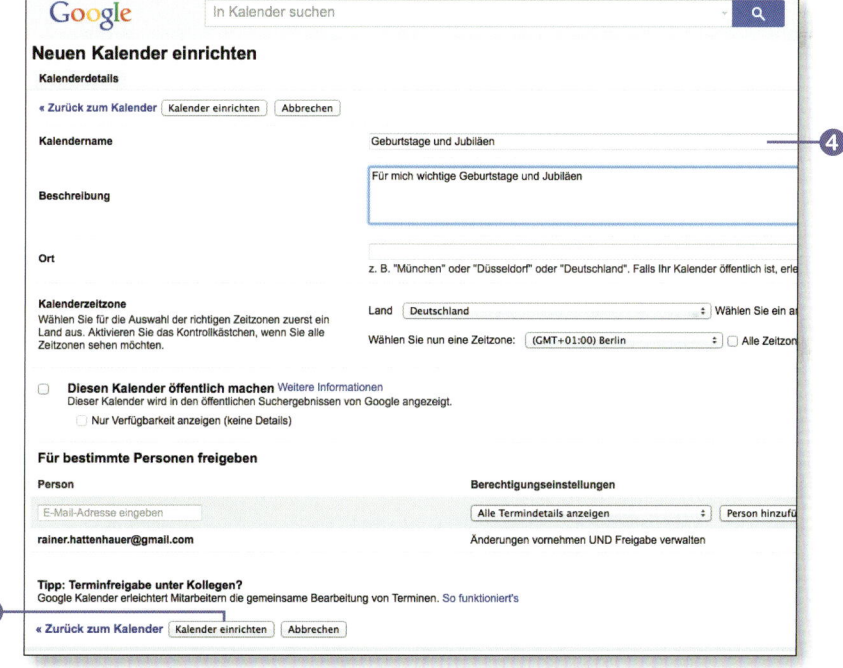

4. Der Kalender sollte jetzt in der Kalenderübersicht im Browser erscheinen. Über das Kontextmenü haben Sie nun Gelegenheit, diesem Kalender eine neue Farbe zuzuordnen.

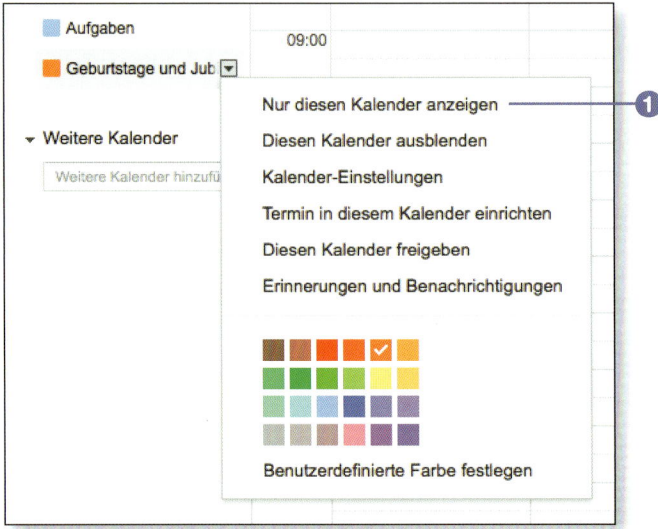

5. Wählen Sie den Menüpunkt **Nur diesen Kalender anzeigen** ❶ aus, und tragen Sie Ihre Geburtstage und Jubiläen in diesen Kalender ein. Achten Sie ggf. darauf, dass sich alle Termine jährlich wiederholen.

6. Nach Fertigstellung blenden Sie die anderen Kalender wieder ein, indem Sie auf die nun nicht mehr farbigen Felder neben ihren Namen klicken.

7. Schließlich müssen Sie noch kontrollieren, ob Ihr Geburtstagskalender korrekt auf Ihrem Smartphone übernommen wurde. Synchronisieren Sie dazu den S Planner über das Menü per Eintrag **Sync**.

8. Kontrollieren Sie im Bereich **Kalender**, ob der soeben erstellte Geburtstagskalender in der Liste der Google-Kalender auftaucht ❷.

9. Aktivieren Sie schließlich noch über **Anzeige** die Ansicht des Kalenders, und schauen Sie im Kalender nach, ob Ihre Termine übernommen wurden.

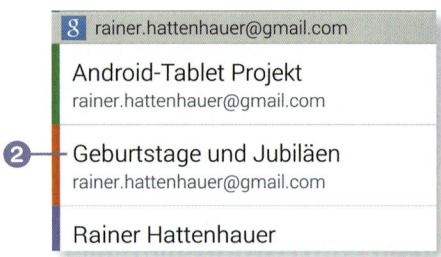

Auf die gleiche Art und Weise können Sie nun beliebig viele verschiedene Kalender erstellen. So hat es sich beispielsweise bei großen Projekten bewährt, einen Kalender für die Projektmeilensteine zu erstellen, der allen Projektmitarbeitern zugänglich ist. Sie können einen solchen Kalender entweder als öffentlichen Kalender oder als Kalender für einen geschlossenen Teilnehmerkreis realisieren. Dazu passen Sie einfach die Eigenschaften des Google-Kalenders im Browser an.

Synchronisierung mit Outlook

Die einfachste Methode zur Übertragung des Outlook-Kalenders ist eine Einbahnstraße und funktioniert bei Outlook 2013 bzw. 365 folgendermaßen:

1. Starten Sie Outlook auf Ihrem PC, und begeben Sie sich zunächst in den Bereich **Kalender**.

2. Wechseln Sie zum Reiter **Datei**, und wählen Sie hier den Punkt **Kalender speichern**. Es öffnet sich ein Fenster über dem Kalender. Wählen Sie unter dem Punkt **Weitere Optionen** das Speichern des vollständigen Kalenders ❸ sowie die Option **Alle Details** ❹.

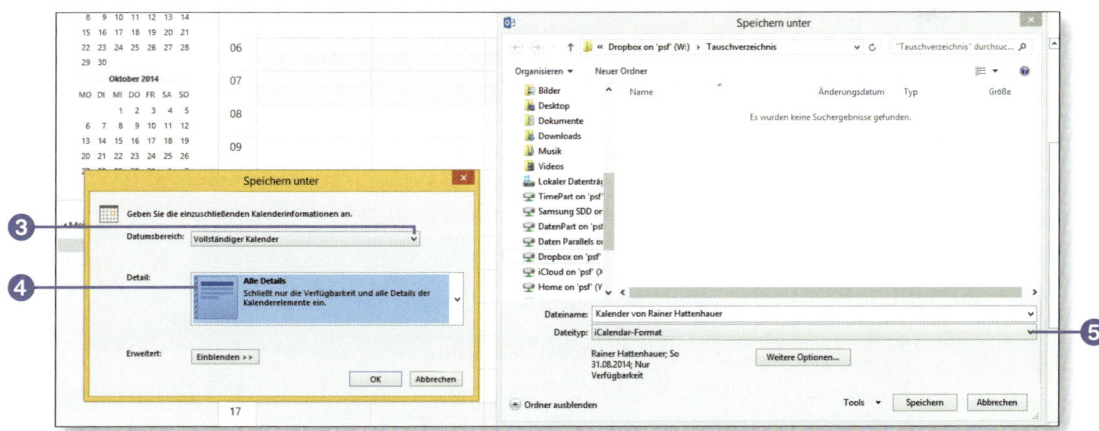

3. Speichern Sie den Kalender an einem beliebigen Ort auf dem PC ab. Standardmäßig wird der Kalender im *iCalendar*-Format, kurz: iCal (**5** auf Seite 183) abgespeichert.

4. Loggen Sie sich bei Google ein, und öffnen Sie Ihren Google-Kalender im Browser.

Es empfiehlt sich, zunächst einen neuen Kalender für die zu importierenden Outlook-Termine anzulegen.

5. Wählen Sie dazu im Kalenderbereich **Neuen Kalender erstellen** im Menü **Meine Kalender**. Definieren Sie einen neuen Kalender (z. B. **Outlook**).

6. Begeben Sie sich nun im Kalenderbereich zum Punkt **Einstellungen**, und folgen Sie dort dem Link **Kalender importieren**. Wählen Sie die soeben exportierte Datei aus, und stellen Sie sicher, dass der Export in den neu erstellten Kalender erfolgt ist.

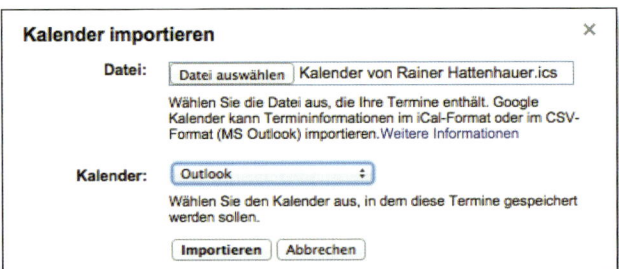

Outlook-Kalender synchron halten

Die oben beschriebene Verfahrensweise ist für den einmaligen Abgleich mit einem Outlook-Kalender gedacht. Wer Outlook permanent synchron halten möchte, der verwendet am besten eine Drittanbieterlösung wie z. B. *MyPhoneExplorer* oder *Google Contact Sync Mod*. Auch über Samsungs PC-Software Kies lässt sich Outlook problemlos synchron halten, wenn auch etwas umständlich. Mehr zu Kies erfahren Sie im Abschnitt »Eine Datensicherung erstellen« ab Seite 336.

Aufgaben, Listen und Memos

Ihr Google-Konto verfügt zwar über eine Aufgabenplanung, diese lässt sich aber nur mithilfe von Drittanbieter-Apps mit Ihrem Smartphone synchronisieren. Was liegt also näher, als auf die eingebaute Samsung-Lösung zurückzugreifen? Diese ist direkt mit dem S Planner verknüpft.

So erstellen Sie eine Aufgabe:

1. Starten Sie den S Planner, und tippen Sie auf das **+**-Zeichen, um eine neue Aufgabe einzugeben. Im Gegensatz zur bisherigen Vorgehensweise muss aber nun aus der Dropdown-Liste der Punkt **Aufgabe hinzufügen** ❶ gewählt werden.

2. Geben Sie den **Titel** ❷ der neuen Aufgabe ein. Optional können Sie für die Aufgabe auch einen **Fälligkeitstag** ❸ oder eine **Erinnerung** setzen. Letzteres geschieht, wie so oft, indem Sie sich in den Bereich **Weitere Optionen anzeigen** ❹ begeben.

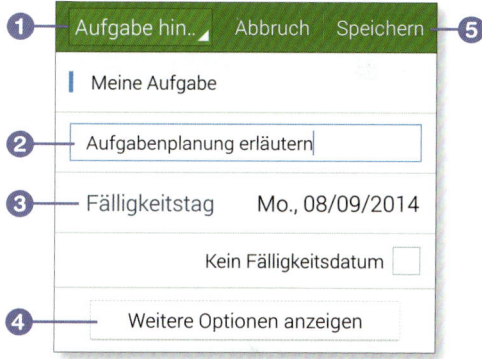

3. Beenden Sie die Erstellung der Aufgabe durch Antippen der Schaltfläche **Speichern** ❺.

Die Aufgabe erscheint nun in Ihrer Aufgabenliste ❻ auf der Agenda, und Sie werden zur gegebenen Zeit an die Erledigung erinnert.

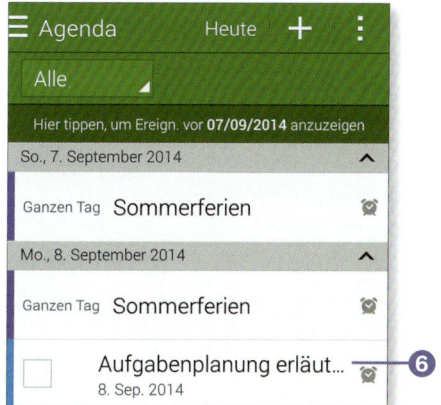

Ein *Memo* ist eine kleine Notiz (vergleichbar mit den kleinen gelben Post-it-Zetteln), die Sie ebenfalls auf Ihrem S5 erstellen können. Dazu verwenden Sie die App *Memo*:

1. Starten Sie die Memo-App aus dem App-Menü, und tippen Sie auf das **+**-Zeichen.

2. Schreiben Sie eine beliebige Notiz. Sie können an die Notiz auch Sprachnotizen oder Bilder anfügen und sie einer Kategorie zuordnen, indem Sie die entsprechenden Schaltflächen am linken oberen Bildrand betätigen ❶.

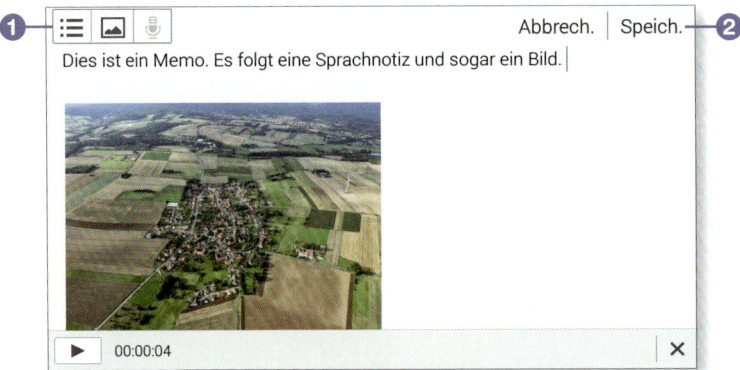

3. Beenden Sie Ihre Eingabe schließlich durch Antippen der Schaltfläche **Speichern** ❷. Das so erstellte Memo erscheint dann in der Übersichtsliste.

Die Memo-App ist sehr einfach strukturiert. Sie möchten Ihre Notizen lieber komfortabel in einem virtuellen Notizbuch erstellen? Dann sollten Sie sich einmal *S Note* anschauen!

1. Installieren Sie die App S Note aus dem Softwareverzeichnis **GALAXY Essentials** (siehe dazu auch den Abschnitt »Apps außerhalb von Google Play kaufen« ab Seite 205).

2. Starten Sie die App, und wählen Sie ein Cover für Ihr neues Notizbuch aus.

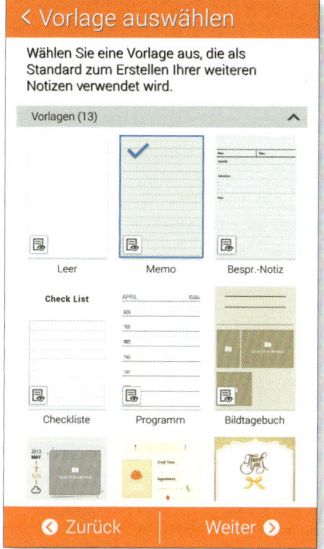

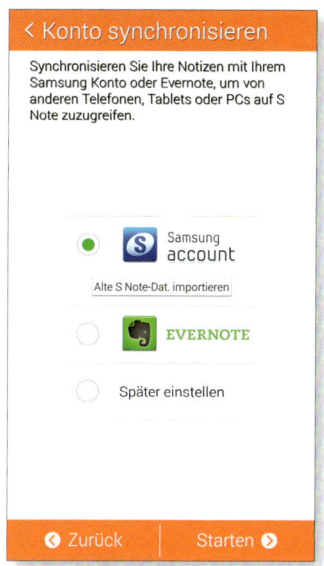

3. Wählen Sie eine Formatvorlage, und geben Sie an, mit welchem Konto S Note synchronisiert werden soll. Ich wähle an dieser Stelle mein Samsung-Konto, Sie können aber auch ein *Evernote*-Konto verwenden. Letzteres ist universeller und momentan der Quasistandard, Ersteres ist besser mit dem Samsung-Kosmos verknüpft.

4. Verwenden Sie S Note bereits auf einem anderen Samsung-Gerät, das mit dem Samsung-Konto verknüpft ist, so können Sie nach dem ersten Start die bestehenden Notizen importieren.

5. Fertig! Erstellen Sie Ihre erste Notiz.

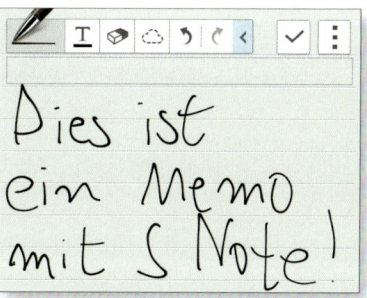

INFO

Synchronisation von Aufgaben und Memos mit dem Samsung-Konto

Die so erstellten Aufgaben, Termine und Memos werden mit Ihrem Samsung-Konto verknüpft und automatisch in der Samsung-Cloud gesichert, stehen Ihnen allerdings nicht in Ihrem Google-Konto zur Verfügung.

Office-Software

Wer hätte vor wenigen Jahren gedacht, dass man die typischen Office-Aufgaben Textverarbeitung, Tabellenkalkulation und Präsentation nicht nur auf dem sperrigen PC, sondern auch im Jackentaschen-Smartphone-Büro erledigen könnte. Die folgende Übersicht zeigt, welche Software auf Ihrem S5 erforderlich ist, um Office-Dokumente ohne Informationsverlust zu bearbeiten.

Zum Zeitpunkt der Drucklegung dieses Buches gibt es die folgenden Office-Programmsammlungen für Ihr Android-Smartphone:

- Generell kostenfrei und perfekt auf das Google-Android-System angepasst, kommen die Google-Apps *Docs*, *Tabellen* und *Präsentationen* daher. Diese sind mit der Google-Cloud-Speicherlösung *Google Drive* eng verzahnt.

- In den *Galaxy Apps* finden Sie das *POLARIS Office*-Paket als kostenlosen Download (siehe auch den Abschnitt »Apps außerhalb von Google Play kaufen« ab Seite 205). Es eignet sich durchaus für den Hausgebrauch, da Sie damit auch Microsoft-Office-Dokumente editieren können.

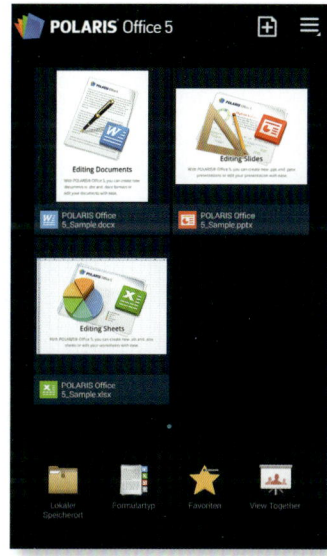 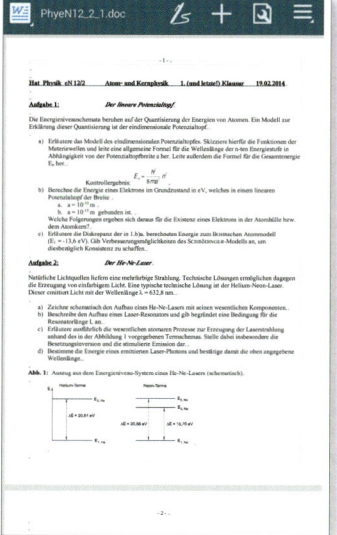

POLARIS Office ist ein mächtiges Office-Paket für Ihr S5, das mit den aktuellen Microsoft-Dokumentformaten gut harmoniert.

Möchten Sie sehr nah am Microsoft-Original arbeiten, so empfiehlt sich der Erwerb einer kostenpflichtigen Office-Suite. Eine solche unterstützt das Word-, Excel- und PowerPoint-Dateiformat in seiner jeweils aktuellen Version. Derzeit finden Sie folgende Lösungen im Play Store:

- *Documents To Go* von DataViz
- *Think Free Office Mobile*
- *OfficeSuite Pro*

Alle drei genannten Pakete können die gängigen Microsoft-Office-Formate in den aktuellen Versionen (ab Office 2007) darstellen. Die Dokumente lassen sich allerdings auch nur in den aufpreispflichtigen Vollversionen bearbeiten. Apropos Preis – der bewegt sich bei Android-Apps in bezahlbaren Regionen: Die Office-Suiten kosten um die 10 €. Sie finden sie schnell über die Google-Play-Suchfunktion.

Unwesentlich teurer, dafür aber auch aus einer anderen Liga, ist das *Softmaker Office 2012*: Hier erhalten Sie für knapp 20 € ein Programmpaket, das nahezu sämtliche Microsoft-Office-Funktionen beherrscht und das Layout Ihrer Microsoft-Dokumente unbehelligt lässt, was bei den anderen Kandidaten nicht unbedingt immer der Fall ist. Nähere Informationen zu dem beliebten Office-Paket für Android finden Sie auf *http://www.softmaker.de/ofa.htm*.

PDF-Reader

ezPDF Reader Trial

Sie möchten unterwegs ein komplexes Dokument mit Bildern, Tabellen etc. lediglich auf seinen Inhalt prüfen, die zusätzlichen Elemente werden aber nur unzureichend dargestellt? Kein Problem: Exportieren Sie zum Sichten Ihre Dokumente einfach als PDF-Dateien. In Microsofts aktueller Office-Suite geschieht das über **Datei ▸ Speichern unter** durch Auswahl des Dateityps **PDF**.

Ein weiterer Vorteil einer PDF-Reader-App: Sie können damit viele aktuell erhältlichen E-Books auf Ihrem Smartphone lesen. Der momentan beste PDF-Reader für Android ist der *ezPDF Reader*, der sogar die Lösung von Adobe in den Schatten stellt. Er ist in der Pro-Version (Preis: 2,49 €) in der Lage, im PDF eingebettetes Audio- und Videomaterial wiederzugeben. Zudem kann er PDF-Dokumente auch vorlesen.

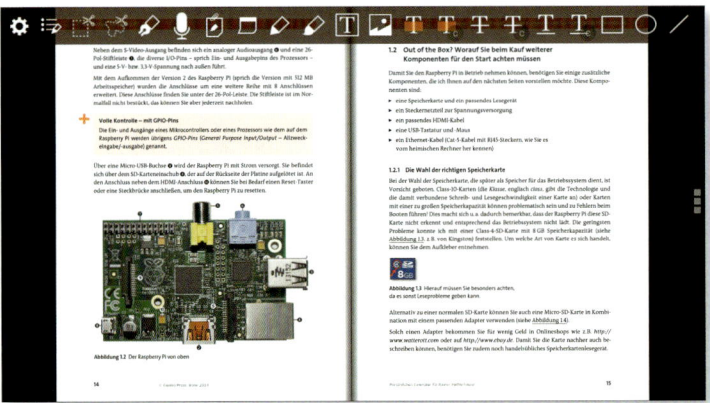

Die derzeit beste Lösung, wenn es um die Darstellung des PDF-Formats geht: Der ezPDF Reader beherrscht auch die Darstellung komplexer PDF-Dokumente wie z. B. E-Books.

Kapitel 8
Apps installieren und verwalten

In diesem Kapitel sehen wir uns die Standardquelle aller Apps einmal etwas genauer an, den *Google Play Store* (kurz: *Google Play* oder *Play Store*). Er ist der Dreh- und Angelpunkt, wenn es darum geht, Apps auf Ihr S5 zu befördern. Aber es gibt auch andere Softwarequellen.

Ein Rundgang durch den Google Play Store

Im Einstiegskapitel haben Sie bereits Bekanntschaft mit dem Google Play Store gemacht und danach sicher auch die eine oder andere App installiert. Sie können sowohl unterwegs als auch vom heimischen WLAN aus jederzeit auf Google Play zugreifen. Grund genug, an dieser Stelle noch einmal etwas genauer auf den zentralen Markt der Apps einzugehen. Zunächst sehen wir uns lediglich den Teil an, der für die Apps zuständig ist.

1. Starten Sie den Play Store durch Antippen des Icons im Programmmenü. Nach dem Start der App präsentiert sich die Play-Store-Übersicht. Sie finden dort Links in Form von Schaltflächen zu den Unterbereichen **Apps**, **Spiele**, **Filme**, **Musik**, **Bücher** und **Kiosk** (❶ auf Seite 192). In der Übersicht auf der Startseite werden Ihnen Vorschläge für Medien, Spiele und Apps unterbreitet. Das Antippen der Seitenmenü-Schaltfläche ❷ im linken oberen Displaybereich öffnet das Menü des Play Stores.

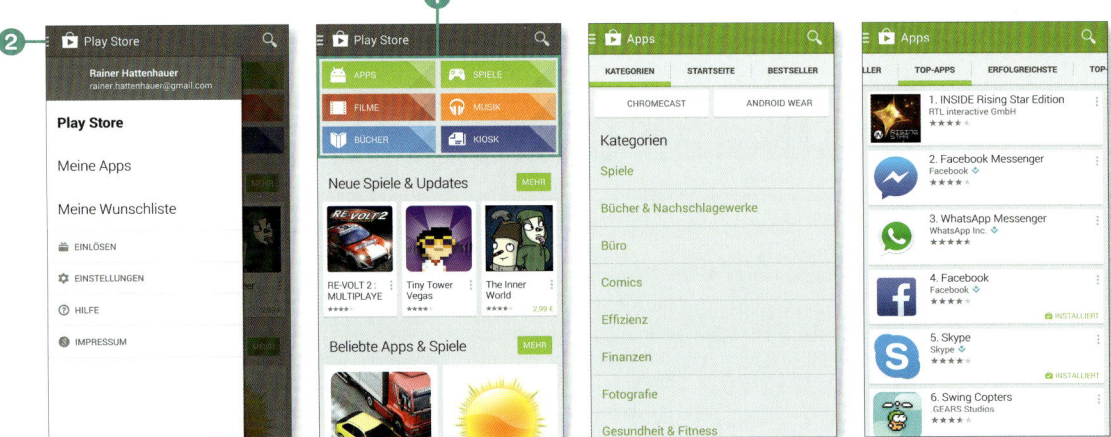

2. Tippen Sie die Schaltfläche **Apps** an. Sie gelangen in den Bereich der im Play Store erhältlichen Apps.

3. Durch Hin- und Herwischen wechseln Sie zwischen den verschiedenen App-Bereichen. Innerhalb der einzelnen Bereiche können Sie dann teilweise beliebig weit herunterscrollen.

Die Apps im Play Store sind dabei in folgenden wesentlichen Bereichen sortiert:

Kategorien	Durchsuchen Sie die verschiedenen App-Kategorien nach interessanten Apps.
Startseite	Hier erhalten Sie Vorschläge für interessante Apps. Die Vorschläge basieren auf Ihrem bisherigen Kaufverhalten.
Bestseller	die meistverkauften Apps
Top-Apps	empfohlene Apps
Erfolgreichste	Apps mit den meisten Downloads
Trends	Apps mit den größten Downloadzuwächsen

Einige App-Bereiche im Play Store

Zur Installation von Apps empfiehlt es sich, immer zuerst in den **Apps**-Bereich zu wechseln. Dadurch wird die Suche nach bestimmten Schlüsselwörtern auf den Apps-Bereich eingeschränkt und nicht auch auf die anderen im Play Store befindlichen Medien ausgedehnt.

Installierte Apps anzeigen

Um sich einen Überblick zu verschaffen, welche Apps auf dem aktuellen Gerät installiert sind bzw. welche Apps Sie bislang erworben haben, tippen Sie einfach auf die Seitenmenü-Schaltfläche Ihres S5 und wählen dort den Menüpunkt **Meine Apps**.

Es erscheint zunächst im Bereich **Installiert** eine Übersicht über alle Apps, die Sie auf Ihrem aktuellen Gerät installiert haben. Sollten Updates vorhanden sein, so werden diese hier ebenfalls gelistet. Im Bereich **Alle** finden Sie sämtliche Apps, die Sie bislang mit Ihrem Google-Konto getestet, aber ggf. auch wieder deinstalliert haben. Das sind insbesondere auch Apps, die sich auf anderen Geräten befinden, die ebenfalls mit Ihrem Google-Konto verknüpft sind. Diese können Sie mithilfe der entsprechenden Schaltfläche ❸ aus der Übersicht entfernen.

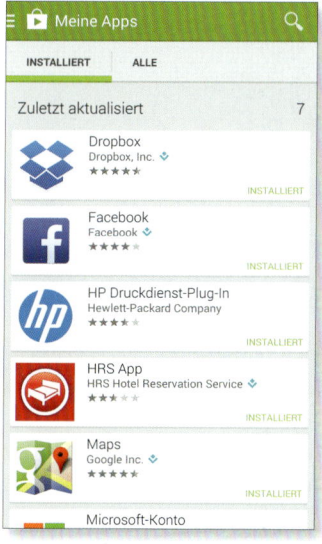
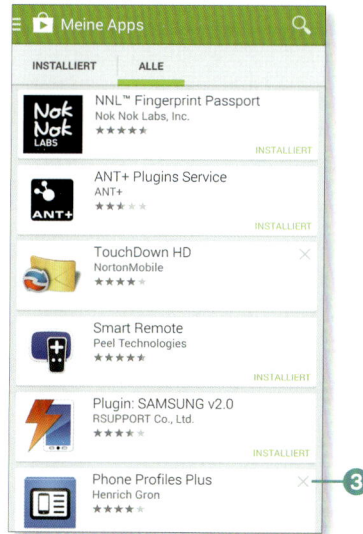

Apps aktualisieren

Die Apps, die Sie im Play Store erwerben, werden ständig weiterentwickelt. Sogenannte *Updates* werden regelmäßig herausgebracht, und das System benachrichtigt Sie, wenn eine App aktualisiert werden kann. Eine derartige Benachrichtigung finden Sie in Form eines Play-Store-Icons in der Statusleiste ❶.

1. Wenn Sie so eine Benachrichtigung erhalten, ziehen Sie die Statusleiste herunter, indem Sie einen Finger vom oberen Bildschirmrand nach unten ziehen. Tippen Sie nun auf den entsprechenden Eintrag in der Liste der Meldungen ❷.

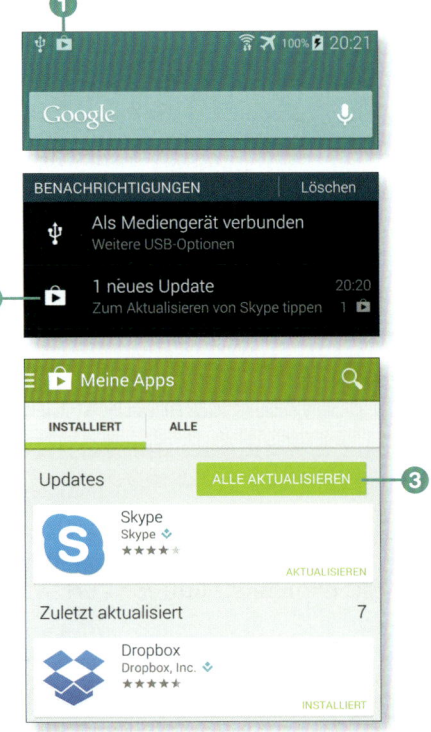

2. Sie werden nun in die Play-Store-App weitergeleitet, um die angezeigten Apps zu aktualisieren.

   Alternativ können Sie auch direkt in der Play-Store-App über das Seitenmenü in den Bereich **Meine Apps** wechseln, um sich die aktualisierbaren Apps anzeigen zu lassen.

3. Tippen Sie hier entweder die Schaltfläche **Alle aktualisieren** ❸ an, um alle updatefähigen Apps in einem Rutsch zu aktualisieren, oder wählen Sie gezielt einzelne Apps zur Aktualisierung aus.

4. Sollten Sie auf eine App stoßen, die Sie selten bis gar nicht verwenden, so können Sie sie an dieser Stelle durch Auswahl der Schaltfläche **Deinstallieren** vom Smartphone löschen.

Benötigt eine App neue Berechtigungen, so wird Ihnen das ebenfalls vor dem Update mitgeteilt. Nach der Aktualisierung erscheint eine Meldung in der Statuszeile, falls der Updatevorgang erfolgreich verlaufen ist. Mittels **Löschen** bringen Sie die Meldungen wieder zum Verschwinden.

Achten Sie darauf, Ihre installierten Apps stets aktuell zu halten. Dadurch stellen Sie sicher, dass Sie immer die neuesten Funktionen erhalten und Sicherheitslücken umgehend geschlossen werden.

TIPP

Automatische Updates – möglichst nicht!

Sie haben die Möglichkeit, installierte Anwendungen automatisch aktualisieren zu lassen. Davon möchte ich abraten: Zum einen kann eine im Hintergrund stattfindende Installation das System ungewollt ausbremsen, zum anderen sollten Sie selbst stets darauf achten, was der Hersteller der App in der neuen Version geändert hat. Zwar wirft das Android-System ein Auge darauf, falls die Aktualisierung rechtlich bedenklich wäre, aber auch hier gilt: Vertrauen ist gut, Kontrolle ist besser.

Ich aktualisiere meine Apps immer dann manuell, wenn ich per WLAN ans Internet angebunden bin. Das habe ich im Menü der Google-Play-App im Bereich **Einstellungen** (erreichbar per Seitenmenü) so festgelegt.

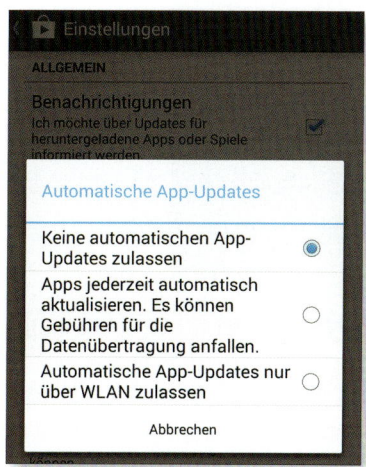

So habe ich es eingestellt: Updates sollen tunlichst nicht automatisch erfolgen, um mein Onlinebudget zu schonen.

Sicherheit im Play Store

Es empfiehlt sich, die Eingabe eines Passwortes zu verlangen, wenn eine App aus dem Play Store installiert werden soll. Eine entsprechende Option (**Passwort für Käufe erforderlich**) finden Sie im Bereich der Play-Store-Einstellungen.

Was Apps dürfen

Besonderes Augenmerk sollten Sie auf die Berechtigungen richten, die Apps auf Ihrem Smartphone beanspruchen. Diese werden Ihnen unmittelbar vor der Installation einer App angezeigt.

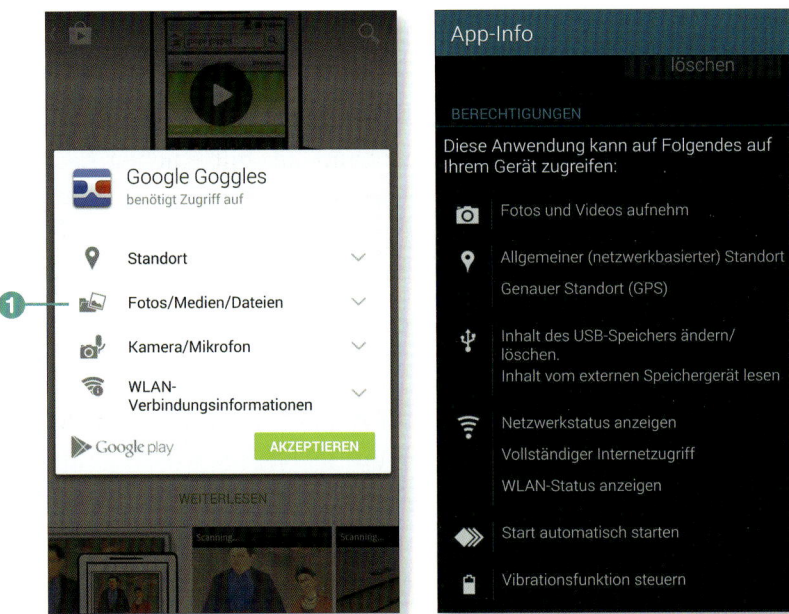

Viele Apps fordern »Berechtigungen«, die Sie sich genau ansehen sollten.

Links im Bild sehen Sie, dass die App *Google Goggles* u. a. auf die Kamera Ihres Geräts zugreift ❶. Schauen Sie sich die Liste der Berechtigungen genau an, und installieren Sie eine App nicht, wenn Sie sich nicht sicher sind, ob Sie dieser App diese »Freiheiten« auch einräumen möchten. Skepsis ist z. B. angebracht, wenn ein vermeintlich harmloses Spiel Zugriff auf den SMS-Versand beansprucht, denn so können kostenpflichtige Dienste durch die Hintertür auf Ihr Smartphone gelangen.

Haben Sie bei der Installation nicht auf die Berechtigungen geachtet und möchten sich nachträglich noch einmal die Berechtigungen einer App ansehen, können Sie diese im App-Menü auswählen und mit gedrücktem Finger auf die am oberen Bildrand erscheinende Fläche **App-Info** ziehen. Scrollen Sie im folgenden Dialog bis an das Seitenende, um sich noch einmal die benötigten Berechtigungen anzeigen zu lassen.

Apps im Launcher ordnen

Mit der Zeit füllt sich Ihr App-Menü bzw. der Launcher mit etlichen App-Einträgen. Standardmäßig wird bei der Installation einer neuen App sowohl eine Verknüpfung auf dem Home-Bildschirm als auch die eigentliche App im App-Menü abgelegt, und zwar am Ende aller existierenden Apps. Hier ist es hilfreich, ein wenig Ordnung ins Chaos zu bringen:

1. Starten Sie die Play-Store-App, begeben Sie sich in die Einstellungen, und entfernen Sie den Haken hinter der Option **Symbol zu Startbildschirm hinzufügen**. Dadurch wird kein Icon auf dem Startbildschirm abgelegt, wenn Sie es nicht ausdrücklich wünschen.

2. Begeben Sie sich anschließend in das App-Menü, und wählen Sie dort aus dem Menü den Punkt **Anzeigen als**. Wählen Sie hier entweder die alphabetische Reihenfolge, oder ordnen Sie mit der Option **Benutzerdefinierte Reihenfolge** die Apps individuell an.

Apps gezielt suchen

In der Regel haben Sie schon eine grobe Vorstellung, welche Apps Sie gern auf dem Smartphone installieren möchten. Bei der Suche hilft die integrierte Suchfunktion des Play Stores.

1. Geben Sie einen Suchbegriff in das Suchfeld ein. Dieser kann durchaus auch ungenau formuliert sein, Sie müssen also die Namen der Apps nicht unbedingt kennen.

2. Stöbern Sie die Ergebnisse durch, und sehen Sie sich insbesondere auch die Rezensionen zu den Apps an, um sich einen Eindruck über deren Qualität zu verschaffen.

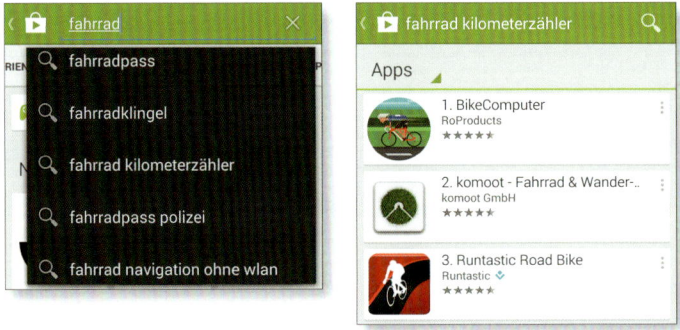

Eine interessante Option im Play Store ist die selektive Suche nach Apps in Kategorien.

1. Wechseln Sie durch Antippen der Schaltfläche **Apps** auf der Startseite des Play Stores in den Apps-Bereich.

2. Wischen Sie nach links, bis Sie in das Menü **Kategorien** gelangen ❶.

3. Scrollen Sie ggf. nach unten, um weitere Kategorien zu Gesicht zu bekommen. Tippen Sie eine Kategorie an, die Sie interessiert.

4. Im Bereich der gewählten Kategorie finden Sie die gleichen Unterrubriken vor, die auch die vollständige App-Übersicht bietet ❷.

5. Suchen Sie sich beispielsweise eine nette kostenlose App aus dem Bereich Fotografie aus, und installieren Sie sie. Zum Erwerb einer kostenpflichtigen App sehen Sie sich den nächsten Abschnitt an.

Eine App kaufen

Der Google Play Store hält sehr viele gute kostenlose Apps bereit. Wer allerdings wirklich professionelle Software mit vollem Funktionsumfang installieren möchte, kommt nicht umhin, von Zeit zu Zeit auch Apps zu kaufen. Dabei stellt sich die Frage, wie Sie an das Bezahlsystem von Google angebunden werden. Prinzipiell stehen Ihnen momentan folgende Wege zur Auswahl:

- Sie besitzen eine gültige Kreditkarte: Melden Sie sich zum Zweck der Bezahlung Ihrer Apps zunächst beim Google-Bezahlsystem *Google Wallet* an, und geben Sie dort Ihre Kreditkartendaten ein. Wie das genau funktioniert, erfahren Sie in der übernächsten Schrittanleitung.

- Etliche Mobilfunkprovider gestatten die Bezahlung für Einkäufe aus dem Play Store per Mobilfunkrechnung. Informieren Sie sich am besten im Internet darüber, ob das bei Ihrem speziellen Provider der Fall ist.

■ Mittlerweile gibt es auch Guthabenkarten für den Play Store bei einer Vielzahl von Lebensmitteldiscountern und Tankstellen zu kaufen. Das ist sicherlich der einfache, risikolose Weg, Apps aus dem Play Store zu erwerben. Auf der Rückseite der Karten befindet sich ein Rubbelcode, den Sie direkt im Play Store einlösen können.

■ Und schließlich: Sie können auch mit PayPal bezahlen. Dazu müssen Sie lediglich über ein gültiges PayPal-Konto verfügen.

Eine Guthabenkarte, wie Sie sie in vielen Lebensmittelläden und Tankstellen kaufen können

Am einfachsten gestaltet sich der Erwerb von Apps, wenn Sie über eine Guthabenkarte verfügen:

1. Rubbeln Sie das Feld auf der Rückseite der Karte frei. Verwenden Sie dazu am besten Ihren Daumennagel und keine scharfkantigen Gegenstände.

2. Starten Sie die Play-Store-App, und wählen Sie aus dem Seitenmenü den Punkt **Einlösen** ❶.

3. Geben Sie in dem nun erscheinenden Feld den Code Ihrer Karte ein ❷. Leerzeichen zwischen Feldern müssen nicht eingegeben werden.

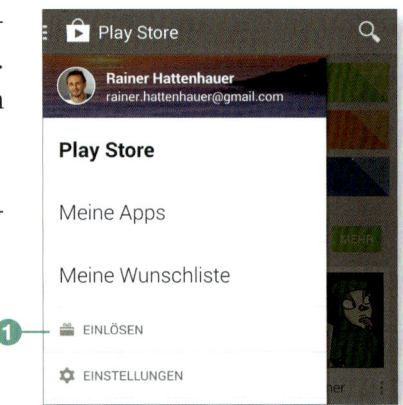

4. Tippen Sie schließlich auf die Schaltfläche **Einlösen** ❸.

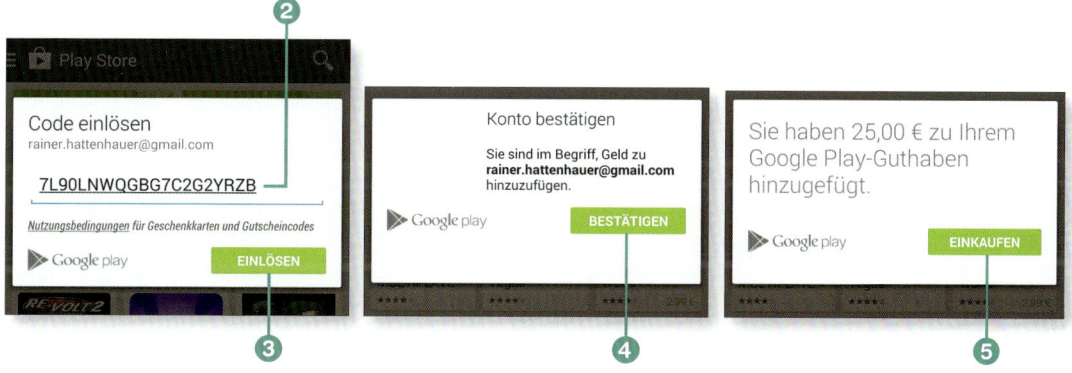

5. Bestätigen Sie nun das Konto, dem das Guthaben zugeordnet werden soll **4**.

6. Es erscheint schließlich eine Meldung, dass Ihr Konto erfolgreich aufgefüllt wurde. Durch Betätigen der Schaltfläche **Einkaufen** **5** gelangen Sie wieder in den Play Store und können Ihre Einkaufstour starten.

Zentral für die Verwaltung Ihrer Zahlungsmittel ist das Google-Wallet-Konto. Dort können Sie auch Ihr aktuelles Guthaben abrufen. Sehen wir uns Google Wallet einmal genauer an:

1. Begeben Sie sich auf *http://wallet.google.com/manage*, und loggen Sie sich mit Ihrem regulären Google-Account dort ein.

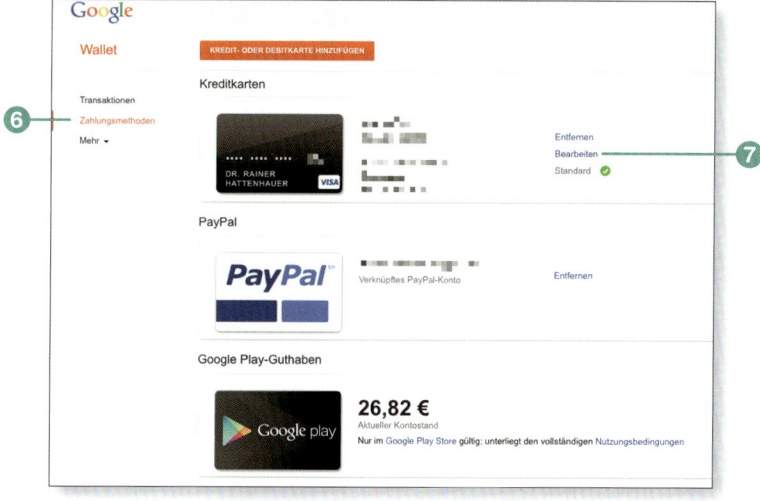

2. Wechseln Sie anschließend in den Bereich **Zahlungsmethoden** (**6** auf Seite 201). Hier finden Sie alle bislang definierten Zahlungsmittel sowie Ihr Play-Store-Guthaben.

3. Wenn Sie dem Link **Bearbeiten** **7** folgen, können Sie auch neue Zahlungsmittel definieren.

Der eigentliche Kauf einer App ist ziemlich unspektakulär:

1. Suchen Sie sich eine kostenpflichtige App im Play Store aus, und tippen Sie auf ihr Preisschild **1**.

2. Akzeptieren Sie ggf. von der App eingeforderte Rechte.

3. Kaufen Sie die App durch Antippen des Buttons **Kaufen** **2**. Unter Umständen werden Sie dabei nach Ihrem Play-Store-Passwort gefragt. Aber keine Sorge, falls Sie es sich doch noch einmal anders überlegen sollten – auch der Kauf einer App kann ggf. rückgänging gemacht werden (siehe dazu den Kasten »Umtausch nicht ausgeschlossen« auf der folgenden Seite).

4. Nach dem Kauf werden Sie schließlich noch gefragt, ob Sie in Zukunft stets Ihr Passwort für einen Kauf eingeben wollen. Das sollten Sie bestätigen.

Damit hätten Sie Ihre erste App gekauft. Und wenn Ihnen diese nicht gefällt?

TIPP

Umtausch nicht ausgeschlossen

Sie können eine App bei Nichtgefallen innerhalb von zwei Stunden im Play Store wieder zurückgeben, ohne dass Ihr Konto belastet wird. Dazu rufen Sie die App im Play Store erneut auf und tippen auf die Schaltfläche **Erstatten** ❸. Achtung: Das Verfahren funktioniert nicht, wenn Sie die App per PayPal bezahlt haben.

Eine App erneut installieren

Das Schöne an Apps, die Sie im Play Store erworben haben, ist die Tatsache, dass Sie sie nicht verlieren können. Sie können sie immer wieder neu installieren, z. B. wenn Sie ein neues Smartphone kaufen oder Ihr S5 kaputtgeht. Dann können Sie aus der Sicherung Ihres Google-Kontos alle Ihre gekauften Apps wieder aufspielen. Voraussetzung ist, dass Ihr Smartphone dabei mit dem Google-Konto verknüpft ist, mit dem Sie die entsprechende App erworben haben.

TIPP

Einmal kaufen – vielfach nutzen

Apps, die Sie einmal erworben haben, können Sie auf beliebig vielen Android-Geräten nutzen – vorausgesetzt, diese sind mit demselben Google-Konto verknüpft.

Sie müssen eine App noch nicht einmal auf Ihrem Smartphone installieren. Sie können sich auch Apps bequem per Browser auf Ihrem PC aussuchen und sie sozusagen ferngesteuert auf Ihrem S5 installieren.

1. Begeben Sie sich im Internetbrowser auf Ihrem PC zum Google Play Store (*https://play.google.com*).

2. Klicken Sie auf **Anmelden**, und loggen Sie sich dort mit Ihrem Google-Account ein.

3. Begeben Sie sich in den Bereich **Apps**. Der Play Store sieht im Browser ganz ähnlich aus wie auf dem Smartphone. Über den Link **Meine Apps** ❶ können Sie sich alle Anwendungen anzeigen lassen, die Sie über Ihr Google-Konto auf Ihrem Android-Gerät bereits installiert haben.

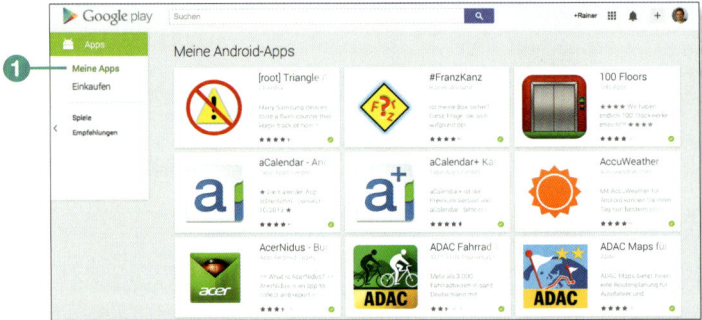

4. Halten Sie über die Suchfunktion nach einer App Ausschau, die Sie gern erneut installieren möchten. Bereiten Sie im PC-Browser die Installation auf dem Smartphone vor, indem Sie auf die Schaltfläche **Installiert** ❷ klicken.

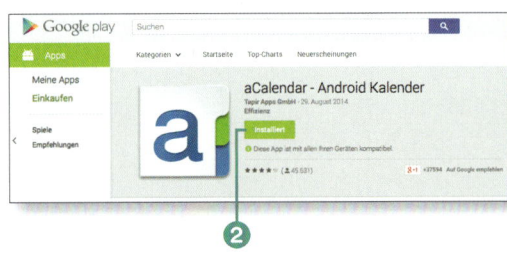

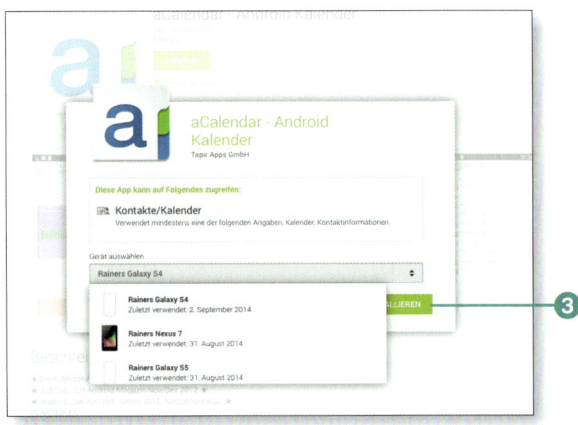

5. Sollten Sie mehrere Android-Geräte besitzen, so können Sie nun aus der erscheinenden Liste auswählen, auf welchem Ihrer Geräte die App installiert werden soll.

6. Durch Betätigen der Schaltfläche **Installieren** ❸ (im Screenshot durch das überlagernde Fenster halb verdeckt) landet die App schließlich auf Ihrem Smartphone, vorausgesetzt, dieses ist mit dem Internet verbunden.

Das beschriebene Verfahren zur Installation bereits gekaufter Apps funktioniert natürlich auch im Play Store auf Ihrem Smartphone.

Der Download-Pfeil in der Statusleiste links zeigt an,
dass die App installiert wird.

TIPP

Vorsicht vor In-App-Bezahlung!

Eine vermeintlich kostenlose App kann schnell teuer werden. In einigen Apps können Funktionen nachträglich freigeschaltet werden, wenn Sie diese per In-App-Bezahlung über den Play Store abrechnen. Hier müssen Sie sorgfältig abwägen, ob Sie dadurch wirklich einen Mehrwert erhalten. Ebenso schnell kaufen Sie so möglicherweise überteuerte Abos, aus denen Sie so schnell nicht wieder herauskommen.

Apps außerhalb von Google Play kaufen

Mittlerweile gibt es diverse Alternativen zur Installation von Android-Apps jenseits von Google Play. Folgende andere Anlaufstellen sind zu empfehlen:

- **AndroidPIT:** Das Urgestein der Android-Szene in Deutschland bietet über einen eigenen Installer Apps an, die Sie per PayPal und somit indirekt per Bankeinzug von einem deutschen Konto bezahlen können. Mehr Informationen dazu finden Sie auf *www.androidpit.de*.

- **pdassi:** Einst eine Fundgrube für Pocket-PC-Besitzer, bietet pdassi heute eine reichhaltige Auswahl an Android-Apps, die ebenfalls über »klassische« Methoden bezahlt werden können. Die Website finden Sie unter *android.pdassi.de*. Die dort erhältlichen Apps kommen in Form von sogenannten direkt installierbaren *.apk*-Dateien daher.

AndroidPIT bietet auf seiner Website Apps an, die nicht nur das Durchstöbern der Shops, sondern auch die Installation der angebotenen Apps erleichtern.

- **Amazons Android-App-Shop:** Auch Amazon schickt sich an, Google mit einem eigenen App-Store für Android Konkurrenz zu machen. Dort können Sie über Ihr normales Amazon-Konto Apps einkaufen. Die Nutzung des Amazon App Stores erfordert die Installation einer *.apk*-Datei: Dazu müssen Sie die Sicherheitsfunktionen Ihres Smartphones aushebeln. Suchen Sie einfach per Browser nach den Begriffen »Amazon App Shop« – das führt Sie direkt zu der App, die für die Nutzung des Shops notwendig ist, nebst Installationsanleitung.

Vorsicht vor ».apk«-Dateien!

So ganz ungefährlich ist es allerdings nicht, Dateien eines Anbieters jenseits des Google Play Stores zur Installation zuzulassen. Nur allzu leicht lassen sich so Viren auf Ihr Smartphone einschleusen. Mein Tipp: Lassen Sie die Installation der *.apk*-Datei nur dann zu, wenn Sie wissen, dass diese aus einer vertrauenswürdigen Quelle stammt.

Wesentlich sicherer fahren Sie aber, wenn Sie Samsungs eigenen App Store namens *Galaxy Apps* nutzen: Hier finden Sie zudem eine Vielzahl von Apps, die direkt auf Samsung-Geräte zugeschnitten sind.

1. Starten Sie zunächst Ihren Rundgang, indem Sie sich die Apps namens *GALAXY Essentials* anschauen. Dazu begeben Sie sich zunächst in das App-Menü und wählen dort über die Menü-Schaltfläche den gleichnamigen Punkt ❶.

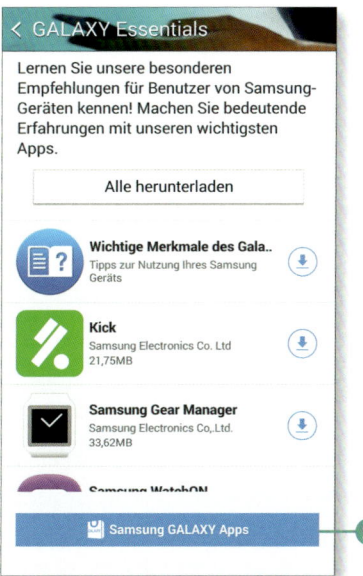

Etliche Apps, die Sie in den GALAXY Essentials finden, waren auf älteren Geräten der Galaxy-Reihe vorinstalliert und wurden nun vermutlich aus Speicherplatzgründen in den App Store ausgelagert.

2. Begeben Sie sich nun in den Bereich **GALAXY Apps** (❷ auf Seite 207). Diesen erreichen Sie auch direkt über die gleichnamige App im App-Menü.

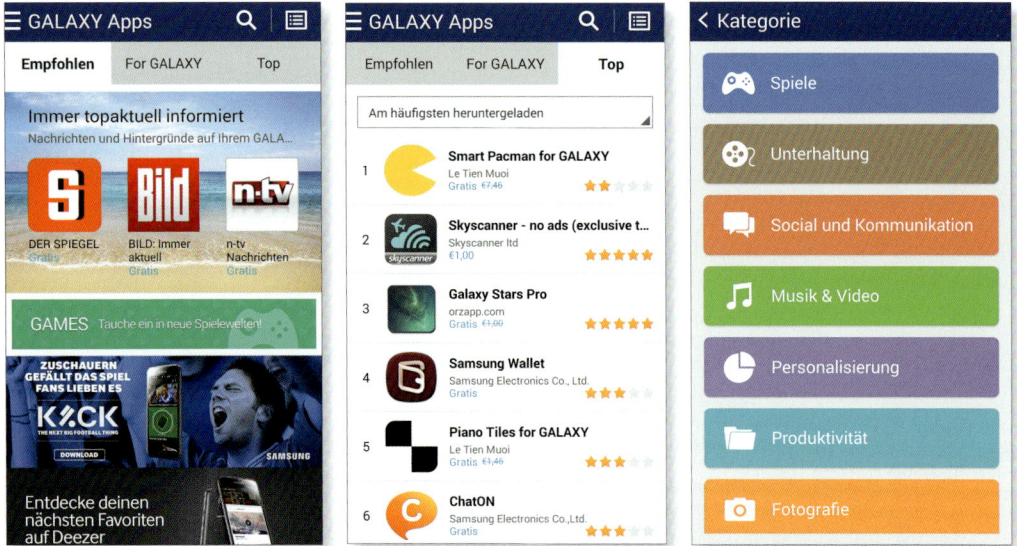

Samsung bietet hier etliche Apps kostenlos oder mit erweiterter Funktionalität an, die im Play Store kostenpflichtig sind. Beispiele wären hier *POLARIS Office*, das Sie ja schon im Abschnitt »Office-Software« ab Seite 188 kennengelernt haben, *S Note* oder der *Kindle Reader für Samsung*, der Ihnen jeden Monat ein neues kostenloses E-Book bietet (siehe dazu auch den Abschnitt »E-Books und Zeitschriften lesen« ab Seite 311).

Apps verwalten und löschen

Ob Sie es wollen oder nicht: Der Speicher Ihres Galaxy S5 füllt sich mit der Zeit durch die Unmengen von Apps, die Sie »nur mal so zum Spaß« installiert haben. Hier gilt es, den Überblick zu bewahren und von Zeit zu Zeit einmal aufzuräumen. Wie das funktioniert, erläutere ich in diesem Abschnitt.

Wo also erhalten Sie Einblick, wie viele und welche Apps auf Ihrem Smartphone installiert sind?

1. Begeben Sie sich zu den Einstellungen, und wählen Sie dort aus dem Teilbereich **Anwendungen** den Punkt **Anwendungsmanager**.

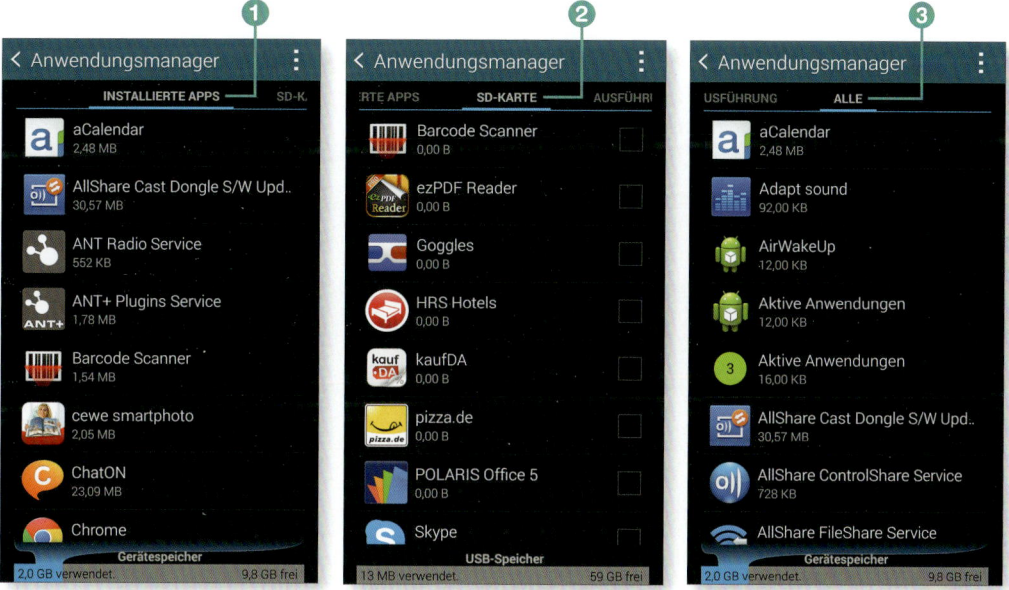

Hier finden Sie alles, was mit der Verwaltung und Installation der auf Ihrem S5 verwendeten Apps zusammenhängt. Sie werden zunächst von einem Bereich begrüßt, der Ihnen sämtliche auf dem Gerät installierten Apps anzeigt ❶. Am unteren Displayrand sehen Sie zudem die Belegung des internen Speichers Ihres Geräts. Dieser ist im vorliegenden Fall nicht unbedingt großzügig bemessen, es handelt sich um ein Standard-S5 mit 16-GB-SD-Speicher. Abhilfe schafft die Möglichkeit, einige Apps auf eine externe Speicherkarte Ihres S5 auszulagern.

2. Wischen Sie einmal nach rechts, und Sie erhalten einen Überblick darüber, welche Apps auf den SD-Speicher befördert werden können ❷. Dieser kann je nach verwendeter Speicherkarte bis zu 128 GB betragen, im vorliegenden Fall befindet sich eine 64-GB-Karte im Smartphone.

3. Im nächsten Teilbildschirm, den Sie erneut durch Wischen nach rechts erreichen, sehen Sie, welche Apps momentan den flüchtigen Speicher Ihres Geräts bevölkern.

4. Der letzte Bildschirm gibt schließlich noch einmal einen Überblick über alle Dienste und Apps, die sich auf dem Gerät befinden (❸ auf Seite 209).

5. Wenn Sie eine der aufgelisteten Apps auf der Startseite antippen, gelangen Sie zu dem App-spezifischen Info-Menü. Hier können Sie u. a. die App deinstallieren ❹ oder temporäre Daten, die die App gesammelt hat, löschen ❺. Auch die Versionsnummer der App ❻ sowie die Rechte, die diese einfordert ❼, sind hier ersichtlich.

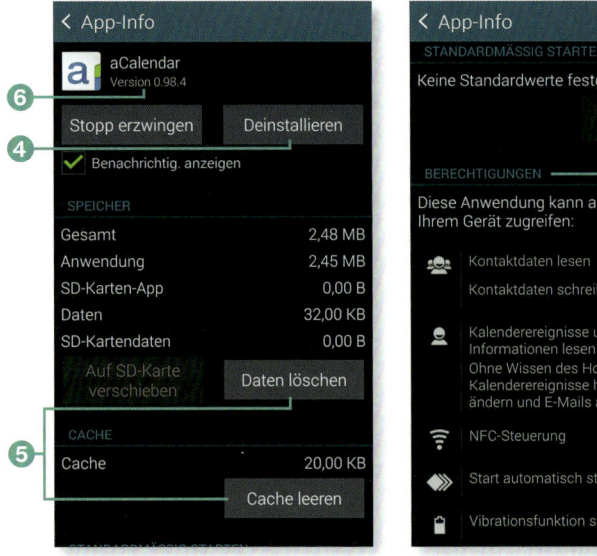

Prinzipiell brauchen Sie sich bei aktuellen Android-Geräten keine Sorgen zu machen, ob der Speicher eventuell zu sehr überladen oder das Smartphone durch zu viele parallele Dienste ausgebremst wird: Das Android-System verfügt als Abkömmling des bekannten Betriebssystems Linux über ein exzellentes Speicher- und Dienstemanagement.

> **TIPP**
>
> **Samsungs eigener Speichermanager**
>
> Sie finden in den Einstellungen im Bereich **System** einen Speichermanager, der Ihnen zum einen die Speicherbelegung auf dem S5 übersichtlich anzeigt und es zum anderen ermöglicht, externe Speicherkarten zu formatieren.

Apps komplett löschen oder zurücksetzen

Je mehr Anwendungen Sie auf Ihrem Smartphone installieren, desto größer ist die Gefahr, dass permanent laufende Hintergrunddienste Ihr Gerät ausbremsen. Von Zeit zu Zeit kann es daher notwendig sein, Ihr S5 von überflüssigen, weil nicht genutzten Apps zu befreien. Am schnellsten geht das folgendermaßen:

1. Begeben Sie sich ins App-Menü, und suchen Sie sich dort eine App aus, die Sie deinstallieren möchten.

2. Halten Sie den Finger auf der App gedrückt, und schieben Sie die App auf die oben auftauchende Fläche mit der Aufschrift **Deinstallieren** ❶. Diese Vorgehensweise kennen Sie ja schon aus den einleitenden Abschnitten.

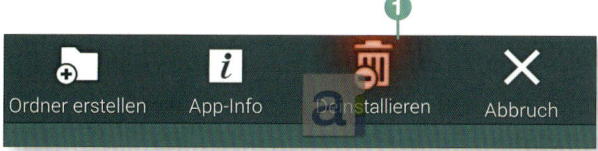

Leider lässt die oben beschriebene Methode oft Dateileichen zurück. Zum rückstandsfreien Löschen einer App gehen Sie folgendermaßen vor:

1. Starten Sie wie im letzten Abschnitt beschrieben den **Anwendungsmanager**.

2. Suchen Sie die App, die Sie deinstallieren möchten, durch Scrollen in der Liste der installierten Apps heraus, und tippen Sie sie an.

3. Tippen Sie nun zunächst die Schaltflächen **Cache leeren** ❷ und **Daten löschen** ❸ an. Daraufhin werden sämtliche von der App gespeicherten Daten aus dem (Permanent-)Speicher des Smartphones gelöscht.

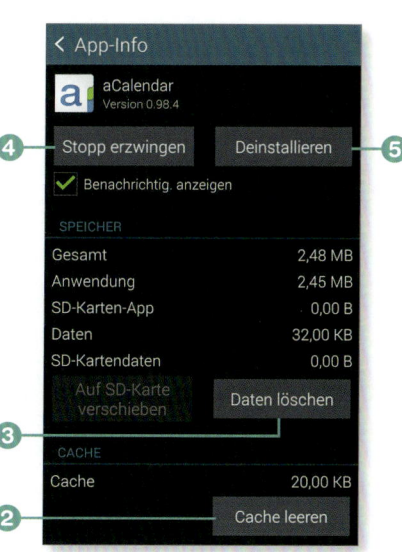

Diese Verfahrensweise bietet sich übrigens auch dann an, wenn eine App nicht mehr so läuft, wie sie sollte, und Sie sie von Grund auf neu konfigurieren möchten.

4. Zum Löschen der App tippen Sie nun zunächst den Punkt **Stopp erzwingen** (❹ auf Seite 211), gefolgt von **Deinstallieren** ❺ an.

Ich empfehle Ihnen, regelmäßig Ihre Apps durchzusehen und überflüssige zu deinstallieren. Sie sparen so Speicherplatz und Ressourcen Ihres S5.

Apps auf eine SD-Karte verschieben

Sollte der interne Flash-Speicher Ihres S5 zur Neige gehen und mögen Sie dennoch nicht auf die eine oder andere platzraubende App verzichten, so bietet es sich an, diese auf die externe SD-Karte auszulagern. Das ist aber seit der Android-Version 4.4 nicht mehr ganz so einfach und funktioniert nur mit Apps, die speziell dafür vorbereitet sind.

1. Begeben Sie sich in die Einstellungen, und starten Sie den **Anwendungsmanager**. Wechseln Sie hier in den Teilbereich **SD-Karte** ❶.

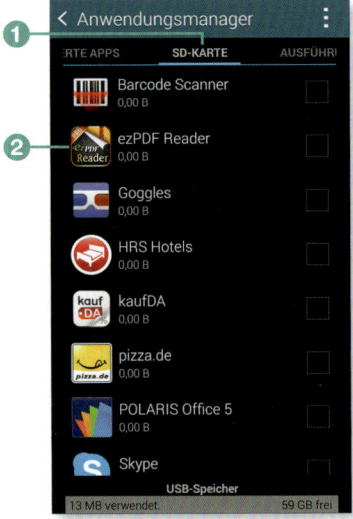
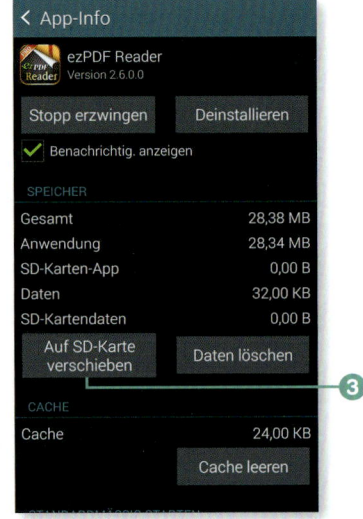

2. Tippen Sie in der Liste der Apps auf diejenige, die verschoben werden soll ❷.

3. Wählen Sie im folgenden Menü den Punkt **Auf SD-Karte verschieben** ❸.

4. Die App wird nun auf die externe SD-Karte Ihres S5 verschoben, was Sie im Anschluss an einem grünen Haken hinter der App ❹ in der Übersicht des Anwendungsmanagers erkennen.

Es versteht sich von selbst, dass sich die Speicherkarte von nun an zur Ausführung der betreffenden App im S5 befinden muss. Sie können diese App natürlich bei Bedarf über das gleiche Menü auch wieder zurück in den Gerätespeicher verschieben ❺.

Dateien kopieren und löschen

Ihr S5 besitzt im Gegensatz zu Apples iPhone einen integrierten Dateimanager. Sie finden ihn im App-Menü unter dem Namen **Eigene Dateien**. Er eignet sich hervorragend zum manuellen Kopieren und Löschen von Dateien.

Eigene Dateien

1. Starten Sie den Dateimanager, indem Sie das Icon **Eigene Dateien** antippen.

Im für das S5 erneuerten Dateiexplorer finden Sie thematisch geordnete Schnellzugriffe auf die wichtigsten Speicherbereiche, z. B. Bilder, Audio- und Videodateien.

2. Begeben Sie sich in den Bereich **Gerätespeicher** (❶ auf Seite 214). Hier finden Sie den internen Flash-Gerätespeicher. Sie erhalten eine Übersicht, welche Dateien sich auf Ihrem Gerät befinden. Zugriff auf die externe Speicherkarte erhalten Sie über den Link **SD-Karte** ❷.

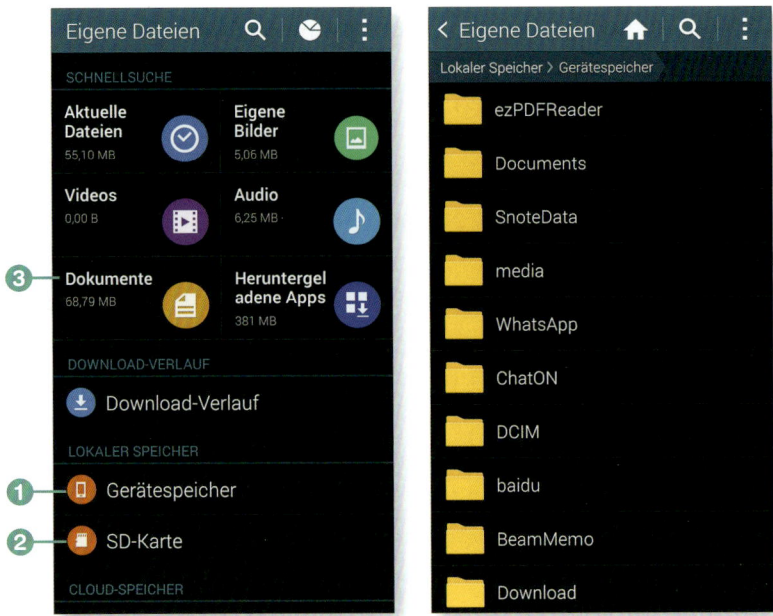

3. Wechseln Sie in den Bereich **Dokumente** ❸. Hier finden Sie u. a. Dateien, die Sie mit S Note oder der Memo-App erstellt haben.

4. Wählen Sie nun eine beliebige Datei durch Antippen des Markierungsfelds ❹ aus. Diese Datei können Sie jetzt mithilfe des Papierkorbsymbols in der Statusleiste löschen ❺ oder per App-Menü **Kopieren** ❻ bzw. **Verschieben** ❼.

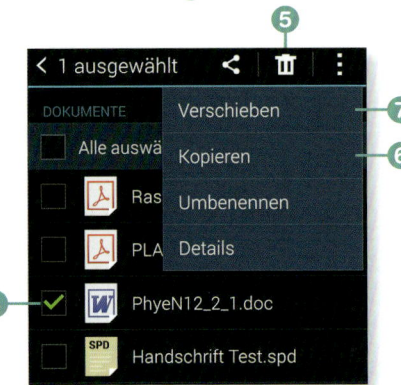

Falls die Datei kopiert oder verschoben werden soll: Navigieren Sie, nachdem Sie den entsprechenden Punkt aus dem Menü ausgewählt haben, an die Stelle, an die die Datei verschoben oder kopiert werden soll. Wählen Sie nun den Menüpunkt **Hier einfügen**.

Kapitel 9
Fotografieren mit dem S5

Der Markt der Kompaktkameras schrumpft stark. Kein Wunder – ersetzen doch die modernen Smartphones die früher allgegenwärtigen Immerdabei-Knipsen. Ihr Samsung Galaxy S5 ist mit einer modernen 16-Megapixel-Kamera nebst ultraschnellem Autofokus ausgestattet, die bei guten Lichtverhältnissen sogar den Vergleich mit einer teuren und schweren Spiegelreflexausrüstung nicht zu scheuen braucht. In diesem Kapitel erfahren Sie, wie Sie das Optimum aus der Hardware herausholen und mit Ihrem Galaxy S5 gute Fotos erstellen.

Ein erstes Foto machen

Der Weg zur Kamerafunktion führt über die *Kamera*-App, die auf dem S5 von Hause aus installiert ist und die Sie im App-Menü finden. Für die folgenden Übungen empfiehlt es sich, ein Icon für den Schnellzugriff auf einem Home-Bildschirm oder in der Schnellstartleiste am unteren Bildschirmrand abzulegen.

1. Tippen Sie das Icon der Kamera-App an, um die integrierte Kamera zu starten.

2. Es erscheint der *Vorschaubildschirm*, und Sie sehen nun im Bild einen weißen Kreis (❶ auf Seite 216). Dieser sucht intelligent den Bereich, der nach Meinung der Automatik scharf gestellt werden soll. Der Kreis dient zudem der Spotfeld-Belichtungsmessung.

3. Nach sehr kurzer Zeit erscheint ein grüner Kreis (siehe dazu die folgende Abbildung) – ein Indiz dafür, dass die Fokussierungsautomatik das Motiv scharf gestellt hat.

4. Tippen Sie schließlich auf den Auslöser ❷, und das Bild wird geschossen.

   Einfach, nicht wahr? Fokussierung, Belichtungssteuerung, Weißabgleich – all das übernimmt Ihr S5 vollautomatisch. Sie möchten mehr Kontrolle, z. B. wollen Sie selbst bestimmen, welches Objekt in der Szene fokussiert werden soll?

5. Tippen Sie zur manuellen Fokussierung mit dem Finger auf das Objekt im Bild, das Sie scharf stellen möchten. Daraufhin erscheint nach kurzer Zeit der schon bekannte grüne Kreis ❸ – das Objekt wurde fokussiert.

6. Tippen Sie erneut auf den Auslöser ❹, und das Foto wird geschossen.

Und wie vergrößern Sie den Bildausschnitt? Dazu verwenden Sie einfach die *Pinch-to-Zoom*-Geste, d. h., Sie spreizen Ihre Finger wie gewohnt auf dem Display. Darauf wird der Bildausschnitt vergrößert, und der Vergrößerungsmaßstab erscheint über einem rechteckigen Rahmen ❺. Bedenken

Sie aber, dass dadurch infolge der starren Optik Ihres Smartphones die Bildqualität leidet. Besser ist es hier oft, den gewünschten Bildausschnitt erst später am heimischen PC aus einer Originalaufnahme zu wählen.

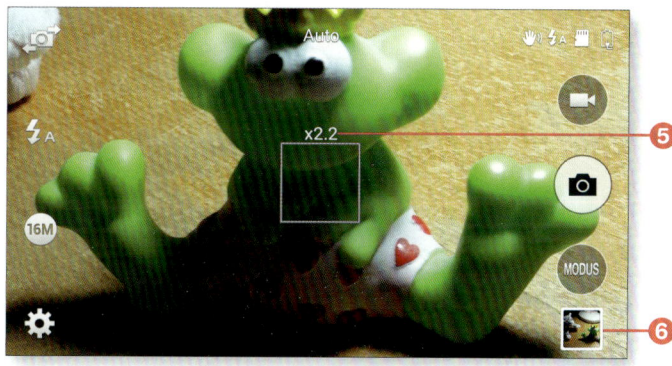

Damit wären Sie schon gut gerüstet, um die ersten Schnappschüsse aufzunehmen. Möchten Sie sich Ihre Fotos anschauen, so wechseln Sie durch Antippen des Miniaturbilds in der rechten unteren Displayecke ❻ in die Vorschau. Es handelt sich dabei um eine Abkürzung zur *Galerie*-App, mit der wir uns noch ausführlicher beschäftigen werden. Hier können Sie alle Ihre Aufnahmen direkt nach der Anfertigung ansehen. Am unteren Bildrand finden Sie die zuletzt geschossenen Bilder.

Die Bilder und Videos, die in der Galerie erscheinen, können sich sowohl lokal auf dem Smartphone als auch auf Ihrem Facebook- oder Google+-Konto befinden, mehr dazu später.

Die Galerie zeigt Ihnen sämtliche
Fotos und Videos an.

Die Kamera-App kennenlernen

Gerade Anfänger werden von den enormen Möglichkeiten, die ihnen die Kamera-App bietet, erschlagen sein. Daher stelle ich Ihnen nachfolgend Schritt für Schritt die verschiedenen Möglichkeiten vor. Auf dem Vorschaubildschirm, in den Sie direkt nach dem Starten der App gelangen, sehen Sie eine Menge Elemente, wobei sich die folgende Abbildung auf die Standardkonfiguration der Kamera-App bezieht.

Wozu sind nun all diese Schaltflächen und Anzeigen gut? Damit können Sie Folgendes tun:

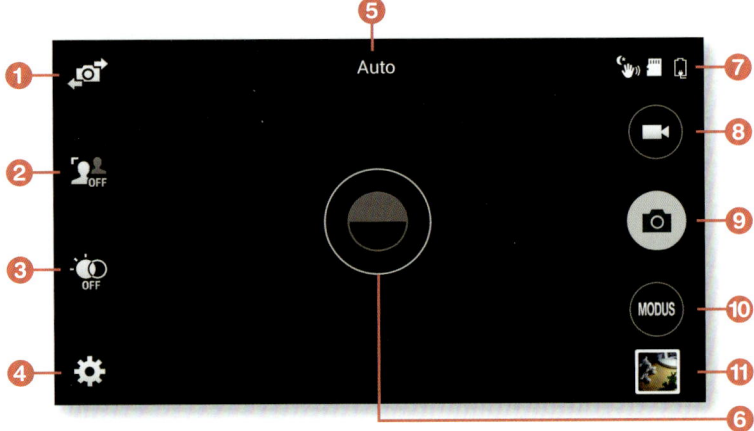

① zwischen Rück- und Frontkamera wechseln

② den selektiven Fokus verwenden (damit kann man gezielt Objekte vom Hintergrund abheben)

③ den HDR-Modus aufrufen (damit erstellen Sie Aufnahmen mit einem breiten Kontrastspektrum)

④ in die Einstellungen wechseln

⑤ den aktuellen Aufnahmemodus ablesen (hier: **Auto**)

⑥ das Belichtungs- und Fokussierungsfeld identifizieren

⑦ anhand der Informationssymbole den aktuellen Status der Kamera ablesen (hier sind z.B. Nachtmodus und Bildstabilisator sowie das Speichern auf der externen SD-Karte aktiviert)

⑧ in den Videomodus wechseln

⑨ den Fotokameraauslöser betätigen

⑩ den Aufnahmemodus auswählen

⑪ zur Vorschau in die Galerie-App wechseln

Einige der beschriebenen Objekte erscheinen nicht immer auf dem Bildschirm bzw. sind frei konfigurierbar, mehr dazu erfahren Sie im Abschnitt »Den passenden Aufnahmemodus finden« ab Seite 224.

Sie lernen die Schaltflächen und den Umgang mit ihnen am besten kennen, indem Sie ein wenig damit herumspielen.

Nehmen Sie z. B. ein Selbstporträt auf, indem Sie von der rückwärtigen Kamera zur Frontkamera wechseln ❶. In diesem Modus wird die Frontkamera verwendet, die mit einem fixierten Fokus arbeitet und nicht manuell scharf gestellt werden muss.

Im Selfie-Mode mit der Frontkamera wird automatisch der Modus »Schönes Porträt« gewählt.

Die Kamera einrichten

Sehen Sie sich nun einmal im Optionsmenü der Kamera-App um. Sie erreichen es durch Betätigen der Zahnrad-Schaltfläche. Das Optionsmenü enthält eine Vielzahl von Schaltflächen. Diese haben folgende größtenteils selbsterklärende Funktionen:

❶ Obere Zeile: Schnelloptionsschaltflächen, die direkt nach dem Kamerastart auf der Sucherfläche erscheinen

❷ Bildauflösung einstellen

❸ Serienbildfunktion

❹ Bildstabilisierung aktivieren/deaktivieren

❺ Gesichtserkennung: erkennt anhand zuvor gespeicherter Namen Gesichter auf dem Bildausschnitt

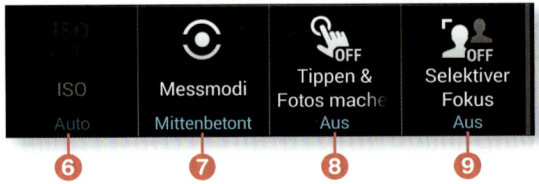

❻ ISO-Einstellung (funktioniert nicht in allen Modi): regelt die Empfindlichkeit des Bildsensors

❼ Messmodus Belichtungsmessung (Mittenbetont, Matrix, Spot)

❽ Tip & Shoot: Foto durch Antippen auf dem Display schießen

❾ Selektiver Fokus: Objekte vor einem Hintergrund hervorheben (Schärfentiefeeffekt)

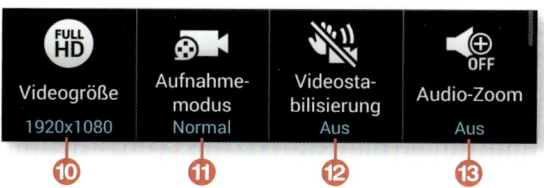

⑩ Videoauflösung einstellen

⑪ Videoaufnahmemodus (z. B. Zeitlupe und Zeitraffer)

⑫ Videostabilisierung aktivieren/deaktivieren

⑬ Audio-Zoom: Lautstärke des Tons von einem vergrößerten Objekt erhöhen

⑭ Aufnahme direkt mit Farbeffekten versehen

⑮ Blitz (Aus, Auto, Ein)

⑯ Selbstauslöser (Aus, 2 Sek, 5 Sek, 10 Sek)

⑰ HDR-Modus: Aufnahme mit erweitertem Kontrastraum anfertigen

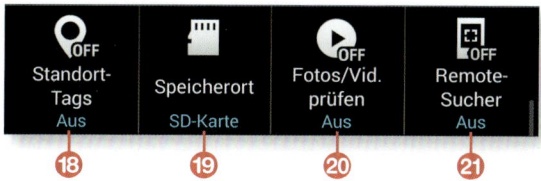

⑱ Standorttags: Die geografischen Koordinaten des Aufnahmeorts ggf. speichern

⑲ Speicherort (der Aufnahmen): interner Speicher oder externe SD-Karte

⑳ Fotos/Videos prüfen: Sollen die Fotos bzw. Videos nach der Aufnahme noch einmal angezeigt werden?

㉑ Remote-Sucher: Verwenden Sie Ihr S5 als Sucher für andere Geräte, z. B. ein weiteres Smartphone.

㉒ Weißabgleich: geeigneten Weißabgleich wählen, sodass die Aufnahme ein möglichst naturgetreues Farbspektrum besitzt

㉓ Belichtungswert: manuelle Kontrolle der Belichtung

㉔ Raster: Hilfslinien für den optimalen Bildaufbau im Sucher anzeigen

㉕ Lautstärketaste: als Auslöser oder Zoom verwenden

㉖ Sprachsteuerung: Lösen Sie die Aufnahme durch ein Kommando aus (»Bitte lächeln« bzw. »Aufnahme«).

㉗ Hilfe: Zugriff auf die integrierte Hilfe

㉘ Zurücksetzen: alle Funktionen wieder auf Standardwerte zurücksetzen

Puh, recht viele Funktionen, die Ihnen Ihr S5 da zumutet, oder? Keine Angst: Sie können sich hier Schritt für Schritt herantasten und alle genannten Funktionen peu à peu ausprobieren. Sollten Sie den Eindruck haben, dass Sie die Kamera komplett verstellt haben, dann hilft das Zurücksetzen mithilfe der gleichnamigen Option ㉘: Danach ist alles wie vorher.

Meine persönliche Lieblingsfunktion ist übrigens die Sprachsteuerung. Probieren Sie es einmal aus:

1. Aktivieren Sie die **Sprachsteuerung** ㉖.

2. Stellen Sie sicher, dass die rückwärtige Kamera aktiviert ist, und drehen Sie Ihr S5 um, sodass Sie in die Kamera schauen.

3. Sagen Sie »Bitte lächeln«. Dadurch wird ein Selbstporträt in bester Auflösung mit der rückwärtigen Kamera geschossen.

Diese Methode eignet sich übrigens auch hervorragend, um insbesondere nachts verwacklungsfreie Bilder zu schießen. Fixieren Sie dazu einfach das Smartphone z. B. durch Anlehnen an ein Buch als Stativersatz, und sprechen Sie das Kommando »Aufnahme«.

Um den Blitz zu aktivieren, tippen Sie auf die **Blitz**-Schaltfläche (siehe die folgende Abbildung) und wählen dort die Automatik- oder Permanentoption aus.

Wenn Sie gewisse Einstellungen regelmäßig verwenden wollen, ist das Öffnen und Suchen im Einstellungsmenü nicht die bequemste Art, die verschiedenen Optionen anzuwählen. In diesem Fall können Sie die Schnellzugriffe einfach in die obere Zeile verschieben. Diese tauchen dann unmittelbar nach Start der Kamera-App auf dem Display auf.

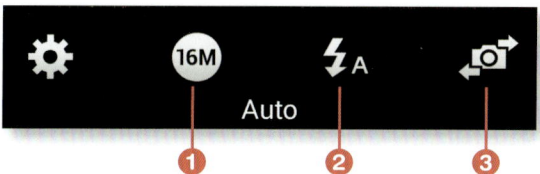

1. Rufen Sie die Einstellungen über das Zahnradmenü auf.

2. Entfernen Sie zunächst die Schnellzugriffsflächen, die Sie nicht benötigen, indem Sie sie mit gedrücktem Finger nach unten schieben.

3. Ziehen Sie in den frei gewordenen Bereich nun einen Schnellzugriff, den Sie häufig benötigen. In meinem Fall sind dies die Bildauflösung ❶, der Blitz ❷ sowie der Kamerawechsel ❸.

4. Wechseln Sie nun wieder per Zurück-Taste in den Hauptbereich der App, und probieren Sie die Funktion der Schnellzugriffstasten durch Antippen aus.

TIPP

Fotos auf der Speicherkarte sichern

Achten Sie bei »normalen« Fotos darauf, dass sie auf der externen Speicherkarte abgelegt werden, um den internen Speicher Ihres S5 frei zu halten. Diese Option aktivieren Sie über die Optionsschaltfläche **Speicherort**. Eine Ausnahme bilden Serienaufnahmen oder Zeitlupen: Aufgrund der hohen Bildfrequenzen sollten die Bilder hier im schnelleren internen Speicher des Geräts abgelegt werden.

Den passenden Aufnahmemodus finden

Je nach Motiv, das Sie fotografieren möchten, bietet Ihnen die Kamera-App einen passenden Aufnahmemodus.

1. Tippen Sie die **Modus**-Schaltfläche in der Kamera-App an.

2. Wählen Sie den entsprechenden Aufnahmemodus per Durchwischen im erscheinenden Streifenmenü aus.

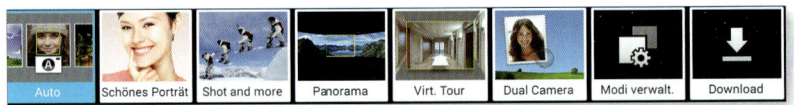

Im Folgenden werde ich Ihnen die verschiedenen Modi und ihre Funktionsweise erläutern. Außerdem gebe ich Ihnen zu den interessantesten Modi einige Tipps mit auf den Weg, sodass Sie mithilfe der einzelnen Programme noch mehr aus Ihren Bildern machen können.

Wählen Sie den Modus **Auto** aus, so übernimmt die Kamera die Regie über die Belichtungseinstellungen. Sie müssen dann nur noch auf Ihr Motiv fokussieren und abdrücken.

In dem Modus **Schönes Porträt** versucht die Kamera, Hautunreinheiten zu erkennen und diese bereits während der Aufnahme zu entfernen. Während Sie die Aufnahme machen, wird also bereits eine Retusche angewendet, die das Gesicht auf dem Foto glatter erscheinen lässt.

Hinter dem Modus **Shot and more** verbirgt sich eine ganze Reihe von mög-
lichen Effekten, die nach Fertigstellung der Aufnahme direkt angewendet
werden können. Prinzipiell wird nach dem Drücken des Auslösers eine
komplette Bildserie geschossen, und aus dieser Serie wird entweder das
beste Bild ausgewählt (z. B. bei Porträts einer Person), oder es werden auch
mehrere Aufnahmen kombiniert. Das bietet sich bei aktionsgeladenen Szenen an, z. B. wenn Sie einen Snowboarder beim Sprung über eine Gelände-
kante in Szene setzen wollen. Ich möchte Ihnen im Folgenden ein Beispiel
zur Demonstration geben:

1. Wählen Sie zunächst zum Speichern der Aufnahme über die entsprechende Optionsschaltfläche den internen Speicher Ihres S5. Dieser
kann die zu erwartende Bilderflut rascher bewältigen.

2. Wählen Sie nun den **Shot and More**-Modus in der Kamera-App. Es ist
wichtig, das Smartphone während der folgenden Aufnahme sehr ruhig
zu halten. Am besten stellen Sie es für das folgende Beispiel senkrecht
(eventuell mithilfe eines Buches) auf einen Tisch.

3. Tippen Sie kurz auf den Auslöser, und bewegen Sie sofort ein Objekt
vor der Linse entlang. Es wird eine Aufnahme mit vielen Einzelbildern
angefertigt. Nachdem die Aufnahme beendet ist, erkennt das Smartphone, welche weiteren Optionen zur Bearbeitung der Bilderserie sinnvoll sind. Es sind dies:

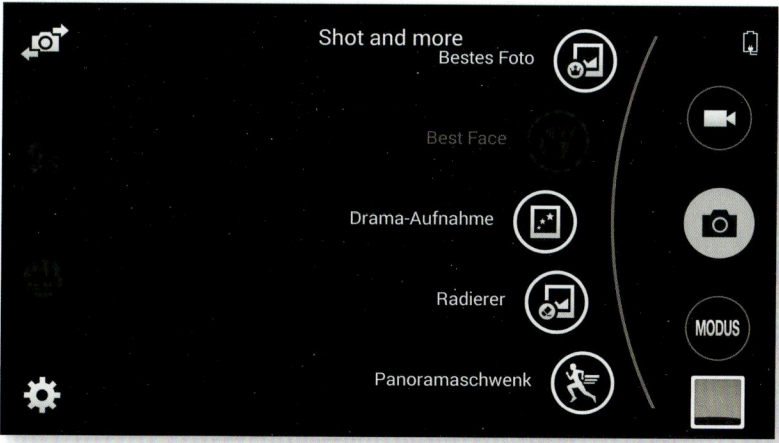

- **Bestes Foto**: Wählen Sie aus der Serie das beste Foto durch Antippen aus.

- **Best Face**: Porträts sind oft schwierig, wenn Ihr Gegenüber Grimassen zieht. Auch hier haben Sie die Möglichkeit, das beste Foto aus einer Serie auszuwählen.

- **Drama-Aufnahme**: Legen Sie mehrere Aufnahmen vor einem identischen Hintergrund übereinander. Das erfordert, dass Sie das Smartphone während der Aufnahme absolut ruhig halten.

- **Radierer**: Sie fotografieren Ihre(n) Liebste(n) vor einem historischen Bauwerk, und jemand rennt plötzlich durchs Bild. Derartige Störfaktoren können in diesem Modus eliminiert werden.

- **Panoramaschwenk**: Hat eigentlich nichts mit einem Schwenk zu tun: Nach Anwendung des Effekts hat man den Eindruck, dass sich das ehemals ruhende Objekt bewegt. Sportfotografen nennen das Verfahren weniger irreführend Wischtechnik.

Wenn ein oder mehrere Effekte nach Ihrer Aufnahme grau hinterlegt sind (im obigen Fall ist dies der **Best Face**-Modus), so bedeutet dies, dass der Effekt für die entsprechende Bilderserie nicht zur Verfügung steht. Genug der Theorie, bearbeiten wir die Aufnahme. Ich zeige Ihnen am Beispielbild den Effekt Drama-Aufnahme. (Sie können die Bilderserie aber natürlich später in der Galerie auch noch mit einem anderen Effekt versehen.)

1. Wählen Sie aus dem Menü in der Kamera-App den Effekt **Drama-Aufnahme** aus. Es erscheint eine Übersicht über verschiedene Aufnahmen der Serie.

2. Wählen Sie aus der Übersicht diejenigen Einzelbilder durch Antippen aus, die in der Gesamtaufnahme enthalten sein sollen. Hinter diesen Bildern erscheint dann ein Haken, und sie werden für das komplette Bild übernommen.

3. Bestätigen Sie nach Fertigstellung die Änderungen schließlich über die Schaltfläche **Speichern** ❶ – fertig ist das spektakuläre Bild. Sollten Sie mit der Serie nicht zufrieden sein, so betätigen Sie die Kreuzmarkierung ❷, und die Bearbeitung wird verworfen.

4. Experimentieren Sie auch einmal mit weiteren Effekten, z. B. dem Panoramaschwenk-Effekt, der eine künstliche Unschärfe ins Bild zaubert. Sie werden überrascht sein, wie man mit diesen Mitteln scheinbar profane Szenen aufpeppen kann.

Der »Panoramaschwenk«-Effekt kann über die Schaltflächen »Objekte« und »Unschärfe« noch aufgepeppt werden.

*Die Option »Bestes Foto« eignet sich sehr gut für die Tierfotografie,
da sich unsere pelzigen Freunde häufig unberechenbar bewegen.*

Weiter geht's mit den Haupteffekten:

Im **Panorama**-Modus erstellen Sie ein Landschaftsporträt im XXL-Format.
Nachdem Sie den Modus aufgerufen haben, tippen Sie auf den Auslöser und
ziehen das Smartphone langsam im Kreis herum, sodass jedes folgende Bild
am ursprünglichen anschließt. Die Kamerasoftware setzt dann die Bilder
automatisch aneinander. So entsteht ein schönes Panorama.

Die **Virtuelle Tour** ist eine Erweiterung des Panorama-Modus: Ähnlich wie
bei Google Street View können Sie damit ein Rundumpanorama erstellen,
sodass der Betrachter den Eindruck hat, er sei »mittendrin«. Die Bilder werden am Schluss zu einem kleinen Film zusammengesetzt. Auch hier schwen-
ken Sie nach Betätigen des Auslösers durch den Raum und versuchen, einen
kleinen blauen Punkt in einen Hohlkreis zu bringen ❶. Erneutes Betätigen
des Auslösers beendet die Kamerafahrt.

*Virtuelle Tour durch mein Büro. Die Positionsfläche oben rechts
zeigt den aktuellen Blickwinkel.*

Schließlich gibt es noch den Modus **Dual Camera**. Damit fertigen Sie eine
postkartenartige Aufnahme an, welche das Bild von Front- und Rückkame-
ra in geschickter Weise kombiniert.

*Statt einer Postkarte: Verschicken Sie nette Bilder, die im dualen
Modus erstellt wurden.*

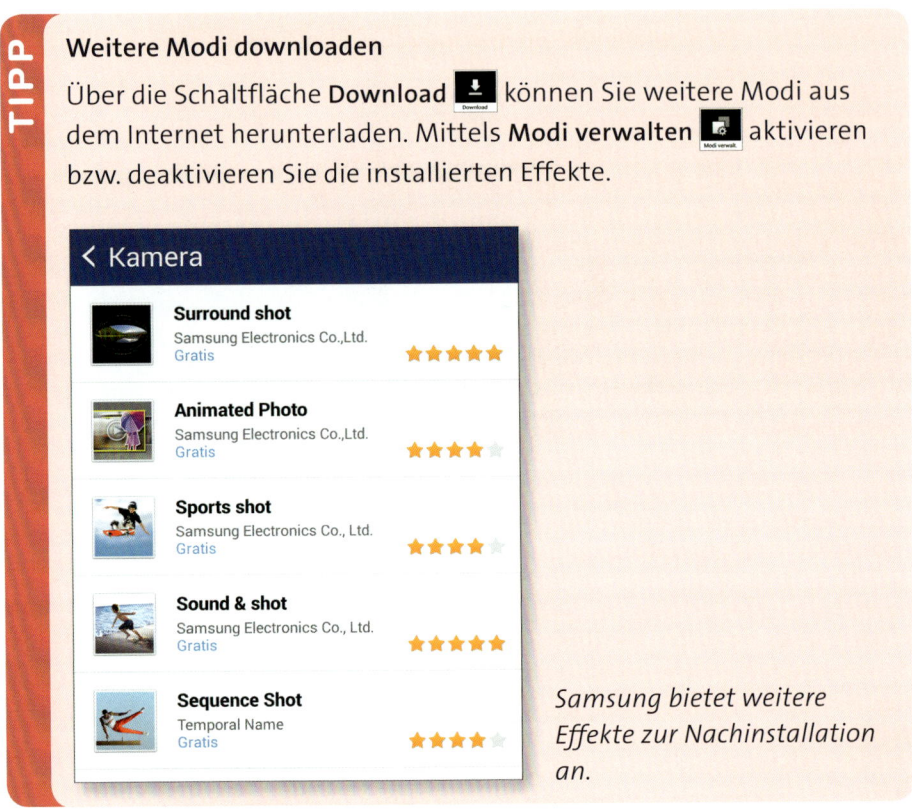

TIPP

Weitere Modi downloaden

Über die Schaltfläche **Download** ⬇ können Sie weitere Modi aus dem Internet herunterladen. Mittels **Modi verwalten** ⬛ aktivieren bzw. deaktivieren Sie die installierten Effekte.

‹ Kamera

Surround shot
Samsung Electronics Co.,Ltd.
Gratis ★★★★★

Animated Photo
Samsung Electronics Co.,Ltd.
Gratis ★★★★☆

Sports shot
Samsung Electronics Co., Ltd.
Gratis ★★★★☆

Sound & shot
Samsung Electronics Co., Ltd.
Gratis ★★★★★

Sequence Shot
Temporal Name
Gratis ★★★★☆

Samsung bietet weitere Effekte zur Nachinstallation an.

Eine HDR-Aufnahme machen

Die Option **HDR** ist mittlerweile zum Klassiker in der Landschaftsfotografie geworden. Sie kennen vielleicht selbst die Situation, dass der Vordergrund vor einem Gebäude zu dunkel und der Rest zu hell ist. In diesem Modus haben Sie die Möglichkeit, starke Kontrastunterschiede auszugleichen. HDR steht für *High Dynamic Range*. Gehen Sie folgendermaßen vor, um eine HDR-Aufnahme zu machen:

1. Aktivieren Sie in den Einstellungen die **HDR**-Option.

2. Fokussieren Sie wie gewohnt, und betätigen Sie den Auslöser.

Eine typische Situation: Aus einem dunklen Raum wird nach außen fotografiert. Das linke Bild wurde ohne, das rechte mit HDR-Optimierung angefertigt.

Effekte anwenden

In den Einstellungen gelangen Sie über den Punkt **Effekte** in ein Menü mit Spezialeffekten. Hier können Sie bei Ihren Fotos bestimmte Effekte bereits während der Aufnahme anwenden. Scrollen Sie einfach durch die Vorschaubilder, und wählen Sie einen interessanten Effekt aus. Dabei erscheint auf der linken Seite jeweils ein Miniaturbild.

Im vorliegenden Fall habe ich mein Lieblingsobjekt mit dem »Ölpastell«-Effekt versehen.

TIPP

Effekte besser am PC nachbearbeiten

Obwohl die Echtzeitberechnung der Effekte auf dem S5 eine spektakuläre Geschichte ist, empfehle ich Ihnen, das Motiv »normal« ab-
zulichten und ggf. später am PC mit einer gängigen Bildbearbeitung
(Photoshop, Gimp) weiter zu bearbeiten. Hier haben Sie wesentlich
mehr Einfluss darauf, wie Ihre Bilder am Ende aussehen werden,
und obendrein behalten Sie die Originalaufnahme.

Fotos in der Galerie-App anzeigen

Sie haben nun schon eine Reihe ansprechender Aufnahmen gemacht und
wollen sich diese anschauen. Hierzu verwenden Sie die Galerie-App. Sie
können die App aus dem App-Menü oder direkt aus dem Vorschaubild der
Kamera-App starten, indem Sie darauf tippen.

In der Galerie finden Sie sowohl Ihre auf dem Smartphone gespeicherten
Aufnahmen als auch Onlinealben wie z. B. *Google Picasa*. Diese erken-
nen Sie an einem farbigen Kreis ❶. Aber starten Sie doch erst einmal die
Galerie-App.

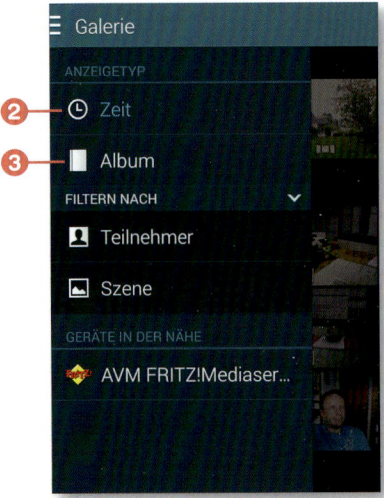

1. Zunächst sehen Sie eine Übersicht über alle lokal und global angebundenen Bilderalben. Falls Sie die Facebook-App verwenden, werden auch Ihre Facebook-Alben in der Übersicht angezeigt.

2. Im Seitenmenü können Sie zwischen den Anzeigetypen **Zeit** ❷ und **Album** ❸ umschalten. Letzteres setzt allerdings voraus, dass Sie schon Alben angelegt haben.

3. Wenn Sie durch die Alben scrollen, dann erscheint ein kleiner Anfasser ❹. Mit diesem können Sie in der **Zeit**-Ansicht schneller zwischen den Daten navigieren.

> **TIPP**
>
> **Air View in der Galerie nutzen**
>
> Per Air View erhalten Sie in der Galerie leicht die Vorschau von Alben oder Bildern, indem Sie den Finger über dem entsprechenden Bild bzw. Album schweben lassen, ohne das Display zu berühren.

Eigene Alben erstellen

Die Alben, die Sie in der Übersicht sehen, werden mehr oder weniger automatisch von Google bzw. Facebook nach dem Hochladen von Bildern erstellt. Sie können aber auch selbst aus dem auf dem S5 gespeicherten Bildmaterial ein Album erstellen und diesem Fotos zuordnen.

1. Öffnen Sie zunächst das Seitenmenü der Galerie-App, und wählen Sie den Anzeigetyp **Album**. Hier finden Sie ggf. schon einige Alben, welche die App selbstständig erstellt hat.

2. Wählen Sie nun aus dem In-App-Menü (die drei kleinen Punkte) die Option **Album erstellen** ❶.

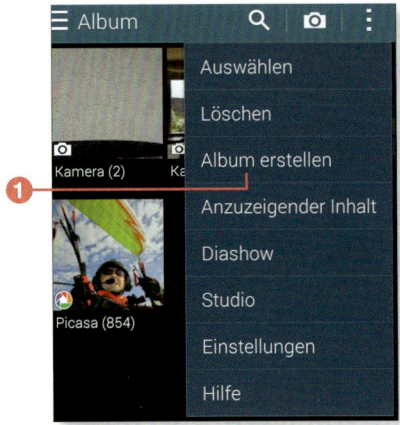 

3. Benennen Sie Ihr neues Album. Bestätigen Sie den Dialog mit **OK**.

4. Verschieben Sie die gewünschten Bilder in das Album, indem Sie den Finger über einem Bild gedrückt halten und dieses per *Drag & Drop* in den Albumplatzhalter **Hierher ziehen** ❷ bewegen. Sie können auch zunächst mehrere Bilder durch längeres Antippen in der Übersicht auswählen und dann gemeinsam verschieben.

5. Tippen Sie schließlich auf die Schaltfläche **Fertig** ❸, um das Album abzuschließen. Es erscheint daraufhin eine Nachfrage, ob die Bilder kopiert oder lediglich verschoben werden sollen. Hier empfehle ich, die Option **Kopieren** zu wählen.

Eine Diashow vorführen

Sämtliche Fotoalben, die in der Galerie-App zur Verfügung stehen, können Sie außerdem als Grundlage zum Anzeigen einer eigenen Diashow auf dem S5 nutzen.

1. Öffnen Sie hierzu ein Album in der Galerie-App durch Antippen.

2. Öffnen Sie das In-App-Menü, und wählen Sie aus den verschiedenen Optionen den Menüpunkt **Diashow** ➍.

   Die Diashow beginnt sofort mit Ihren ausgewählten Bildern.

3. Zum Stoppen der Diashow oder zum Ändern der Übergangseffekte tippen Sie einfach auf das Display. Wählen Sie dazu zunächst den Menüpunkt **Diashoweinstellungen** ➎.

4. Wählen Sie hier einen Effekt für Ihre Diashow aus. Im Zweifel ist **Fließend** ❶ oder **Ausblenden** ❷ immer eine gute Wahl. Außerdem können Sie hier die Verweildauer pro Dia einstellen ❸.

5. Wenn Sie möchten, können Sie über **Musik** auch eine akustische Begleitung der Diashow einstellen. Es gibt einige vorgegebene Melodien, Sie können aber auch eine eigene Untermalung verwenden. Dazu muss sich das entsprechende Stück dann lokal auf Ihrem Smartphone befinden.

6. Starten Sie die Diashow erneut durch Betätigen der Schaltfläche **Start**.

Los geht's. Genießen Sie Ihre Diashow – mit dem »Mischtrick«-Überblendungseffekt!

Fotos bearbeiten

Die Galerie-App ist so vielseitig, dass Sie sogar Ihre Fotos gleich im Galerie-Modus bearbeiten können. Beschneiden Sie beispielsweise Ihre Bilder, oder reduzieren Sie sie mithilfe von zusätzlichen Apps in ihrer Auflösung, bevor Sie die Fotos per Mail oder als MMS verschicken bzw. bei Facebook veröffentlichen. Gehen Sie zum Beschneiden eines Bildes folgendermaßen vor:

1. Öffnen Sie das gewünschte Foto durch Antippen in der Galerie.

2. Tippen Sie am oberen Displayrand auf die Bildbearbeitungsschaltfläche ❹. Daraufhin erscheint das Bildbearbeitungsmenü am unteren Bildrand.

3. Wählen Sie aus dem Menü **Anpassung** den Punkt **Bildausschnitt** ❺, und legen Sie einen individuellen Bildausschnitt durch Anpassen des Rahmens fest (❻ auf Seite 238). Am unteren Bildrand finden Sie vordefinierte Rahmen für feste Seitenverhältnisse.

An dieser Stelle lässt sich über die Option **Größe** ❼ übrigens auch die Bildgröße reduzieren. Das ist nützlich, wenn Sie eine hochaufgelöste Aufnahme per Mail verschicken möchten und diese vor dem Versand reduziert werden soll.

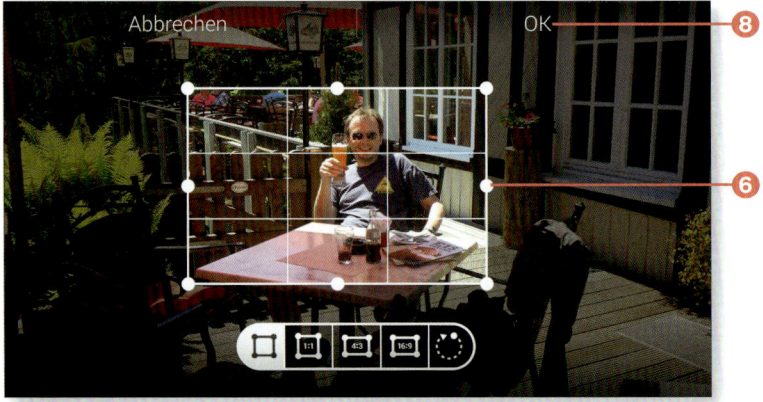

4. Schließen Sie die Änderungen mit **OK** **8** ab.

5. Nach Anwendung aller Effekte muss das fertige Bild noch mit diesen Änderungen gespeichert werden. Vor dem Speichervorgang müssen Sie lediglich noch die Auflösung zum Exportieren angeben. Die bearbeitete Aufnahme erscheint dann im lokalen Ordner *Studio*.

Sie können mit der integrierten Bildbearbeitung auch die Farben des Fotos anpassen, das Bild drehen, einen Effekt hinzufügen oder eine Skizze ergänzen. Sehen Sie sich einfach einmal in der Werkzeugleiste am unteren Bildschirmrand um. Dort finden Sie viele weitere Optionen zur Bearbeitung Ihrer Bilder.

Fügen Sie Kommentare zu Ihren Bildern per Bleistift hinzu, siehe dazu auch den Kasten »Schreiben wie auf dem Galaxy Note« auf Seite 62.

Die Fotos-App und Picasa-Alben

Vermutlich der interessanteste Teil Ihres Google-Kontos für Sie und Ihre Freunde ist die Bildverwaltung. Wenn Sie möchten, können Sie dort automatisch sämtliche Fotos hochladen, die Sie mit Ihrem S5 aufgenommen haben. Dazu verwenden Sie am besten die Google-eigene App *Fotos*, die Sie im App-Menü finden. Sie ist im Prinzip die ausgelagerte Fotoverwaltung von Google+, die man auch unter dem Namen *Picasa* kennt.

1. Starten Sie die Fotos-App aus dem App-Menü. Beim ersten Start werden Sie aufgefordert, sich für den Dienst mit Ihrem Google-Konto anzumelden. Bestätigen Sie diese Nachfrage ❶.

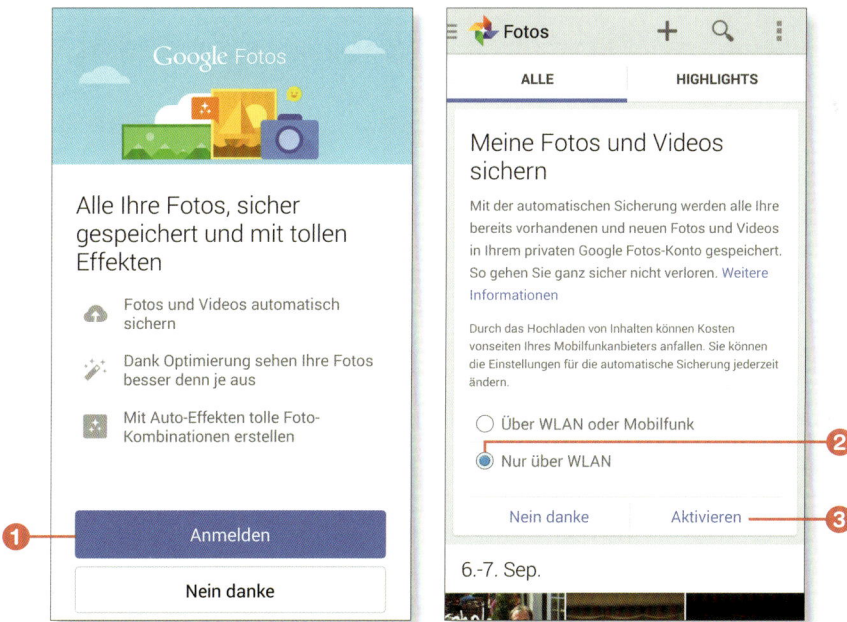

2. Aktivieren Sie im nächsten Schritt den Punkt **Nur über WLAN** ❷. Anderenfalls würden Ihre Fotos auch per Mobilfunkanbindung in die Google-Cloud hochgeladen, was beträchtlich an Ihrem limitierten Datenkontingent zehrt. Bestätigen Sie den Dialog, indem Sie die Schaltfläche **Aktivieren** ❸ betätigen.

3. Nun werden sämtliche Fotos, die noch nicht mit der Google-Cloud ab-
    geglichen wurden, hochgeladen. An Objekten, die bereits hochgeladen
    wurden, erscheint eine gefüllte Wolke.

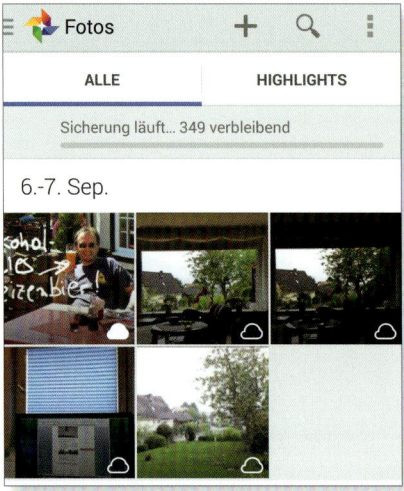

Sämtliche Bilder stehen Ihnen nun auf allen Geräten zur Verfügung,
die mit Ihrem Google-Konto verknüpft sind. Obendrein können Sie Ihre
Google-Fotogalerie auch an jedem beliebigen PC per Browser nutzen.

4. Öffnen Sie im Browser auf Ihrem PC Ihr Google-Konto, und begeben Sie
    sich in den Google+-Bereich.

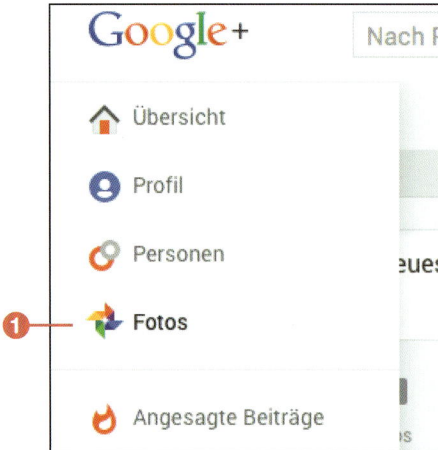

5. Wählen Sie im Übersichtsmenü den Punkt **Fotos** ❶. Dadurch werden Sie in den Bereich der Onlinealben geleitet. Sehen Sie im Bereich **Fotos** nach, und Sie werden feststellen, dass alle Bilder, die Sie mit Ihrem S5 angefertigt haben, hochgeladen wurden.

6. Hier können Sie außerdem nach Herzenslust neue Alben erstellen und auch Bilder per Browser von Ihrem PC hochladen. Wählen Sie dazu den Punkt **Fotos hochladen** ❷. Die Bilder sehen Sie nach dem Hochladen in Form von Picasa-Bildalben auch auf Ihrem Smartphone.

Schließlich können Sie sich überlegen, ob Sie Ihr soeben erstelltes Album mit Freunden, die ebenfalls ein Google+-Konto haben, oder auch generell mit der Öffentlichkeit teilen möchten. Aktivieren Sie die entsprechende Option ❸ nach Fertigstellung des Albums. In der Standardeinstellung werden die Fotos nur auf Google+ hochgeladen und nicht mit anderen geteilt.

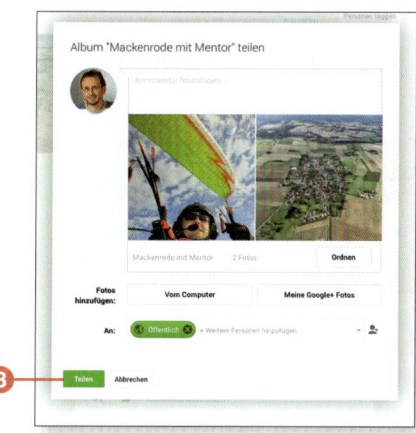

*Ein öffentlich freigegebenes
Album*

INFO

Die Privatsphäre wahren

Im September 2014 machte ein Skandal die Runde, bei dem etliche äußerst private Bilder einiger prominenter Damen im Internet kursierten. Einige Theorien gingen in die Richtung, dass dies einem Fehler vom iPhone- bzw. Apple-Service iCloud zuzuschreiben war. Wenn Sie nicht möchten, dass Ihre Bilder permanent in die Google-Cloud hochgeladen werden, dann können Sie dies dadurch verhindern, dass Sie in den Einstellungen der Fotos-App die automatische Sicherung der Fotos deaktivieren.

Noch einen Schritt weiter geht Samsung beim S5 mit der Möglichkeit, Bilder auf dem Gerät zu verstecken. Dazu begeben Sie sich in den Einstellungen in den Bereich **Personalisierung** und wählen hier den Punkt **Privater Modus** aus. Ein Assistent führt Sie durch die Konfiguration. Hier geben Sie u. a. eine Entsperrmethode (z. B. ein Passwort) vor, und Sie gelangen künftig zu den versteckten Bildern nur per Passwort oder Ähnlichem.

Nach Aktivierung des privaten Modus können Sie per In-App-Menü in der Galerie Bilder in den Bereich »Privat« verschieben.

Bilder mit anderen teilen

Sie können Ihre Aufnahmen natürlich auch in einem sozialen Netzwerk wie Facebook veröffentlichen. Das geht kinderleicht, wenn Sie die App des entsprechenden Dienstes installiert haben.

1. Wählen Sie das zu publizierende Bild in der Galerie aus, und tippen Sie es noch einmal an. Es erscheint die **Teilen**-Schaltfläche ❶ am unteren Displayrand.

2. Tippen Sie die **Teilen**-Schaltfläche an, und wählen Sie diejenige App aus, über die Sie das Foto veröffentlichen möchten ❷.

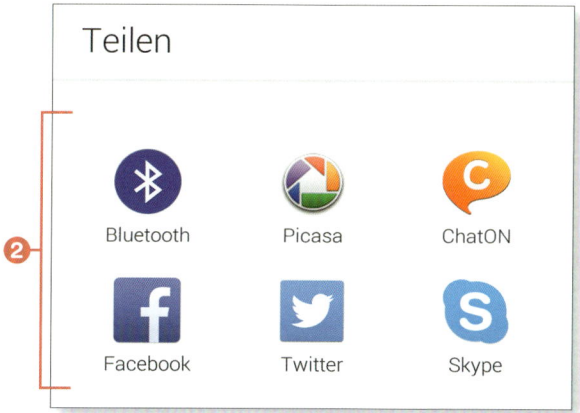

3. Im Weiteren folgen Sie der Anleitung der ausgewählten App.

Neben der Veröffentlichung in sozialen Netzwerken bietet Ihnen das Galaxy S5 eine elegante Möglichkeit, mit einem Freund, der ebenfalls ein Galaxy besitzt, Smartphone-Bilder auszutauschen: über die *NFC*-Funktionalität. NFC steht für *Near Field Communication*, zu Deutsch in etwa »Nahfeldkommunikation«. Das bedeutet, Sie können Daten zwischen Smartphones austauschen, die Rücken an Rücken aneinanderliegen, ohne dass Sie die Daten über das Internet schicken müssen. Voraussetzung ist, dass das Partner-Smartphone ebenfalls mit einem NFC-Chip ausgestattet ist. Gehen Sie dazu folgendermaßen vor:

1. Aktivieren Sie bei Ihrem S5 zunächst die NFC-Funktion in den Einstellungen im Bereich **Verbinden und Freigeben** durch Antippen des entsprechenden Schalters ❶. Zusätzlich sollten Sie, falls Ihr Partner ebenfalls ein Samsung-Gerät besitzt, **S Beam** ❷ aktivieren, eine Spezialität von Samsung-Smartphones.

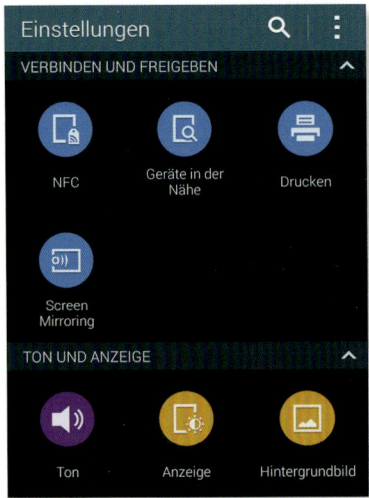 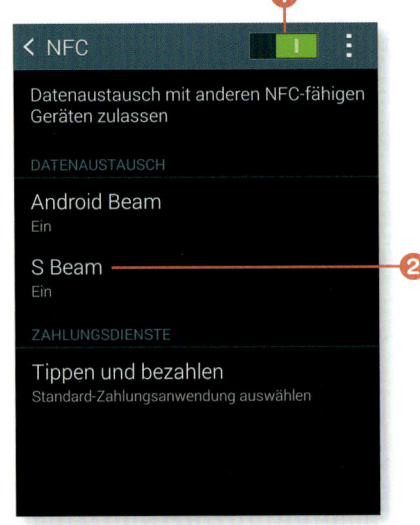

Stellen Sie sicher, dass Ihr Gegenüber ebenfalls NFC auf seinem Smartphone aktiviert hat.

2. Wählen Sie nun auf dem S5 das Foto aus, das Sie per NFC verschicken möchten.

3. Halten Sie beide Geräte Rücken an Rücken. Es erscheint eine Aufforderung, das entsprechende Bild noch einmal anzutippen, um den Sendevorgang zu starten.

4. Trennen Sie die Geräte nach der Kontaktaufnahme wieder: Dadurch wird der Übertragungsvorgang angestoßen. In der Statusleiste erscheint ein entsprechendes Symbol ❸, und Sie können den Fortschritt der Übertragung verfolgen.

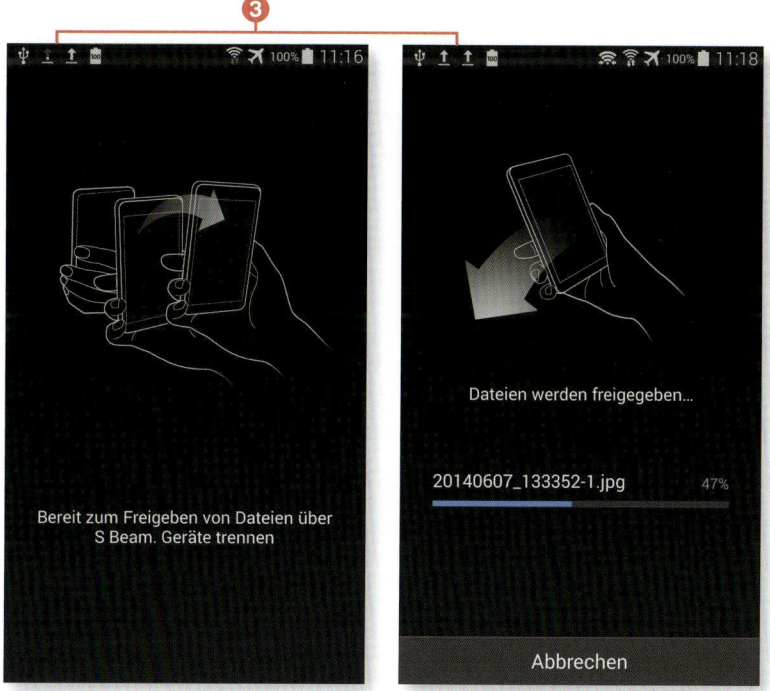

Auf die gleiche Weise lassen sich übrigens zwischen NFC-ausgestatteten Geräten beliebige Dateien übertragen, sofern die Geräte miteinander harmonieren. Zur Übertragung eines Textdokuments beispielsweise muss dieses in einer entsprechenden App geöffnet werden. Anschließend halten Sie erneut die Rückseiten der Tauschgeräte aneinander.

Kapitel 10
Videos aufzeichnen und abspielen

Mit seinem hochauflösenden Display ist Ihr S5 wie geschaffen dafür, Video-material wiederzugeben. Dank der eingebauten Videofunktion in der Ka-mera-App können Sie aber auch selbst anspruchsvolle HD-, ja sogar Ultra-HD-Videos direkt mit dem Smartphone erstellen.

Ein Video aufnehmen und wiedergeben

Der Weg zum ersten eigenen Video führt über die Kamera-App des S5 und ist kinderleicht:

1. Starten Sie die Kamera-App, und fokussieren Sie Ihr Motiv wie im vori-gen Kapitel besprochen. Es erscheint ein kleiner grüner Kreis.

2. Tippen Sie zum Aufzeichnen des Videos auf die Schaltfläche mit dem Videokamerasymbol ❶, und sofort wird Ihr Film aufgenommen.

3. Sie sehen nun während der Aufnahme die folgen-den Elemente im Display: die Aufnahmeanzeige ❷, die momentane Größe der Aufnahme in Megabyte ❸, die noch verbleibende Aufnah-megröße in Megabyte ❹ (hängt von der Speicherkapazität Ihres S5 bzw. der externen Speicherkarte ab), die **Stopp**-Schaltfläche ❺ und die **Pause**-Schaltfläche ❻.

4. Beenden Sie die Aufnahme über die **Stopp**-Schaltfläche ❺. Fertig! Schon haben Sie Ihr erstes Video gedreht!

5. Sie können nun Ihr Material durch Antippen der **Galerie**-Schaltfläche in der Kamera-App direkt begutachten. Tippen Sie die mittig erscheinende **Play**-Schaltfläche ❻ an.

6. Es erscheint die Nachfrage, ob Sie das Video mit dem Samsung-*Video-Player* oder mit der Google-eigenen *Fotos*-App wiedergeben möchten. Ich wähle hier den Video-Player ❼. Soll dieser in Zukunft auch als *Vorschau*-App verwendet werden, so tippen Sie auf den Eintrag **Immer** ❽.

7. Um innerhalb des Videos zu navigieren, tippen Sie einfach auf das Display. Daraufhin erscheinen die typischen Wiedergabeschaltflächen, mit deren Hilfe Sie die Wiedergabe stoppen und wieder fortsetzen oder

im Video vor- und zurückspulen. Hierzu »ziehen« Sie entweder an der Wiedergabeleiste, oder Sie halten die **Vor**- bzw. **Zurück**-Schaltfläche gedrückt. Haben Sie eine Aufnahme gestoppt und bewegen sich mit dem Finger über die Wiedergabeleiste, dann erscheint ein Vorschaubild der entsprechenden Stelle.

Sie können sich das erstellte Videomaterial jederzeit in der Galerie-App ansehen. Öffnen Sie dazu einfach die App, und tippen Sie das gewünschte Video an. Es öffnet sich daraufhin der integrierte Video-Player.

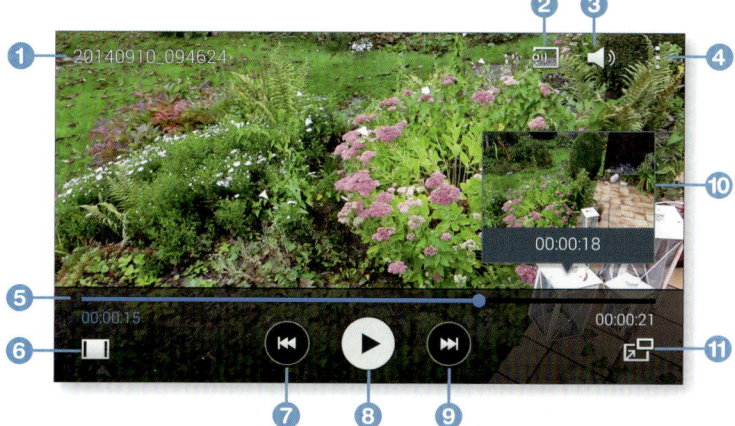

Folgende Elemente stehen Ihnen im Samsung-Video-Player zur Verfügung:

1 Name der aktuellen Datei

2 Übertragung des aktuellen Videos per DLNA (ein Übertragungsstandard der *Digital Living Networks Alliance*) an ein entsprechend ausgerüstetes Smart-TV

3 Lautstärke anpassen

4 In-App-Menü des Players

5 Wiedergabeleiste: Mit dem Punkt, der den aktuellen Abspielstatus markiert, navigieren Sie an eine andere Stelle im Video.

6 Schalten Sie in den Vollbildmodus, bzw. passen Sie die Bildgröße an.

7 Wechseln Sie zum vorherigen Element der Galerie.

8 Pausieren Sie die Wiedergabe, oder setzen Sie sie fort.

9 Wechseln Sie zum nächsten Element der Galerie.

10 Eine Miniaturvorschau erscheint, falls Sie den Finger über die Wiedergabeleiste bewegen.

11 Öffnen Sie den Miniaturwiedergabemodus.

Der Miniaturwiedergabemodus ist recht pfiffig: Sie können mithilfe dieser Funktion das Video weiter betrachten und trotzdem in einen anderen Bereich des Betriebssystems wechseln, z. B. kurz E-Mails abrufen. Dabei können Sie den Player an eine beliebige Stelle auf dem Display ziehen und die Größe des Videofensters mit zwei Fingern anpassen.

Sie beenden die Wiedergabe des Miniaturvideos durch Antippen desselben und Betätigen der **Schließen**-Schaltfläche **1**. Alleiniges Antippen des Videos stoppt dieses bzw. setzt die Wiedergabe fort.

Interessant sind auch die folgenden Optionen im Player: Lassen Sie einmal Ihren Finger über der Wiedergabefortschrittsleiste des Players schweben – Sie erhalten eine Bild-im-Bild-Vorschau der entsprechenden Position im Video (**10** auf Seite 249). Dazu muss allerdings die Option **Air View** in den Einstellungen aktiviert sein, siehe dazu Kapitel 2, »Das Galaxy S5 einrichten und bedienen«, auf Seite 53.

INFO

Smart Pause für den Video-Player

Ein nettes Gimmick: Wenn Sie die **Smart Pause**-Option in den Einstellungen im Bereich **Bewegungen und Gesten ▶ Stumm/anhalten** aktivieren, läuft das Video nur so lange, wie Sie auf den Bildschirm schauen. Sie verpassen dadurch keine wichtige Filmszene, falls Sie von außen abgelenkt werden.

Gefällt Ihnen ein Film nicht, so begeben Sie sich in die Galerie, wählen den Film einfach aus und löschen ihn per **Löschen**-Schaltfläche ➋. Das kennen Sie schon aus dem letzten Kapitel.

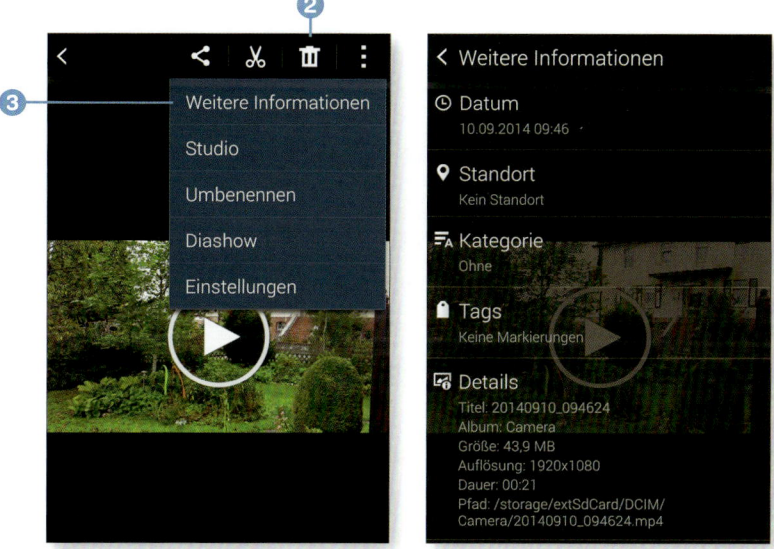

Im Menü können Sie sich außerdem über den Menüpunkt **Weitere Informationen** ➌ Details zu dem ausgewählten Video anzeigen lassen.

Aufnahmen anpassen und nachbearbeiten

Möchten Sie Ihre Aufnahmen an den Verwendungszweck anpassen, so sollten Sie einmal einen Blick auf die Einstellungen der Kamera-App werfen. Prinzipiell können Sie die meisten Optionen und Filter, die Sie aus der Fotografie (siehe das vorherige Kapitel) kennen, auch beim Filmen anwenden. Es gibt aber auch einige videospezifische Optionen. Zum Beispiel können Sie die Auflösung der Clips ändern ➊, den Videoaufnahmemodus ändern ➋ (Normal, Zeitlupe, Zeitraffer), den Videostabilisator ein- und ausschalten ➌ und den Audio-Zoom ➍ aktivieren. Äußerst interessant ist der Ultra-HD-Video-

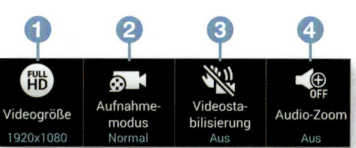

modus (UHD-Modus), mit dem Sie die höchste Auflösung, die es derzeit im Smartphone-Bereich gibt, zur Videoaufzeichnung voreinstellen.

Wenn Sie den UHD-Modus aktivieren, stehen Ihnen allerdings einige Funktionen nicht mehr zur Verfügung.

 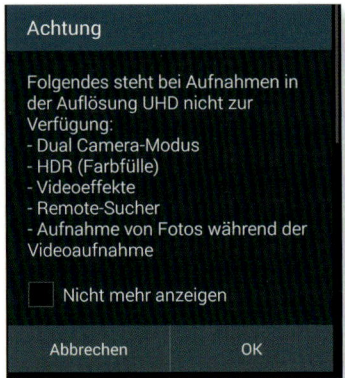

Seien Sie vorsichtig, was das Abdrehen von Ultra-HD-Videos anbelangt: Diese haben einen enormen Speicherhunger – eine Minute UHD-Video belegt je nach Aufnahmesituation knapp ein halbes Gigabyte Ihres kostbaren Smartphone-Speichers. Obendrein gibt es bislang sehr wenige Endgeräte, auf denen ein Ultra-HD-Video bei der Betrachtung einen spürbaren Qualitätsvorteil bietet (4k-Fernseher beispielsweise) – und entsprechend wenige Videoschnittlösungen können mit derartigem Material umgehen.

Videoschnitt auf dem S5

Einzelne Clips lassen sich auch direkt auf dem Smartphone schneiden bzw. trimmen. Gehen Sie dazu folgendermaßen vor:

1. Wählen Sie das zu bearbeitende Video in der Galerie-App aus, und tippen Sie es an. Sie sehen nun einige Schaltflächen am oberen Bildrand. Tippen Sie das Scherensymbol ❶ an.

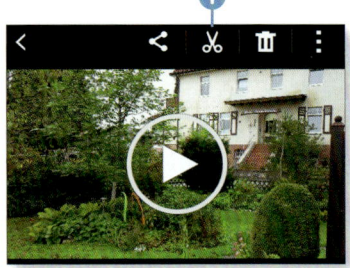

2. Das Video wird im Bearbeitungsmodus geöffnet. Verschieben Sie den Anfangs- und Endmarker (❷ und ❸), um den Clip auf die gewünschte Länge zu trimmen. Die wegfallenden Bereiche am Anfang bzw. Ende erscheinen nun in Schwarz-Weiß. Mit dem gelben Strich ❹ in der Mitte navigieren Sie durch das Videomaterial.

3. Mithilfe der Schaltfläche **Ausrichten** ❺ können Sie das Video noch nachträglich drehen – ein probates Mittel gegen die gefürchteten »Hochkant-Videos«.

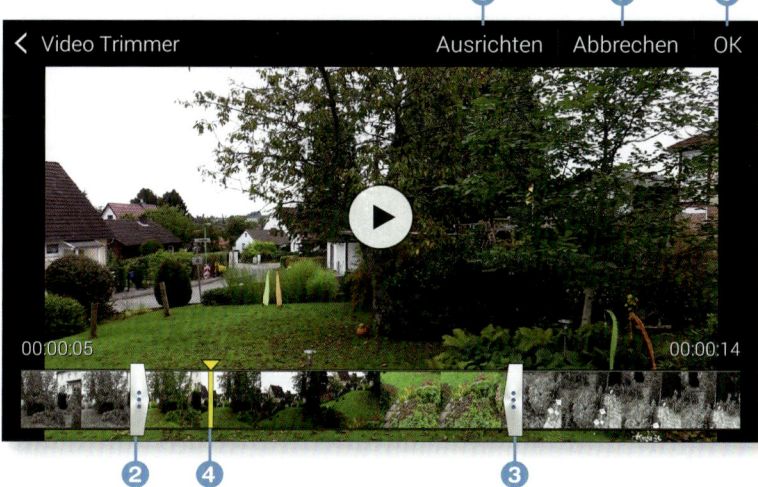

4. Bestätigen Sie die Änderungen mit der Schaltfläche **OK** ❻, oder verwerfen Sie sie mit **Abbrechen** ❼. Vor dem Speichern des geschnittenen Videos müssen Sie diesem noch einen Namen geben – somit bleibt das Original erhalten.

> **INFO**
>
> **Samsungs Videoeditor**
>
> Samsung bietet in den *GALAXY Essentials* (siehe den Abschnitt »Apps außerhalb von Google Play kaufen« ab Seite 205) einen eigenen kostenlosen Videoeditor an, der sehr mächtig ist. Er ist allerdings mit 124 MB auch recht groß. Unter anderem können Sie hier vordefinierte Themen aus dem Essential Store auf Ihr Smartphone laden und richtige Videogeschichten zusammenbasteln.

Komplexere Videoarbeiten, wie z. B. echte Schnitte in beliebigen Bereichen innerhalb des Videos, können Sie mit dem beschriebenen Werkzeug leider nicht vornehmen. Ich empfehle Ihnen hierzu in jedem Fall den Einsatz professioneller Videoschnittsoftware auf dem PC. Dazu sollten Sie natürlich zunächst das Videomaterial vom Smartphone auf den PC übertragen. Schließen Sie Ihr S5 per USB-Kabel an Ihren PC oder Mac an. Unter Windows erscheint das Gerät daraufhin als Massenspeicher bzw. Mediengerät im Explorer. Ihr Videomaterial finden Sie im Verzeichnis *DCIM* entweder im internen Speicher oder auf der externen SD-Karte. Sollten Sie Letztere nicht im Explorer wiederfinden, empfiehlt sich für den Zugriff Samsungs Universalsoftware *Kies*, die Sie auf *http://bit.ly/ZmIlGL* für Windows sowie für Mac OS X herunterladen und anschließend installieren können.

Kies ermöglicht den Zugriff auf den internen und den externen Speicher Ihres Galaxy S5. Die gewünschten Dateien ziehen Sie einfach per Drag & Drop aus dem Kies-Explorer auf den Desktop oder in ein Verzeichnis Ihrer Wahl.

Nun können Sie das Video mit einer Videoschnittsoftware Ihrer Wahl auf Ihrem PC öffnen und bearbeiten.

Videos teilen auf YouTube, Facebook und Co.

Wenn Sie es ganz eilig haben, können Sie Ihre Videos auch direkt vom Smartphone in soziale Netzwerke hochladen oder bei YouTube veröffentlichen. Gehen Sie dazu folgendermaßen vor:

1. Wählen Sie das (eventuell getrimmte) Video in der Galerie-App aus, und tippen Sie es an. Daraufhin sehen Sie die Schaltfläche für das Teilen des Videos (siehe die Abbildung zu Schritt 1 der obigen Anleitung, das Symbol links neben der Schere).

2. Es erscheinen alle Dienste bzw. Apps, an die Sie das Video weiterleiten können. Ich sende im nächsten Schritt beispielsweise das Video an meinen YouTube-Account und wähle dazu die entsprechende Option ❶ aus.

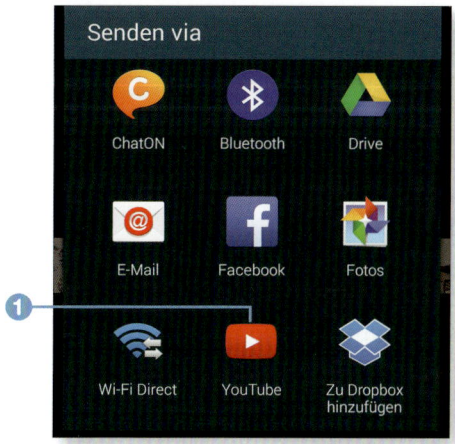

3. Bestätigen Sie im nächsten Schritt Ihr Google-Konto, das mit dem YouTube-Account verknüpft werden soll. Dabei handelt es sich um das Konto, das Sie bereits bei der Einrichtung des Smartphones verwendet haben.

4. Es erscheint nun eine Warnung, dass das Hochladen eines Videos nach Möglichkeit nur über WLAN erfolgen sollte. Bestätigen Sie die Meldung, und stellen Sie sicher, dass Sie per WLAN ans Internet angebunden sind. Diese Warnung wird Ihnen angezeigt, da das Hochladen aus dem Mobilfunknetz je nach Anbindung wesentlich länger dauern würde und womöglich zusätzliche Kosten entstünden.

5. Geben Sie dem Video einen **Titel** ❷ und eine **Beschreibung** ❸, und passen Sie die Sichtbarkeit ❹ an. Ich empfehle Ihnen, das Video zunächst

nur zum privaten Gebrauch hochzuladen; sollten Sie mit dem Ergebnis zufrieden sein, können Sie den Status nach dem Hochladen noch auf **Öffentlich** setzen, sodass jeder Nutzer es bei YouTube sehen kann.

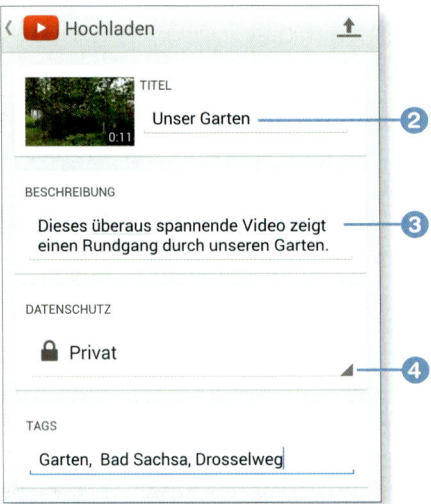

6. Schicken Sie das Video durch Betätigen der **Hochladen**-Schaltfläche ① an den YouTube-Server. Nach dem Hochladen wird das Video noch umgewandelt und steht Ihnen wenig später zur Verfügung. Sobald das Hochladen und die Verarbeitung beendet sind, erhalten Sie eine Benachrichtigung über die Statusleiste Ihres S5.

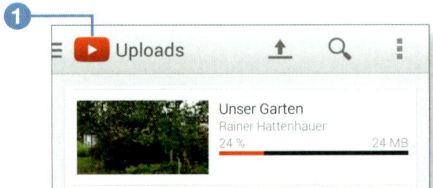

INFO

YouTube-Upload ohne Passwort?

Sie wundern sich, dass Sie kein Passwort für das Hochladen Ihres Videos auf YouTube benötigen? Nun, YouTube gehört Google, und Ihr YouTube-Konto ist mit Ihrem Google-Konto verknüpft.

Videos auf YouTube anschauen

Mit dem S5 können Sie nicht nur ganz bequem Ihre Videos auf YouTube veröffentlichen, sondern YouTube-Videos auch kinderleicht anschauen. Dafür ist die YouTube-App bereits vorab auf Ihrem Smartphone installiert, und Sie finden sie im App-Menü.

Nachdem Sie die App geöffnet haben, können Sie sich über die Stichwortsuche ❶ ein interessantes Video aussuchen.

Sobald Sie das Vorschaubild ❷ antippen, beginnt die Wiedergabe des Videos. Sie können je nach Ihrer Verbindungsart und Bandbreite die gewünschte Qualität über das Menü ❸ anpassen.

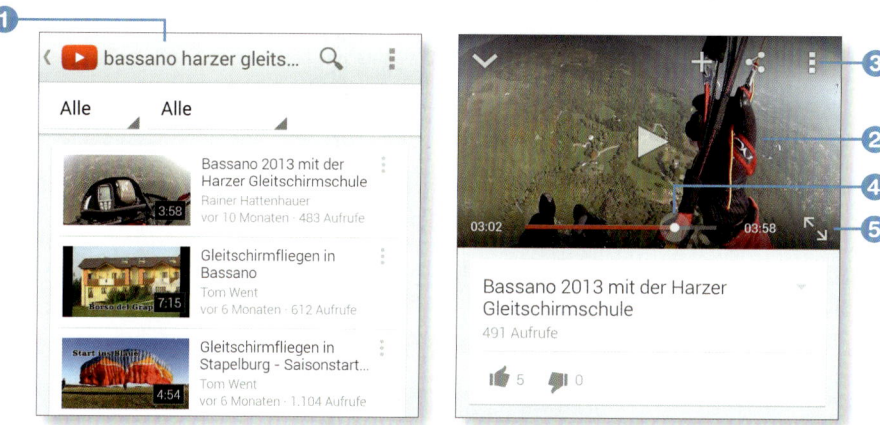

Indem Sie an der Wiedergabeleiste ❹ »ziehen«, können Sie ähnlich wie beim integrierten Video-Player im Video vor- oder zurückspulen. Über die Doppelpfeil-Schaltfläche ❺ gelangen Sie in den Vollbildmodus; das Gleiche erreichen Sie aber auch durch Kippen des Displays in das Querformat.

Filme im Play Store ausleihen oder kaufen

Nun kann man mit selbst gedrehten Videos sicher nur schwer eine langweilige Zugfahrt überbrücken. Abhilfe verschafft Ihnen da der Videobereich des Play Stores, den Sie direkt mit der *Play Movies*-App erreichen. Hier können

Sie eine schier unüberschaubare Anzahl an Filmen, darunter viele aktuelle Blockbuster aus Hollywood, kaufen oder auch ausleihen.

1. Starten Sie die Play-Movies-App. In der Regel werden Ihnen auf der Startseite schon einige Filme vorgestellt. Einen besseren Überblick erhalten Sie aber, wenn Sie das seitliche Menü per Menü-Schaltfläche ❶ öffnen und sich in den Bereich **Einkaufen** ❷ begeben. Dadurch gelangen Sie in die Filme-Abteilung des Play Stores.

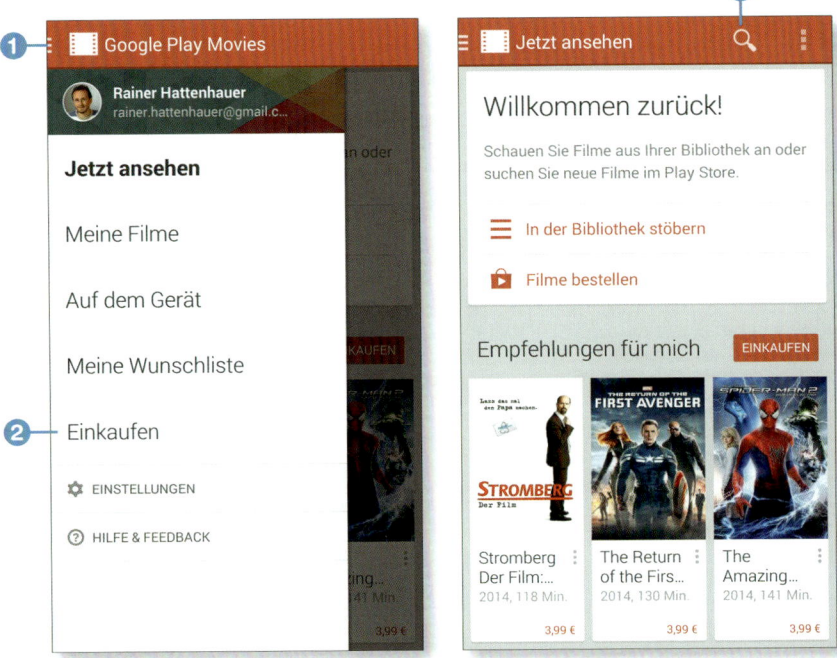

2. Schauen Sie sich nun durch horizontales Scrollen in den Bereichen **Kategorien**, **Startseite**, **Bestseller** und **Neuerscheinungen** um. Natürlich können Sie durch Antippen des Lupensymbols ❸ auch gezielt nach Filmen suchen.

3. Wenn Sie einen interessanten Film entdeckt haben, tippen Sie ihn an, um mehr Informationen zu erhalten.

Brandaktuelle Filme lassen sich zunächst nur ausleihen, ältere können Sie auch kaufen. In jedem Fall können Sie aber zwischen HD- ❹ oder SD-Version ❺ wählen. Die HD-Version verfügt über eine höhere Auflösung und ist 1 € teurer als die SD-Version, außerdem ist ihr Dateiumfang größer.

4. Haben Sie sich für eine Version entschieden, so tippen Sie die entsprechende Schaltfläche an. Bestätigen Sie den folgenden Dialog über die Schaltfläche **Ausleihen**. Gegebenenfalls müssen Sie in einem weiteren Dialog Ihr Google-Passwort eingeben und bestätigen.

Nun können Sie sich den Film ansehen. Sie haben die Möglichkeit, den Film per Streaming zu schauen oder ihn komplett herunterzuladen und offline anzusehen. Das funktioniert auf allen Geräten, die mit Ihrem Google-Konto verknüpft sind.

INFO

Streaming oder Download?

Sollte der Speicher Ihres S5 bereits knapp sein, so empfehle ich Ihnen, Filme per Streaming anzuschauen (eine bestehende Internetverbindung ist dabei allerdings Voraussetzung). Dadurch haben Sie auch die Möglichkeit, den Film auf verschiedenen Geräten anzusehen, vorausgesetzt, diese sind mit dem gleichen Google-Konto verknüpft. Sie sollten dabei beachten, dass ein einmal begonnener Leihfilm Ihnen nur 48 Stunden zur Verfügung steht, allerdings können Sie ihn innerhalb dieser Zeit beliebig oft anschauen.

Nach dem Kauf werden Ihre geliehenen oder gekauften Filme in der App Play Movies gespeichert. Sobald Sie die App öffnen, sehen Sie Ihre Inhalte in der Mediathek in der Rubrik **Meine Filme**.

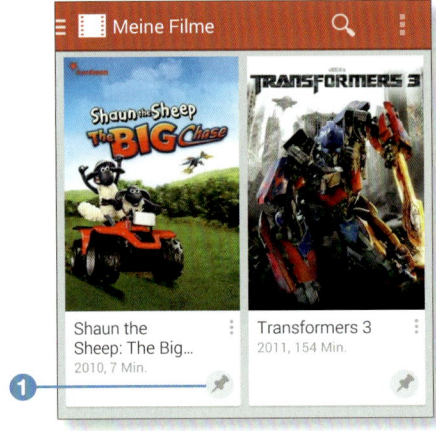

Möchten Sie sich einen Film anschauen, tippen Sie ihn zum Abspielen an. Das Pinnnadelsymbol ❶ unterhalb des Filmetiketts ermöglicht den kompletten Download des Films auf Ihr Gerät, um ihn auch offline genießen zu können. Außerdem wird Ihnen bei Ihren Leihfilmen die verbleibende Ausleihzeit angezeigt. Dazu noch ein Tipp: Sollten Sie eine externe SD-Karte in Ihrem S5 verwenden, so begeben Sie sich in die Einstellungen der Play-Movies-App und passen dort den Speicherort für heruntergeladene Filme so an, dass diese auf der SD-Karte gespeichert werden. Dadurch schonen Sie den wertvollen internen Speicher Ihres S5.

TIPP

Alternative Videoangebote

Sehr beliebt auf Android-Smartphones ist *Watchever*: Hier werden vor allem viele TV-Serien angeboten. Die (kostenpflichtige) Nutzung erfordert das Erstellen eines Accounts auf *www.watchever.de*. Auch Amazon bietet im Rahmen seines Instant-Video-Angebots ❷ mittlerweile eine Android-App an, die das Streaming von Filmen und Serien auf Ihr Galaxy S5 gestattet. Und nicht zuletzt hat Netflix – der Platzhirsch auf dem amerikanischen Markt – sein Angebot auf Europa erweitert. Dazu steht Ihnen ebenfalls eine entsprechende

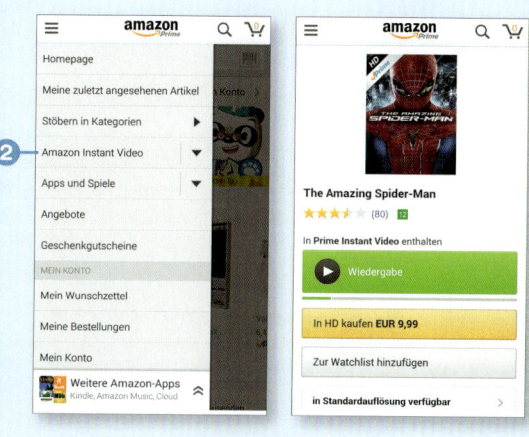

App im Play Store zur Verfügung. Viele IT-Auguren sehen mit derartigen Angeboten schon das Ende unserer linearen TV-Landschaft (der Blockbuster beginnt immer um 20.15 Uhr direkt nach der Tagesschau) kommen.

Sie können auch problemlos Ihre Videos und entliehenen oder gekauften Filme von Ihrem S5 auf dem Fernseher anschauen. Dazu benötigen Sie nur einen Adapter, über den Sie Ihr S5 an die HDMI-Buchse Ihres TV-Geräts anschließen. Erkundigen Sie sich im Handel nach dem *Samsung-HDMI-Adapter für das Galaxy S5* oder einem *MHL-Adapter*. Von einigen No-Name-Anbietern bekommen Sie die Adapter schon für unter 10 €. Noch bequemer geht's drahtlos mit Googles beliebtem Chromecast-Stick, den Sie für 35 € erwerben können.

Fernsehen auf dem S5

Zattoo Live TV

Sie haben richtig gelesen – benutzen Sie Ihr S5 doch einfach als mobiles Fernsehgerät. Möglich macht das u. a. eine Zusatz-App. Hier hat sich *Zattoo Live TV* bewährt.

1. Installieren Sie die App aus dem Play Store.

2. Starten Sie die App. Beim ersten Start müssen Sie sich zunächst bei Zattoo registrieren.

3. Rufen Sie das aktuelle Programm auf, indem Sie in der Seitenmenüleiste auf die Schaltfläche **Programm** ❶ tippen.

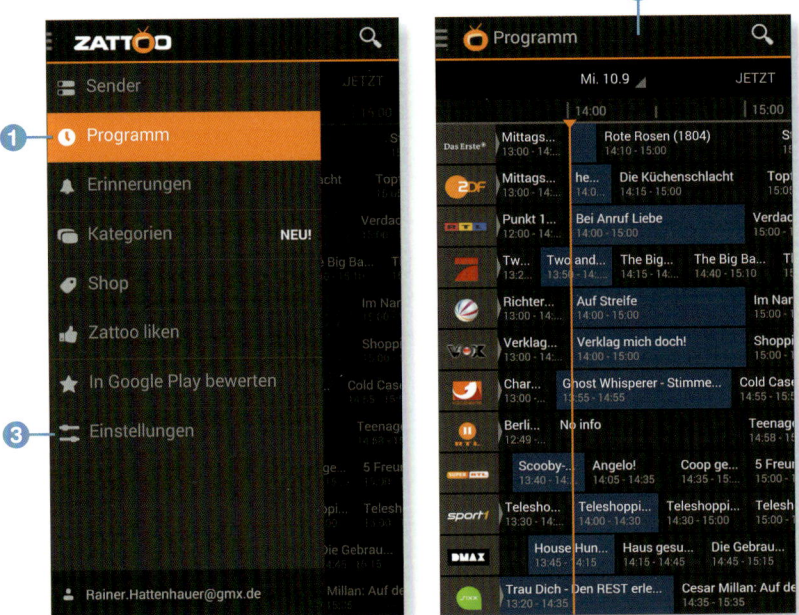

4. Wählen Sie eine aktuelle Sendung aus der Programmübersicht ❷ aus. Nach einer kurzen Werbepause wird sie wiedergegeben. Beachten Sie, dass zur Wiedergabe einiger Privatsender ein kostenpflichtiges Abonnement abgeschlossen werden muss. Über das App-Menü haben Sie im Bereich **Einstellungen** ❸ die Möglichkeit, die Bitrate (also die Datenübertragungsgeschwindigkeit) des Videos an Ihre Bandbreite anzupassen. Alternativ können Sie dies auch durch Antippen des Zahnradsymbols ❹ während einer laufenden Sendung vornehmen.

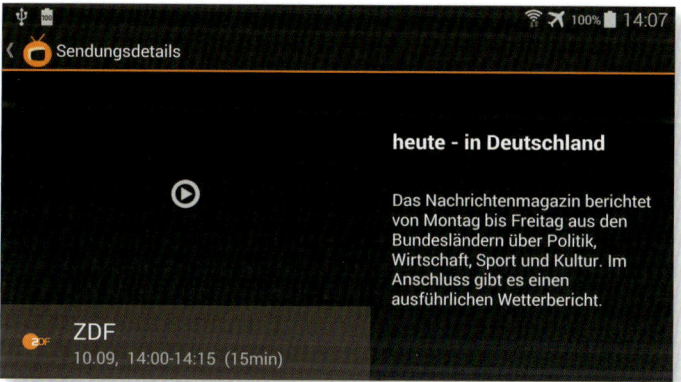

Die Alternative AllmyTV

Eine Alternative zu Zattoo ist *AllmyTV* – hier finden Sie ggf. einige weitere Sender, die Sie im Gegensatz zu Zattoo kostenlos streamen können. Die App ist werbefinanziert, in der kostenpflichtigen Version (2,49 € im Play Store) wird die Werbung dagegen ausgeblendet.

AllmyTV

Alternativ zum Livefernsehen mit Zattoo und AllmyTV haben Sie auch die Möglichkeit, verpasste Fernsehsendungen im Nachhinein auf Ihrem Smartphone anzuschauen. Mittlerweile stellen alle großen Fernsehsender bereits ausgestrahlte Beiträge für mindestens sieben Tage ins Netz. Diese Inhalte können Sie dann über die Mediathek-App des speziellen Senders noch Tage nach der Ausstrahlung auch auf Ihrem Smartphone abrufen. Die folgende Tabelle zeigt Ihnen einige wichtige Mediathek-Apps im Überblick.

Sender	Name der App
ARD	ARD Mediathek
ZDF	ZDFmediathek
ARTE	ARTE
SRF	SRF
Hessen regional	Mediathek Hessen
ORF	ORF TVthek

Eine Auswahl von Mediathek-Apps. Natürlich gibt es auch bei den nicht öffentlichen Fernsehsendern entsprechende Angebote. Suchen Sie am besten auf den Webseiten der Sender oder im Play Store danach.

Das S5 als Fernbedienung nutzen

Sie können nicht nur das Fernsehprogramm auf Ihrem Smartphone unterwegs genießen, sondern auch Ihren Fernseher zu Hause mit Ihrem S5 steuern. Das Smartphone ist mit einer Infrarotdiode im Kopfbereich ausgestattet, wodurch Sie es als Fernbedienung für Ihren Fernseher benutzen können. Die dazu erforderliche App heißt *Samsung WatchON*. Sie können sie über die *Galaxy Apps* (siehe den Abschnitt »Apps außerhalb von Google Play kaufen« ab Seite 205) nachinstallieren.

1. Installieren Sie die WatchON-App über den Store Galaxy Apps, und starten Sie die App. Zunächst müssen Sie ein paar Einstellungen vornehmen, damit die App eine korrekte Senderliste erstellen kann. So müssen Sie Ihr Land und Ihre Region, Ihre Postleitzahl sowie Ihren TV-Anbieter angeben.

2. Nach der Ersteinrichtung begrüßt Sie der Startbildschirm, auf dem Sie bereits einige Sender sehen. Tippen Sie auf das Fernbedienungssymbol unten rechts ❶ in der App, um Ihr Smartphone nun mit dem Fernseher zu verbinden.

3. Wählen Sie Ihr Fernsehgerät aus der Liste ❷ aus. Neben den Samsung-Modellen können Sie das S5 auch als Fernbedienung mit Fernsehern anderer Marken benutzen. Die Fernbedienungs-App funktioniert jedoch am besten mit Samsung-Geräten.

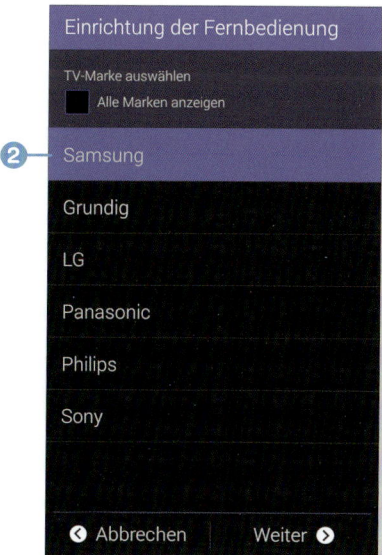

265

4. Tippen Sie auf die **Ein/Aus**-Schaltfläche (❸ auf Seite 265), um zu sehen, ob Ihr TV-Gerät auf Ihr Smartphone reagiert und sich damit bedienen lässt.

5. Ist das nicht der Fall, so suchen Sie Ihr konkretes TV-Modell über die Schaltfläche **Modell suchen** ❹, bis Sie schließlich die gewünschte Verbindung hergestellt haben.

6. Nach erfolgreicher Konfiguration können Sie Ihr Fernsehgerät schließlich mit den üblichen Fernbedienungstasten von Ihrem Smartphone aus fernsteuern.

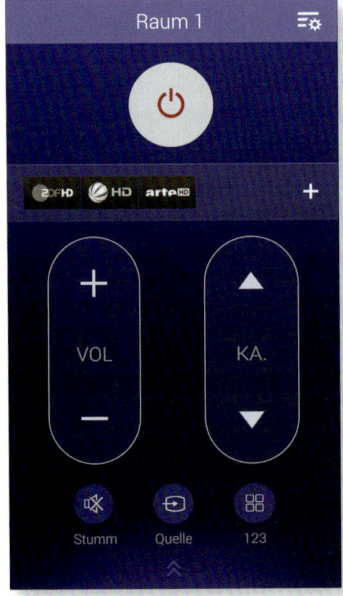

Sie besitzen jetzt eine intelligente Fernbedienung, die Ihnen obendrein das Fernsehprogramm anzeigt.

Kapitel 11
Karten und Navigation

Ihr Galaxy S5 besitzt einen eingebauten GPS-Chip, der Ihnen fantastische Möglichkeiten bietet: Mithilfe der App *Google Maps* zeigt Ihnen das Smartphone den Weg zur nächsten Pizzeria oder Tankstelle, und im Street-View-Modus erkunden Sie wildfremde Städte, als wären Sie dort vor Ort.

GPS einrichten

Der Einstieg in die Navigation mit dem S5 ist kinderleicht. Das werden Sie gleich beim Ausführen der folgenden Schritte merken.

1. Ziehen Sie die Statusleiste im Display herunter, und aktivieren Sie durch Antippen die GPS-Option ❶. Sollten Sie den Google-Ortungsdienst bei der Ersteinrichtung nicht aktiviert haben, so erscheint eine entsprechende Aufforderung. Diese können Sie bestätigen, müssen es aber nicht zwingend, sodass Sie getrost auch auf **Ablehnen** ❷ tippen können.

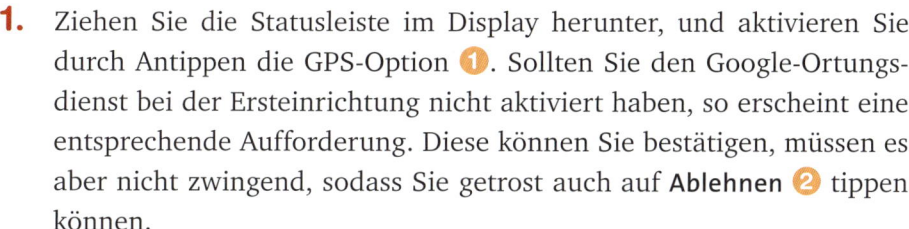
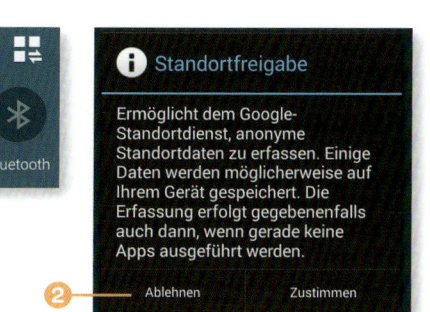

2. Stellen Sie außerdem sicher, dass Sie entweder über das Mobilfunknetz oder per **WLAN** (❸ auf Seite 267) mit dem Internet verbunden sind. Dadurch werden sogenannte *Assisted-GPS-Daten* aus dem Internet heruntergeladen, die die Lokalisierung Ihres Standorts beschleunigen und eine genauere Navigation ermöglichen.

3. Haben Sie diese Einstellungen vorgenommen, starten Sie die App Google Maps durch Antippen des Icons aus dem App-Menü.

Neben der Karte sehen Sie ein kleines blinkendes GPS-Icon in der Statusleiste ❶. Wenn dieses aufhört zu blinken, hat Ihr Smartphone Ihre Position per GPS bestimmt. Ein schwachblauer Kreis ❷ gibt die Genauigkeit der Lokalisierung an. Je größer sich dieser Kreis darstellt, desto ungenauer ist auch die Positionsbestimmung.

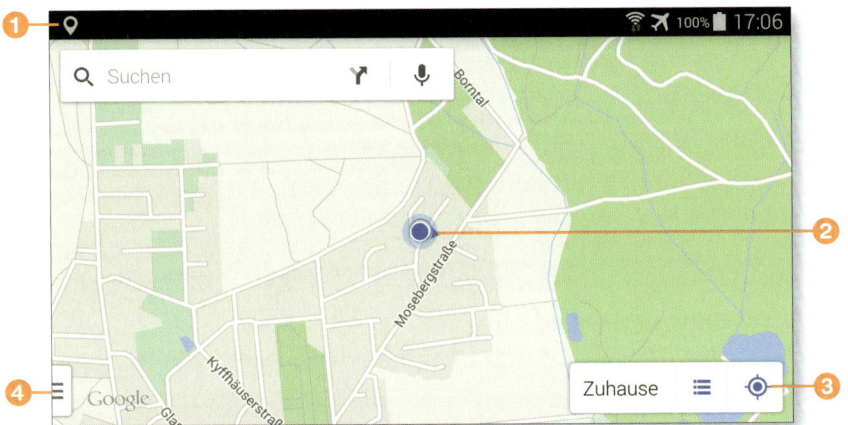

4. Zentrieren Sie die Karte auf Ihre Position durch Antippen des Lokalisierungssymbols ❸.

5. Auf Wunsch können Sie sich auch eine Satellitenansicht Ihres aktuellen Orts anzeigen lassen. Öffnen Sie dazu das Menü der Google-Maps-App durch Antippen der Menü-Schaltfläche in der linken unteren Ecke des Displays ❹, und wählen Sie dort den Menüpunkt **Satellit** ❺. Daraufhin erscheint das Satellitenbild mit Ihrem aktuellen Standort.

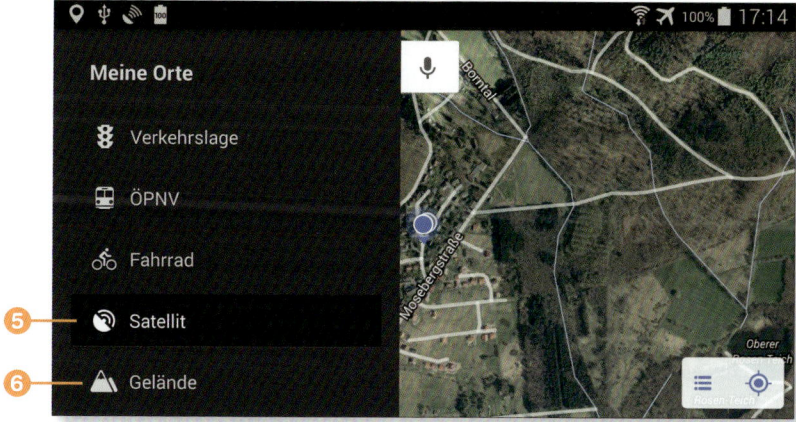

6. Wanderer und Mountainbiker schätzen die Geländeansicht, die Sie über den Punkt **Gelände** ⑥ aktivieren können.

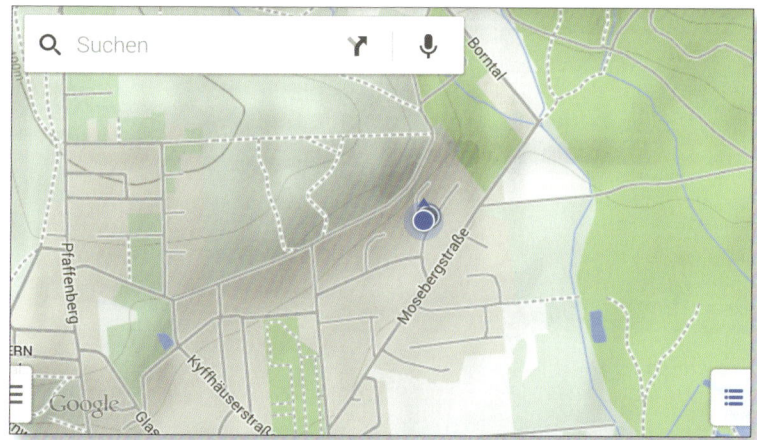

7. Sie können die Funktion des GPS folgendermaßen testen: Gehen Sie ein paar Schritte eine Straße entlang, und beobachten Sie dabei die Veränderung Ihres Standorts in Google Maps. Sie werden überrascht sein, wie präzise Ihre Position wiedergegeben wird. Die Pfeilspitze gibt dabei Ihre momentane Bewegungsrichtung an – falls Sie denn überhaupt in Bewegung sind.

GPS Status und Tool-box

TIPP

Mehr Information mit GPS Status

Wenn Sie sich näher mit GPS und seiner Funktionsweise ausein-andersetzen möchten, empfehle ich Ihnen die App *GPS Status und Toolbox* aus dem Play Store.

Nach dem Start der App wird Ihnen angezeigt, wie viele und welche Satelliten der GPS-Chip erfasst hat. Außerdem können Sie die A-GPS-Daten manuell herunterladen und auch zurücksetzen, was manchmal zur Reparatur des GPS-Empfangs notwendig ist. Einen entsprechen-den Punkt finden Sie im Menü der App, das erscheint, wenn Sie einen Finger von oben nach unten über das Display ziehen.

Google Maps kennenlernen

Ich werde Ihnen im Folgenden die zentrale Navigations-App Google Maps einmal etwas genauer vorstellen und Ihnen die verschiedenen Elemente und Schaltflächen auf dem Display erläutern.

Zuvor sollten Sie für eine optimale Lokalisierung den Modus für erhöhte Genauigkeit der Lokalisierung aktivieren. Begeben Sie sich dazu in den Ein-stellungen in den Bereich **Netzwerkverbindungen ▸ Standort** und aktivieren Sie durch Antippen der Schaltfläche **Modus** die **Hohe Genauigkeit**. Dadurch werden zusätzlich zum GPS-Chip die Mobilfunknetz- und ggf. WLAN-Verbindung zur Positionsbestimmung genutzt. Starten Sie anschließend er-neut Google Maps. Es präsentiert sich das folgende Bild mit den benannten Elementen:

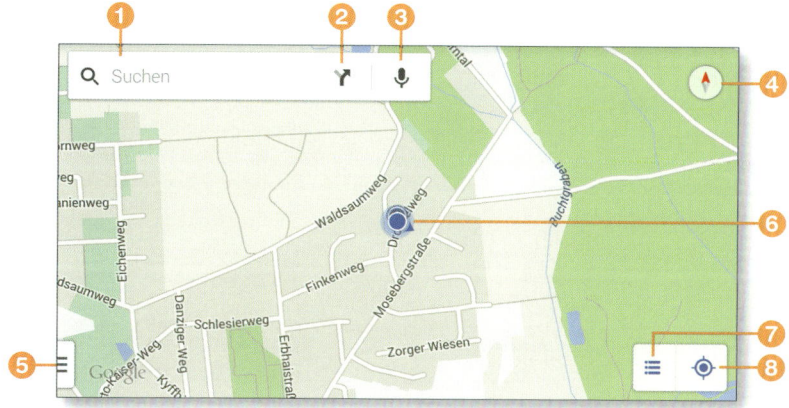

1 In das Suchfeld können Sie Orte, Adressen oder Sehenswürdigkeiten eingeben und danach suchen lassen.

2 Über diesen Link gelangen Sie zum Routenplaner.

3 Mit dieser Schaltfläche können Sie Suchanfragen per Sprache eingeben.

4 Die Kompassnadel zeigt Ihnen die Orientierung der Karte an. Die vorliegende Karte ist beispielsweise genordet.

5 Hier öffnen Sie das seitliche App-Menü.

6 Der blaue Punkt zeigt Ihnen Ihre eigene Position an. Der schwachblaue Kreis gibt die Genauigkeit der Lokalisierung wieder. Das blaue Dreieck zeigt die vermutete Blickrichtung. Liegt kein Satellitenfix vor, so ist der Lokalisierungspunkt übrigens grau gefärbt.

7 Diese Schaltfläche öffnet eine Liste bekannter Orte in Ihrer Nähe-

8 Zentrieren Sie mit diesem Button die Karte an Ihrer eigenen Position, oder ändern Sie den Darstellungsmodus.

Sie können zudem mit Ihren Fingern bei Berührung des Displays den Kartenausschnitt anpassen. Die wichtigsten Gesten erläutere ich Ihnen hier:

▪ Legen Sie einen Finger auf das Display und bewegen ihn, verschieben Sie so den aktuellen Kartenausschnitt. Das eignet sich besonders, wenn Sie etwas in der näheren Umgebung eines Orts suchen.

▪ Sie können den Kartenausschnitt vergrößern und eine detailreichere Karte ansehen, indem Sie mit zwei gespreizten Fingern das Display berühren und die Finger auseinanderziehen (*Pinch-to-Zoom*-Geste). Wenn Sie hingegen den Kartenausschnitt mit zwei gespreizten Fingern zusammenziehen, verkleinert sich die Karte, Sie sehen also weniger Details.

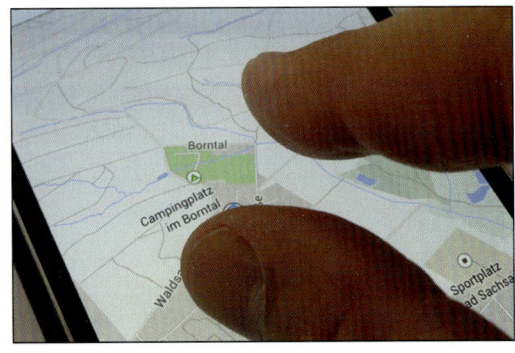

- Wenn Sie zwei Finger parallel auf das Display legen und nach oben oder unten fahren, kippen Sie die Displaydarstellung. Sie erreichen diese gekippte Darstellung auch durch Antippen des Lokalisierungssymbols in der rechten unteren Displayecke: Dadurch wird die Karte entweder in Draufsicht ❶ oder in perspektivischer Position ❷ dargestellt. Sie erkennen die jeweilige Ansicht am Ortungskreis mit Fadenkreuz ❸ bzw. der Kompassnadel ❹ rechts unten im Display.

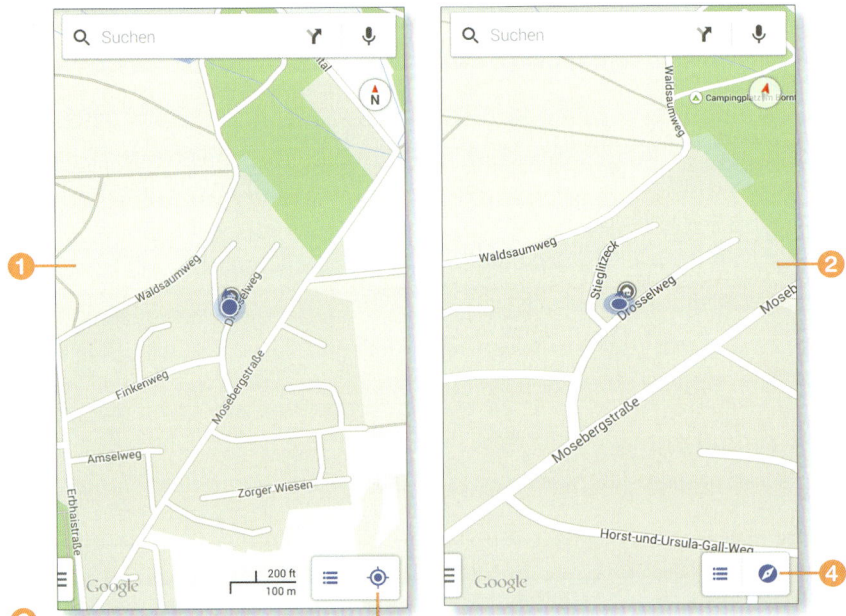

- Durch das Drehen zweier gespreizter Finger auf dem Display können Sie den Kartenausschnitt drehen.

Mithilfe dieser Gesten können Sie sich jederzeit die Kartenausschnitte ganz nach Ihren Wünschen und Bedürfnissen anzeigen lassen. Das ist doch praktisch!

Mit Google Maps unterwegs

Haben Sie bei Ihrem Mobilfunkvertrag ein begrenztes Datenvolumen, erreichen Sie bei häufiger Verwendung von Google Maps über das Mobilfunknetz womöglich schnell Ihr Datenlimit. Die zur Positionsbestimmung verwendeten Karten werden bei Ihren Anfragen stets aktuell aus dem Internet geladen. Aber auch dafür bietet Ihnen die App eine Lösung: Sie können die benötigten Kartenausschnitte bereits zu Hause bei bestehender WLAN-Verbindung herunterladen und speichern. Unterwegs nutzen Sie dann die zuvor gespeicherten Karten und benötigen keine Internetanbindung.

1. Starten Sie zunächst Google Maps, und suchen Sie sich den benötigten Kartenausschnitt. Benutzen Sie auch die Fingergesten, um den richtigen Ausschnitt in der richtigen Größe zu erhalten.

2. Wenn der Ausschnitt stimmt, tippen Sie einfach in das Suchfeld, schließen die sich öffnende Tastatur mit der Zurück-Taste und scrollen bis zum Ende der Seite. Hier finden Sie den Menüpunkt **Karte für Offlinenutzung speichern** ⑤. Tippen Sie diesen an.

3. Sie können nun noch den Ausschnitt feinjustieren. Speichern Sie die Karte schließlich durch Betätigen der entsprechenden Schaltfläche (⑥ auf Seite 274) ab.

Dadurch laden Sie sich den gewünschten Kartenausschnitt in den Offlinespeicher

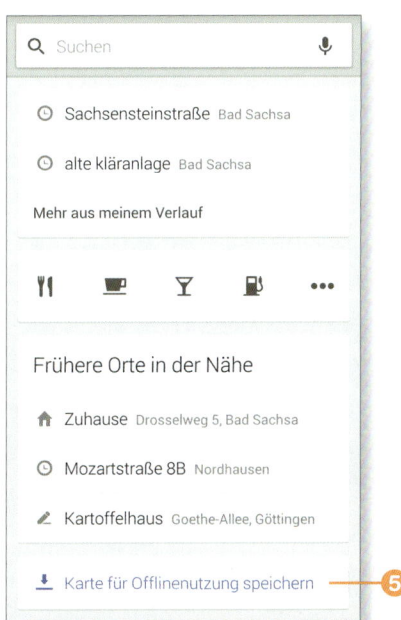

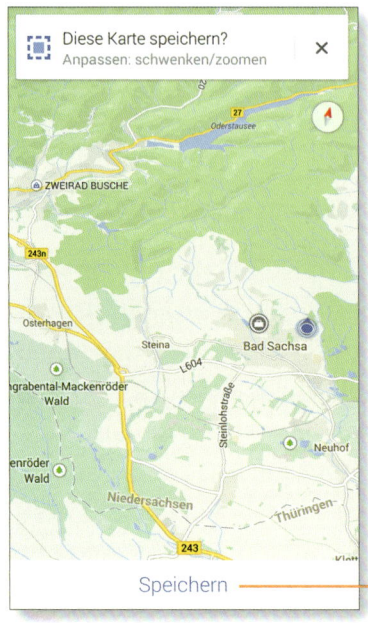

der App. Sie können diesen Kartenteil nun, wie gesagt, in Zukunft auch offline nutzen. Dazu müssen Sie nichts weiter tun – die Karten werden im Offlinebetrieb für diejenigen Bereiche angezeigt, die zuvor heruntergeladen wurden. Um einen Überblick über die bereits heruntergeladenen Karten zu erhalten, zoomen Sie im Offline-Modus am besten ein wenig aus der Darstellung heraus.

Sie sehen, es gibt viele nützliche Funktionen innerhalb der App, mit deren Hilfe Sie getrost Ihre alten Straßenkarten zu Hause lassen können. Aber das waren längst noch nicht alle interessanten Funktionen für unterwegs, die Google Maps für Sie bereithält. Schauen wir uns die App doch noch einmal genauer an.

Suchen Sie zunächst nach einer beliebigen Adresse, indem Sie sie in das Suchfeld der App eingeben. Wird Ihnen Ihr Ziel angezeigt, können Sie nun auf Wunsch durch Antippen des Automobilsymbols ❶ die Route zu der gesuchten Adresse aufrufen. Im vorliegenden Beispiel erhielten Sie die Fahrtstrecke für das Auto. Sie bekommen außerdem bereits die voraussichtliche

Fahrzeit angezeigt ❷. Als Startpunkt für die Messung wird standardmäßig immer Ihr aktueller Standort verwendet. Wenn Sie auf das rote Symbol ❸ tippen, können Sie den gesuchten Ort zu Ihren Favoriten hinzufügen, indem Sie auf die nun erscheinende Schaltfläche **Speichern** ❹ tippen. Auch das **Teilen** ❺ der Adresse ist möglich.

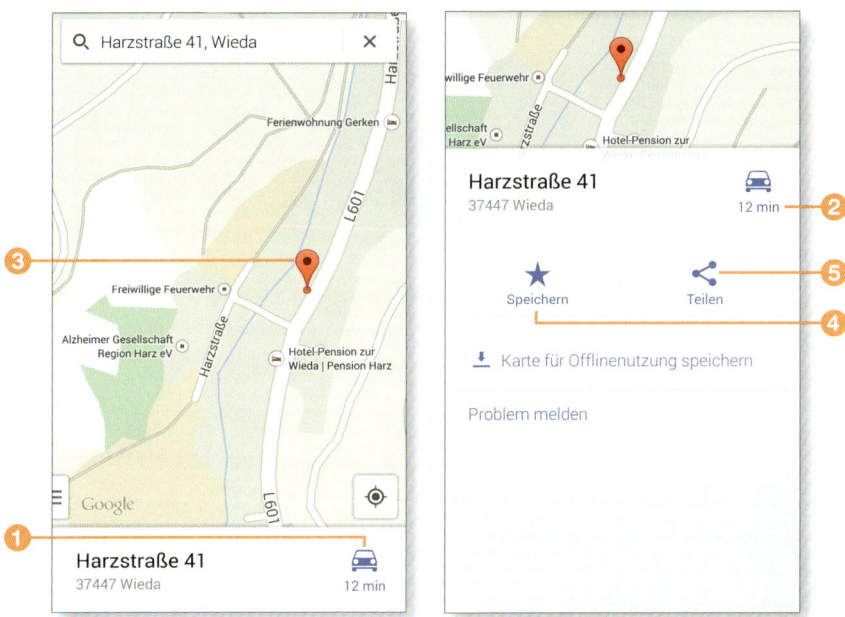

Sie können die Routenführung jederzeit an Ihre Fortbewegungsart anpassen. Schalten Sie dazu über die Einstellungen der App zwischen der Routenplanung für Fußgänger, Auto- und Radfahrer um, mehr dazu später im nächsten Abschnitt.

Auch Sehenswürdigkeiten, die sich in der Nähe Ihres derzeitigen Standorts befinden, werden intelligent gefunden. Dazu können Sie auch ein einfaches Schlagwort wie beispielsweise »Museum« oder »Kloster« in das Suchfeld eintragen. Zunächst wird Ihnen dann nur die nächstgelegene Sehenswürdigkeit angezeigt.

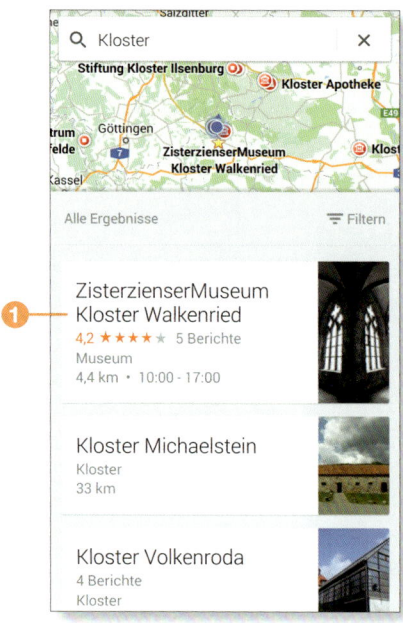

Tippen Sie die Schaltfläche mit dem Namen der Sehenswürdigkeit ❶ an, erhalten Sie weiterführende Informationen wie beispielsweise die genaue Adresse, Telefonnummer und Öffnungszeiten. In der Übersicht werden Ihnen weitere Vorschläge in der näheren Umgebung angezeigt. So finden Sie beim nächsten Ausflug schnell alle Sehenswürdigkeiten.

Mit Google Maps können Sie sich auch schon vorab die nähere Umgebung einer Adresse anschauen, z. B. wenn Sie eine Rast in einer Unterkunft planen, aber die Gegend bisher nicht kennen. Diese Option funktioniert allerdings nur, wenn der Ort zunächst per *Google Street View* erfasst wurde – was gerade in Deutschland leider nicht überall der Fall ist.

1. Geben Sie eine Adresse, den Namen einer Sehenswürdigkeit oder eine Unterkunftsbezeichnung in das Suchfeld ❷ ein.

2. Tippen Sie nun die Pinnnadel ❸ der Adresse an. Falls Street View für die Gegend verfügbar ist, wird Ihnen das durch ein entsprechendes Feld angezeigt ❹. Tippen Sie dieses an, und Sie gelangen in die Street-View-Ansicht.

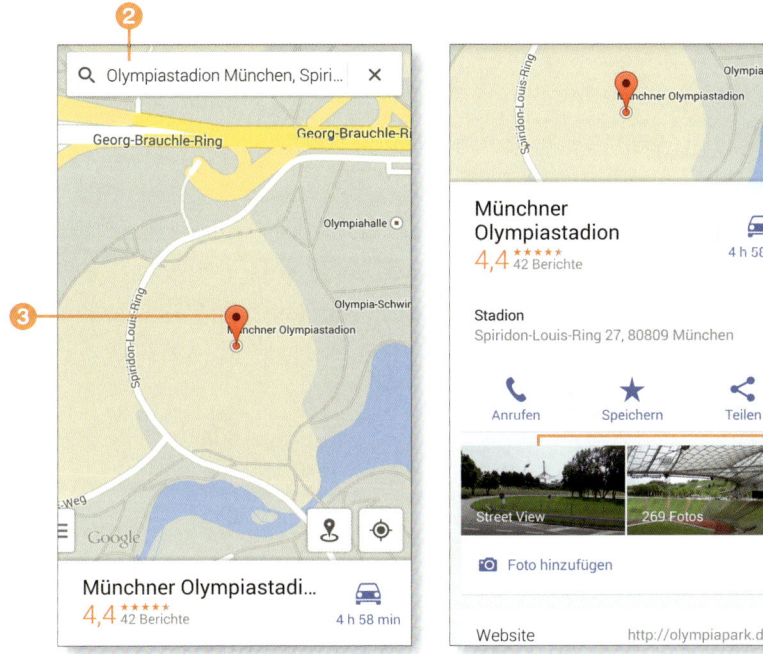

3. Im Street-View-Modus können Sie sich im Bild durch Antippen der weißen Pfeile ❺ »umsehen« und per Fingerspreizen den Ausschnitt vergrößern oder verkleinern. Neigen Sie Ihr Smartphone, wird die Perspektive geändert.

4. Eine Besonderheit bietet der rotierende Doppelpfeil am linken unteren Displayrand ❻. Tippen Sie diesen an, und Sie können sich durch Drehen und Neigen des Smartphones durch die Szene bewegen – fast schon wie in der viel beschworenen virtuellen Realität.

Einige Großstädte werden mittlerweile auch als 3D-Modelle angezeigt. Diese Funktion bietet Ihnen ähnlich wie Street View eine Voransicht der Umgebung, allerdings in Form einer 3D-Karte.

Sehen Sie sich doch beispielsweise einmal in Berlin am Potsdamer Platz etwas näher um, indem Sie per Fingergeste das Bild vergrößern bzw. hineinzoomen und dann die Darstellung wie oben beschrieben mit zwei Fingern kippen. Beeindruckend, oder? Und wenn Sie noch wissen möchten, was in der Gegend abends los ist, dann tippen Sie einfach auf die **Location**-Schaltfläche am rechten unteren Bildrand.

Zu guter Letzt haben Sie die Möglichkeit, aus Google Maps heraus die *Google Earth*-App aufzurufen. Begeben Sie sich dazu in das Menü der Maps-App, und rufen Sie von dort aus den Link zur Google-Earth-App auf. Sollten Sie Google Earth noch nicht installiert haben, so werden Sie direkt in den Play Store weitergeleitet, um dies nachzuholen.

Innerhalb der Earth-App können Sie wiederum Suchanfragen eingeben, so wie Sie es bereits von Google Maps gewohnt sind. Sie erhalten dann eine 3D-Satellitenansicht Ihrer Suchanfrage und können sich das Geländeprofil der Umgebung anschauen.

Auch die Steuerung per Fingergesten funktioniert ganz ähnlich wie die Steuerung in Google Maps. Und durch Herunterziehen des kleinen gelben Männchens (von Google *Pegman* genannt) auf den gewünschten Kartenausschnitt landen Sie im bekannten Street-View-Modus – so können Sie sich von zu Hause aus bequem auf Weltreise begeben.

Navigation – der Routenplaner

Kommen wir zu einer kleinen Navigationsaufgabe. Sie möchten eine Route zwischen zwei Orten planen. Dies können Sie direkt aus Google Maps heraus tun.

1. Starten Sie Google Maps, und tippen Sie das Navigationssymbol an (siehe auch die Abbildung auf Seite 271).

2. Geben Sie Start und Ziel Ihrer Route in die entsprechenden Felder ein. Als Startort wird zunächst automatisch der aktuelle Standort verwendet, Sie können hier aber auch andere Startorte vorgeben, indem Sie das Feld antippen und eine andere Adresse eingeben. Eine direkte Navigation ist allerdings nur vom aktuellen Standort aus möglich.

3. Nachdem Sie den Anfangs- und Endpunkt der Route eingegeben haben, wird diese sofort berechnet und grafisch dargestellt. Sie können über die Wahlfelder am oberen Rand des Displays bestimmen, ob die Routenführung für Autofahrer ❶ oder öffentliche Verkehrsmittel ❷, Radfahrer ❸ oder Fußgänger ❹ berechnet werden soll. Über die **Routenoptionen** ❺ können Sie die Streckenführung genauer einstellen – bestimmen Sie z. B. beim Erstellen einer Autofahrtstrecke, ob Autobahnen oder mautpflichtige Straßen vermieden werden sollen. Um die komplette Karte anzuzeigen, tippen Sie einfach auf die Miniaturkarte ❻.

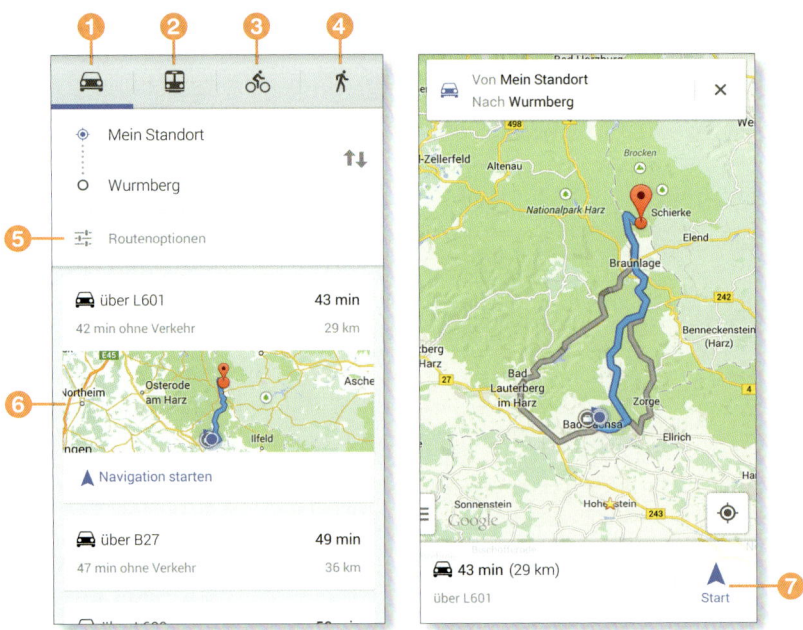

4. Das Bild zeigt Ihnen die Streckenvorschläge für das Auto. Im vorliegenden Fall werden für die Routenführung zwei Alternativrouten vorgeschlagen, die jeweils grau hinterlegt sind. Die blaue Route stellt immer die nach Googles Ansicht optimale Streckenführung dar. Die gewünschte Route wählen Sie durch Antippen aus. Unter den jeweiligen Routenvorschlägen werden Ihnen außerdem die ungefähre Dauer und die Streckenlänge angezeigt.

5. Starten Sie nun die Routenführung durch Antippen der pfeilförmigen Schaltfläche **Start** ❼. Sie werden nun sowohl optisch als auch verbal über Ihre Route geführt.

Möchten Sie sich die nächsten Zwischenziele anzeigen lassen, dann tippen Sie auf den kleinen Pfeil am rechten oberen Displayrand ❽. Durch Antippen des Routenpfeils am rechten unteren Displayrand ❾ erhalten Sie noch einmal eine komplette Routenübersicht, die Sie durch Antippen der Schaltfläche **Fortsetzen** ❿ wieder verlassen. Sie gelangen in den Roadbook- bzw. Listenmodus durch Antippen der weißen Leiste am unteren Displayrand ⓫. Hier sehen Sie den gesamten Streckenverlauf als Liste mit allen Abbiegehinweisen.

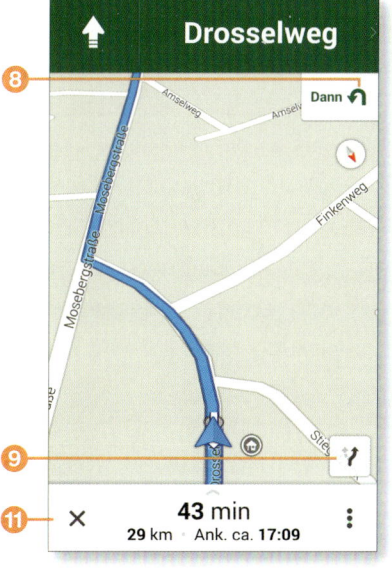

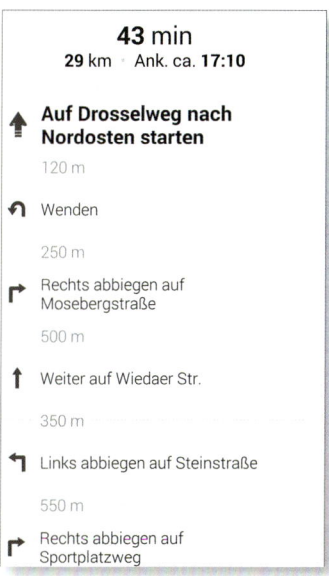

Turn-by-Turn-Navigation per Smartwatch

Die analoge Uhr ist out: Spätestens seit Einführung der Apple Watch im Herbst 2014 geht der Trend hin zur Verbindung sogenannter *Smartwatches* mit dem Smartphone. Die intelligenten Uhren lassen sich auch hervorragend mit Ihrem S5 als externem Display nutzen. Samsung bietet einige Modelle mit dem Namen *Gear*, die in der Lage sind, die für die Navigation notwendigen Abbiegepfeile und Informationen direkt an die Smartwatch zu senden. Die Gear-Modelle verwenden das kostenlose Kartenmaterial der *Nokia Here Maps*. So kann bei der Navigation als Fußgänger Ihr Smartphone ruhig in der Jackentasche verbleiben – ein diskreter Blick auf die Uhr genügt. Noch besser: Abbiegehinweise werden per Vibration am Handgelenk signalisiert.

Sollten Sie oft mit dem Auto unterwegs sein, dann interessiert Sie sicher auch die Verkehrslage. Google Maps bietet die Möglichkeit, während der Navigation die Verkehrssituation in die aktuelle Karte einzublenden und bei Bedarf nach Umleitungen zu suchen.

Wählen Sie im Navigationsmodus im In-App-Menü die Option **Verkehr anzeigen** ❶ aus. Ihnen wird sofort die aktuelle Verkehrslage in Form von grünen (flüssiger Verkehr), gelben (zäh fließender Verkehr) und roten (Stau) Linien angezeigt. Zusätzlich erhalten Sie einen Überblick über bestehende Straßensperrungen, Unfälle, Baustellen oder Verkehrsbehinderungen.

Durch Antippen der Symbole bzw. Stauanzeigen ❷ erhalten Sie nähere Informationen über die entsprechende Störung.

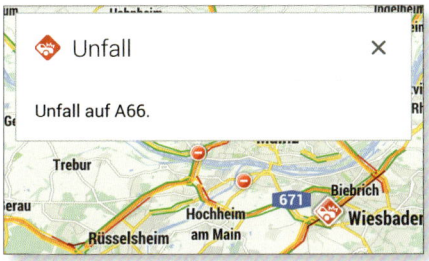

TIPP

Direkte Navigation zu einem Kontakt aus Ihrem Adressbuch

Haben Sie die Adressdaten zu einem Kontakt in der *Kontakte*-App hinterlegt, dann können Sie auf einfachste Weise die Route planen: Starten Sie die Kontakte-App, und rufen Sie den gewünschten Kontakt auf. Wurde eine Adresse für den Kontakt hinterlegt, dann tippen Sie einfach auf das Lokalisierungssymbol neben der Adresse. Dadurch wird die Adresse in Google Maps aufgerufen, und Sie können die Navigation wie oben beschrieben starten.

Die Google-Navigations-App hat allerdings auch einen kleinen, nicht unbedeutenden Nachteil: Mit ihr lassen sich nur Routen von einem Start- zu einem Zielpunkt errechnen, Zwischenziele können Sie nicht zur Route hinzufügen, Sie können sich höchstens von Zwischenziel zu Zwischenziel hangeln. Abhilfe schafft hier die Verwendung einer professionellen Routing-App wie z. B. *NAVIGON*, die allerdings auch ihren Preis hat: Circa 50 € müssen Sie für die Europaversion bezahlen. Die App lässt sich über In-App-Module beliebig aufpeppen; so erhalten Sie per Live-Traffic-Modul einen Überblick über aktuelle Verkehrsbehinderungen in Echtzeit.

NAVIGON Europe

TIPP

NAVIGON Select ist für T-Mobile-Kunden kostenlos

Sie haben T-Mobile als Mobilfunkanbieter? Dann dürfen Sie das NAVIGON-Select-Paket kostenlos nutzen!

Apps für unterwegs

Meine Tracks

In diesem Abschnitt möchte ich Ihnen gerne zwei Apps vorstellen, die Sie bei Ihren Outdooraktivitäten begleiten oder, wie im zweiten Fall, diese sogar mitgestalten. Bei meinen Touren in den Alpen zu Fuß, per Ski oder mit dem Gleitschirm schätze ich es sehr, wenn ich mein Tagespensum aufzeichnen kann. Diese Aufgabe erfüllt für Sie die Google-eigene App *Meine Tracks*.

1. Installieren Sie zunächst die App Meine Tracks, und stellen Sie in der Statusleiste sicher, dass Sie die GPS-Option aktiviert haben.

2. Nach dem Start der App können Sie direkt loslegen: Tippen Sie auf den Aufzeichnungsknopf ❶, und Ihre Aktivitäten werden aufgezeichnet. Während der Aufzeichnung können Sie aus der App heraus auch Wegmarken setzen und Fotos anfertigen, die später im Routenverlauf erscheinen.

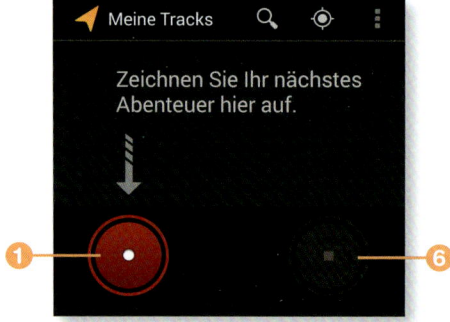

3. Die Tracks lassen sich über Googles Cloud-Dienst *Drive* synchronisieren, eine entsprechende Option finden Sie im Menü der App. Ich empfehle Ihnen, dies zu tun. So können Sie Ihre Aufzeichnungen später auf all Ihren Android-Geräten oder auch im Browser am PC nutzen.

4. Während der Aufzeichnung können Sie zwischen Kartenmodus ❷, Höhenprofil ❸ und Statistikansicht ❹ wählen. In der letzten Ansicht sehen Sie sogar Ihren Kalorienverbrauch ❺. Dazu müssen Sie lediglich das Feld antippen und Ihr Gewicht sowie die Bewegungsart angeben.

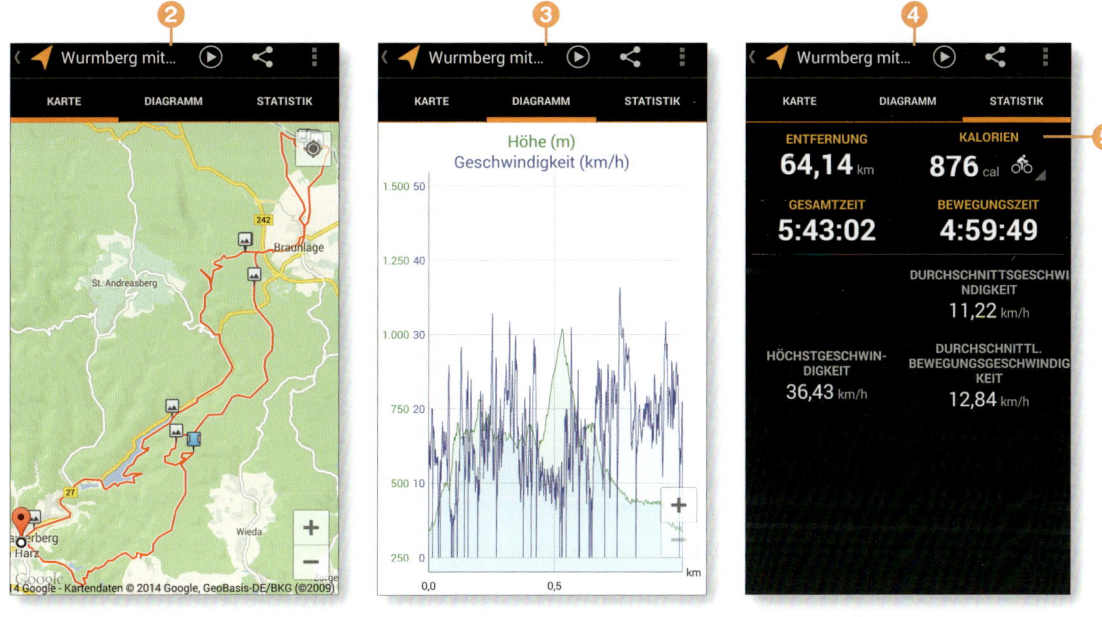

5. Beenden Sie die Aufzeichnung mit der **Stopp**-Schaltfläche 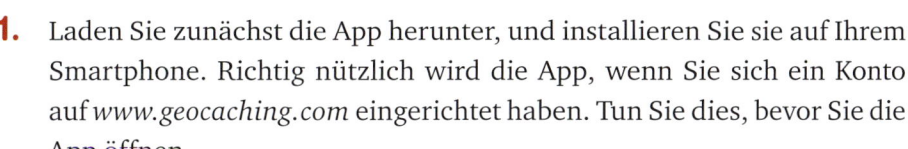. Die aufgezeichnete Wegstrecke wird in Ihrem Google-Konto auf Google Drive gespeichert, sodass Sie sich Ihre Tour bequem zu Hause am PC noch einmal in Google Earth anschauen können.

Sie erinnern sich doch bestimmt noch an eine Schatzsuche, die Sie als Kind unternommen haben, oder? Ganz ähnlich funktioniert *Geocaching*, die Freizeitaktivität für technikverliebte Naturliebhaber. So bringt man selbst den Nachwuchs weg vom Bildschirm und zurück in die Natur. Beim Geocaching geht es darum, einen kleinen »Schatz« – den sogenannten Cache –, dessen GPS-Position von Mitspielern auf der Seite *geocaching.com* abgelegt wird, mit dem GPS Ihres Smartphones ausfindig zu machen. Sie benötigen hierfür nur Ihr S5 und die kostenlose App *c:geo*, und schon kann die moderne Schatzsuche losgehen.

c:geo

1. Laden Sie zunächst die App herunter, und installieren Sie sie auf Ihrem Smartphone. Richtig nützlich wird die App, wenn Sie sich ein Konto auf *www.geocaching.com* eingerichtet haben. Tun Sie dies, bevor Sie die App öffnen.

2. Starten Sie nun die App, und loggen Sie sich mit Ihren Zugangsdaten von *geocaching.com* ein. Das Login ist übrigens für Sie nicht zwingend notwendig, erleichtert aber später die Meldung eines gefundenen Cache.

3. Wählen Sie zunächst den Menüpunkt **In der Nähe** ❶.

4. Daraufhin werden Ihnen alle in der Nähe befindlichen Geocaches in Listenform angezeigt ❷. Auch sehen Sie hier, wie weit die verschiedenen Geocaches von Ihrem Standort entfernt sind.

Sie können sich die Caches auch auf einer Übersichtskarte anzeigen lassen. Dazu wählen Sie im Menü den Punkt **Live-Karte** ❸.

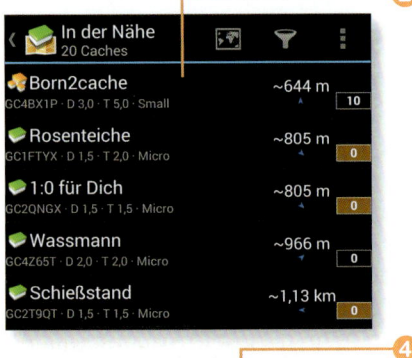

Haben Sie dabei etwas Geduld, bis sämtliche Caches in Ihrer Umgebung von der App erfasst werden. Beachten Sie auch, dass Sie dazu eine Internetverbindung benötigen.

5. Sie können nun Ihre Suchstrecke zum Geocache entweder über die Live-Karte verfolgen oder das Kompasswerkzeug der App verwenden. Tippen Sie dazu zunächst den gewünschten Cache und anschließend

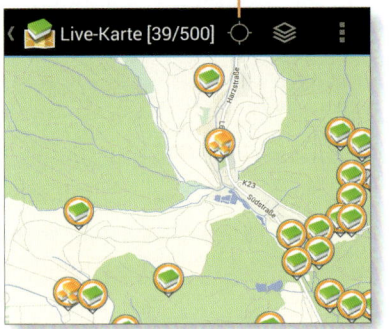

das Kompasssymbol ❹ am oberen Bildrand an. Daraufhin erscheint ein Kompass ❺, der Sie zu Ihrem Cache führt. Orientieren Sie sich hierzu an dem breiten Richtungspfeil ❻. Die Entfernung zum Cache und Peilung werden immer aktualisiert.

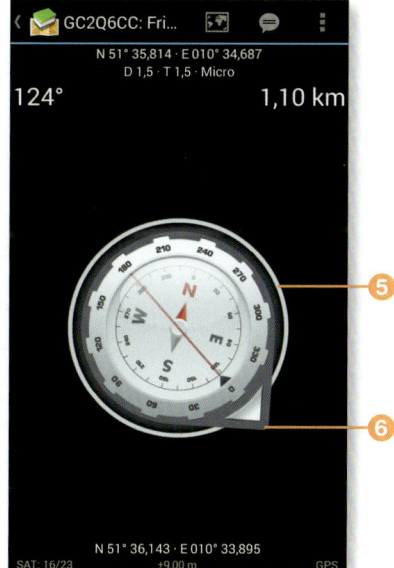

6. Sind Sie nur noch wenige Meter vom Zielpunkt entfernt, so halten Sie Ausschau nach dem Versteck. Meistens sind die Caches in kleinen Plastikfilmdosen versteckt. Vergessen Sie nicht, den Fund mithilfe der App zu bestätigen und Ihre Signatur auf dem Zettel in der Dose zu hinterlassen.

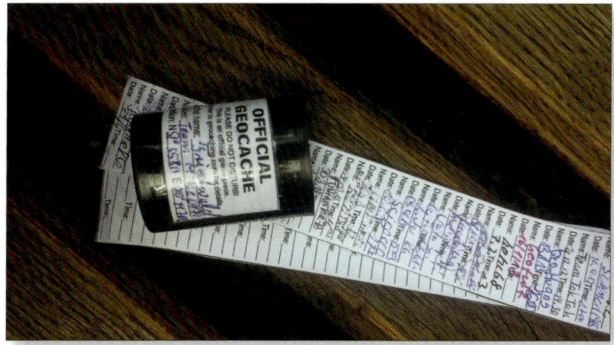

»Schatz« gefunden!

Sie sehen, Ihr Smartphone kann auch bei Ihren Freizeitaktivitäten ein ausgesprochen hilfreicher Begleiter sein.

Mit dem S5 auf Reisen

So richtig nützlich ist Ihr Smartphone auch im Urlaub: Schlagen Sie beispielsweise schnell die Fahrpläne öffentlicher Verkehrsmittel nach, oder rufen Sie noch kurz den Wetterbericht ab, um zu wissen, ob Sie den Regenschirm einpacken sollten. Lernen Sie nützliche Apps kennen, die Ihnen in der schönsten Zeit des Jahres wertvolle Dienste leisten.

Öffi

Sie sind in einer fremden Stadt unterwegs und möchten sich mit öffentlichen Verkehrsmitteln fortbewegen? Bevor Sie sich an der Bushaltestelle durch die teils unübersichtlichen Fahrpläne quälen, sollten Sie sich einmal *Öffi* anschauen – diese App gibt Ihnen die Fahrpläne der meisten deutschen und europäischen Metropolen an; noch dazu können Sie Ihre Route mit Bus und Bahn genauestens planen.

Öffi besteht aus drei Teil-Apps: *Öffi Haltestellen*, *Öffi Netzpläne* und *Öffi Verbindungen*. Nach dem ersten Start einer App, z. B. Öffi Verbindungen, müssen Sie zunächst angeben, ob Sie Verbindungen europaweit oder nur im deutschen Verkehrsverbund suchen möchten. Haben Sie diese Einstellungen vorgenommen, werden Ihnen sofort die Verbindungen in Ihrer näheren Umgebung angezeigt. Ihr Aufenthaltsort wird in diesem Fall sowohl per Mobilfunknetz als auch mithilfe des eingebauten GPS ermittelt.

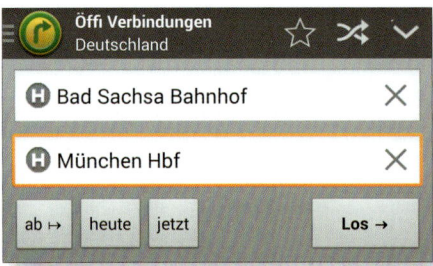

Sie können aber auch Verbindungen in anderen Städten recherchieren und sich Netzpläne anzeigen lassen. Dazu verwenden Sie das Menü der App. Dort können Sie auch den Routenplaner aufrufen, der gezielt Verbindungen zwischen zwei Orten sucht.

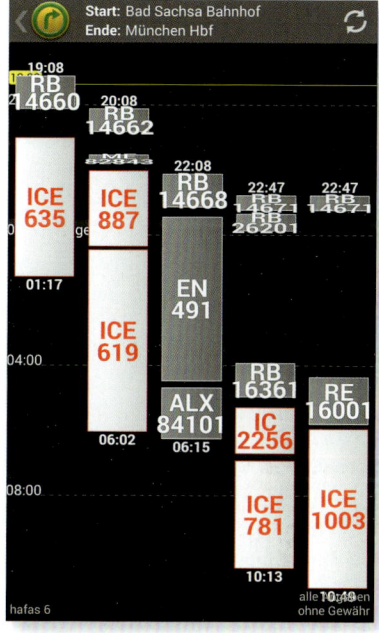

Es werden Ihnen dabei alle Umsteigemöglichkeiten sowie Fußwege zwischen den Haltestellen aufgelistet. Wählen Sie eine Verbindung aus, so erhalten Sie außerdem einen detaillierten Streckenverlauf.

DB Navigator

Auch die Deutsche Bahn bietet Ihnen ihren Fahrplan als App an: Mit dem *DB Navigator* können Sie jederzeit unterwegs Ihre benötigte Verbindung suchen. Auch hier geben Sie dazu Ihren Start- und Zielort ein, das Programm sucht dann passende Verbindungen für Sie heraus und stellt sie Ihnen zur Wahl.

TIPP

Tickets online buchen

Bei Bedarf können Sie mit der DB-App auch gleich ein Handy-Ticket buchen: Sie erhalten Ihr Ticket also digital direkt auf Ihrem Smartphone und benötigen keinen ausgedruckten Fahrschein. Dabei handelt es sich um ein Piktogramm, ähnlich den im Buch verwendeten QR-Codes, das vom Schaffner mit einem Scanner eingelesen wird.

Wo finde ich ein gutes Hotel? Welches kulturelle Angebot erwartet mich am Reiseziel? Ihr Android-Smartphone gibt Ihnen bereitwillig Auskunft.

Trip Advisor

Zum Auffinden von Unterkünften hat sich insbesondere die App von *Trip-Advisor* bewährt. Damit können Sie Hotels und Pensionen in der Nähe Ihres Aufenthaltsorts finden sowie (ganz wichtig!) aktuelle Beurteilungen anschauen. Sie sollten die Bewertungen jedoch kritisch betrachten, da unter Umständen einige von den Betreibern unter falschem Namen erstellt wurden, die die Unterkunft in einem besseren Licht präsentieren. Neben den Unterkünften erhalten Sie von der TripAdvisor-Community Tipps und Empfehlungen zu Gaststätten und Sehenswürdigkeiten.

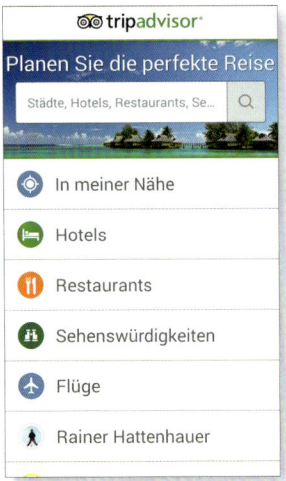
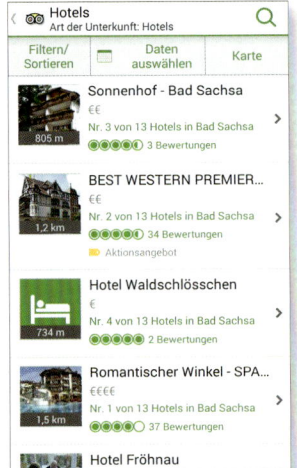
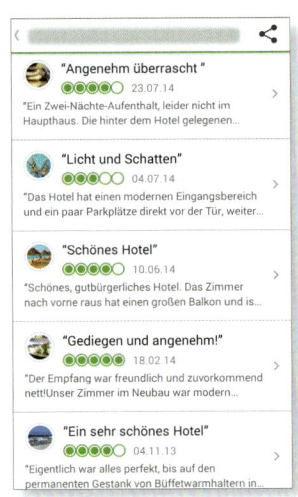

Nun haben Sie schon die Möglichkeit, Ihre Reise zu planen, eine Unterkunft zu finden und vor Ort die Sehenswürdigkeiten kennenzulernen. Für Ihre Reisen fehlt Ihnen da nur noch, die aktuelle Wettervorhersage an jedem beliebigen Ort mit sich zu führen. Das ist auch dann recht praktisch, wenn Sie während der Rad- oder Motorradtour Ausblick auf eine Regenfront erhalten und Ihre Strecke noch vor dem ersten Tropfen anpassen können.

Weather Pro

Mein Favorit bei den Wettervorhersage-Apps ist die *WeatherPro*-App.

WeatherPro ist eine sehr umfangreiche Wettervorhersage-App. Sie umfasst neben der einfachen Vorhersage für einen Ort auch den Zugriff auf

Satellitenfilme sowie das Niederschlagsradar. Sie gibt Ihnen so eine genaue Orientierung, mit welchem Wetter Sie sowohl in Deutschland als auch im Ausland rechnen müssen. Über In-App-Erweiterungen rüsten Sie die App beliebig auf, z. B. mit einer Niederschlags- oder 14-Tage-Wetterprognose.

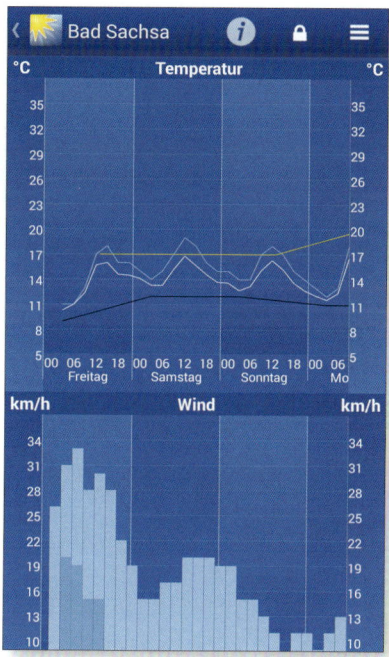

Im Urlaub haben Sie vielleicht auch schon einmal die Situation gehabt: Sie befinden sich in einem Skiort in den Alpen, und das Tal ist komplett nebelverhangen. Da wäre es doch ideal, wenn Sie auf die Gipfel blicken könnten, um zu sehen, ob dort bereits die Sonne scheint. Hierzu eignet sich eine Webcam-Browser-App wie *Worldscope Webcams*.

Worldscope Webcams

Mit dem Worldscope-Webcams-Browser haben Sie Zugriff auf fast alle Web-cams dieser Welt und können sich ein Bild vom aktuell herrschenden Wetter machen. So verpassen Sie keine Sonnenstunden mehr auf dem Gipfel oder am Strand, während es zu Hause regnet.

Abschließend noch der ultimative Tipp, wenn's auf Reisen mal pressieren sollte: Der *Toiletten Finder* weist Ihnen diskret den Weg zum nächsten stil-len Örtchen – und das völlig kostenlos.

Toiletten Finder

Toiletten sind im Harz spärlicher gesät als Bäume in der Sahara – dafür gibt's Wald im Überfluss.

Kapitel 12
Musik und E-Books auf dem S5

Eine gute Nachricht: Sie müssen auf Ihrem Galaxy S5 nicht auf Ihre mühsam zusammengetragene digitale Musiksammlung verzichten. Das Android-System ist für die Wiedergabe diverser Tonformate bestens aufgestellt und besitzt mit *Play Music* sogar eine ideale Möglichkeit, Ihre Lieblingssongs in der Google-Cloud zu sichern.

Musik einfach auf das S5 übertragen

Wenn Sie ohne große Umstände sofort loslegen und eigene Musik auf Ihrem Smartphone hören möchten, übertragen Sie einzelne Stücke oder Alben am einfachsten per USB-Anschluss vom PC auf Ihr S5. Das funktioniert unter Windows 8 oder Mac OS X folgendermaßen:

1. Installieren Sie Samsungs Universalsoftware Kies. Diese finden Sie unter *http://www.samsung.com/de/support/usefulsoftware/KIES/*. In Verbindung mit Kies werden auch gleichzeitig geeignete Treiber für Ihr S5-Smartphone installiert.

2. Schließen Sie Ihr S5 per USB-Kabel an Ihren PC an, und starten Sie Kies. Das Gerät wird als Mediengerät oder Massenspeicher ähnlich wie ein USB-Stick erkannt. Unter Windows werden ggf. einige Treiber installiert.

3. Nach kurzer Zeit wird Ihr Gerät sowohl von Kies ❶ als auch dem Windows-Dateimanager ❷ erkannt.

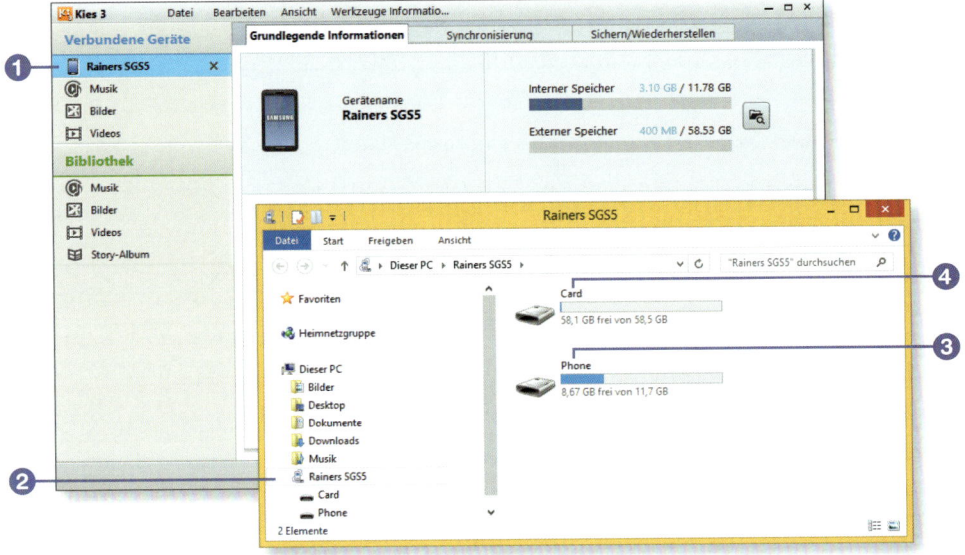

Hier können Sie nun bequem auf den Speicher Ihres S5 zugreifen und Dateien austauschen.

4. Im Explorer tauchen zwei Einträge für Ihr S5 auf: *Phone* ❸ bezeichnet den internen Speicher Ihres S5, *Card* ❹ die SD-Karte, falls Sie eine solche in Ihr Smartphone eingesetzt haben. Idealerweise kopieren Sie Ihre Musik auf eine solche SD-Karte, denn das spart wertvollen internen Speicherplatz.

5. Im Bereich **Phone** gibt es bereits einen Ordner namens *Music*. Hier werden alle Musikstücke verwaltet. Sie können einen solchen Ordner mithilfe des Explorers aber auch problemlos auf der externen SD-Speicherkarte **Card** erstellen, falls eine solche eingebaut ist.

6. Suchen Sie nun mithilfe des Explorers ein Stück oder ein ganzes Album auf Ihrem PC aus, das Sie auf Ihrem S5 hören möchten. Wissen Sie nicht, wo sich die Musik auf Ihrem PC befindet, schauen Sie einmal in der Bibliothek *Musik*, ob Sie dort fündig werden.

Haben Sie *iTunes* installiert, so wird Ihre komplette Musiksammlung dort im iTunes-Unterordner abgelegt. Begeben Sie sich hier in den Pfad *Musik/iTunes/iTunes Media/Music*.

7. Ziehen Sie die gewünschten Stücke bzw. das Album per Drag & Drop (siehe Glossar) in das Verzeichnis *Music* auf Ihrem S5-Smartphone, idealerweise auf die externe SD-Karte. Der Play-Music-App ist es egal, ob die Stücke ungeordnet oder in Ordnern zusammengefasst auf dem Speicher landen. Es ist aber sinnvoll, die auf dem PC vorgegebene Ordnerstruktur beizubehalten.

Fertig! Sie haben Ihr S5 nun fürs Erste mit etwas Futter für die Ohren ausgestattet.

> **INFO**
>
> **Kies auf dem Mac verwenden**
>
> Sind Sie Mac-Besitzer? Dann finden Sie eine für den Mac angepasste Version ebenfalls unter *http://www.samsung.com/de/support/usefulsoftware/KIES/* zum Download. Die Mac-Version besitzt die gleichen Funktionen wie die Windows-Version.

Die Musikbibliothek mit Kies synchronisieren

Nun ist es relativ mühsam, die eigene Bibliothek auf dem S5 stets aktuell zu halten. Aber auch hier hilft Ihnen die universelle Software Kies:

1. Wechseln Sie unter Kies in den Bereich **Bibliothek**, und klicken Sie dort den Eintrag **Musik** (❶ auf Seite 296) an. Hier können Sie ein lokales Verzeichnis auf dem PC definieren, in dem Sie gewöhnlich Ihre Musik abspeichern.

2. Geben Sie den Pfad zu diesem Verzeichnis an, indem Sie die Schaltfläche **Musikordner hinzufügen** betätigen.

3. Nun erscheint Ihre Musiksammlung im Kies-Fenster. Falls hier einige Albencover fehlen, können Sie diese später per Google Play Music ergänzen.

4. Um nun die lokal gespeicherte Musik auf Ihr S5 zu übertragen, wählen Sie die gewünschten Alben aus und tippen auf die Schaltfläche **Ausgewählte Musik an das Gerät senden** ❷. Entscheiden Sie hier, ob die Musik auf dem internen Speicher oder der wesentlich geräumigeren externen Speicherkarte landen soll. Möchten Sie Ihre gesamte Musikauswahl überspielen, wählen Sie alle Alben und Titel zuvor mit der Tastenkombination ⌗Strg⌗ + ⌗A⌗ aus.

5. Sollte sich Ihre lokale Sammlung geändert haben, so führen Sie die Übertragung erneut durch. Vermeintlich doppelte Stücke oder Alben, die sich schon auf dem S5 befinden, überspringen Sie einfach ❸.

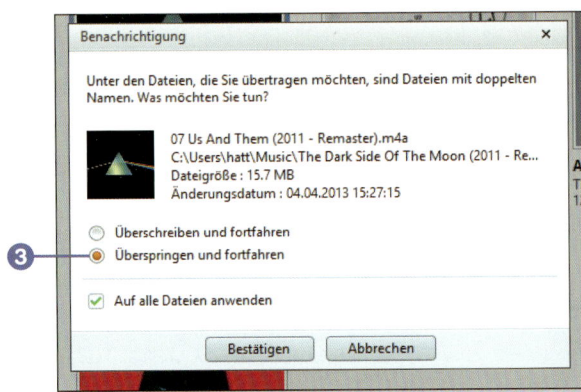

Ein derartiger Abgleich Ihrer Musiksammlung ist in Zeiten von Cloud allerdings antiquiert. Ich zeige Ihnen später noch eine geschicktere Methode zur
Synchronisation Ihrer Musik.

Musik abspielen

Zur Wiedergabe der soeben übertragenen Musik verwenden wir die Play-
Music-App.

1. Starten Sie die Play-Music-App aus dem App-Menü, und wählen Sie im
   Seitenmenü den Bereich **Jetzt anhören** ❶. Achten Sie darauf, dass zunächst der Schalter **Nur Heruntergeladen** ❷ aktiviert ist. Dadurch erscheinen nur Stücke in der Übersicht, die sich lokal auf Ihrem Gerät
   befinden.

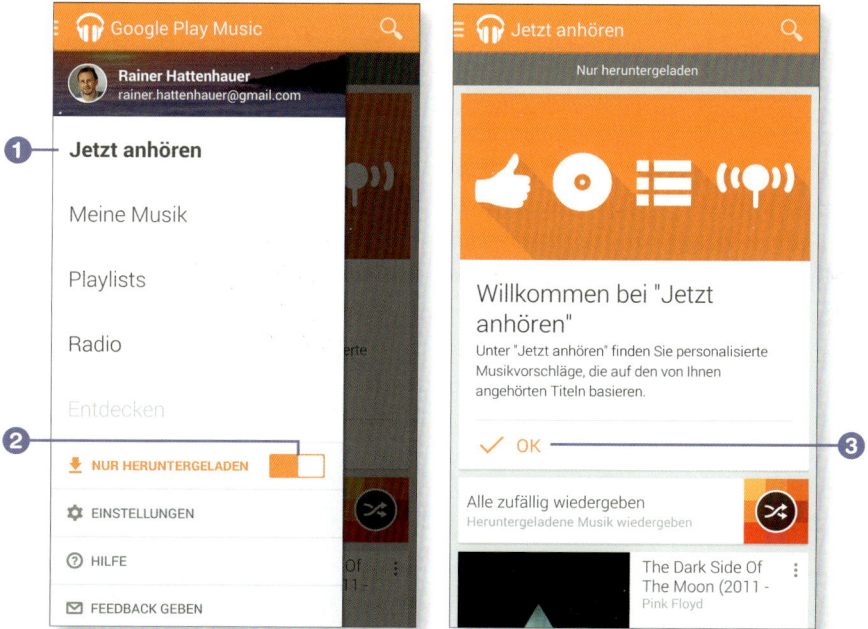

2. Bestätigen Sie zunächst die Begrüßungsmeldung mit **OK** ❸, und wählen Sie dann ein Album oder ein Musikstück durch Antippen aus.

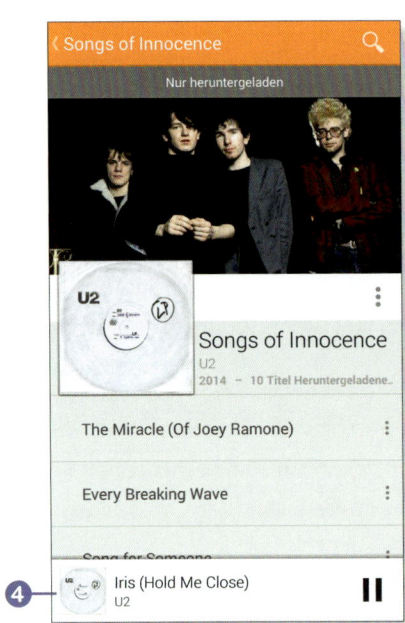

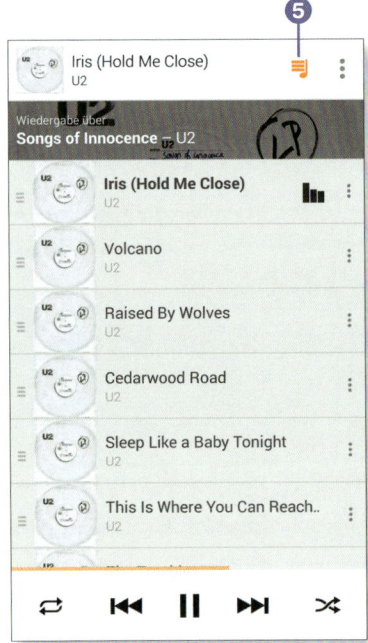

3. Das ausgewählte Musikstück wird nun wiedergegeben. Durch Antippen der Titelleiste ❹ am unteren Displayrand gelangen Sie in das Menü des Albums. Hier tippen Sie einfach auf das Playlistensymbol ❺, um sich alle Stücke des aktuellen Albums anzeigen zu lassen.

4. Praktisch ist die Möglichkeit, während des Musikgenusses etwas anderes mit dem Smartphone zu tun. Tippen Sie dazu einfach die Home-Taste an, um auf einen Home-Bildschirm zu wechseln. Die Musikwiedergabe läuft nun im Hintergrund, was Sie an einem Kopfhörer-Icon in der Statusleiste erkennen können. Ziehen Sie die Statusleiste herunter, um erneut Zugriff auf den Player zu erhalten.

5. Tippen Sie das Feld ❻ mit dem aktuell laufenden Stück an: Sie gelangen so erneut in die Player-Oberfläche der Play-Music-App.

Musik in der Cloud speichern

Die im vorherigen Abschnitt beschriebene Vorgehensweise mutet heutzutage altmodisch an. Der moderne Datennomade geht heute anders vor. Er gleicht seine Musiksammlung mit der Cloud ab. Die Cloud ist dabei eigentlich nichts anderes als eine große Festplatte im Internet. Mithilfe einer App werden sämtliche Musikstücke Ihrer Musiksammlung auf einen Server hochgeladen oder mit bestehenden Stücken abgeglichen. Der Clou dabei: Selbst wenn es sich bei Teilen Ihrer Musik um qualitativ schlechte Internetradio-Mitschnitte oder Ähnliches handelt, wird stets versucht, das Originalstück zu finden und mit Ihrem Konto zu verknüpfen. Die Wiedergabe der Stücke erfolgt per *Streaming*, was natürlich eine bestehende Onlineverbindung voraussetzt, oder durch Speichern auf dem Gerät für eine Offlinewiedergabe.

Gehen Sie zum Abgleich Ihrer Musiksammlung mit der Google-Cloud folgendermaßen vor:

1. Idealerweise haben Sie Googles *Chrome*-Browser installiert. Falls nicht, können Sie das über *www.google.de/intl/de/chrome/browser/* nachholen.

2. Begeben Sie sich mit Chrome auf die Seite *music.google.com*, und loggen Sie sich mit Ihren Google-Account-Daten dort ein.

3. Betätigen Sie unter Ihrem Kontonamen die Schaltfläche **Musik hinzufügen** ❼.

4. Ziehen Sie nun per Dateimanager denjenigen Ordner in das entsprechende Feld, der mit der Google-Cloud synchronisiert werden soll. Das ist auf Windows-PCs in der Regel der Ordner *Musik*.

5. Beim ersten Abgleich werden Sie aufgefordert, das *Play Music*-Plug-in für Chrome zu installieren. Kommen Sie dieser Aufforderung nach, indem Sie die Schaltfläche **App hinzufügen** ❽ anklicken.

6. Anschließend haben Sie noch die Gelegenheit, das Plug-in zu konfigu-rieren und den Ordner vorzugeben, der mit der Play-Music-Cloud syn-chron gehalten werden soll. Ich verwende nachfolgend meinen iTunes-Ordner als Musikquelle.

7. Die App sucht dabei den angegebenen Ordner nach Medien ab und syn-chronisiert diese. Beachten Sie, dass DRM-geschützte Musik nicht mit der Google-Cloud synchronisiert werden kann.

INFO

**Nützliche App:
der Music Manager**

Zum Upload oder Download von Musik auf Ihrem PC oder Mac können Sie übrigens auch die App *Music Manager* verwenden, die Sie ebenfalls auf *music.google.com* finden.

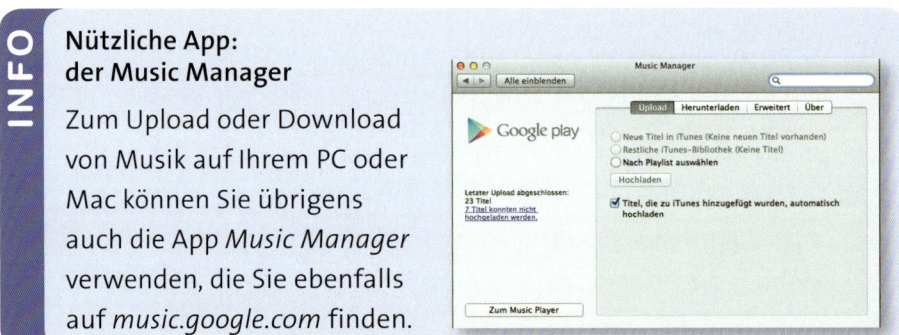

Nach der Synchronisierung stehen Ihnen sämtliche Titel Ihrer PC-Musik-sammlung in der Cloud zur Verfügung und können insbesondere auch auf Ihrem S5 mit der Play-Music-App genutzt werden. Dazu deaktivieren Sie zunächst im Seitenmenü den Punkt **Nur Heruntergeladen** ❶, begeben sich in den Bereich **Meine Musik** ❷ und tippen das gewünschte Album bzw. den Song oder Interpreten an.

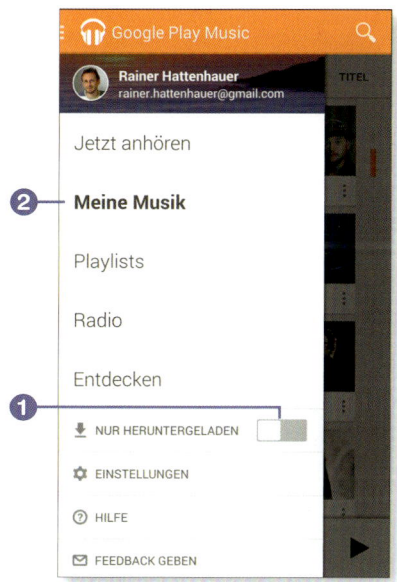
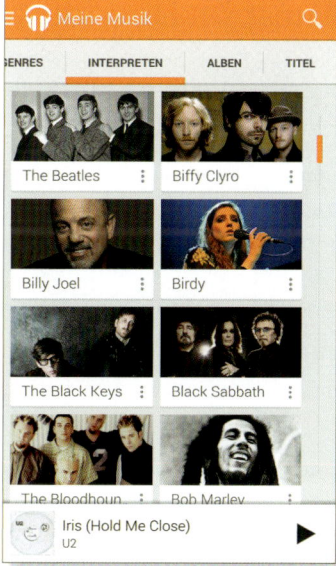

Falls keine Onlineverbindung zur Verfügung steht, erscheinen lokal verfügbare Titel in kräftigen Farben ❸, per Streaming verfügbare Musik ist hingegen blass dargestellt ❹.

TIPP

Alben zum Offlinehören herunterladen

Sollten Sie unterwegs Musik in Gebieten hören wollen, die über eine unzureichende Internetverbindung verfügen, so empfiehlt es sich, diese bereits im Vorfeld auf Ihr S5 aus der Cloud herunterzula-

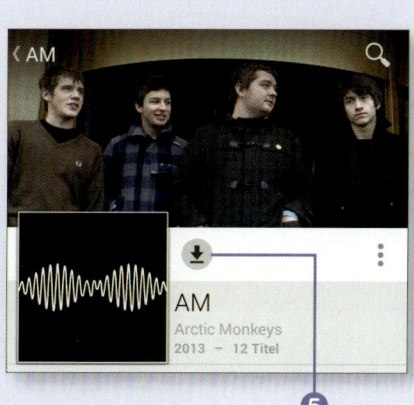

den. Stellen Sie dazu per WLAN zu Hause eine Verbindung zum Internet her, und tippen Sie das gewünschte Album an. Neben dem Album finden Sie eine **Download**-Schaltfläche ❺, um dieses lokal auf Ihr Smartphone zu befördern. Das Ganze funktioniert übrigens auch mit kompletten Playlisten.

Google Play Music im Überblick

Die Play-Music-App ausschließlich zur Wiedergabe von Musik zu verwenden täte ihr Unrecht. Vielmehr ist sie die Schaltzentrale für sämtliche Aktivitäten rund um alles, was mit Musik zu tun hat. So können Sie hier auch neue Musik kaufen. Sehen wir uns ein wenig auf der Oberfläche um:

1. Über die Seitenmenü-Schaltfläche ❶ gelangen Sie in das Hauptmenü der App. Begeben Sie sich zunächst in den Bereich **Meine Musik**. Hier erhalten Sie einen Überblick über sämtliche Musik, die sich sowohl in der Google-Cloud als auch lokal auf Ihrem Gerät befindet. Durch Hin- und Herwischen auf dem Display wechseln Sie zwischen den Ansichten **Genres**, **Interpreten**, **Alben** und **Titel**.

2. Einzelne Musikstücke wählen Sie in den entsprechenden Ansichten durch Antippen aus. Wenn Sie ein bestimmtes Stück suchen, geht das oft schneller durch Verwenden der Suchfunktion ❷. Dabei genügt es, die ersten Buchstaben des Titels oder des Interpreten einzugeben, um erste Vorschläge zu erhalten.

Sie können nach Musiktiteln Ihrer Sammlung auch per *Google Now* suchen – und das sogar per Spracheingabe.

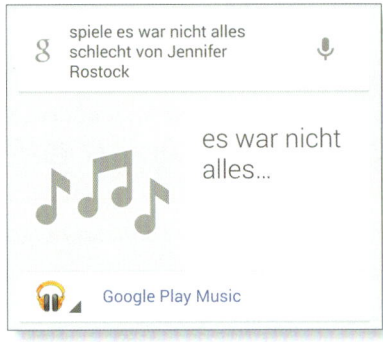

3. Play Music verfügt über die Option, bestehende **Playlists** (also die Zusammenstellung von Musikstücken) z. B. aus iTunes zu übernehmen oder auch neue Listen zu erstellen. Mehr zur Erstellung von Playlists erfahren Sie im nächsten Abschnitt.

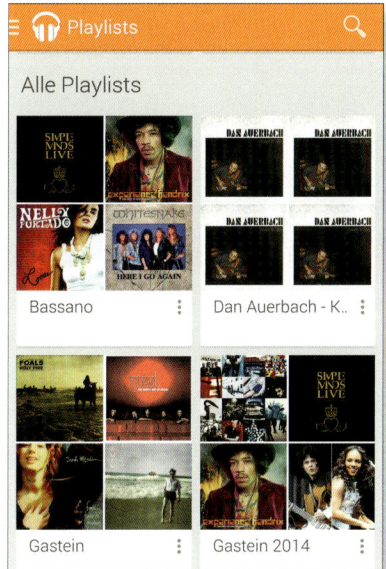
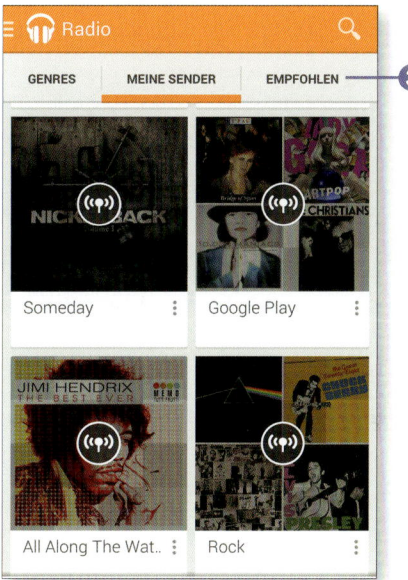

4. Im Menübereich **Radio** des Hauptmenüs kommen Sie in den Genuss eines nützlichen Features: Google analysiert auf der Basis der Stücke, die Sie abspielen, Ihre Hörgewohnheiten und erstellt eine Schnellmix-Sammlung aus Stücken ähnlichen Typs. So ersparen Sie sich das langwierige Zusammenstellen einer Playlist. Im Untermenü **Empfohlen** ❸ finden Sie schon erste Schnellmixe.

5. Schließlich sollten Sie sich auch einmal im Google Play Music Store umschauen, den Sie über den Link **Einkaufen** erreichen. Bei Betätigung des Links wechseln Sie in die Musikabteilung des Play Stores. Hier können Sie DRM-freie Musik erwerben. Dazu eine Anmerkung: Sollten Sie wie ich die Musikflatrate *Play Music All-Inclusive* nutzen, so erscheint an dieser Stelle statt **Einkaufen** der Eintrag **Entdecken**.

INFO

Play Music All-Inclusive

Wie wäre es, wenn Sie Zugang zu ca. 20 Millionen Titeln hätten, die Sie nach Belieben hören könnten? Der Dienst nennt sich *Google Play Music All-Inclusive*, kostet 9,99 € im Monat und ist jederzeit kündbar. Suchen Sie danach auf der Startseite des Play Music Stores im Internet und testen Sie den Service einen Monat kostenlos. *Spotify*, *Simfy*, *Deezer* und Co. sind hierzulande weitere beliebte Musikstreaming-Anbieter.

Der Kauf von Musik funktioniert genauso wie der einer App (siehe Kapitel 8, »Apps installieren und verwalten«): Sie tippen die Schaltfläche mit dem Preis für das Stück oder Album an, Ihre Zahlungsdaten werden überprüft, und innerhalb kürzester Zeit finden Sie die Songs auf Ihrem Smartphone bzw. in der Google-Cloud. Letztere sorgt dafür, dass Ihre Einkäufe automatisch gesichert werden und auf jedem Gerät, das mit Ihrem Google-Konto verknüpft ist, zur Verfügung stehen.

Musik zusammenstellen – Playlists und Schnellmixe

Hören Sie sich unterwegs noch komplette Alben am Stück an, oder legen Sie sich auch Wiedergabelisten mit gemischten Stücken an? Das geht selbstverständlich auch mit dem S5:

1. Starten Sie Play Music, begeben Sie sich in den Bereich **Meine Musik**, und suchen Sie sich den ersten Titel für Ihre neue Playlist aus.

2. Wählen Sie über die In-App-Menü-Schaltfläche (das sind die drei Punkte) den Menüpunkt **Zu Playlist hinzufügen** ❶ aus. Sie können nun eine bestehende Playlist verwenden oder eine neue erstellen. Dabei haben Sie auch die Möglichkeit, Ihre Playlist öffentlich zu machen ❷.

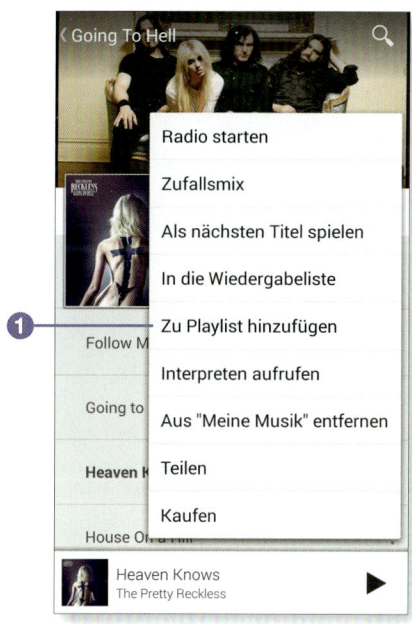
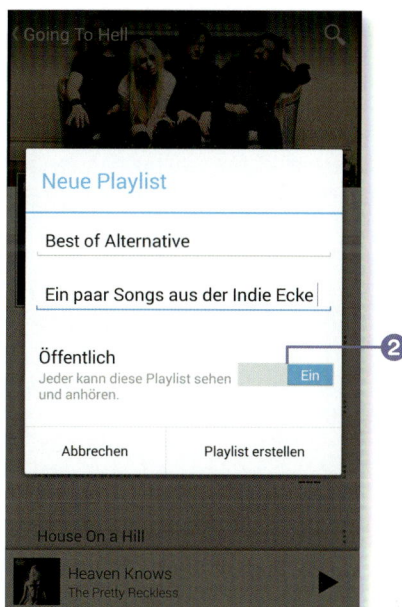

3. Fahren Sie so fort, bis Sie genügend Stücke in Ihrer Playlist haben.

4. Zur Wiedergabe der Liste begeben Sie sich im Hauptmenü der App in den Bereich **Playlists** und wählen die entsprechende Liste zur Wiedergabe aus. Starten Sie die Wiedergabe durch Antippen des ersten Stücks in der Liste.

5. Wenn Sie mögen, können Sie auch sämtliche Stücke der Liste für die Offlinewiedergabe herunterladen. Haben Sie eine WLAN-Verbindung? Dann tippen Sie das Download-Symbol ❸ an. Das orange Tortensymbol zeigt den Download-Fortschritt an.

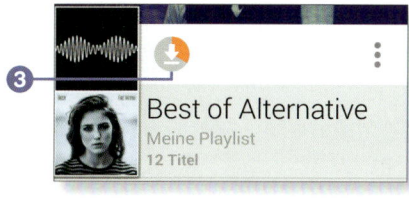

6. Sollte Ihnen die Reihenfolge der Titel im Nachhinein nicht zusagen, so können Sie sie durch Antippen und Gedrückthalten verschieben bzw. umsortieren.

7. Möchten Sie die Titelabspielreihenfolge zufällig gestalten, so verwenden Sie aus dem In-App-Menü der Playliste den Punkt **Zufallsmix** ❹.

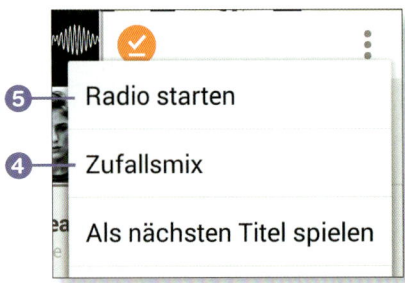

Das Hinzufügen von weiteren Titeln zu einer Playlist ist Ihnen zu mühsam? Dann lassen Sie doch die App Ihre Arbeit machen! Die Lösung ist die Erstellung von einem sogenannten *Schnellmix* bzw. virtuellen Radiosenders.

8. Wählen Sie aus dem In-App-Menü der Playlist den Punkt **Radio starten** ❺ aus. Darauf wird ein Mix von weiteren passenden Stücken gestartet.

Im Seitenmenü finden Sie im Übrigen auch einen Punkt **Radio**: Hier werden virtuelle Radiosender gelistet, die auf Basis Ihrer bisherigen Hörgewohnheiten bestückt wurden – gehen Sie doch einfach einmal auf Entdeckungsreise!

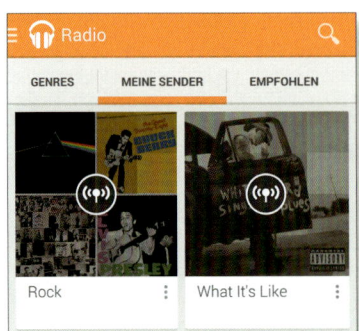

Über den Menüpunkt »Radio« gelangen Sie zu automatisch erstellten Playlists.

Welche Musik wird gerade gespielt?

Stellen Sie sich vor, Sie hören einen Titel im Radio, der Ihnen spontan gefällt. Wenn Sie doch nur wüssten, wie der Künstler heißt! Dann sollten Sie unbedingt einmal die App *Shazam* ausprobieren.

Shazam

Starten Sie die App, und verbinden Sie diese ggf. mit Ihrem Google+- oder Facebook-Konto. Sollte nun ein interessantes Stück im Radio kommen, so tippen Sie die große Schaltfläche ❶ auf dem Display an. Nach kurzer Zeit – Onlineverbindung vorausgesetzt – erscheinen Titel und Interpret auf dem Display. Sie haben darüber hinaus die Möglichkeit, sich per Druck auf die Schaltfläche **Liedtexte** ❷ den Text des Liedes anzeigen zu lassen bzw. über **Bio** ❸ und **Diskografie** ❹ weitere Informationen zum Interpreten zu erhalten.

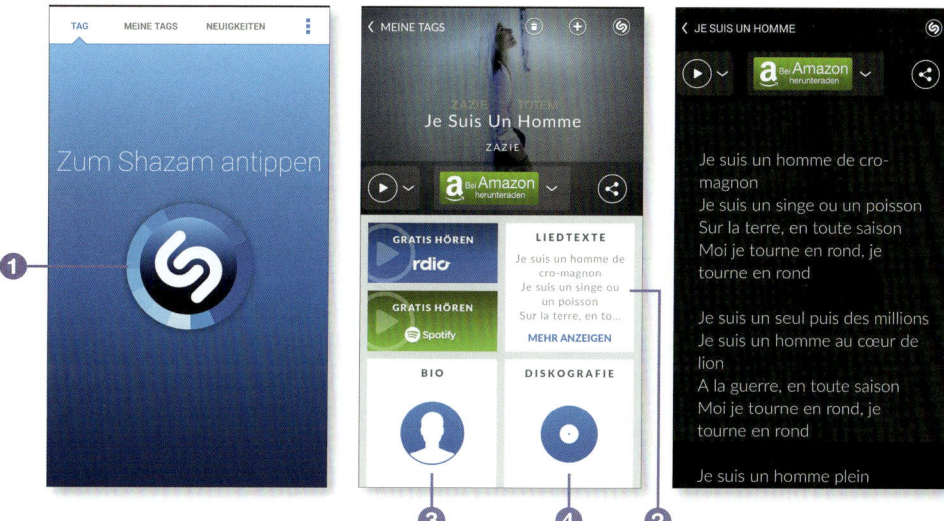

Radio hören

TuneIn Radio

Nahezu jeder bekannte Radiosender im deutschsprachigen Raum lässt sich mittlerweile per Smartphone über eine Internetverbindung hören – mit der passenden App. Besonders bewährt hat sich hier *TuneIn Radio*.

1. Installieren Sie die TuneIn-App, und starten Sie sie. Verbinden Sie die App zunächst mit Ihrem Google+- oder Facebook-Konto, und verschaffen Sie sich dann einen Überblick über die lokalen Sender, indem Sie im Seitenmenü den Menüpunkt **Durchstöbern** und anschließend **Lokales Radio ❶** auswählen. Tippen Sie einen Sender und anschließend die **Play**-Schaltfläche an. Dadurch wird der Stream wiedergegeben.

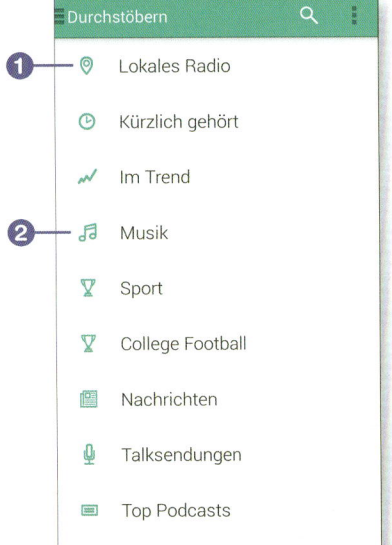

2. Andererseits können Sie aber auch Musik nach Zeitraum oder Genre auswählen. Dazu wählen Sie im Menü den Punkt **Musik ❷** und tippen nun den Bereich an, der Sie persönlich interessiert, z. B. Musik aus den **80er**n **❸**.

3. Wählen Sie aus der erscheinenden Liste einen Sender aus. Dort ist auch ersichtlich, welches Musikstück aktuell auf dem Sender gespielt wird. Nach kurzer Zeit beginnt die Wiedergabe. Diese können Sie jederzeit durch Betätigen des **Stopp**-Knopfes **❹** unterbrechen.

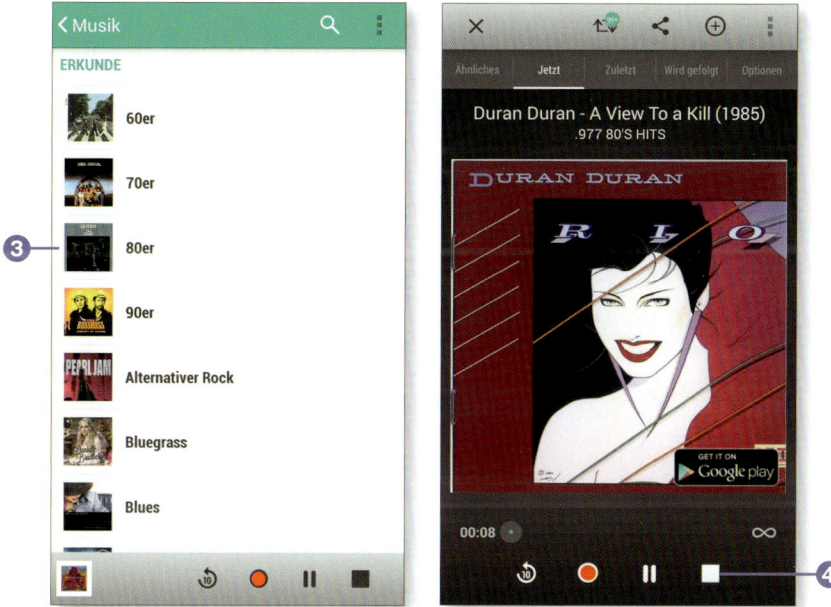

Voll die 80er – gehen Sie mit TuneIn Radio auf Zeitreise.

Hörbücher hören

Wenngleich Googles Play Music Store auch Hörbücher anbietet, ist die beliebteste Plattform für dieses Medium in Deutschland immer noch die Amazon-Tochter *Audible*. Hier können Sie eine Vielzahl aktueller Hörbücher erwerben und direkt auf Ihr S5 herunterladen.

Audible

1. Nach dem Start der App legen Sie entweder ein neues Konto an oder melden sich, falls Sie bereits Kunde bei Amazon sind, mit Ihren Amazon-Kontendaten an.

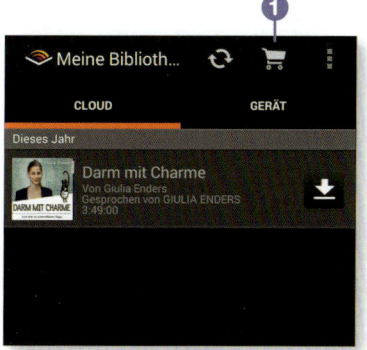

2. Begeben Sie sich durch Antippen des Einkaufswagensymbols (❶ auf Seite 309) in den Shop. Hier stehen Ihnen zu fast allen Hörbüchern Hörproben zur Verfügung, die Sie sich durch Antippen der **Lautsprecher**-Schaltfläche ❷ zu Gemüte führen können. Selbstverständlich können Sie über die eingebaute Suchfunktion ❸ gezielt selbst nach Hörbüchern suchen.

3. Haben Sie sich zum Kauf eines Hörbuches entschlossen, so können Sie dieses – nach dem Kauf – entweder per Streaming direkt aus der Cloud hören oder sich eine lokale Kopie zur Offlinenutzung herunterladen. Tippen Sie dazu zunächst den Hörbucheintrag im Bereich **Cloud** und anschließend die nun erscheinende **Download**-Schaltfläche ❹ neben dem Hörbuch an.

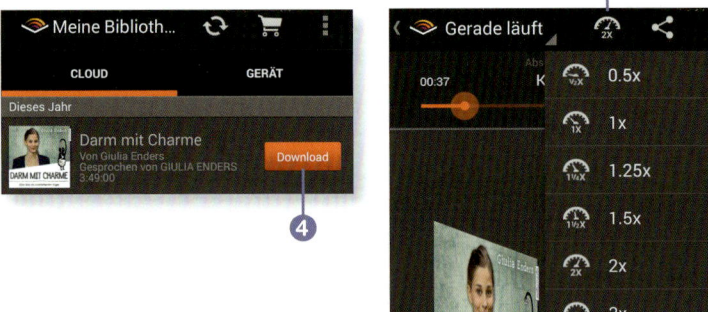

4. Während der Wiedergabe können Sie jederzeit über die Geschwindigkeitsschaltfläche ❺ die Vorlesegeschwindigkeit ändern.

E-Books und Zeitschriften lesen

Der Google Play Store besitzt eine eigene Abteilung für E-Books. Starten Sie die App *Play Books*, und schauen Sie sich einmal in der Rubrik **Bücher kaufen** um, die Sie per Seitenmenü erreichen.

Durch seitliches Scrollen wechseln Sie die Ansicht durch die Rubriken **Kategorien**, **Startseite**, **Bestseller**, **Neue Unterhaltungsliteratur**, **Neue Sachliteratur** sowie **Top kostenlos**.

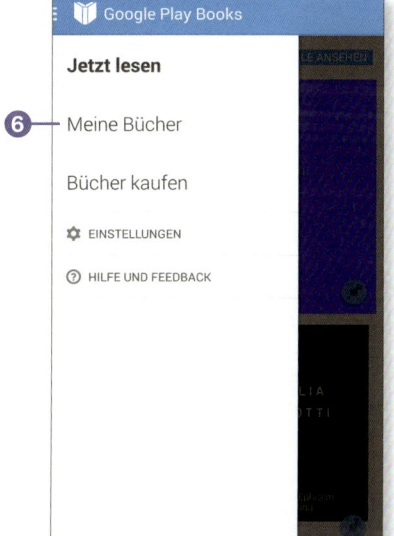

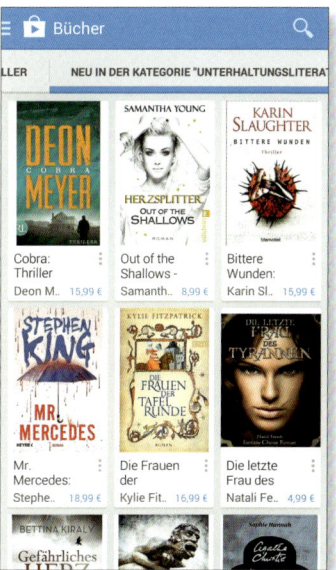

In Google Play Books werden Bücherfreunde bestimmt fündig. Das Angebot umfasst alle Genres der Belletristik und noch viel mehr.

Wenn Sie sich zum Kauf eines E-Books entschlossen haben, so finden Sie dieses nach der Bezahlung über das Google-Konto in der App Play Books im Bereich **Meine Bücher** ❻.

Die Play-Books-App ist bereits mit einigen kostenlosen E-Books »vorgefüllt«. Dabei handelt es sich um Werke, deren Urheberrecht abgelaufen ist, z. B. Goethes »Faust«.

DER TRAGÖDIE ERSTER THEIL.

NACHT.

In einem hochgewölbten, engen,
gothischen Zimmer Faust unruhig
aus seinem Sessel am Pulte.

Faust.

Habe nun, ach! Philosophie,
Juristerei und Medicin,
Und, leider! auch Theologie
Durchaus studirt, mit heißem
Bemühn,
Da steh' ich nun, ich armer Thor!
Und bin so klug, als wie zuvor;
Heiße Magister, heiße Doctor gar,

Die Gretchen-Frage: »Wie hältst du's mit dem E-Book?«

Laden Sie sich einfach einmal eines der angebotenen Werke herunter. Anschließend blättern Sie per Antippen der rechten Displayseite durch das virtuelle Buch.

Im Vergleich zu Deutschlands größtem Angebot an E-Books, das sich bei Amazon findet, fällt das Portfolio des Google Book Stores doch eher spärlich aus, wenngleich die meisten aktuellen Bestseller auch dort zu finden sind.

Wer eine umfangreichere Auswahl haben möchte, installiert am besten zusätzlich die App *Amazon Kindle*. Damit haben Sie dann Zugriff auf den Amazon Kindle Store. Dort erworbene Bücher können Sie dann in Zukunft auch plattformübergreifend nutzen, eine entsprechende App ist dafür natürlich Voraussetzung.

 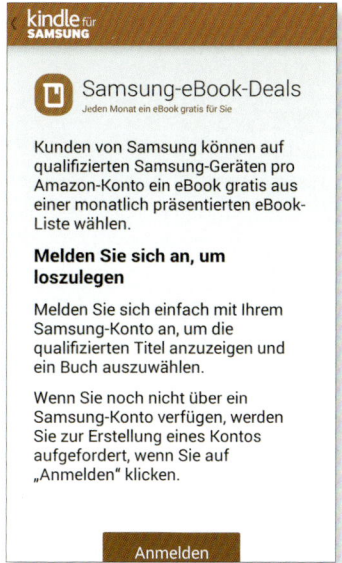 

Über das »Samsung-eBook-Deals«-Programm erhalten Sie jeden Monat ein ausgewähltes kostenloses E-Book.

Dazu ein Tipp: Wenn Sie die *Kindle für Samsung*-App aus dem Samsung-eigenen Store *Galaxy Apps* installieren (siehe Kapitel 8, »Apps installieren und verwalten«), dann erhalten Sie darüber jeden Monat ein kostenloses E-Book, das Sie nach dem Erwerb durch einfaches Anklicken auch auf Ihren anderen Kindle-Geräten lesen können. Sie müssen sich dazu lediglich mit Ihrem Samsung-Konto bei der App anmelden.

Schließlich finden Sie per Google Play Store auch noch kurzweilige Literatur in Form von Zeitschriften im *Play Kiosk*. Starten Sie die Play-Kiosk-App. Sie werden stets von einem aktuellen Nachrichtenüberblick begrüßt. Um ein Magazin zu erwerben, wechseln Sie per Seitenmenü in den Bereich **Entdecken** und stöbern dort herum oder suchen dort per Suchfunktion die gewünschte Zeitschrift. Der Kauf erfolgt dann wieder durch Antippen des Preisschilds (❶ auf Seite 314).

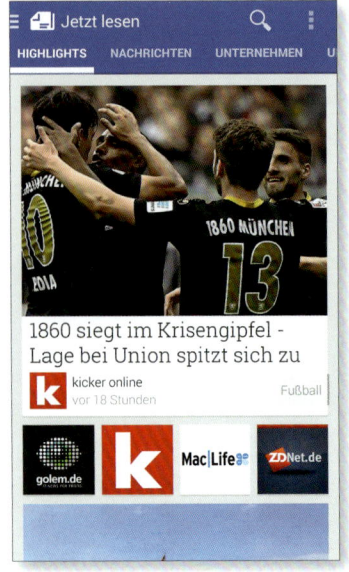

Nachrichtenüberblick mit Zeitschriftenkiosk: Das ist Google Play Kiosk.

Zinio Reader

INFO

Große Auswahl mit dem Zinio Reader

Man merkt dem Play Kiosk an, dass er noch in den Kinderschuhen steckt. Eine wesentlich größere Auswahl bietet im Vergleich dazu *Zinio*. Hier finden Sie auch exotische Zeitschriften.

Kapitel 13
Gesundheit und Fitness

Das persönliche Gesundheits- und Fitnessstudio nebst Coach stets bei sich tragen: Auch das ist mit Ihrem S5 möglich. Messen Sie Ihren Puls oder registrieren Sie per Schrittzähler Ihr tägliches Bewegungspensum – pfiffige Apps sorgen obendrein dafür, dass Sie Ihr Trainingsziel stets vor Augen haben. Und wer mag, kann sein persönliches Workout durch die Kopplung des S5 mit einem Fitnessarmband oder gar einer Smartwatch perfektionieren.

Den Puls messen mit S Health

Hat Ihr Chef Sie heute schon wieder geärgert? Grund genug, einmal den Puls zu messen. Das geht mit Ihrem S5 spielend leicht und erfordert zunächst einmal die Konfiguration der *S Health*-App.

> **ACHTUNG**
>
> **Biometrische Daten – sensibel und begehrt**
>
> Seien Sie auf der Hut, wem Sie Ihre biometrischen Daten überlassen. Dazu gehört u. a. der aufgezeichnete Puls, aber auch Ihr Fingerabdruck, den Sie per Scanner registrieren. Man kann nie wissen, ob das Abspeichern Ihrer Fitness- und Gesundheitsdaten in Samsungs Cloud wirklich hundertprozentig sicher und nicht zugänglich für Dritte ist. Sie fragen sich, wer davon Nutzen haben könnte? Stellen Sie sich vor, Sie möchten eine Lebensversicherung abschließen, und der Sachbearbeiter teilt Ihnen mit, dass dies nicht möglich sei; Ihr Puls habe in den letzten Wochen einige Anomalien gezeigt …

1. Starten Sie die App S Health aus dem App-Menü. Beim ersten Start müssen Sie ausdrücklich zustimmen, dass Ihr Smartphone die sensiblen Daten (Puls, Schrittfrequenz, evtl. Bewegungsprofil) aufzeichnen darf.

2. Aktivieren Sie bei Bedarf die regelmäßige Sicherung Ihrer persönlichen Daten. Dies sollte nach Möglichkeit über WLAN erfolgen. Wenn Sie mehrere Geräte verwenden, die mit Ihrem Samsung-Konto gekoppelt sind, dann können Sie außerdem deren Daten importieren.

3. Im nächsten Schritt werden Sie aufgefordert, Ihre persönlichen Daten (Geburtstag, Größe und Gewicht) einzugeben. Diese werden auch anderen S Health-Benutzern übermittelt, falls nicht das Setzen eines entsprechenden Hakens ➊ dies verhindert.

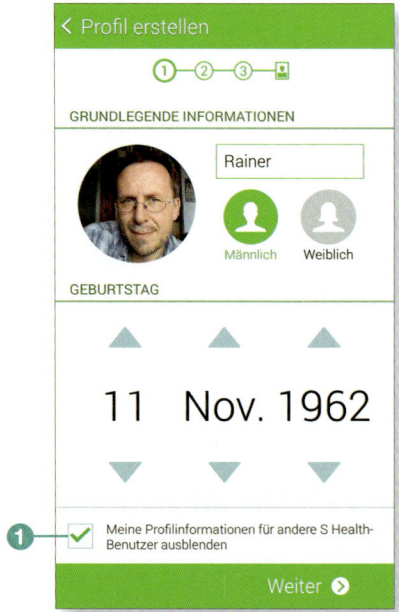 

4. Geben Sie Ihr angestrebtes Aktivitätslevel an. Sie erhalten abschließend noch eine Zusammenfassung, in welcher u. a. auch Ihr *Body Mass Index* (**BMI**) ➋ angegeben wird. Befindet sich dieser im grünen Bereich, dann haben Sie Ihr Idealgewicht schon erreicht.

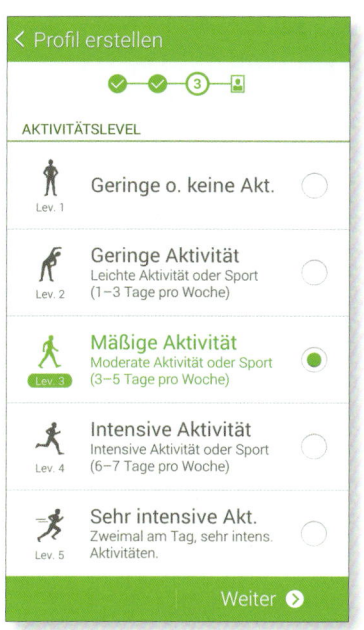

5. Starten Sie nun die App durch Betätigen der Schaltfläche **Start** ❸. Sie werden vom Heimbildschirm ❹ von S Health begrüßt.

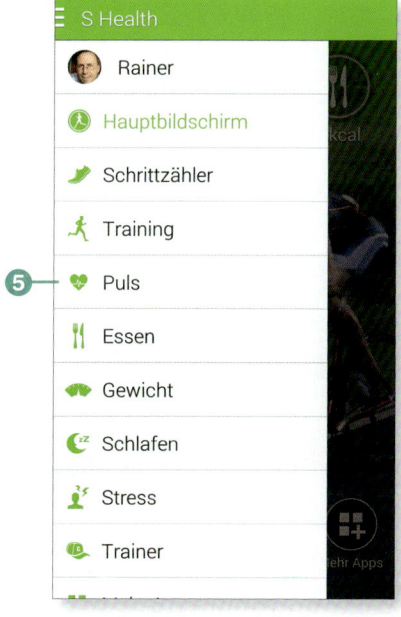

6. Öffnen Sie das Seitenmenü der App, und wählen Sie dort den Menüpunkt **Puls** (5 auf Seite 317). Beim ersten Start erhalten Sie eine kurze Anleitung, wie zur Messung zu verfahren ist.

7. Legen Sie Ihren Zeigefinger flächendeckend auf den Pulssensor 6 auf der Rückseite des S5 unter der Kamera, und halten Sie Finger und Smartphone ruhig. Kurze Zeit später wird Ihnen Ihr aktueller Puls angezeigt 7.

Die Pulsmessung basiert auf dem Prinzip der Durchleuchtung Ihrer Blutzufuhr: Eine Leuchtdiode emittiert Licht, das auf den Finger trifft und von diesem reflektiert wird. Der aufgrund des Pulsschlags wechselnde Blutfluss ändert in rhythmischen Abständen das Reflexionsverhalten, dafür sind im Wesentlichen die roten Blutkörperchen verantwortlich. Die gemessene Periode entspricht somit Ihrer Herzfrequenz. Freilich folgen derartige Pulsmessungen nicht dem Standard, den Sie aus der Arztpraxis gewohnt sind; sie können aber als Anhaltspunkt dienen.

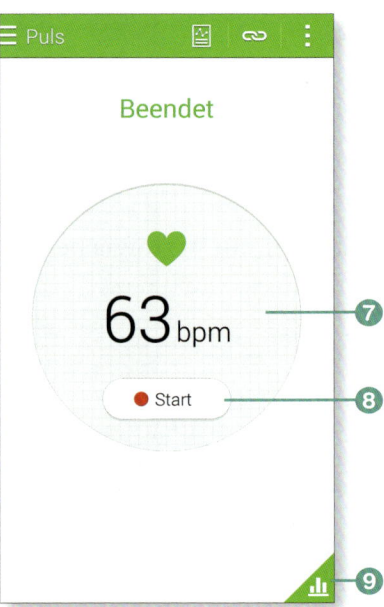

8. Sie können die Messung beliebig oft wiederholen. Dazu tippen Sie einfach auf die Schaltfläche **Start** ❽. Auf diese Weise lässt sich eine fortlaufende Statistik Ihrer Herzfrequenz erstellen. Diese können Sie dann später durch Antippen des Statistiksymbols ❾ in der rechten unteren Displayecke einsehen.

TIPP

Den Puls kontinuierlich verfolgen

Die beschriebene Methode zur Pulsmessung mit dem S5 ist freilich für Sportler nur bedingt geeignet, da Sie dazu den Finger ruhig auf dem Sensor halten müssten. Sportlich Aktive wünschen sich hingegen eine permanente Überwachung ihrer Herzfrequenz während des Sports, um Leistungsspitzen zu vermeiden und den Puls im trainingseffektiven Bereich zu halten. Hier bieten sich spezielle Fitnessarmbänder oder Brustgurte an. Praktikabel sind zu diesem Zweck auch Smartwatches aus Samsungs *Gear*-Serie, etwa das Armband *Gear Fit* oder die Smartwatches *Gear Live* bzw. *Gear S*. Diese sind ebenfalls mit einem Pulssensor ausgestattet, der im Trainingsmodus eine kontinuierliche Registrierung gestattet.

Den Schrittzähler nutzen

Der Weg zur persönlichen Fitness beginnt mit dem ersten Schritt: Nachdem Sie die S Health-App wie im vergangenen Abschnitt beschrieben eingerichtet haben, können Sie Ihr tägliches Bewegungspensum mithilfe des integrierten Schrittzählers kontrollieren und sich selbst auch Ziele für die tägliche Bewegung stecken.

1. Im Hauptbereich der App finden Sie schon einige Favoriten auf dem Display, darunter auch den Schrittzähler. Dieser registriert automatisch Ihre am Tag absolvierten Schritte ❶ und ordnet diesen auch einen Kalorienverbrauch ❷ zu.

Der Schrittzähler nutzt dafür den integrierten Beschleunigungssensor Ihres S5 und funktioniert erstaunlich gut: Jeder Schritt erzeugt eine Auf- und Ab-Bewegung, die vom Sensor als Beschleunigung registriert wird.

2. Testen Sie, ob der Schrittzähler korrekt arbeitet, indem Sie einige Schritte gehen. Beobachten Sie dabei die Anzeige auf dem Display. Sie werden feststellen, dass Ihre Schritte mit erstaunlicher Genauigkeit registriert werden.

Natürlich können Sie auch mogeln, indem Sie Ihr S5 per Hand ruckartig hoch- und runterbewegen. Aber wir wollen ja immer schön ehrlich sein – schließlich geht es um die Gesundheit!

3. Begeben Sie sich in das Hauptmenü der App, und wählen Sie hier den Menüpunkt **Schrittzähler** ❸. Hier können Sie Ihr bereits absolviertes Pensum ablesen.

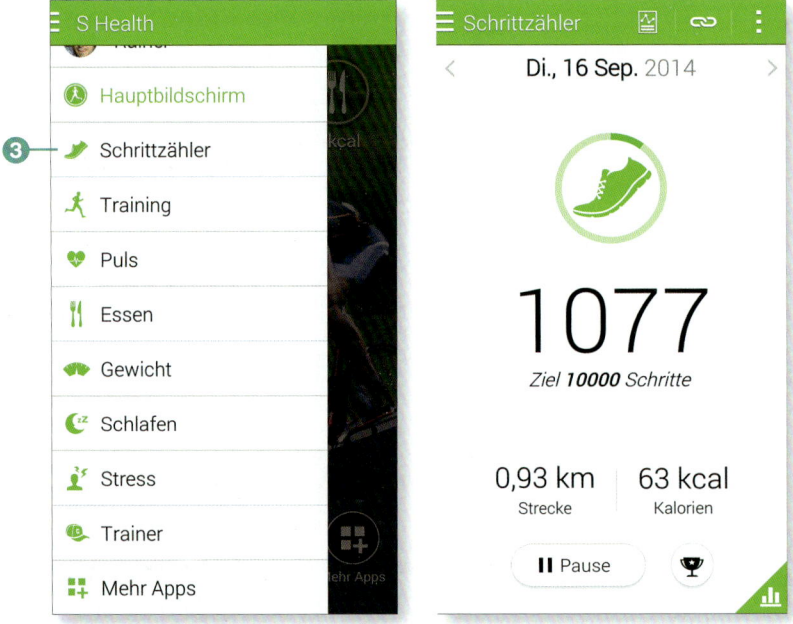

Mein persönliches Ziel: 10.000 Schritte am Tag

S Health – Rundgang durch die App

Sehen wir uns nun noch einmal Samsungs universelle Gesundheits- und Fitness-App S Health etwas genauer an. Im Hauptmenü finden Sie folgende Bereiche, in die Sie durch Antippen wechseln können:

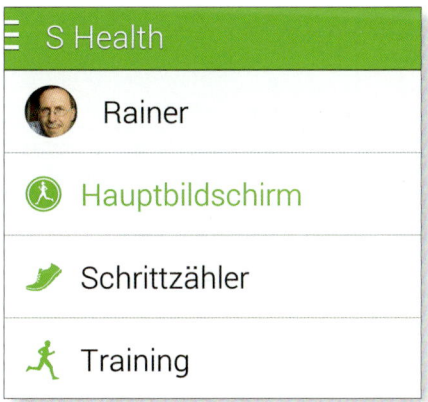

- **Ihr Name:** Hier gelangen Sie direkt zu Ihren persönlichen Gesundheits- und Fitnessdaten.

- **Hauptbildschirm:** Führt zum Startbildschirm der App, auf dem Sie Schnellzugriffe zu den einzelnen Kategorien ablegen können (Schrittzähler, Kalorienverbrauch etc.).

- **Schrittzähler:** Umfasst erweiterte Informationen zum Schrittzähler. Hier können Sie u. a. über das In-App-Menü Ihr persönliches Schrittziel festlegen oder auch Ihre Tagesdaten zurücksetzen. Der Schrittzähler erkennt dabei übrigens, ob Sie gegangen oder gelaufen sind.

- **Training:** Hier können Sie sich für unterschiedliche Bewegungsarten (Laufen, Walking, Radfahren, Wandern) eigene Ziele (z. B. zu absolvierende Strecken oder ein Kalorienziel) setzen. Die Daten werden zusätzlich per GPS gemessen bzw. kontrolliert, was etwas mehr Akkuverbrauch produziert. Wenn Sie über einen externen Pulsmesser (z. B. ein Fitnessarmband oder eine Smartwatch) verfügen, können Sie sich damit auch ein Trainingseffekt-Ziel setzen.

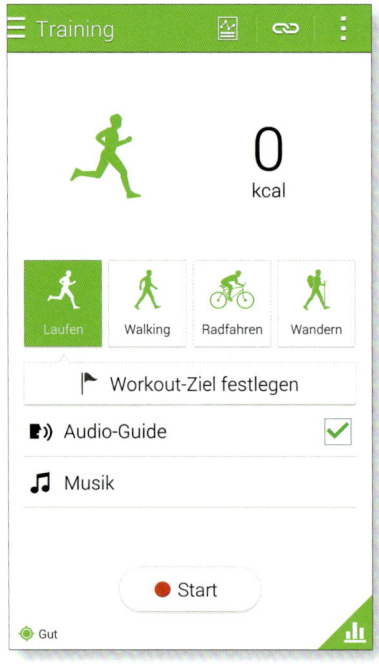

- **Puls:** Hier haben Sie Zugang zum integrierten Pulsmesser, der oben bereits vorgestellt wurde.

- **Essen:** Wenn Sie genug Leidensfähigkeit besitzen, können Sie in diesem Bereich haarklein Ihre tägliche Kalorienzufuhr in Form eines Ernährungstagebuches dokumentieren.

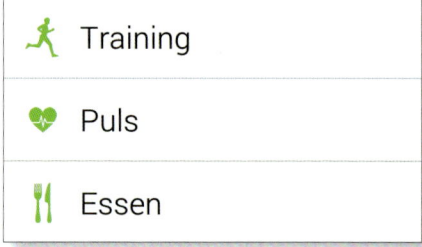

Die App errechnet die zugeführten Kalorien anhand der Nahrungsmittelbezeichnung und -menge, und diese werden dann mit den verbrauchten Kalorien, die per Schrittzähler oder Trainingsmenü erfasst wurden, verrechnet. So behalten Sie Ihre Figur im Auge.

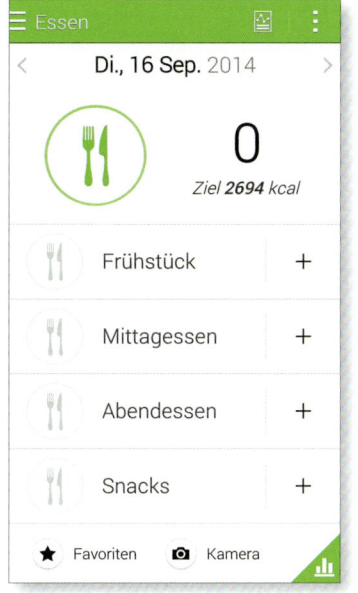  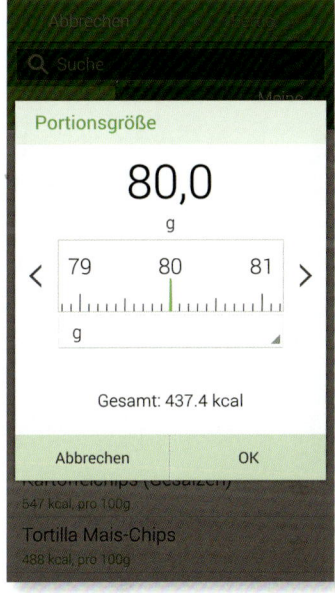

Überlegen Sie es sich lieber zweimal, ob die Chips zum Fernsehen wirklich sein müssen.

■ **Gewicht:** Hier können Sie jeden Morgen Ihr Gewicht aktualisieren und somit per Grafik im Auge behalten. Voraussetzung dafür ist allerdings eine Gewichtsmessung mit einer externen Personenwaage – das kann Ihr S5 leider (noch) nicht.

■ **Schlafen:** Auch für die Registrierung Ihrer Schlaf-phasen benötigen Sie das bereits erwähnte exter-ne Zubehör (Smartwatch oder Fitnessarmband). Versprechen Sie sich aber hier nicht zu viel: Der-artige Geräte registrieren nur, ob Sie sich während des vermeintlichen Schlafs bewegt haben – Alpha-bzw. Beta-Schlafphasen können so nicht regis-triert werden, dazu müssten Sie in der Lage sein, Ihre Hirnströme zu messen.

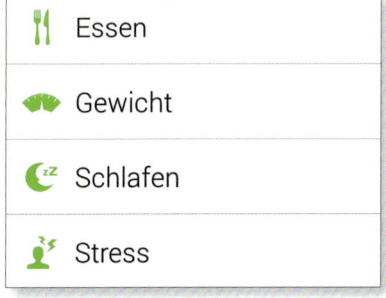

■ **Stress:** Für die Messung Ihres Stresslevels wird erneut der Pulssensor auf der Rückseite des S5 verwendet. Platzieren Sie einen Zeigefinger auf dem Pulssensor, und warten Sie, bis die Messanzeige auf 100 % steht. Bleiben Sie während des Messvorgangs ruhig. Danach wird Ihnen Ihr aktueller Stresslevel ausgegeben – für mich mutet das ein wenig wie Voodoo an.

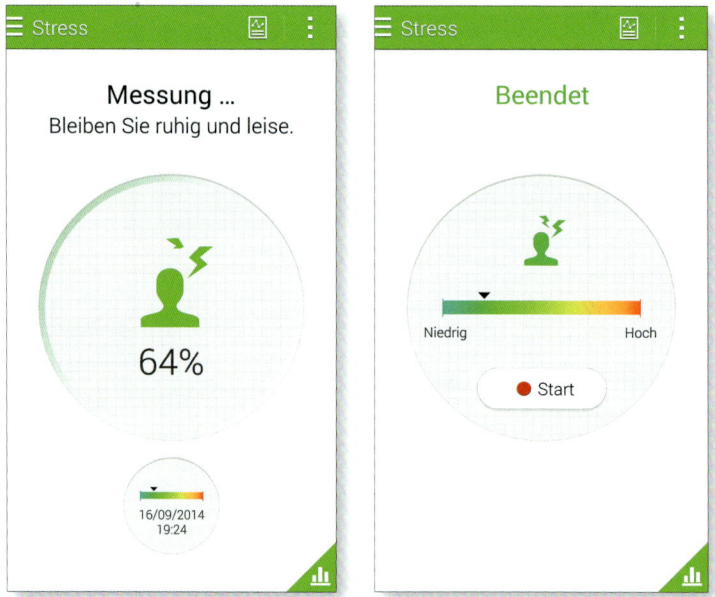

Rechts: Aktueller Stresslevel in einer neunten Klasse mit pubertierenden Jugendlichen – im Lehrerzimmer schnellt die Anzeige in den roten Bereich – sollte mir das zu denken geben?

- **Trainer:** Hier gelangen Sie zu dem Fitnessprogramm eines externen Anbieters, das Ihnen dann direkt auf Ihrem S5 zur Verfügung steht.

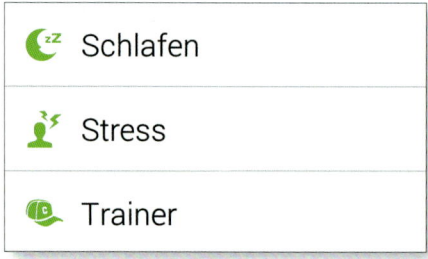

Externe Hardware nutzen

Ich bin mittlerweile glücklicher Besitzer einer Samsung Gear Smartwatch, die sich hervorragend mit meinem S5 versteht. Eine Smartwatch hat im Fitnessbereich den Vorteil, dass sie Daten unabhängig vom Smartphone aufzeichnen kann. Sie müssen also auf Ihrer morgendlichen Joggingrunde nicht unbedingt auch noch Ihr S5 mitschleppen, um Ihre Schritte zu registrieren. Das erledigt ein Sensor in der Smartwatch, die nach dem Lauf synchronisiert wird.

Ein tolles Team: die Gear Smartwatch und das S5

Ich zeige Ihnen nachfolgend, wie man eine Samsung Gear Smartwatch mit dem Smartphone verbindet. Die Anleitung sollte sich aber in leicht abgeänderter Form auch auf andere Hardware, wie z. B. Fitnessarmbänder, anwenden lassen.

1. Laden Sie zunächst Ihre Smartwatch bzw. Ihr Fitnessarmband voll auf, und schalten Sie das Gerät ein.

2. Installieren Sie den *Samsung Gear Manager* auf Ihrem S5. Sie finden die App in den GALAXY Essentials oder im Galaxy Apps Store. In der Regel wird die Uhr bei aktivierter Bluetooth- bzw. NFC-Verbindung unmittelbar von Ihrem S5 erkannt und bietet den Download des Gear Managers aus dem App Shop automatisch an. Folgen Sie dazu einfach den Anweisungen auf dem Bildschirm.

3. Starten Sie den Gear Manager nach der Installation. Dieser sollte nun Ihre Samsung Smartwatch erkannt haben. Tippen Sie auf den Eintrag im S5, um die beiden Geräte zu koppeln. Dazu vergleichen Sie die Zahlencodes (*Passkeys*) auf beiden Geräten. Sind diese identisch, dann tippen Sie auf beiden Geräten auf **OK** ❶.

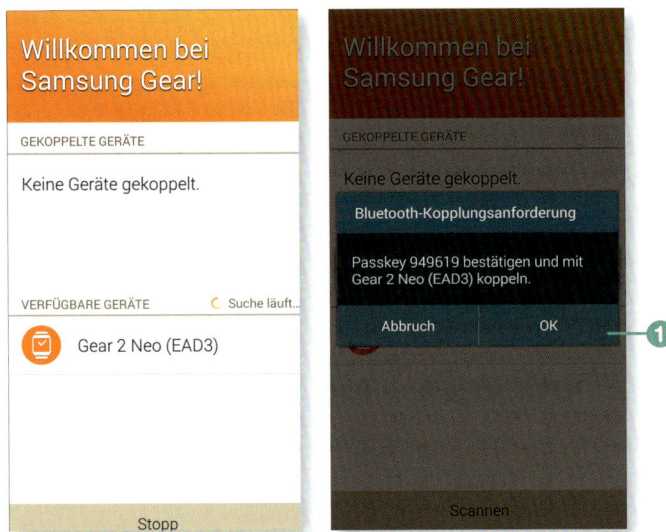

4. Gegebenenfalls werden nun noch weitere Programme auf Ihr S5 bzw. Ihre Smartwatch geladen. Bestätigen Sie schließlich noch die Endnutzervereinbarung, und dann können Sie loslegen. In der Statuszeile erkennen Sie eine funktionsfähige Verbindung an einem entsprechenden Symbol ❷. Ihr S5 und die Smartwatch sind per Bluetooth ❸ gekoppelt.

Die Schaltzentrale zur Steuerung Ihrer Smartwatch ist die
Samsung Gear App. Starten
Sie diese, und schauen Sie sich
einmal um. Sie gelangen durch
Antippen von S Health direkt
in die entsprechende App.
Hier fällt auf, dass nun statt
des Schrittzählers Ihres S5
der interne Schrittzähler Ihrer
Smartwatch angezeigt wird,
was Sie an einem entsprechenden Symbol ❹ erkennen.

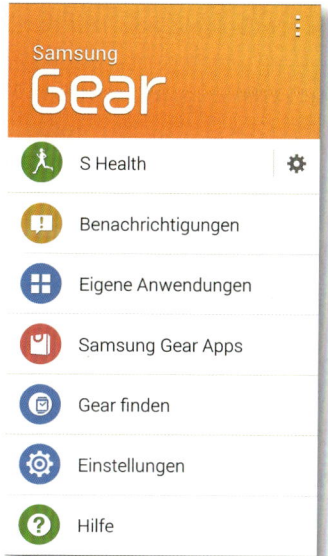

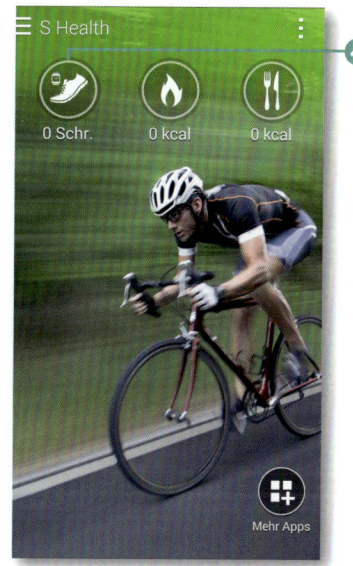

Die von der Smartwatch auf-
gezeichneten Daten werden
nun (Bluetooth-Verbindung vorausgesetzt) permanent mit Ihrem S5 synchronisiert. Besser noch, Sie können als Schrittzähler auch nur Ihre Smartwatch verwenden und Ihr S5 beim Joggen zu Hause lassen. Wenn Sie die
Uhr nach dem Lauf erneut mit dem Smartphone koppeln, werden alle Lauf-
daten übertragen.

TIPP

Permanente Pulsüberwachung mit der Gear Watch

Damit Ihr Puls von einer Samsung Gear Smartwatch permanent
überwacht wird, müssen Sie in den Trainingsmodus wechseln.

*Im Trainingsmodus
wird der Puls live
gemessen.*

Drittanbieter-Apps zur Fitness

Runtastic

Selbstverständlich gibt es auch diverse Apps jenseits des Samsung-Universums, die Ihnen helfen sollen, Ihr tägliches Trainingspensum einzuhalten. Die beliebteste App ist hier wohl *Runtastic*. Insbesondere die Anbindung an eine stetig wachsende Community, mit der Sie Ihre täglichen Läufe in Form eines Live Trackings teilen können, macht die App so beliebt. Für Mountainbiker gibt es eine spezialisierte Version.

Möchten Sie die App in Verbindung mit der Gear Smartwatch nutzen, so müssen Sie diese aus dem Galaxy Apps Store installieren, anderenfalls genügt auch die »normale« Variante, die Sie per Suche nach »runtastic« im regulären Google Play Store finden.

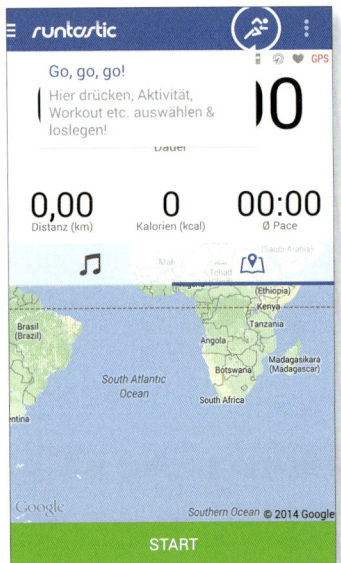

Mein mittäglicher Spaziergang, von Runtastic überwacht

Kapitel 14
Sicherheit, Backup und Synchronisation

Je weiter ein Betriebssystem verbreitet ist, umso stärker gerät es auch in das Visier von Kriminellen. Android ist infolge seiner großen Popularität im Mobilfunkbereich zum Hauptziel der Hacker geworden. Dieses Kapitel zeigt Ihnen, wie Sie sich schützen und was Sie tun können, wenn Sie doch einmal Viren auf Ihrem System haben: es neu installieren und ein sauberes *Backup* (eine Sicherung) Ihrer gesicherten Daten zurückspielen.

INFO

Viren und Trojaner

Während ein *Virus* das Betriebssystem eines Computers oder Smartphones lahmlegen oder dessen Softwarestruktur nachhaltig schädigen kann, sind *Trojaner* darauf aus, sich unbemerkt auf dem System einzunisten und Ihre persönlichen Informationen abzufangen, um diese nach außen zu tragen. Die Begriffe Viren und Trojaner fasst man unter der Bezeichnung *Malware*, zu Deutsch Schadprogramme, zusammen.

Vor Viren und Trojanern schützen

Der beste Schutz vor Viren und Trojanern auf Ihrem Android-Smartphone ist zurzeit die Vorbeugung. Lassen Sie daher bei Ihrem Mobilfunkprovider kostenpflichtige SMS-Nummern sperren. Informationen dazu erhalten Sie auf der Website oder über den Kundenservice Ihres Providers. Es ist außerdem ratsam, dass Sie Apps für Ihr Smartphone nur aus dem Google Play Store laden und auch Installationen nur über den Store zulassen. Sie sollten dies standardmäßig auf Ihrem Smartphone einrichten.

1. Begeben Sie sich dazu in die Einstellungen und dort in den Bereich **System**. Wählen Sie hier den Menüpunkt **Sicherheit** ❶. Hier darf kein Haken hinter **Unbekannte Quellen** ❷ stehen. In diesem Menü sollten Sie jedoch einen Haken bei dem Punkt **Apps überprüfen** ❸ setzen. So werden schädliche Anwendungen ggf. direkt vom Google-System erkannt.

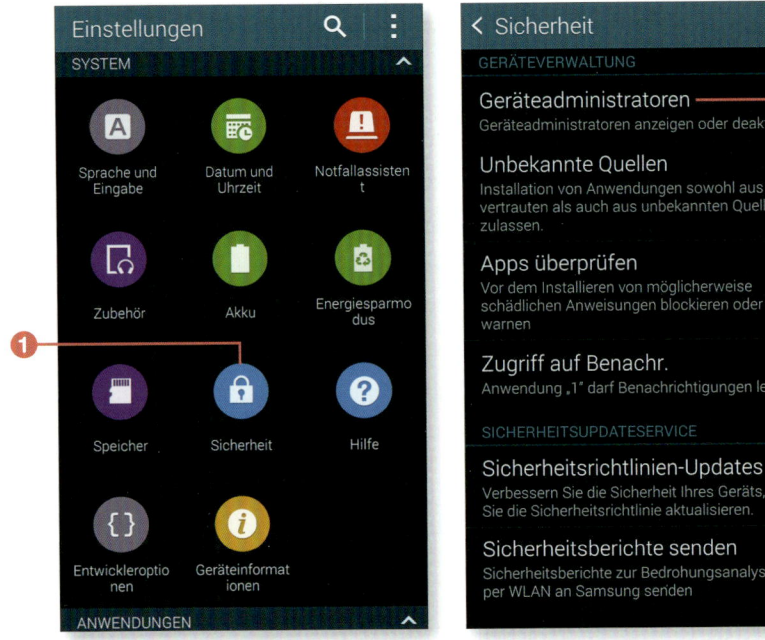

2. Sie sollten außerdem im Bereich **Sicherheit** durch Antippen der Schaltfläche **Geräteadministratoren** ❹ das gleichnamige Untermenü öffnen und kontrollieren, ob hier unerwünschte Apps, die Sie nicht installiert haben, aufgelistet sind. Die Apps in dieser Liste verfügen (falls per Haken aktiviert) über maximale Rechte. Wäre Schadsoftware hier gelistet, könnte sie auch viel Schaden anrichten.

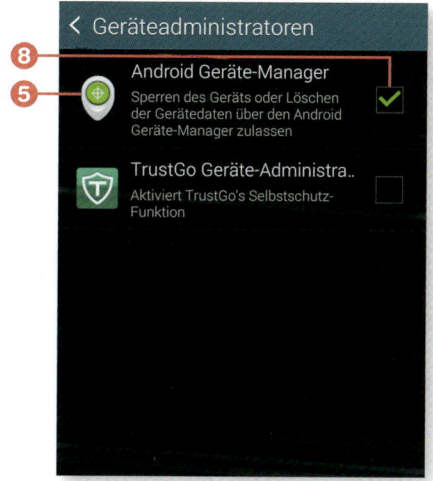

3. Tippen Sie auf eine App im Bereich der **Geräteadministratoren** ❺, erhalten Sie eine Übersicht über die Rechte der entsprechenden App ❻. Möchten Sie diese Rechte zulassen, tippen Sie die Schaltfläche **Aktivieren** ❼ an. Daraufhin erscheint ein grüner Haken hinter der App ❽.

Im vorliegenden Fall erhält etwa der Android Geräte-Manager sehr umfassende Berechtigungen. Er kann z. B. bei Eingang eines Fernsteuerungsbefehls sämtliche Daten auf dem Smartphone löschen, falls Ihr Telefon gestohlen wurde.

Natürlich ist Ihnen freigestellt, eine der zahlreichen Antiviren-Apps als zusätzlichen Schutz zu installieren.

Schon während der Installation einer App testen diese Programme, ob diese (bekannten) schädlichen Code enthält. Auch hier noch einmal der Warnhinweis: Antivirensoftware bietet Ihnen zwar prinzipiell Schutz, die wenigsten Apps jedoch erkennen brandaktuelle Viren und Trojaner zuverlässig.

Schließlich sollten Sie stets vom besten natürlichen Schutz gegenüber Viren und Trojanern Gebrauch machen: Ihrem gesunden Menschenverstand, der Sie davon abhält, fragwürdige Apps zu installieren und Berechtigungen abzunicken. Wie Sie Ihr Schutzprogramm auf die Probe stellen, lesen Sie übrigens im Kasten »Test mit einem Viruspaket« auf der folgenden Seite.

*EICAR-
Testvirus*

TIPP

Test mit einem Viruspaket

Sie können Ihr Schutzprogramm jederzeit mit einem Testvirus aus dem Google Play Store auf die Probe stellen. Einen solchen bieten viele Hersteller von Antivirensoftware an. Dabei handelt es sich um einen harmlosen Virus. Schon beim Versuch, diese App zu installieren, sollte Ihr Sicherheitspaket Alarm schlagen.

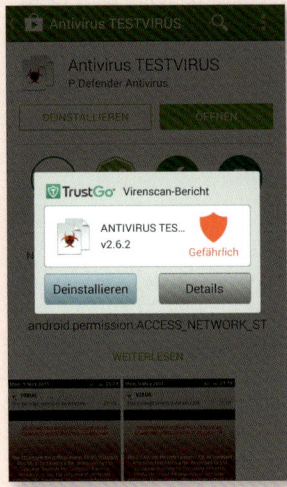

*Der TrustGO
Virenscanner
hat den EICAR-
Testvirus
anhand seiner
Signatur iden-
tifiziert.*

Den Sperrbildschirm einrichten

Zur zusätzlichen Sicherung Ihres Geräts sollten Sie unbedingt eine Displaysperre einrichten. Dadurch können ein Dieb oder andere Unbefugte Ihr Smartphone nicht auf die Schnelle nach Ihren persönlichen Daten durchsuchen. Im Abschnitt »Die Displaysperre mit dem Fingerabdruckscanner einrichten« ab Seite 44 haben Sie bereits gelernt, wie man den persönlichen Fingerabdruck für die Zugangskontrolle registriert. Ihr Galaxy S5 gestattet aber auch weitere Sperrmechanismen. Gehen Sie zum Einrichten einer Bildschirmsperre folgendermaßen vor:

1. Begeben Sie sich in den Einstellungen in den Bereich **Ton und Anzeige**, und tippen Sie dort den Eintrag **Sperrbildschirm** an.

2. Sie sehen zunächst den aktuell aktivierten Mechanismus. Tippen Sie den Eintrag an. Daraufhin erscheint ein Menü mit verschiedenen Optionen zur Sicherung des Bildschirms. Unter diesen Optionen wird Ihnen außerdem der Sicherheitsgrad der entsprechenden Option angezeigt.

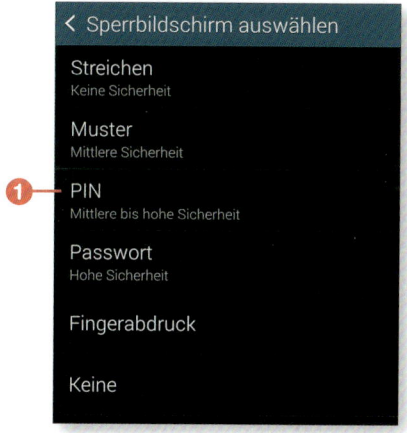

3. Wir entscheiden uns für die Option **PIN** ❶ (*persönliche Identifikationsnummer*), ein guter Kompromiss zwischen Bequemlichkeit und Sicherheit. Die anderen Methoden finden Sie im Kasten »Weitere Methoden zur Sicherung des Bildschirms« auf Seite 334 erklärt.

4. Geben Sie eine selbst gewählte PIN über die Zifferntastatur ein, und bestätigen Sie sie im nächsten Schritt.

5. Nach Ablauf der *Display-on-Zeit* – also der Zeit, bis das Telefon in den Standby-Modus wechselt – schaltet sich das Display aus. Zum Aufwecken aus dem Standby-Modus müssen Sie nun immer die PIN eingeben.

Sollte Ihnen die Zeit bis zum Wechsel in den Standby-Modus zu kurz erscheinen, können Sie sie jederzeit in den Einstellungen im Bereich **Ton und Anzeige ▸ Anzeige ▸ Bildschirm-Timeout** ändern.

> **INFO**
>
> **Weitere Methoden zur Sicherung des Bildschirms**
>
> Außer mit einer PIN und Ihrem Fingerabdruck können Sie Ihr S5 auch über andere Methoden sichern:
>
> Bei der Option **Streichen** müssen Sie zur Aktivierung Ihres Smartphones lediglich mit einem Finger einmalig über das Display streichen. Das stellt natürlich kein großes Hindernis für einen unbefugten Zugriff dar.
>
> Mittlere Sicherheit bietet Ihnen die Option **Muster**. In diesem Modus müssen Sie mit Ihrem Finger ein Entsperrmuster auf das Display »zeichnen«.
>
> Den höchsten Sicherheitsgrad bietet Ihnen die Option **Passwort**. Hier geben Sie entweder ein Wort oder eine Buchstaben-Zeichen-Kombination ein. Das ist für den alltäglichen Gebrauch allerdings nicht sehr praktisch.

Die PIN der SIM-Karte ändern

Direkt nach dem Einschalten werden Sie nach der PIN der eingelegten SIM-Karte gefragt. Sie können diese jederzeit ändern.

1. Stellen Sie zunächst sicher, dass Sie sich nicht im Flugzeugmodus befinden und dass Ihre SIM-Karte eingelegt ist. Anderenfalls erscheinen die nachfolgend beschriebenen Optionen nicht.

2. Begeben Sie sich nun in die Einstellungen, und gehen Sie dort in den Bereich **System ▸ Sicherheit ▸ SIM-PIN Optionen**.

3. Im folgenden Untermenü sollten Sie den Haken hinter **SIM-Karten PIN** ❶ setzen. Möchten Sie die SIM-PIN ändern, so begeben Sie sich in das entsprechende Untermenü ❷.

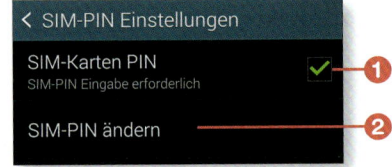

4. Nun müssen Sie zunächst die alte PIN eingeben. Danach geben Sie Ihre neue PIN ein, die Sie im Anschluss noch einmal bestätigen.

Es bleibt Ihnen natürlich freigestellt, auf die Eingabe der SIM-PIN gänzlich zu verzichten. Allerdings bietet Ihnen diese Option zusätzliche Sicherheit.

Das Smartphone verschlüsseln

Auch wenn die oben beschriebenen Maßnahmen zum Teil ein großes Maß an Sicherheit bieten, sind Sie nicht davor geschützt, dass ein findiger Hacker Ihren Gerätespeicher nebst persönlichen Daten ausliest, sollte er in den Besitz Ihres Telefons gelangen. Um auch diesen Weg zu erschweren, können Sie den Speicher Ihres Geräts verschlüsseln. Diese Option soll übrigens fester Bestandteil in der brandneuen Android-Version *Android 5.0 Lollipop* sein, die zur Drucklegung des Buches noch nicht erschienen war. Bei Ihrem S5 müssen Sie die Verschlüsselung zunächst noch per Hand einrichten. Bedenken Sie aber bitte Folgendes, bevor Sie loslegen: Sollten Sie Ihr selbst gewähltes Passwort vergessen, dann sind alle Ihre persönlichen Daten für immer verloren.

1. Begeben Sie sich in die Einstellungen und dort in den Bereich **System** ▶ **Sicherheit**. Im Bereich **Verschlüsselung** haben Sie nun Zugang zu zwei Untermenüs: Über das eine Menü lässt sich der Gerätespeicher verschlüsseln, mit dem anderen die externe SD-Karte, sofern diese vorhanden ist.

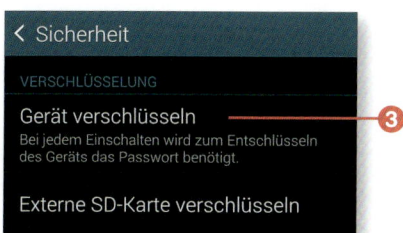

2. Wählen Sie zum Verschlüsseln des Gerätespeichers den Punkt **Gerät verschlüsseln** ❸ aus.

3. Betätigen Sie im folgenden Menü dann die Taste **Sperrbildschirmtyp festlegen**, und wählen Sie einen persönlichen Verschlüsselungscode aus. Das ist ein Passwort, das aus mindestens sechs Zeichen und einer Ziffer besteht. Sorgen Sie dafür, dass Sie sich dieses Passwort in Zukunft auch gut merken können – etwa indem Sie die Anfangsbuchstaben eines Lieblingszitats, kombiniert mit Zahlen, wählen. Die eigentliche Verschlüsselung des Systems nimmt mindestens eine Stunde in Anspruch und sollte mit einem vollen Akku begonnen werden. Sicherheitshalber sollten Sie aber währenddessen ohnehin Ihr Smartphone mit dem Ladekabel ans Stromnetz anschließen.

Eine Datensicherung erstellen

Damit Sie bei Ausfall der Hardware noch eine Sicherung der Telefondaten haben, empfehle ich Ihnen eine externe Sicherung Ihrer gesamten Daten per USB auf einem PC. In diesem Abschnitt stelle ich Ihnen eine spezielle Samsung-Software vor, die dafür sorgt, dass Sie eine grundlegende Sicherung Ihres Smartphones auf einem PC anfertigen können: *Kies*.

1. Laden Sie sich von der Samsung-Webseite *http://www.samsung.com/de/support/usefulsoftware/KIES/* die aktuelle Version von Kies herunter. Zum Zeitpunkt der Drucklegung des Buches war gerade Kies 3 aktuell. Die Software ist sowohl für den PC als auch für den Mac erhältlich.

2. Installieren Sie die Software, und schließen Sie nach der Installation Ihr S5 per USB-Kabel am PC bzw. Mac an. Unter Windows werden ggf. einige Systemtreiber aktualisiert.

3. Starten Sie die Kies-Software. Sie erhalten nach dem Programmstart einen Überblick über die Speicherbelegung Ihres S5 ❶. Eventuell wird Ihnen auch ein Softwareupdate für die Kies-Software angeboten. Führen Sie dies durch.

4. Möglicherweise wird Ihnen auch die Aktualisierung der Firmware Ihres Geräts angeboten. Dies können Sie später immer noch nachholen; an dieser Stelle schauen wir uns zunächst einmal die Oberfläche der Software ein wenig genauer an.

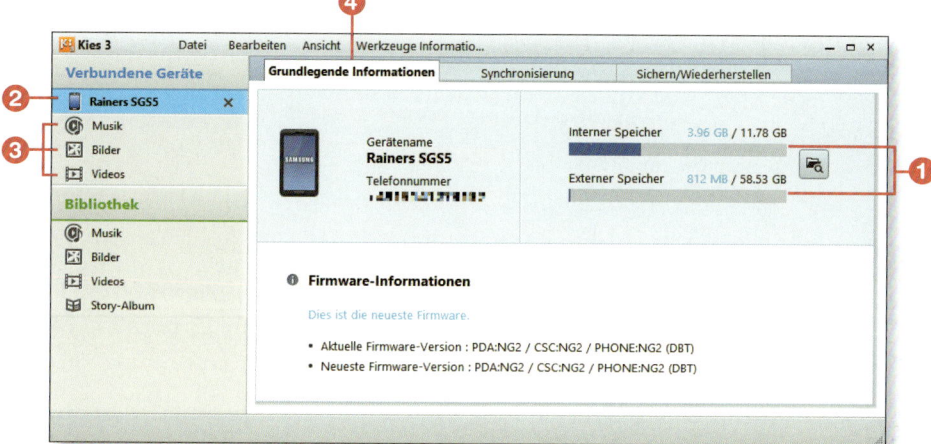

Auf der linken Seite erscheint, wie Sie es aus dem Explorer-Fenster kennen, eine Liste, die u. a. Ihr angeschlossenes Gerät anzeigt ❷. Unter dem verbundenen Gerät finden Sie Links zu Speicherbereichen auf dem Smartphone (**Musik, Bilder, Videos** etc.) ❸, unter der Rubrik **Bibliothek** erreichen Sie die lokal auf Ihrem PC gespeicherten Medien. Hier lassen sich Medien zur Übertragung auf Ihr S5 auswählen und per rechten Mausklick entweder auf den internen oder externen Speicher Ihres S5 übertragen. Eine »richtige« Synchronisation von Medien ist somit nicht möglich.

Der zentrale Bereich der Software ist über Reiter in drei Untermenüs aufgeteilt. Im Menü **Grundlegende Informationen** ❹ erhalten Sie einen Überblick über die Speicherbelegung Ihres S5 sowie Informationen zu vorhandenen Updates. Der Menüpunkt **Synchronisierung** enthält alle Optionen, die zum Abgleich Ihres Geräts mit Daten von Ihrem PC, wie etwa Microsoft Outlook, dienen. Möchten Sie alle Daten Ihres S5 mit den Outlook-Daten Ihres PCs abgleichen, also eine Komplettsynchronisierung Ihrer Smartphone-Daten vornehmen, wählen Sie den Punkt **Alle Elemente auswählen** (❺ auf Seite 338) aus. Sofern Sie Outlook auf Ihrem PC installiert haben, können Sie an dieser Stelle auch den Abgleich mit Outlook einrichten.

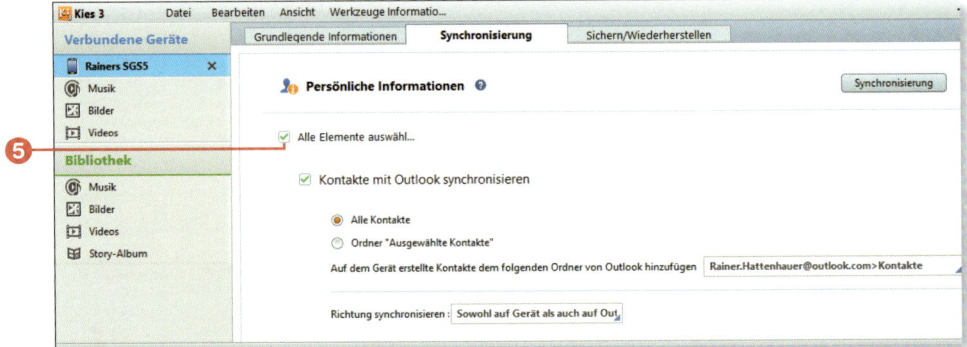

Im Menüpunkt **Sichern/Wiederherstellen** können Sie schließlich sämtliche Apps, Einstellungen und persönliche Daten, die sich auf Ihrem S5 befinden, sichern oder auch aus einer vorangegangenen Sicherung wiederherstellen. Hier lassen sich auch nur einzelne Bereiche zur Sicherung auswählen, indem die entsprechenden Kästchen markiert werden.

Während die Synchronisierung Ihrer Outlook-Termine mit Samsung Kies nur von begrenztem Nutzen ist, da Sie ja bei Änderungen zur Aktualisierung der Daten auf dem PC jedes Mal die Synchronisierungsprozedur über Kies erneut aufrufen müssen, ist eine Sicherung Ihres Smartphone-Speichers auf dem PC durchaus sinnvoll.

1. Begeben Sie sich in den Menüpunkt **Sichern/Wiederherstellen** ❻, und wählen Sie im Bereich **Datensicherung** ❼ die zu sichernden Elemente aus. Am besten setzen Sie einen Haken vor **Alle Elemente auswählen** ❽, um den kompletten Speicherinhalt Ihres Smartphones zu sichern.

2. Kontrollieren Sie auch den Pfad **9**, unter welchem die Sicherung auf Ihrem PC abgelegt wird. Dazu scrollen Sie im Sicherungsbildschirm ganz nach unten.

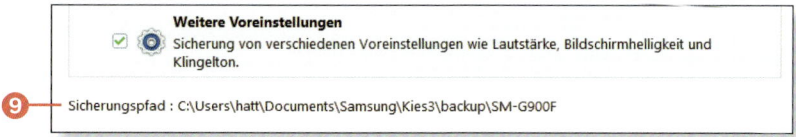

3. Starten Sie die Sicherung, indem Sie die Schaltfläche **Sicherungskopie** **10** betätigen. Ihre Daten werden nun auf Ihrem PC gesichert. Sie müssen hierbei je nach Datenmenge ein wenig Geduld aufbringen, da die Daten über den verhältnismäßig langsamen USB-Anschluss auf den PC geladen werden. Hier ist es natürlich von Vorteil, wenn Ihr PC bereits über einen schnellen USB-3.0-Anschluss für Ihr Galaxy S5 verfügt.

Die Sicherung wurde durchgeführt – über die Schaltfläche rechts oben gelangen Sie direkt zum Ordner, der die Sicherungsdaten enthält.

Sollten Sie nun einmal Daten verlieren, oder müssen Sie Ihr S5 einmal auf die Werkseinstellungen zurücksetzen, so können Sie stets auf eine Datensicherung zurückgreifen. Diese befindet sich in Ihrem Heimverzeichnis auf dem PC. Den genauen Pfad entnehmen Sie, wie oben beschrieben, dem Menü **Sichern/Wiederherstellen**. Sie können die gespeicherten Daten nun auch an einem weiteren Ort sichern, z. B. auf einer externen Festplatte.

Das Zurückspielen der Datensicherung auf Ihr Smartphone ist ähnlich einfach:

1. Schließen Sie zunächst Ihr S5 per USB-Kabel an den PC an, und starten Sie Kies.

2. Begeben Sie sich in das Menü **Sichern/Wiederherstellen**, diesmal aber in den Unterbereich **Daten wiederherstellen** ❶.

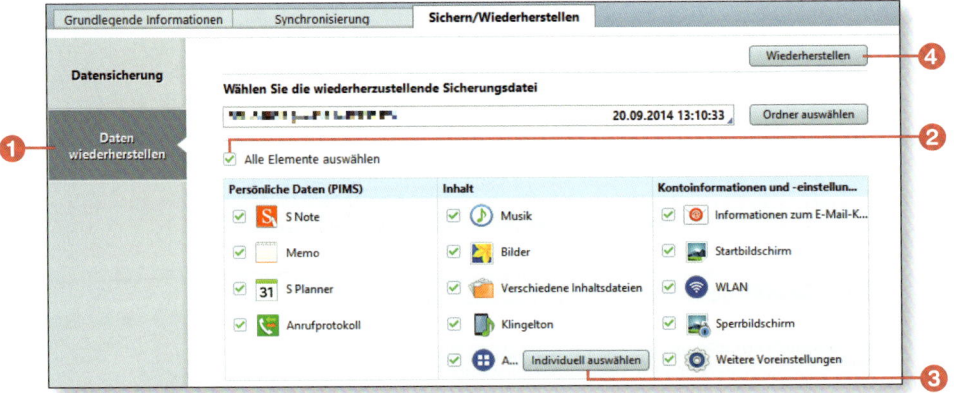

3. Wählen Sie einzelne Bereiche wie **Persönliche Daten** oder **Inhalt** aus, die wiederhergestellt werden sollen, oder markieren Sie für eine komplette Wiederherstellung den Punkt **Alle Elemente auswählen** ❷. Diejenigen Apps, die Sie auf dem S5 wiederherstellen möchten, können Sie auch über die Schaltfläche **Individuell auswählen** ❸ einzeln auswählen. Das ist praktisch, wenn Sie einzelne Apps »verkonfiguriert«, also die falschen Einstellungen vorgenommen haben, und diese wieder retten möchten.

4. Starten Sie das Zurückspielen Ihrer gesicherten Daten (Backup) auf Ihr Smartphone über die Schaltfläche **Wiederherstellen** ❹. Danach wird das S5 neu gestartet, und alle Anwendungen und Einstellungen befinden sich wieder dort, wo sie hingehören.

Als Alternative zu Kies lässt sich Ihr S5 auch über Ihr Google-Konto sichern. Dabei wird ein Backup aller Android-spezifischen Einstellungen sowie aller bislang installierten Apps erstellt. Nachteil gegenüber Kies ist jedoch, dass nach einer Wiederherstellung alle Einstellungen innerhalb der Apps verloren gehen. Trotzdem ist die Google-Sicherung ein zusätzlicher Rettungsfallschirm. Die Einrichtung ist dabei sehr leicht.

1. Im Normalfall haben Sie bereits bei der Einrichtung Ihres Geräts die Sicherung über das Google-Konto konfiguriert. Sie können dies in den Einstellungen im Bereich **Benutzer und Sicherung ▸ Sichern und zurücksetzen** jedoch auch jederzeit nachholen.

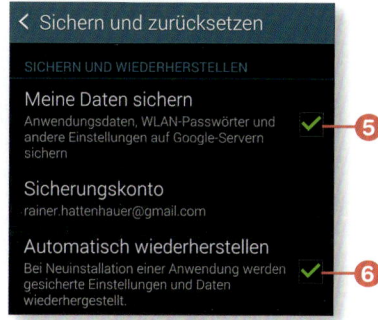

2. Achten Sie darauf, dass jeweils ein Haken hinter **Meine Daten sichern** ❺ sowie **Automatisch wiederherstellen** ❻ gesetzt ist. Sollte das nicht der Fall sein, aktivieren Sie die beiden Punkte durch Antippen der Schaltfläche.

Das war's dann auch schon: Damit werden Ihre Daten automatisch in Ihrem Google-Konto gesichert. Sie sollten allerdings noch einmal kontrollieren, ob Ihr Gerät auch in Ihrem Konto erscheint. Dazu melden Sie sich über den Browser am PC in Ihrem Google-Konto an und begeben sich in den Play Store. In den **Einstellungen** ❼, die Sie über das Zahnradsymbol erreichen, werden Ihnen die Geräte, die mit Ihrem Google-Konto verknüpft sind, angezeigt. Hier sollte nun auch Ihr S5 erscheinen ❽.

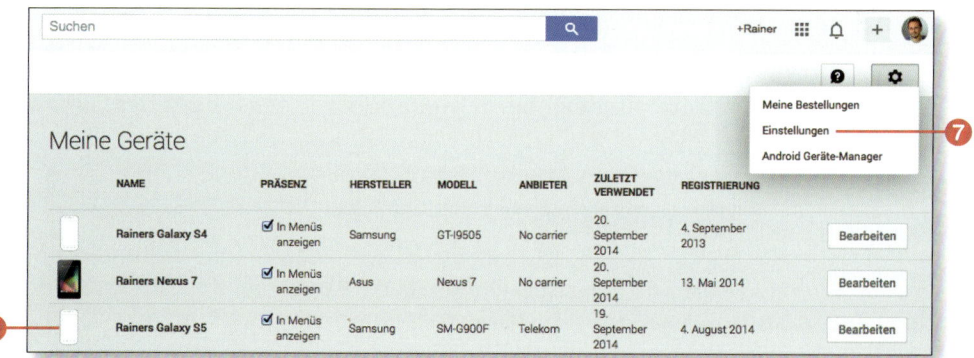

Nach einem Systemreset (z. B. wenn Sie Ihr Gerät auf die Werkseinstellungen zurückgesetzt haben) werden Sie in einem Einrichtungsdialog gefragt, ob Sie das Gerät von dem verknüpften Google-Konto wiederherstellen möchten. Markieren Sie einfach die entsprechende Option ❾, und sämtliche bislang installierten Apps werden automatisch wieder auf Ihr Smartphone geladen.

Bereits während der Einrichtung Ihres Smartphones können Sie dafür sorgen, dass Ihre Daten und Apps auf das Gerät übertragen werden.

Kontakte und Daten mit dem Google-Konto synchronisieren

In regelmäßigen Abständen sollten Sie Ihre Kontakte und Daten zwischen einem Google-Konto, einem PC und Ihrem Smartphone synchronisieren, sodass alle Daten überall auf dem gleichen Stand sind. Sie können z. B. mit der zuvor vorgestellten Software Kies alle Daten zwischen Ihrem S5 und Ihrem PC abgleichen. Dies geschieht in Kies im Untermenü **Synchronisierung**. Wer Microsoft Outlook besitzt, der kann an dieser Stelle auch die Outlook-Kontakte und -Termine abgleichen. Ich empfehle Ihnen allerdings, einen Datenabgleich mit Ihrem Google-Konto vorzunehmen, da Sie so auch die Möglichkeit haben, unterwegs auf Ihre Daten zuzugreifen. Sie werden sehen, auch das gelingt Ihnen im Nu.

Bereits bei der ersten Inbetriebnahme haben Sie Ihr S5 mit einem bestehenden Google-Konto verknüpft oder ein neues Konto eingerichtet. Im Folgenden zeige ich Ihnen, wie Sie die Daten und Inhalte auswählen, die Sie dann mit Ihrem Google-Konto abgleichen möchten.

1. Zunächst schauen wir nach, ob das Konto permanent synchron gehalten wird. Um das zu überprüfen, ziehen Sie die Statusleiste herunter und sehen nach, ob bei den Schnellstart-Schaltflächen die Synchronisierungsschaltfläche **Sync** ❶ aktiviert ist.

2. Überprüfen Sie nun, welche Daten über Ihr Google-Konto synchronisiert werden. Dazu begeben Sie sich in den Einstellungen in den Bereich **Benutzer und Sicherung ▸ Konten**, tippen dort den Eintrag **Google** und anschließend das verknüpfte Konto ❷ an.

3. Überprüfen Sie in dem folgenden Menü, ob hier alle Haken hinter den zu synchronisierenden Bereichen gesetzt sind. So werden Ihre gesamten Anwendungsdaten mit Ihrem Google-Konto abgeglichen. Sie können natürlich auch einige Punkte gezielt von der Synchronisation ausschließen. Scrollen Sie durch das Menü, um einen Überblick über die Daten zu bekommen, die abzugleichen sind.

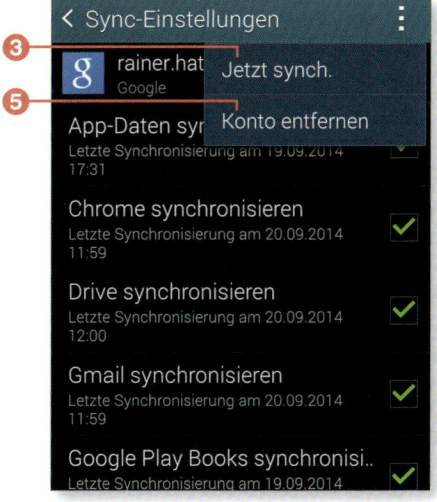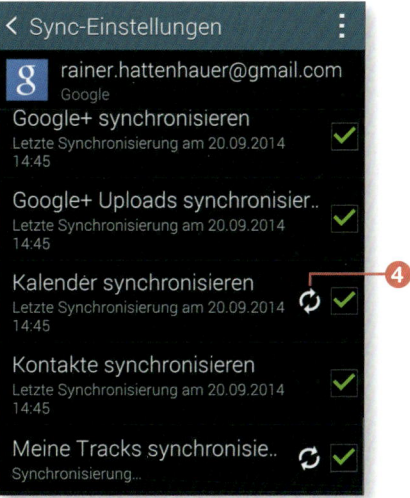

4. Die Synchronisierung erfolgt üblicherweise automatisch. Sie können sie aber über den In-App-Menü-Punkt **Jetzt synch.** (❸ auf Seite 343) auch manuell starten.

Während des Datenabgleichs erscheint neben der Hakenschaltfläche ein sich drehendes Pfeilsymbol ❹. Sobald dieses vor keinem Eintrag mehr zu sehen ist, ist die Synchronisation abgeschlossen, und Ihre Daten wurden mit Ihrem Google-Konto abgeglichen.

TIPP

Google Play reparieren

Manchmal, insbesondere nach Android-Systemupdates, kann es vorkommen, dass Sie den Play Store nicht mehr vollständig nutzen können: Updates lassen sich z. B. nicht installieren oder produzieren eine Fehlermeldung. In diesem Fall entfernen Sie am besten das Google-Konto über die Schaltfläche **Konto entfernen** (❺ auf Seite 343) in dem Menü der **Sync-Einstellungen** und legen Ihr Konto auf dem Smartphone neu an. Starten Sie nun eine manuelle Synchronisation, repariert das den Zugang zum Play Store.

Onlinespeicher nutzen

In den letzten Jahren sind Onlinespeicherdienste zusehends beliebter geworden, da Sie so die Möglichkeit haben, Ihre Daten von unterwegs zu erreichen, und Sie nicht darauf bauen müssen, dass Ihr gewähltes Speichermedium (CD-ROM, DVD etc.) in ein paar Jahren noch lesbar ist. In Ihrem Google-Konto stehen Ihnen nach der Anmeldung 15 Gigabyte Speicherplatz auf *Google Drive*, dem Internetspeicherdienst von Google, zur Verfügung.

Im Folgenden wollen wir uns diesen universellen Onlinespeicher einmal zu Datensicherungszwecken genauer anschauen.

1. Starten Sie die Google-Drive-App. Bei dem ersten Programmstart zeigt Ihnen eine kleine Einführungstour zunächst die Möglichkeiten der App.

2. Schließlich gelangen Sie in Ihr Google-Drive-Verzeichnis. Hier können Sie sowohl eigene Ordner hinzufügen als auch Ihre Dateien direkt abspeichern.

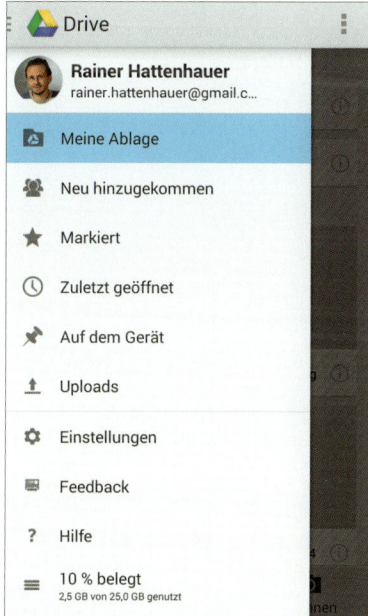
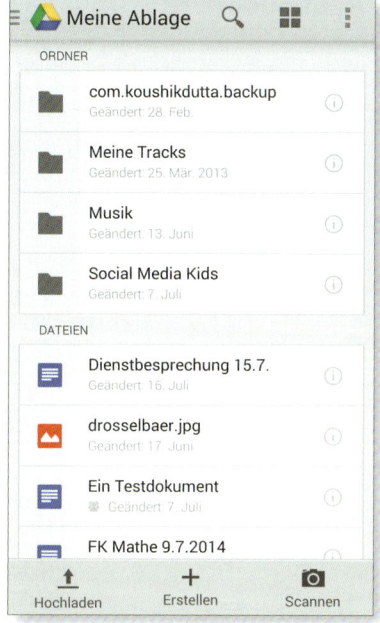

3. Die Google-Drive-Oberfläche steht zunächst in keiner direkten Verbindung zu Ihrem Smartphone-Speicher. Zur Verknüpfung benötigen wir einen Dateimanager, der Google Drive in das bestehende Dateisystem einbindet. Das leistet der *ES Datei Explorer*.

Um eine beliebige Datei oder gar ein Verzeichnis vom Smartphone auf Google Drive hochzuladen und somit zu sichern, gehen Sie folgendermaßen vor:

ES Datei Explorer

1. Starten Sie den ES Datei Explorer, öffnen Sie das Seitenmenü, und tippen Sie den Eintrag **Cloud** (❶ auf Seite 346) an.

2. Definieren Sie anschließend über die Schaltfläche **+Neu** ❷ einen neuen Cloud-Zugang.

345

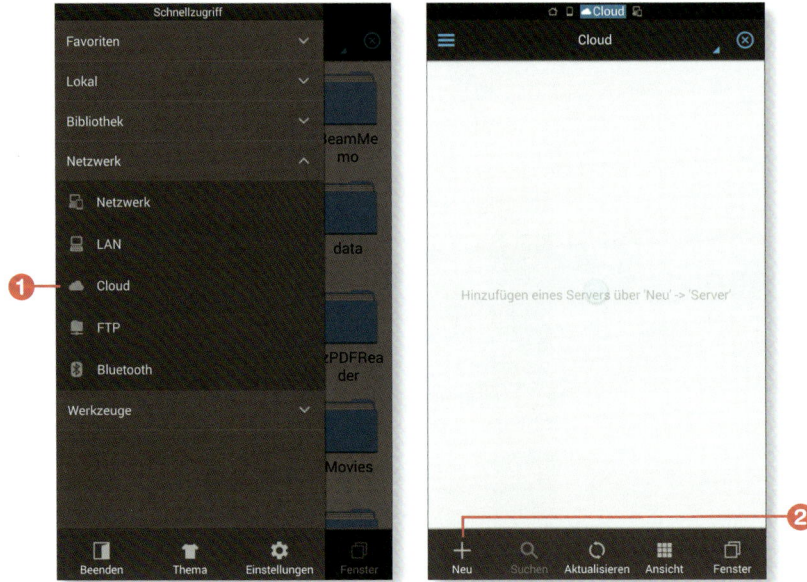

3. Wählen Sie als Speicherort **Gdrive** ❸ aus, und melden Sie sich im nächsten Fenster mit Ihren Google-Kontodaten an. Bestätigen Sie die vom ES Datei Explorer angeforderten Berechtigungen.

Natürlich können Sie an dieser Stelle auch andere Cloud-Speicherdienste, wie z. B. **DropBox** ❹, nutzen.

4. Sie können nun jederzeit durch Antippen des Google-Drive-Symbols ❺ in der Cloud-Übersicht in den Cloud-Speicher wechseln.

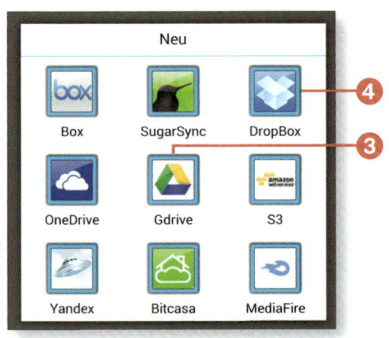

5. Nun ist es möglich, zwischen Ihrem lokalen Speicher und dem Cloud-Speicher Dateien hin und her zu kopieren. Wechseln Sie dazu per ES Datei Explorer in ein lokales Verzeichnis, und kopieren Sie eine Datei oder ein Verzeichnis, indem Sie dieses durch längeres Antippen markieren und anschließend die Schaltfläche **Kopieren** ❻ auswählen. Sie können auch mehrere Dateien bzw. Verzeichnisse auswählen.

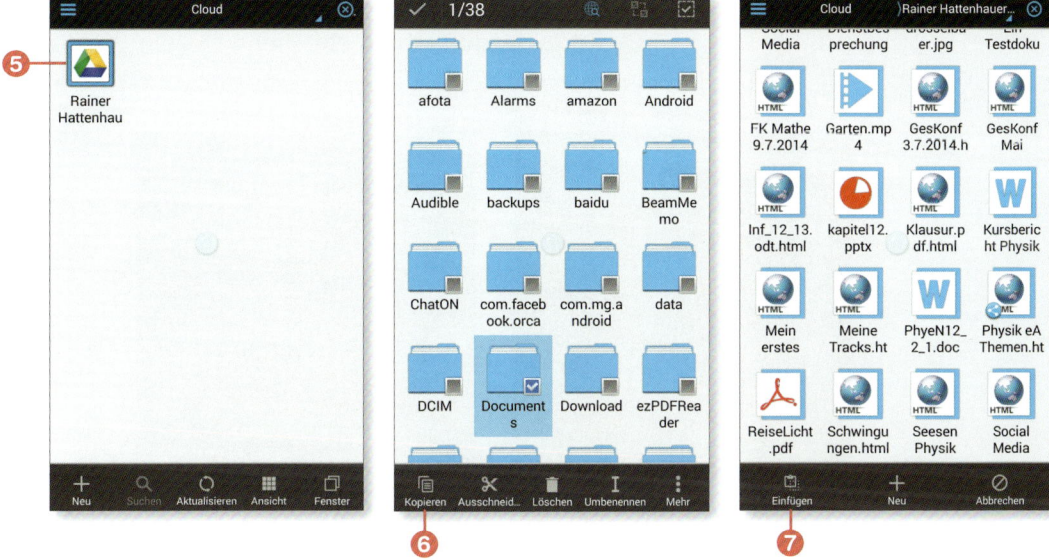

6. Wechseln Sie nun durch Antippen des Symbols in Ihr Google-Drive-Verzeichnis, und fügen Sie dort die kopierte Datei bzw. das kopierte Verzeichnis durch Antippen der **Einfügen**-Schaltfläche ❼ ein.

Das Galaxy S5 wiederfinden oder sperren

Für den Fall, dass Sie Ihr S5 verlegt haben oder es Ihnen gar gestohlen wurde, bietet Ihnen Ihr Smartphone einen Lokalisierungsdienst. Diesen müssen Sie allerdings zunächst aktiviert haben, damit Ihr Gerät auffindbar ist. Sowohl Google als auch Samsung, darüber hinaus auch einige Antiviren-Apps bieten eine derartige Option an. Ich werde Ihnen nachfolgend die integrierte Option *Find My Mobile* von Samsung etwas genauer vorstellen.

1. Begeben Sie sich in den Einstellungen in den Bereich **System ▸ Sicherheit**. Kontrollieren Sie, ob hier der Fernzugriff auf Ihr S5 aktiviert wurde (❶ auf Seite 348). Ist das nicht der Fall, dann können Sie das hier durch Antippen des Eintrags **Fernzugriff** und das Log-in mit Ihren Samsung-Kontodaten (siehe dazu auch Schritt 3 dieser Anleitung) nachholen.

2. Außerdem sollten Sie an dieser Stelle die **Reaktivierungssperre** setzen ❷. Diese wird dann wirksam, wenn ein Dieb versucht, Ihr S5 auf Werkseinstellungen zurückzusetzen, damit er es weiterverkaufen kann.

3. Sollten Sie bereits bei der Ersteinrichtung Ihres S5 ein Konto bei Samsung eingerichtet haben, geben Sie für die obigen Schritte Ihre bestehenden Anmeldedaten an. Anderenfalls können Sie die Neuanmeldung bequem über den Menüpunkt **Zur Webseite wechseln** ❸ direkt am Smartphone oder am PC auf der Webseite *http://findmymobile. samsung.com* nachholen.

4. Nachdem Sie sich angemeldet haben, erscheint eine kurze Meldung, die Ihnen die Funktion des Fernzugriffs erläutert. Bestätigen Sie diese Meldung.

5. Im letzten Schritt erteilen Sie schließlich noch die Zustimmung, dass die App die Standortbestimmung verwenden darf ❹, da sonst Ihr Smartphone nicht aufgefunden werden kann. Die App selbst ist automatisch mit Ihrem Samsung-Konto verknüpft ❺. Damit wäre Ihr S5 für den Verlustfall registriert.

6. Nun testen wir, ob das Gerät geortet werden kann. Begeben Sie sich dazu per PC-Browser auf die Seite *http://findmymobile.samsung.com*, und loggen Sie sich dort mit Ihren Samsung-Kontodaten ein. Schauen Sie zunächst nach, ob Ihr Gerät im Menü auftaucht ❻.

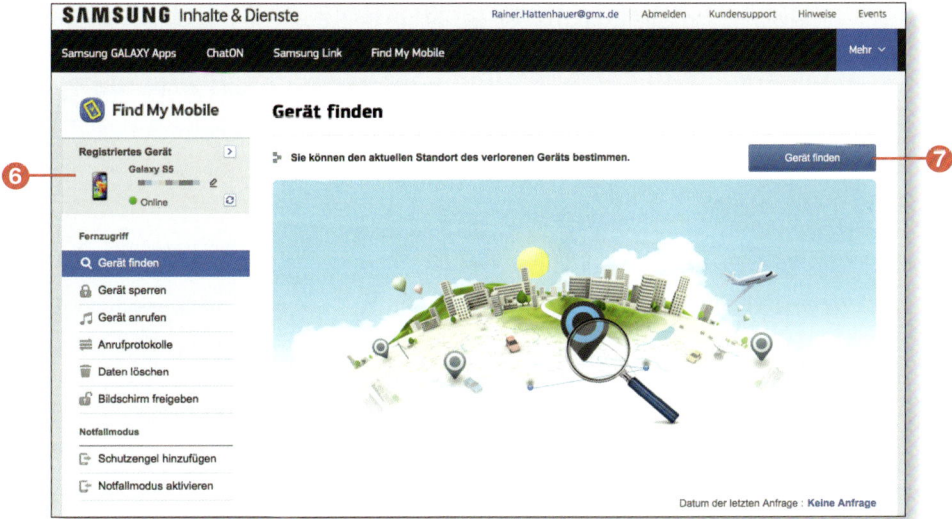

7. Nun können Sie eine der verschiedenen Fernzugriff-Funktionen testen. Wählen Sie die Schaltfläche **Gerät finden** ❼. Achten Sie darauf, dass sich Ihr Gerät nicht im Offline- bzw. Flugzeugmodus befindet. Kurze Zeit später sollten Sie die Position Ihres S5 auf der Karte sehen ❽. In der Statuszeile Ihres Geräts erscheint eine entsprechende Meldung ❾.

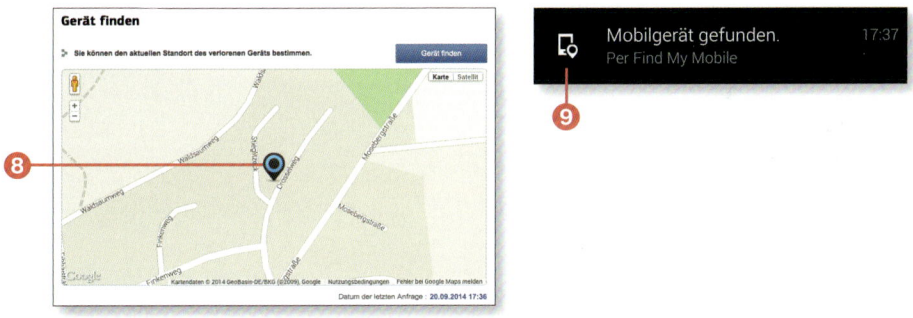

8. Auf die gleiche Weise können Sie weitere Funktionen testen, die Ihnen auf der Seite **Find My Mobile** zur Verfügung stehen: das Gerät sperren, das Gerät anrufen, die Anrufprotokolle abrufen, alle Daten löschen (siehe die Abbildung oben auf dieser Seite). Dadurch hat ein potenzieller Dieb nicht wirklich Freude an seiner Beute.

Apropos Dieb: Der Ortungsdienst funktioniert natürlich nur, wenn sich in dem gestohlenen Gerät Ihre Original-SIM-Karte befindet, die Sie für die Registrierung in Verbindung mit dem Find-My-Mobile-Dienst verwendet haben, der Dieb sie also bislang nicht ausgetauscht hat. Aber selbst für diesen Fall bietet Ihnen das Gerät eine Option, sodass Sie hierüber zumindest informiert werden:

1. Begeben Sie sich erneut in den Einstellungen in den Bereich **System ▸ Sicherheit**. Wählen Sie nun den Menüpunkt **Info über SIM-Wechsel** aus, und melden Sie sich erneut mit Ihrem Samsung-Account an.

2. Erstellen Sie durch Antippen des Felds **Nachrichtenhinweis** in dem gleichnamigen Untermenü einen geeigneten Hinweis (z. B. »SIM getauscht!« ❶), und tragen Sie eine Telefonnummer ❷ ein, an die die Benachrichtigungs-SMS geschickt werden soll. Falls Sie kein Zweithandy besitzen, fragen Sie jemanden, der für Sie die Nachricht auf seinem Handy empfangen und Sie sofort informieren kann.

3. Aktivieren Sie schließlich die Option **Info über SIM-Wechsel** ❸. Sobald nun Ihre SIM ausgetauscht wird, wird eine SMS mit der entsprechenden Nachricht an die angegebene Telefonnummer geschickt. Die Polizei kann so den Dieb durch Auswertung der Verbindungsdaten der neuen SIM-Karte möglicherweise ergreifen.

INFO

Googles Android Device Manager

Auch Google bietet Ihnen mit dem *Android Device Manager* eine integrierte Lösung zum Auffinden und Fernlöschen Ihres Smartphones an. Sie aktivieren den Device Manager über die Einstellungen im Bereich **System ▸ Sicherheit ▸ Geräteadministratoren**. Sie finden Ihr Gerät dann über den Link *https://www.google.com/android/devicemanager*.

Kapitel 15
Die Akkulaufzeit verlängern

Eine große Enttäuschung, die ich beim Umstieg vom klassischen Handy auf mein erstes Smartphone – das Samsung Galaxy S – erlebte, war die geringe Akkulaufzeit. Hielt mein gutes altes Nokia-Handy bei regelmäßiger Nutzung knapp eine halbe Woche durch, so war beim Galaxy S nach noch nicht einmal einem Tag Feierabend.

INFO

Laufzeiten aktueller Smartphones: iPhone kontra S5

Ihr Galaxy S5 liegt bei den aktuellen Smartphones an der Spitze in puncto Laufzeit und hängt das aktuelle iPhone 6 bzw. 6 Plus deutlich ab. Die renommierte Computerfachzeitschrift *c't* bescheinigte dem S5 bei der Wiedergabe von Videos eine Laufzeit von 15,9 Stunden – dem iPhone 6 ging schon nach knapp 11 Stunden die Puste aus.

Der Akku des S5 (links) besitzt mit 10,78 Wh eine etwas höhere Kapazität gegenüber der des S4 (rechts, 9,88 Wh).

Die gefühlt schlechte Akkuleistung moderner Smartphones hat einen guten Grund: Im Prinzip ist ein Smartphone nichts anders als ein mobiler Multimediacomputer, dessen erstaunlich leistungsfähiger Prozessor sowie das hochauflösende Display ihren Tribut fordern. Dennoch können Sie viel dazu beitragen, dass dem Smartphone nicht schon binnen weniger Stunden der Saft ausgeht. Dieses Kapitel soll Ihnen dabei helfen.

Die großen Stromfresser

Das Ranking der Kandidaten mit großem Stromverbrauch auf einem Smartphone sieht wie folgt aus:

- Platz 1 nimmt unangefochten das *Display* ein. Hier gilt: Je höher seine Auflösung, umso mehr Energie wird für die Darstellung benötigt. Wundern Sie sich also nicht, wenn aktuelle Geräte, die mit einem stärkeren Akku ausgestattet wurden, die gleiche oder sogar eine schlechtere Laufzeit als die Vorgängermodelle besitzen – dies ist meist einer Vergrößerung des Displays geschuldet.

- Die Netzturbos *UMTS* und *LTE* nehmen ebenfalls viel Energie weg, falls Sie diese Netzstandards permanent nutzen. Bei Ihrem S5 ist ab Werk die Option aktiviert, je nach Empfangslage zwischen dem UMTS-(3G-) oder LTE-(4G-) und dem gewöhnlichen GSM-(2G-)Netz hin und her zu schalten, was beträchtlich am Akku saugt.

- Der aktivierte *WLAN*-Empfang beansprucht in gleicher Weise die Energiequelle, allerdings bei Weitem nicht so stark wie der UMTS-Empfang.

- Sie sind zwar bequem und stylisch, saugen aber beträchtlich am Akku: Die Komfortfunktionen der *Gestensteuerung* (AirPlay, AirView) erfordern, dass der Displaybereich permanent per Sensor bzw. Frontkamera überwacht wird – das kostet Energie.

- Ebenso stellt die permanente Kopplung mit zusätzlichen Geräten per *Bluetooth*-Kurzstreckenfunk, etwa der Freisprechanlage im Auto, eine Energiesenke dar. Allerdings hält sich der Energieverbrauch infolge der Verwendung des Bluetooth 4.0 Low Energy Profils, das z.B. zur Kopplung von Smartwatches eingesetzt wird, mittlerweile in Grenzen.

- Generell bedeutet eine permanente *Synchronisation* von Apps, die per Mobilfunknetz oder WLAN auf Serverdaten zugreifen, ebenfalls eine deutliche Belastung des Energiespeichers.

- Nicht ganz so dramatisch ist der Mehrverbrauch, der durch den aktivierten *GPS*-Empfang hervorgerufen wird.

- Last, but not least: Die mittlere *Prozessorlast* ist entscheidend dafür, ob Ihr Akku den Tag übersteht oder schon nach wenigen Stunden in die Knie geht. Das merken Sie daran, dass Sie zusehen können, wie die Akkuladung schwindet, wenn Sie sich mit einem grafikaufwendigen 3D-Spiel die Zeit vertreiben.

Erste Schritte zum Stromsparen

Wie bereits erwähnt, trägt das Display am meisten zum Energieverbrauch bei. Die beiden goldenen Regeln lauten hier:

- Reduzieren Sie die Display-Standby-Zeit auf ein noch erträgliches Minimum.

- Regulieren Sie die Displayhelligkeit so, dass Sie bei den gegebenen Lichtverhältnissen die Informationen gerade noch gut erkennen können.

Das persönliche Empfinden ist natürlich in beiden Punkten recht subjektiv. Zu den entsprechenden Einstellmöglichkeiten gelangen Sie rasch durch Herunterziehen der Statusleiste oder etwas umständlicher über die Einstellungen im Bereich **Ton und Anzeige** ▸ **Anzeige** ▸ **Helligkeit**.

1. Passen Sie im genannten Menü oder per Statusfeld die Helligkeit Ihren Vorstellungen entsprechend an.

2. In der Regel ist hier der automatische Modus (❶ auf Seite 354) voreingestellt. Dieser ist allerdings in der Regel zu dunkel, insbesondere im Freien. Korrigieren Sie dazu die automatische **Helligkeitsanpassung** ❷. Um die Helligkeit auf einen festen Wert einzustellen, müssen Sie die automatische Helligkeit deaktivieren. Per Regler **Helligkeitsstufe** können Sie nun eine feste Helligkeit einstellen.

3. Die Standby-Zeit passen Sie im Untermenü **Bildschirm-Timeout** an. Eine Zeit von 30 Sekunden genügt hier vollends.

4. Eine Unsitte bezogen auf den Energieverbrauch sind die zwar hübsch anzusehenden, aber prozessorhungrigen Live-Hintergründe, die Sie in den Einstellungen im Bereich **Ton und Anzeige ▸ Hintergrundbild** auswählen können. Wählen Sie hier in jedem Fall ein statisches (d. h. unbewegliches) Hintergrundbild aus.

5. Der nächste Kandidat zum Energiesparen ist der Mobilfunknetzmodus. Solange Sie nicht im Internet auf grafisch aufwendigen Seiten surfen oder größere Dateien herunterladen wollen, genügt der einfache GSM-(2G-)Modus. Begeben Sie sich in den Einstellungen in den Bereich **Netzwerkverbindungen ▸ Weitere Einstellungen**, und wählen Sie hier den Punkt **Mobile Netzwerke**.

6. Im Untermenü **Netzmodus** wählen Sie nun den Menüpunkt **Nur GSM** ❸.

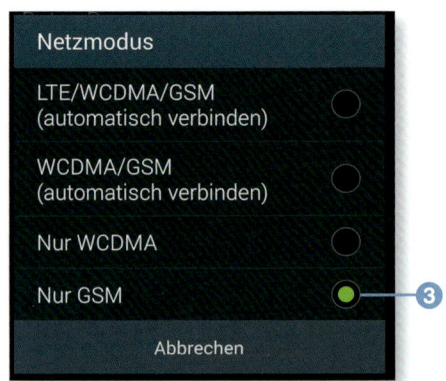

Sollten Sie wieder eine schnelle Datenverbindung benötigen, so ändern Sie die Einstellung.

7. WLAN, Bluetooth und GPS sollten Sie, falls Sie sie nicht benötigen, generell deaktivieren. Das geschieht am schnellsten über die Steuerschaltflächen, die Sie durch Herunterziehen der Statusleiste errcichen.

Das Galaxy S5 verfügt über eine Schaltfläche **Energie sparen** ❹, die Sie ebenfalls aktivieren sollten. Alle dafür notwendigen Symbole habe ich – wie im folgenden Bild zu sehen – in die primäre Schnellstartleiste gelegt.

8. Wenn Sie nicht mit dem Internet verbunden sind, dann sollten Sie ebenfalls die Synchronisation über die Schnellschaltfläche **Sync** ❺ deaktivieren. Jeder Synchronisationsversuch fährt den Prozessor unnötig an und kostet Energie.

9. Viele Anwender beschweren sich darüber, dass ihr Gerät über Nacht viel Energie verlicrt. Die Lösung für das Problem: Aktivieren Sie über Nacht einfach den Flug- bzw. **Offline-Modus** ❻, der sämtliche Netzwerk-Verbraucher abschaltet. Sie erreichen ihn durch einen langen Druck auf die Einschalttaste.

Natürlich dürfen Sie nicht vergessen, diesen Modus am nächsten Morgen wieder zu deaktivieren.

Der Ultra-Energiesparmodus

Ein pfiffiges Feature, das im Extremfall sogar Leben retten kann, ist der Ultra-Energiesparmodus Ihres S5. Dadurch reduzieren Sie den Stromverbrauch des Smartphones auf ein absolutes Minimum. Das passende Szenario wäre in meinem Fall eine Notlandung per Gleitschirm in unwegsamem alpinem Gebiet – da ist man froh, wenn man die Akkulaufzeit des Smartphones so lang wie möglich strecken kann, um Rettungskräfte herbeizurufen.

Gehen Sie zur Aktivierung des Ultra-Energiesparmodus folgendermaßen vor:

1. Ziehen Sie die Statusleiste herunter, öffnen Sie das gesamte Menü der Schnellschaltflächen, und tippen Sie dort den Punkt **U.-Ener.-sparmo.** ❶ an. Alternativ können Sie sich auch in den Einstellungen in den Bereich **System** begeben und dort den Eintrag **Energiesparmodus** antippen und anschließend den Menüpunkt **Ultra-Energiesparmodus** aktivieren.

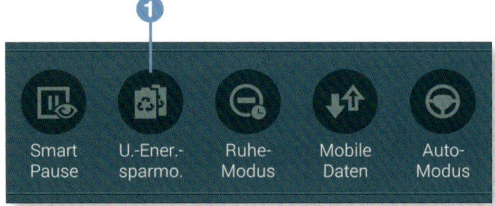

2. Bestätigen Sie die folgende Seite, auf der einige Anmerkungen zu der zu erwartenden Laufzeitsteigerung aufgeführt werden ❷. Der Grund: Samsung möchte keinen Prozess riskieren, falls Sie aufgrund falscher Erwartungen in die Leistungsfähigkeit Ihres Akkus doch nicht aus Ihrer Bergnot oder Ähnlichem gerettet werden.

3. Im Anschluss wird Ihnen angezeigt, wie lange der Akku aller Voraussicht nach noch halten wird ❸. Diese Angabe ist, wie bereits erwähnt, mit Vorsicht zu genießen. Bestätigen Sie die Seite mit **OK** ❹.

 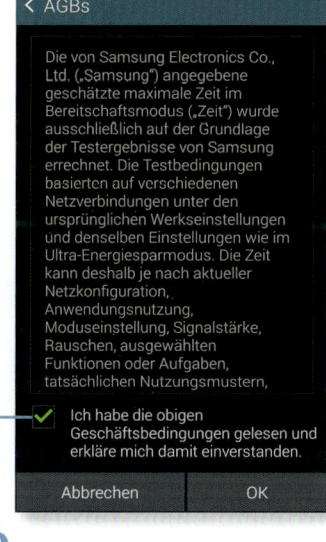 

4. Ihr S5 startet nach Aktivierung neu in den Ultra-Energiesparmodus, was einige Zeit in Anspruch nehmen kann. Es erscheint nun eine stark reduzierte schwarz-weiße Oberfläche mit rudimentären Funktionen, welche den Akku Ihres Smartphones nur wenig belastet. Die geschätzte Restlaufzeit wird Ihnen dabei unten auf dem Display angezeigt ❺.

 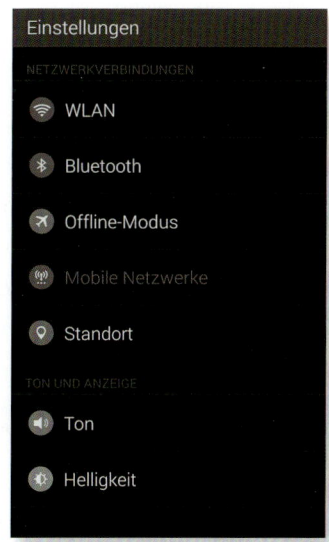

5. Über die In-App-Einstellungen können Sie nun auch bei Bedarf gezielt deaktivierte Energieverbraucher wie z. B. die Standortbestimmung aktivieren.

6. Möchten Sie den Ultra-Energiesparmodus wieder verlassen, dann geschieht das ebenfalls über das In-App-Menü **6**.

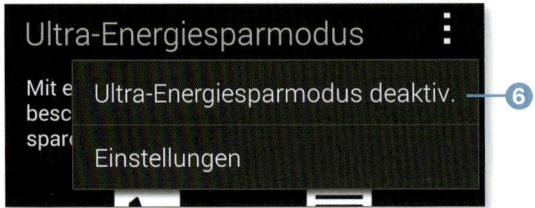

Mit Profilen arbeiten

Profile Scheduler

Die ganze Hin- und Herschalterei zum Energiesparen ist Ihnen zu mühsam? Dann sollten Sie sich einmal eine App zur Erstellung und Verwaltung von Profilen anschauen. Ein Vertreter ist der *Profile Scheduler*. Damit lässt sich Ihr S5 situationsbedingt sehr schnell in bestimmte Zustände versetzen.

1. Installieren Sie die App, wenn noch nicht geschehen, aus dem Play Store. Dabei wird diese dem Geräte-Manager hinzugefügt, da sie zur Steuerung Ihres Smartphones über erweiterte Rechte verfügen muss.

2. Starten Sie die App. Bestätigen Sie nach dem Start den Lizenzvertrag.

3. Die App Profile Scheduler besitzt bereits eine Reihe vordefinierter Profile. Um eines dieser Profile zu ändern, tippen Sie es etwas länger an und wählen dann im oberen Displaybereich den Punkt **Bearbeiten** **1** aus. Hier können Sie nun eine Vielzahl von verschiede-

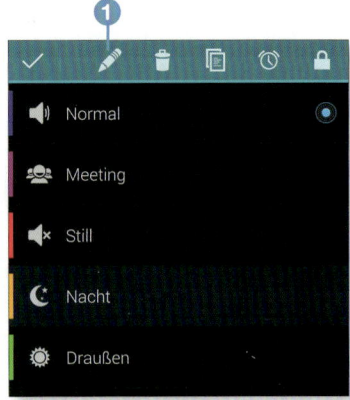

nen Eigenschaften justieren, die das S5 aufweisen soll, wenn das entsprechende Profil ausgewählt wird.

4. Lassen Sie uns nachfolgend ein neues Profil zum Energiesparen erstellen. Tippen Sie die **+**-Schaltfläche ❷ im oberen Displaybereich an.

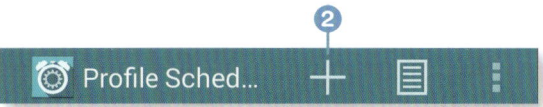

Unser neues Profil soll einen Energiesparmodus realisieren, der GPS, Bluetooth und WLAN deaktiviert sowie die Display-Standby-Zeit auf 15 Sekunden reduziert.

5. Nennen Sie das neue Profil »Energie sparen«.

6. Scrollen Sie im Einstellungsmenü zum Bereich **WLAN Netzwerke**, und tippen Sie den Eintrag **WLAN** ❸ so lange an, bis die Markierung **Aus** erscheint. Verfahren Sie ebenso mit dem **Bluetooth**- ❹ sowie dem **GPS**-Menüeintrag. Letzterer befindet sich ganz am Ende des Einstellungsmenüs. Passen Sie die Standby-Zeit ❺ und bei Bedarf weitere Einstellungen Ihren Wünschen gemäß an.

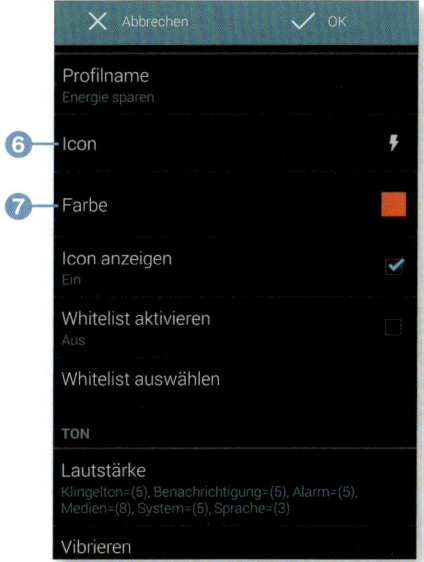
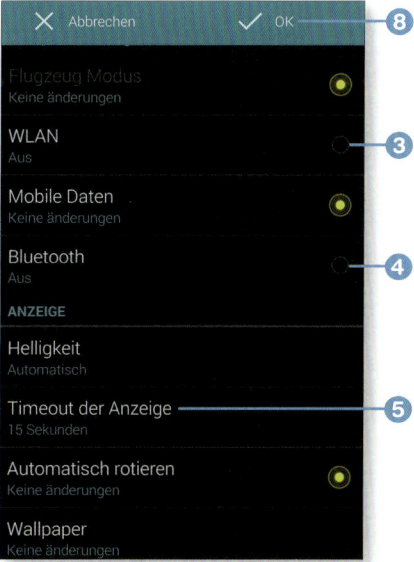

7. Wählen Sie ggf. noch ein neues Icon (**6** auf Seite 359) und eine charakteristische Farbe **7** für das neu erstellte Profil, und speichern Sie es über die Schaltfläche **OK** **8** ab. Es sollte nun in der Übersicht erscheinen.

8. Um das Profil zu aktivieren, tippen Sie es einfach in der Übersicht der App **9** an. Das Icon des Profils erscheint nun in der Statusleiste. Um zu einem anderen Profil zu wechseln, ziehen Sie die Statusleiste herunter und tippen auf den Profile-Scheduler-Eintrag. Sie gelangen in den Profile Scheduler, in dem Sie nun ein anderes Profil auswählen.

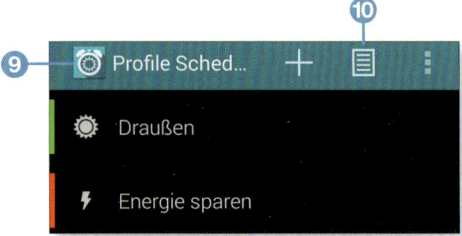

Der Profile Scheduler ist ein mächtiges Werkzeug: Über die Schaltfläche **Regeln** **10** können Sie Bedingungen definieren, unter denen Ihr Smartphone in bestimmte Zustände wechselt. So können Sie beispielsweise definieren, dass beim Einloggen ins heimische WLAN ein Datenabgleich durchgeführt oder ab 23.00 Uhr in einen energiesparenden Nachtmodus gewechselt wird. Auch Ihr aktueller, per Google-Standortdienst erkannter Ort kann zum Auswerten einer Regel verwendet werden. Ihrer Fantasie sind also keine Grenzen gesetzt.

Apps ermitteln, die zu viel Energie verbrauchen

Wie bereits erwähnt, besitzt neben dem Display der Prozessor Ihres Smartphones den größten Energiehunger, wenn er denn auf Volllast gefahren wird. So ist es interessant zu erfahren, welche der installierten Apps am meisten Prozessorleistung beanspruchen. Das müssen nicht nur die von Ihnen selbst gestarteten Apps sein, auch einige Dienste im Hintergrund können sich als Stromfresser entpuppen.

1. Um einen Eindruck davon zu bekommen, welche App oder welcher Dienst am meisten am Akku nagt, begeben Sie sich in den Einstellungen in den Bereich **System** und wählen dort das Untermenü **Akku**.

2. Durch Antippen eines Listeneintrags erhalten Sie weitere Informationen.

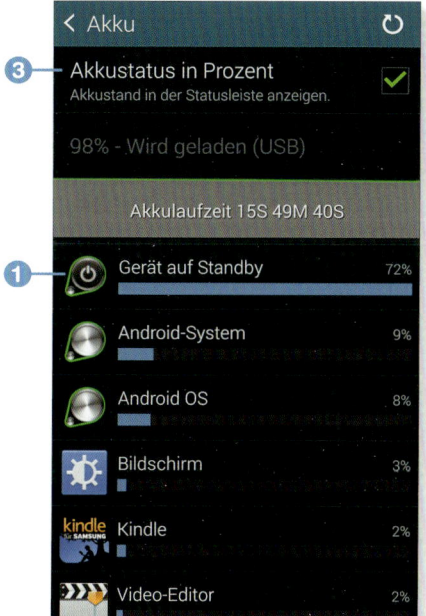

Die obige Übersicht habe ich direkt am frühen Morgen erstellt, wobei ich das Smartphone in der Nacht bei bestehender Onlineverbindung sich selbst überlassen habe. Die meiste Energie wurde im Standby-Modus ❶ verbraucht. Das geschieht z. B. über Google-Play-Dienste, die nach Updates für Apps suchen oder die Synchronisierung mit Ihrem Google-Konto kontrollieren.

3. Sollten Sie eine »wild gewordene« App entdeckt haben, die den Akku über Gebühr in Anspruch nimmt, so können Sie sie jederzeit über den Systemmanager beenden. Rufen Sie diesen über die Taste der zuletzt gestarteten Apps (das ist die linke virtuelle Taste neben der Home-Taste, siehe den Abschnitt »Die Oberfläche im Überblick«, auf Seite 31)

auf, und entfernen Sie die entsprechende App durch Wischen aus dem Speicher. Sie können durch Druck auf die **x**-Schaltfläche ❷ auch sämtliche temporär geöffneten Apps aus dem Speicher entfernen.

Schließlich ist es noch aufschlussreich, den prozentualen Ladezustand des Akkus permanent im Blick zu haben. Bei Verwendung einer neuen App können Sie dann ggf. ein Energieleck schneller identifizieren. Die prozentuale Ladeanzeige aktivieren Sie ebenfalls im **Akku**-Menü in den Einstellungen (❸ in der Abbildung auf Seite 361).

Stromsparen mit Snapdragon BatteryGuru

Snapdragon BatteryGuru

Auf Google Play werden diverse Energiespar-Apps angeboten, die über einen längeren Zeitraum das Nutzerverhalten sowie den Energiebedarf aller verwendeten Apps analysieren und im Bedarfsfall danach einige Dienste einschränken, um Energie zu sparen. So wird beispielsweise die Synchronisation einiger Apps mit webbasierten Diensten unterbrochen, falls sie zu häufig erfolgen sollte.

In Ihrem Galaxy S5 befindet sich ein Snapdragon-Prozessor. Der Hersteller Qualcomm bietet eine spezielle App an, um den Energieverbrauch des Chips zu optimieren. Diese nennt sich *Snapdragon BatteryGuru*.

Nach dem ersten Start der App erläutert zunächst ein Tutorial, welche Vorkehrungen die App zum Energiesparen trifft. Nach wenigen Tagen des Lernens greift die App dann aktiv in den Energiehaushalt Ihres S5 ein. Sie erkennen an einem Symbol in der Statusleiste ❶, dass der BatteryGuru aktiv ist

Der Snapdragon BatteryGuru hilft beim Energiesparen – hier sind diejenigen Apps gelistet, deren Daten bei Bedarf per Onlineverbindung aktualisiert werden.

Kapitel 16
Tipps, Tricks und Fehlerbehebung

Dieses Kapitel hilft Ihnen, Probleme mit Ihrem Smartphone schnell und unkompliziert zu lösen. Ich stelle Ihnen zudem die wichtigsten Anlaufstellen im Internet vor, bei denen Sie weiterführende Tipps und Hinweise bei Problemen erhalten. Am Ende des Kapitels finden Sie schließlich noch einige Ratschläge, wie Sie den Nutzen Ihres Smartphones steigern können.

Das Gerät neu starten

Es passiert selten, aber es kann durchaus vorkommen, dass Ihr S5 auf keinerlei Bildschirmeingaben mehr reagiert. Verursacht wird das meist durch eine fehlerhafte (weil schlecht programmierte) App. Ich zeige Ihnen nun, was Sie in solchen Fällen tun können, um Ihr Smartphone schnell wieder in Betrieb zu nehmen.

1. Stellen Sie sich diese Situation vor: Sie benutzen eine App, und diese reagiert plötzlich nicht mehr auf Ihre Bildschirmeingaben. Für mein Beispiel verwende ich die App *WeatherPro*. Versuchen Sie in solch einem Fall zunächst, ob Sie durch Betätigen der Home-Taste auf den Homescreen gelangen.

2. Sollte dies funktionieren, so betätigen Sie die Taste **Zuletzt gestartete Anwendungen**, um zur Übersicht der geöffneten Apps, dem *Task-Manager*, zu gelangen. Schauen Sie zunächst nach, ob die betreffende

App noch aktiv ist. Tippen Sie zu diesem Zweck das Tortensymbol ❶ am unteren Bildrand an. Daraufhin sehen Sie eine Übersicht über alle aktiven Anwendungen.

3. Wählen Sie die Schaltfläche **Beenden** ❷, um die fehlerhafte App zu stoppen. Alternativ ziehen Sie die App zum Beenden mit gedrücktem Finger aus der Übersicht des Task-Managers heraus.

Etwas schwieriger wird die Situation, wenn das komplette System nicht mehr reagiert, d. h., wenn Sie z. B. durch Betätigen der Home-Taste keine Reaktion vom Smartphone erhalten. In diesem Fall empfehle ich Ihnen, einen sogenannten *Soft Reset*, also einen Neustart des Geräts, durchzuführen.

1. Halten Sie den Ein-Aus-Schalter ca. eine Sekunde gedrückt, sodass das Menü **Geräteoptionen** erscheint.

2. Wählen Sie den Punkt **Neustart** ❸, um Ihr S5 neu zu starten.

Sollte Ihr Gerät auch auf den längeren Druck des Ein-Aus-Schalters nicht reagiert haben, müssen Sie eine andere Methode verwenden. Der Nachteil ist allerdings, dass Sie hierbei sämtliche nicht gespeicherten Daten, also z. B. aktuell bearbeitete Dokumente, verlieren werden. Probieren Sie Folgendes aus:

1. Halten Sie die Ein-Aus-Taste für mindestens vier Sekunden gedrückt. Dadurch schaltet sich Ihr Gerät aus, egal, welche Anwendung oder welcher Systemdienst das Gerät derzeit blockiert.

2. Um das Gerät nun neu zu starten, drücken Sie für ca. zwei Sekunden den Ein-Aus-Schalter und lassen das Gerät hochfahren. Dies dauert unter Umständen ein wenig länger als der gewöhnliche Systemstart.

Sollten Sie häufiger mit einer bestimmten App Probleme haben, so können Sie versuchen, sie von Grund auf neu einzurichten. Dazu müssen Sie nur die temporären Daten löschen, die von der App im Speicher Ihres S5 abgelegt wurden. Gehen Sie dazu folgendermaßen vor (ich verwende im Beispiel erneut die WeatherPro-App):

1. Begeben Sie sich in das App-Menü, und ziehen Sie dort die betreffende App mit gedrücktem Finger nach oben auf die nun erscheinende Schaltfläche **App-Info**.

2. Stoppen Sie die App zunächst über **Stopp erzwingen** ❹. Löschen Sie anschließend die temporär gespeicherten Daten über **Daten löschen** ❺. Sollten sich danach noch Daten im Cache befinden, so tippen Sie die Schaltfläche **Cache leeren** ❻ an.

3. Öffnen Sie die betreffende App danach wieder über das App-Menü, und richten Sie sie neu ein. Die App sollte nach diesem Vorgang wieder stabil funktionieren.

TIPP

Wenn gar nichts mehr geht: Akku rausnehmen

In seltenen Fällen kann es vorkommen, dass Ihr Smartphone selbst auf die Ein-Aus-Taste nicht mehr reagiert. In diesem Fall können Sie das Telefon nur durch das Herausnehmen des Akkus wieder bedienbar machen. Sie sollten diesen aber nicht unmittelbar wieder einlegen, sondern zunächst einige Minuten warten, bis sich auch der Zwischenspeicher entleert hat. Schalten Sie danach Ihr S5 wie gewohnt ein.

Der schlimmste Fall, der Ihnen passieren kann, ist allerdings, dass durch die Installation einer schlecht programmierten App wichtige Systemdateien zerstört oder zumindest komplett unbrauchbar wurden. In dieser Situation helfen Ihnen der beschriebene Soft Reset, das Löschen temporärer App-Daten oder das Entnehmen des Akkus leider nicht, um das beschriebene Problem zu lösen.

Hier hilft Ihnen nur ein *Hard Reset*, der das Gerät auf Werkseinstellungen zurücksetzt. Leider verlieren Sie bei diesem Schritt sämtliche persönliche Daten, Anwendungen und Einstellungen, die Sie auf Ihrem Smartphone gespeichert haben. Gut, wenn Sie für solch einen Fall eine Sicherungskopie der Daten angelegt haben (siehe dazu den Abschnitt »Eine Datensicherung erstellen« ab Seite 336). So können Sie das Gerät auch nach einem Hard Reset schnell wiederherstellen.

1. Sollte das Gerät noch auf Ihre Eingaben reagieren, so führen Sie einen Hard Reset durch. Begeben Sie sich dazu in den Einstellungen in den Bereich **Benutzer und Sicherung ▶ Sichern und zurücksetzen**.

2. Wählen Sie aus dem folgenden Menü den Punkt **Auf Werkseinstellungen zurücksetzen** ❶.

3. Im nächsten Menü erhalten Sie schließlich noch eine Warnung, dass sämtliche Daten auf Ihrem Gerät gelöscht werden, sowie eine Übersicht über sämtliche Konten, die aktuell mit dem Gerät verknüpft sind. Bestätigen Sie den Reset über die Schaltfläche **Gerät zurücksetzen** ❷.

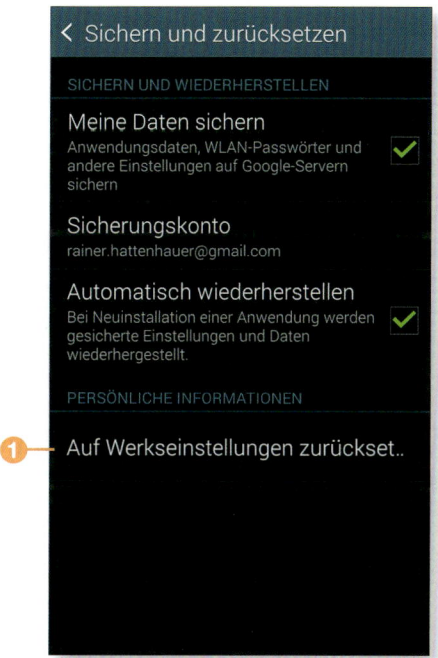
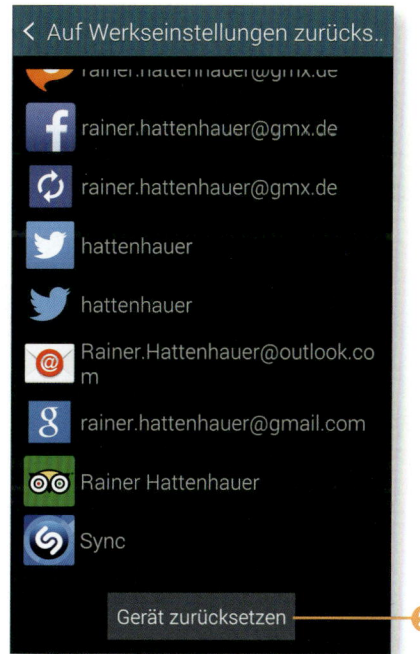

In besonders hartnäckigen Einzelfällen reagiert Ihr Bildschirm schon direkt nach dem Einschalten nicht mehr. In diesem Fall lösen Sie einen Hard Reset direkt nach dem Systemstart über eine Tastenkombination aus. Das Verfahren ist ein wenig aufwendiger:

1. Schalten Sie zunächst Ihr S5 aus.

2. Betätigen Sie zum erneuten Einschalten die Lautstärketaste **Lauter** sowie die Home-Taste gleichzeitig, und halten Sie diese gedrückt. Betätigen Sie nun (die anderen beiden Tasten dürfen Sie dabei nicht loslassen!) den Einschaltknopf, und halten Sie alle drei Tasten während des Startvorgangs gedrückt.

3. Es erscheint nun ein spärliches Menü, das Sie in ähnlicher Weise vielleicht beim Starten Ihres PCs schon einmal gesehen haben. Sie können sich mit den Lautstärketasten in diesem Menü

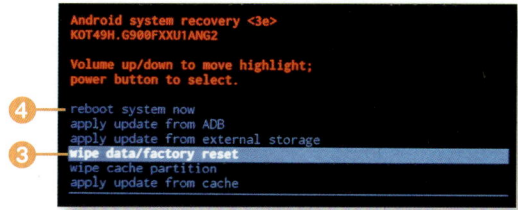

von Punkt zu Punkt bewegen. Einen Menüpunkt wählen Sie dann mit dem Einschaltknopf aus. Wählen Sie den Punkt **wipe data/factory reset** (❸ auf Seite 367) – zu Deutsch »Daten löschen/Auf Werkseinstellungen zurücksetzen« – aus, und bestätigen Sie die Auswahl mit dem Einschaltknopf.

4. Bewegen Sie sich im folgenden Menü per Lautstärketaste zum Punkt **Yes – delete all user data**, und bestätigen Sie diese Auswahl erneut mit dem Einschaltknopf.

    Nun lässt sich nichts mehr rückgängig machen – die Daten auf Ihrem S5 werden endgültig gelöscht, und Ihr Gerät wird in den Werkszustand versetzt.

5. Starten Sie das Gerät durch Auswahl des Menüpunkts **reboot system now** (❹ auf Seite 367) schließlich neu.

> **TIPP**
>
> **Vor Verkauf auf Werkseinstellungen zurücksetzen**
>
> Sollten Sie sich irgendwann dazu entschließen, Ihr Smartphone als gebrauchtes Gerät zu verkaufen, so empfiehlt sich ein Hard Reset, um sämtliche persönlichen Daten auf dem Gerät rückstandsfrei zu löschen. Achten Sie dabei darauf, dass Sie auch den Inhalt der SD-Speicherkarte löschen.

Tipps und Hilfe finden

Sowohl Android-Smartphones im Allgemeinen als auch die Samsung-Galaxy-Serie im Speziellen erfreuen sich großer Beliebtheit. Daher finden Sie im Internet in beiden Fällen schnell Rat und Hilfe von kompetenten Benutzern, die per Foren und Blogs ihr Wissen weitergeben und Ihnen helfen, wenn Ihr S5 einmal nicht so funktioniert, wie Sie es sich wünschen.

Bevor Sie sich in einem Forum anmelden und Ihre Fragen stellen, sollten Sie einige Grundregeln im Umgang mit Ihren digitalen Mitbürgern berücksichtigen. So sollten Sie sich zunächst über die FAQ – die Liste häufig gestellter Fragen – und über die Suchfunktion des Forums informieren, ob Ihre Frage vielleicht zuvor schon beantwortet wurde. Auch sollten Sie darauf achten, dass Sie stets freundlich und hilfsbereit auf die Fragestellungen anderer Nutzer eingehen.

Damit Sie aber vor allen Dingen bei der Lösung Ihres Problems Hilfe bekommen, sollten Sie bei Ihrer Frage genügend Informationen zu dem verwendeten Gerät, dem eingebauten Prozessor und der derzeit installierten Betriebssystemversion bereithalten. Diese Informationen bringen Sie in den Einstellungen im Bereich **System ▸ Geräteinformationen** in Erfahrung.

In der folgenden Tabelle erhalten Sie einen Überblick über die wichtigsten Anlaufstellen bei Fragen für Android- und S5-Nutzer. In den allgemeinen Android-Foren finden Sie stets auch eine Rubrik, die sich speziell mit Ihrem S5 beschäftigt. Diese Zusammenstellung bietet natürlich bei Weitem keine vollständige Auflistung aller Foren, die genannten Websites haben mir jedoch stets bei Problemen oder Fragen geholfen.

Name	URL	Inhalte
AndroidPIT	http://www.androidpit.de	Foren für alle gängigen Android-Smartphones, eigene App bei Google Play, App-Tests
Android-Hilfe	http://www.android-hilfe.de	großes Forum zu Android
Handy FAQ	http://www.handy-faq.de	größtes Handyforum mit speziellem Android-Bereich
PocketPC.ch	http://www.pocketpc.ch	Website zu allen gängigen PDAs und Smartphones mit großem Android-Bereich
XDA-Developers	http://www.xda-developers.com	Expertenforum, Quelle diverser alternativer ROMs, englischsprachig
SamMobile	http://www.sammobile.com	Anlaufstelle für Informationen speziell zu Samsung-Smartphones, Quelle alternativer ROMs, englischsprachig

Einige Anlaufstellen im Internet bei Fragen rund um Ihr S5

In den folgenden Abschnitten werde ich Ihnen abschließend noch einige Tipps geben, mit deren Hilfe Sie die Einsatzbereiche Ihres S5 erweitern können.

Dokumente vom S5 aus drucken

Canon Pixma Printing

Sie möchten Dokumente oder Bilder, die sich auf Ihrem S5 befinden, ausdrucken? Kein Problem! Viele Druckerhersteller bieten Ihnen mittlerweile die Option, Ihr Smartphone per WLAN direkt mit dem Drucker zu verbinden und über eine App des Herstellers Ihre Dateien zu drucken. Im Falle meines Canon Pixma MX 925 gibt es eine spezielle App von Canon, die ich Ihnen im Folgenden stellvertretend für die Einrichtung anderer Drucker-Apps vorstellen möchte. Voraussetzung für die Einrichtung ist, dass Ihr Drucker und Ihr S5 per LAN oder WLAN-Verbindung am heimischen Router angeschlossen sind und sich somit im gleichen Netz befinden.

1. Installieren Sie die App mit dem oben abgebildeten QR-Code. Beachten Sie: Diese App funktioniert nur bei Geräten der Pixma-Serie aus dem Hause Canon.

2. Starten Sie die App, und bestätigen Sie zunächst die Lizenzvereinbarung.

3. Im nächsten Schritt richten Sie Ihren Drucker ein. Das geht besonders einfach, wenn dieser über eine sogenannte *NFC-Markierung* verfügt, was bei aktuellen Modellen zumeist der Fall ist. Falls Sie ein älteres Modell besitzen, dann können Sie dieses automatisch über das gemeinsame Netzwerk (LAN bzw. WLAN) erkennen lassen.

4. Nach der Einrichtung bzw. Erkennung erscheint Ihr Drucker im Hauptbereich der App ❶.

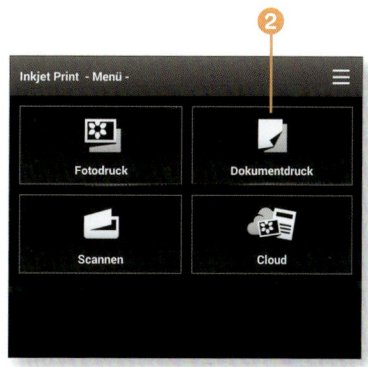

5. Wechseln Sie nun per Zurück-Taste in das Hauptmenü der App. Hier stehen Ihnen je nach Ausstattung Ihres Druckers verschiedene Arbeitsbereiche zur Verfügung. So können Sie beim vorliegenden Modell Fotos bzw. Dokumente ausdrucken, die eingebaute Scannereinheit fernbedienen oder auch Dokumente direkt aus der Cloud zu Papier bringen.

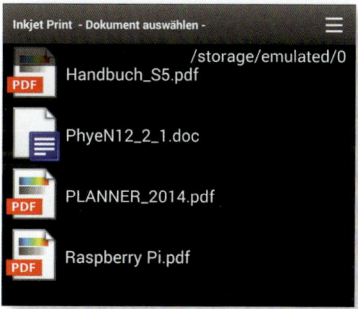

6. Im vorliegenden Fall bin ich in den Bereich **Dokumentdruck** ❷ gewechselt. Hier erscheinen sämtliche Dokumente, die lokal auf dem Smartphone gespeichert sind. Tippen Sie das zu druckende Dokument an. Gegebenenfalls muss das Dokument zuvor noch für den Druck aufbereitet werden. Dafür ist eine Verbindung zum Internet erforderlich.

7. Schicken Sie anschließend das Dokument über die Schaltfläche **Druck** ❸ an Ihren Drucker. Sie haben dabei die Möglichkeit, nur bestimmte Seiten auszudrucken.

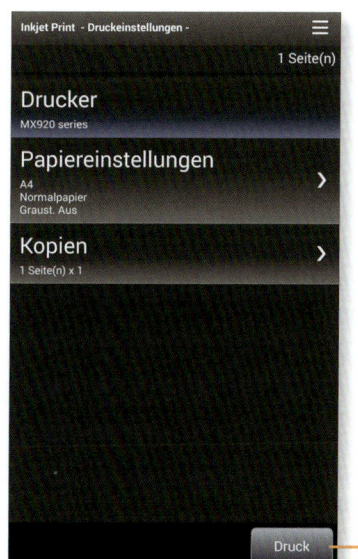

TIPP

Drucken mit Bordmitteln

Die Druckerunterstützung ist mittlerweile auch im Android-System selbst angekommen. Sie finden die Druckereinrichtung in den Einstellungen im Bereich **Verbinden und Freigeben ▸ Drucken**. Diese App funktioniert allerdings nur mit einigen wenigen Druckern von Samsung und Hewlett Packard. Im Vergleich dazu universeller ist der Google Cloud Print Service; eine Anleitung zur Einrichtung finden Sie hier: *http://www.google.com/cloudprint/learn/*. Die Einrichtung ist – gelinde gesagt – alles andere als einfach.

Ich rate Ihnen daher, falls vorhanden, eine App Ihres Druckerherstellers zu verwenden. Diese ist optimal an Ihre spezielle Hardware angepasst.

Das S5 als Taschenscanner

CamScanner

Eine meiner Lieblings-Apps ist der *CamScanner – Phone PDF Creator*: Dieser wandelt mit der Smartphone-Kamera eingescannte Dokumente unmittelbar in PDF-Dokumente um. Die App verfügt auch über eine integrierte Texterkennung, sodass Sie das eingescannte Dokument nach Stichwörtern durchsuchen können.

1. Installieren Sie die App über den Google Play Store, und starten Sie sie.

2. Scannen Sie ein beliebiges Dokument mit dem CamScanner ein. Dazu tippen Sie die Schaltfläche mit dem Kamerasymbol an.

3. Nach dem Scannen haben Sie zunächst die Möglichkeit, das eingescannte Dokument zu beschneiden ❶.

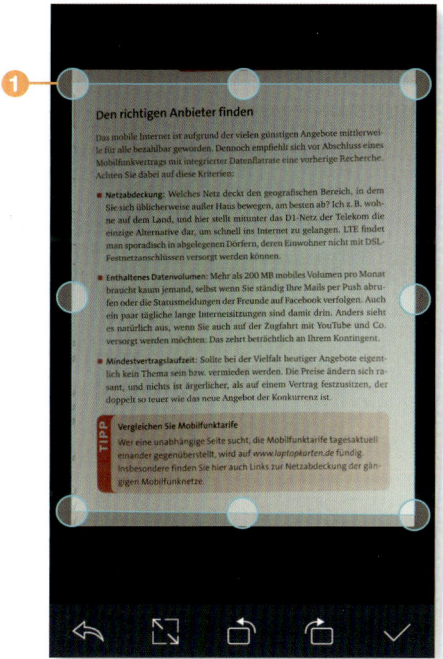 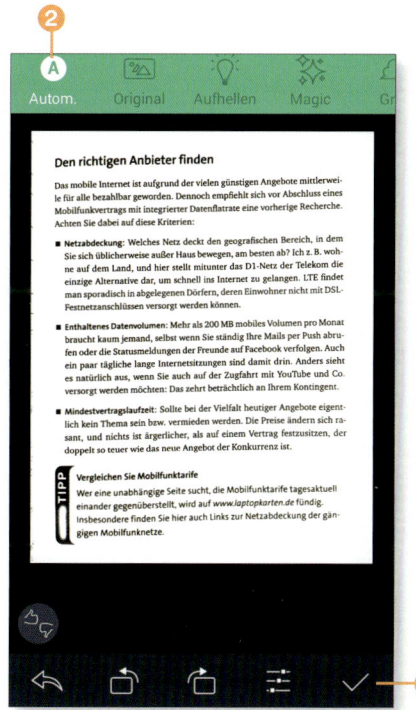

4. Anschließend können Sie den Kontrast sowie die Helligkeit des gescannten Bildes anpassen. Dazu gibt es einige vordefinierte Profile; in der Regel sollten Sie **Automatisch** ❷ wählen.

5. Wenn Sie mit dem Ergebnis zufrieden sind, wird das Dokument lokal auf Ihrem Smartphone bzw. – falls Sie sich registriert haben – parallel in der CamScanner-Cloud gespeichert. Dazu tippen Sie auf die Schaltfläche mit dem Haken ❸. Sie können das Dokument in der nun erscheinenden Übersicht auch umbenennen.

6. Öffnen Sie das Dokument erneut in der Übersicht. Sie haben nun auch die Möglichkeit, den Text per OCR (*Optical Character Recognition*) automatisch erkennen zu lassen. Dazu ist es erforderlich, zuvor ein entsprechendes Plug-in aus dem Internet nachzuladen. Ein mit OCR verarbeiteter Text kann später nach beliebigen Zeichenfolgen durchsucht werden – ein echter Mehrwert für das papierlose Büro.

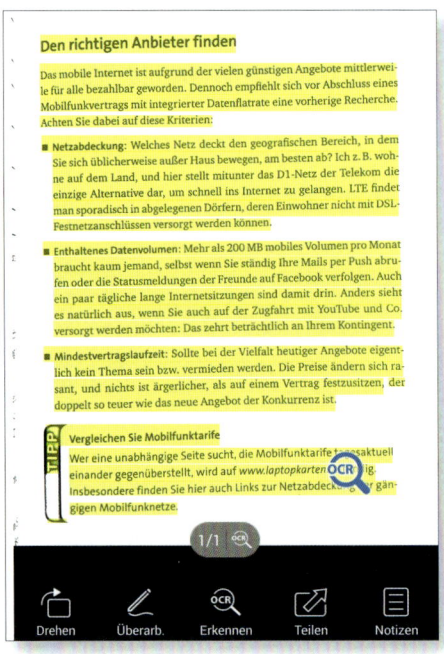
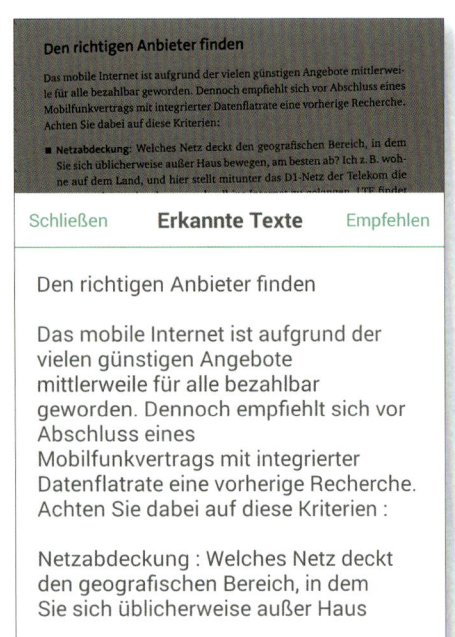

Die OCR der CamScanner-App arbeitet perfekt.

Bluetooth-Hardware verwenden

*External
Keyboard
Helper Pro*

Ich wünsche mir manchmal statt der kleinen Bildschirmtastatur des S5 eine echte Computertastatur herbei, insbesondere wenn ich längere Texte verfassen möchte. Auch das geht problemlos mit dem S5: Besorgen Sie sich eine Tastatur mit Bluetooth-Funktion sowie die kostenpflichtige App *External Keyboard Helper Pro*, und schon kann's losgehen.

1. Installieren Sie zunächst die App aus dem Play Store. Sie können auch zunächst eine Demoversion installieren, um das Programm zu testen.

2. Bringen Sie Ihre Bluetooth-Tastatur in den Kopplungsmodus. Mehr dazu entnehmen Sie dem Handbuch des Tastaturherstellers.

3. Aktivieren Sie die Bluetooth-Funktion des S5 über die Schnellstart-schaltfläche. Daraufhin sucht Ihr Smartphone nach Bluetooth-fähigen Geräten in der näheren Umgebung. Hier sollte die Tastatur gefunden werden .

4. Tippen Sie auf den Tastatureintrag in der Liste der verfügbaren Geräte. Nun wird ein Verbindungsversuch zwischen der Tastatur und Ihrem S5 unternommen. Geben Sie dazu den vorgegebenen Code auf der Tastatur ein, und betätigen Sie anschließend die Eingabetaste. Daraufhin sollten die Geräte miteinander verbunden werden.

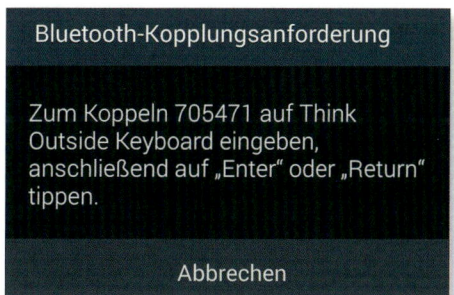

5. Die External-Keyboard-Helper-App sorgt für die Anpassung des Tastaturlayouts, legt also beispielsweise fest, welche Spracheinstellung für die Tastatur verwendet werden soll. Starten Sie dazu die App, und aktivieren Sie sie als Eingabemethode ❷.

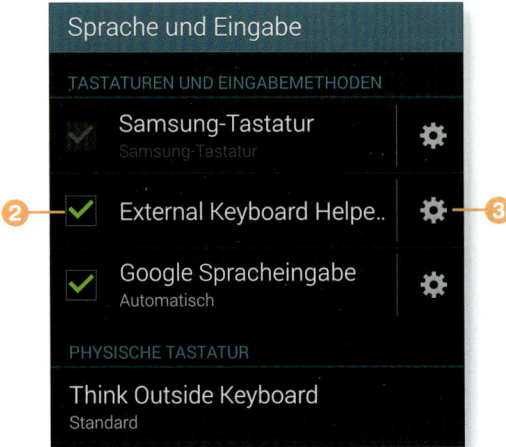

6. Über die Einstellungen ❸ (Zahnradsymbol) können Sie dann die Tastatur an Ihre Bedürfnisse anpassen.

Nun können Sie loslegen und beliebige Texte, z. B. Ihre Mails, bequem per Tastatur eingeben. In gleicher Weise verbinden Sie auch andere Bluetooth-Geräte, wie etwa Kopfhörer oder Freisprechanlagen, mit Ihrem S5.

Das System aktualisieren

Wenn Sie dieses Buch in den Händen halten, dann ist bereits eine neue Android-Version erschienen: Android 5.0 Lollipop. Ursprünglich für November 2014 mit dem geheimnisvollen Buchstaben »L« angekündigt, wurde Android 5.0 Lollipop zeitgleich mit der Drucklegung im Oktober 2014 veröffentlicht und trägt wie immer eine Süßigkeit im Namen. Bis eine neue Betriebssystemversion aber letztendlich auf Ihrem S5 landet, gehen viele Monate, nicht selten auch einmal Jahre ins Land. Der Grund dafür ist, dass Samsung die eigene Oberfläche (*TouchWiz* genannt) in mühevoller Kleinarbeit an das neue Android-System anpassen muss.

Dennoch sollten Sie von Zeit zu Zeit einmal nachschauen, ob Samsung eine Systemaktualisierung für Ihr Gerät anbietet. In der Regel meldet sich Ihr S5 selbstständig mit der Meldung, dass ein Update vorliegt. Dieses können

Sie dann durch Antippen der Meldung in der Statusleiste automatisch per WLAN aktualisieren lassen. Ich empfehle Ihnen an dieser Stelle aber einen anderen Weg, der dafür sorgt, dass zuvor Ihre Daten gesichert werden. Dieser führt über Samsungs universelle Software *Kies*.

Gehen Sie zur Aktualisierung Ihres Systems folgendermaßen vor:

1. Stellen Sie zunächst sicher, dass Ihr Gerät tatsächlich **vollständig aufgeladen** wurde.

2. Starten Sie Kies, und sehen Sie auf der Startseite nach, ob eine Aktualisierung für Ihr Gerät vorliegt. Anmerkung: Der folgende Screenshot zeigt die Situation bei Vorliegen eines Updates bei einem Galaxy S4, da es zum damaligen Zeitpunkt noch keine Aktualisierung für das S5 gab.

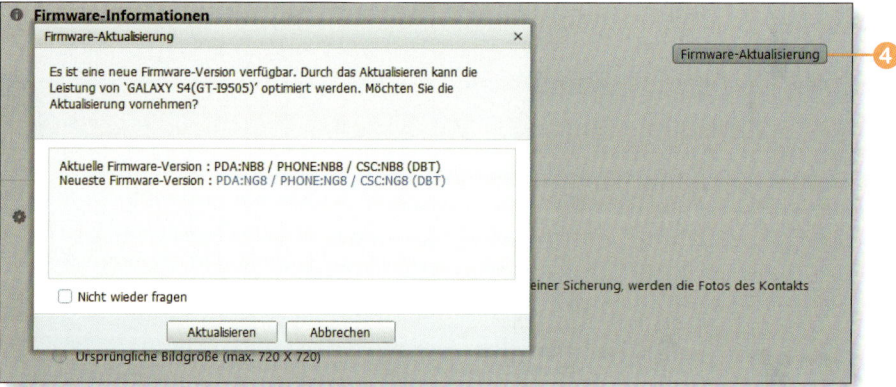

3. Brechen Sie den Vorgang an dieser Stelle zunächst ab, und erstellen Sie stattdessen ein Backup Ihres kompletten Systems wie im Abschnitt »Eine Datensicherung erstellen« ab Seite 336 beschrieben.

4. Wechseln Sie nun erneut auf die Startseite, und stoßen Sie die Aktualisierung über die Schaltfläche **Firmware-Aktualisierung** ❹ an. Trennen Sie während des Vorgangs auf keinen Fall Ihr Smartphone vom Computer: Das kann dazu führen, dass das Update und somit Ihr Gerät im digitalen Nirwana stecken bleibt!

Das Systemupdate verläuft automatisch und recht unspektakulär, und in der Regel werden Ihre installierten Apps sowie die Einstellungen auch wieder zuverlässig hergestellt. Sollte wider Erwarten etwas schieflaufen, dann können Sie beruhigt auf Ihr zuvor erstelltes Backup zurückgreifen und dieses zurückspielen.

Zum Schluss eine grundsätzliche Anmerkung zu Betriebssystemupdates: Rennen Sie nicht gleich jedem angebotenen neuen System blind hinterher, sondern studieren Sie zunächst die einschlägigen Foren (siehe die Tabelle im Abschnitt »Tipps und Hilfe finden« auf Seite 369). Hier können Sie nachlesen, welche Erfahrungen mutige Anwender (die sogenannten *Early Adopter*) mit dem neuen System gemacht haben. Ein Musterbeispiel, wie man es nicht machen sollte, hat die Firma Apple im September 2014 geliefert: Das Update auf iOS 8 musste zweimal nachgebessert werden, bis es auch auf älteren Geräten einigermaßen zufriedenstellend lief.

Glossar

Account   Account ist das englische Wort für Konto. Ein wichtiger Account für Ihr Android-Smartphone ist Ihr Konto bei Google.

A-GPS   Das Assisted GPS erleichtert das Auffinden von Satelliten bei Einsatz eines GPS. Aufgrund der per Onlineverbindung grob ermittelten Position des Smartphones erfolgt die Ortung durch das A-GPS schneller.

Android Market   Der Android Market war die ursprüngliche Bezeichnung des Google Play Stores. Im Gegensatz zum Play Store war die Plattform nur auf Apps ausgerichtet.

APN   Access Point Name steht für den Zugangspunkt, mit dessen Hilfe Sie per Mobilfunknetz eine Verbindung zum Internet aufbauen können.

App   Eine App ist ein Anwenderprogramm, das auf einem mobilen Gerät, einem Tablet oder einem Smartphone läuft.

Attachment   Ein Attachment ist ein Anhang, den Sie an eine E-Mail »anheften«. Das kann z. B. ein Foto, aber auch ein Textdokument sein.

Augmented Reality   Die erweiterte Realität ermöglicht das Einblenden von Informationen in das Livebild Ihrer Smartphone-Kamera. Dabei wird Ihre momentane Position zunächst per GPS lokalisiert, die Informationen zum Standort werden anschließend per Onlineverbindung abgerufen.

Bluetooth   Mithilfe des Bluetooth-Funks lassen sich Informationen zwischen zwei Smartphones oder auch einem Smartphone und einem PC über kurze Distanzen übermitteln.

Client   Unter einem Client versteht man auf einem Smartphone ein Programm, das besondere Netzwerkdienste nutzen kann. So bietet Skype etwa einen Android-Client für *VoIP*-Telefonie an.

Cloud (Computing)   Die Cloud ist ein Verband von Servern im Netz, auf denen Daten gelagert und Programme genutzt werden können. Die Arbeit mit Programmen, die auf diesen Servern bereitgehalten werden, nennt man *Cloud Computing*.

Codec Die Codier-Decodier-Software (englische Abkürzung: *codec*) ermöglicht das platzsparende Speichern von Audio- und Videomaterial auf Ihrem Smartphone. Typische Codecs sind der MP3-Audiocodec und der DivX-Videocodec.

Copy & Paste Manch einer macht's im Rahmen seiner Diplom- oder Doktorarbeit: das Kopieren und Einfügen von Textteilen, eine zumeist unrühmliche Kulturtechnik des 21. Jahrhunderts. Es können nicht nur Texte, sondern auch andere Daten kopiert werden, am PC geht das am einfachsten mit den Tastenkürzeln `Strg` + `C` (Kopieren) und `Strg` + `V` (Einfügen).

DCIM Im DCIM-Ordner (Digital Camera Images) werden in der Regel die Fotos und Videos der Smartphone-Kamera abgelegt. So ein Ordner befindet sich sowohl auf der internen als auch auf der externen SD-Karte.

Desktop Den Desktop kennen Sie schon von Ihrem PC: Das Wort steht für Schreibtisch und beschreibt die Oberfläche, auf der Programme und Dateien in Form von kleinen Icons abgelegt werden können.

DHCP Das Dynamical Host Configuration Protocol sorgt dafür, dass Ihr Smartphone beim Einbinden in ein Netzwerk mit einer IP-Adresse versehen wird.

Drag & Drop »Ziehen und Loslassen«. Platzieren Sie einen Finger über ein Objekt, verschieben Sie das Objekt mithilfe des gedrückten Fingers an eine andere Stelle, und lassen Sie den Finger los: Voilà – Sie haben das Prinzip von Drag & Drop entdeckt!

DRM Die Musik- und Buchverlage sind daran interessiert, dass nur diejenigen in den Genuss ihrer Medien kommen können, die dafür auch bezahlt haben. Zu diesem Zweck wurde das Verfahren des Digital Rights Managements erfunden, zu Deutsch: digitale Rechteverwertung.

E-Book Das elektronische Buch ist unaufhaltsam auf dem Vormarsch: In den Vereinigten Staaten hat der Umsatz der E-Books bei Amazon längst den der gedruckten Bücher überflügelt.

Flash von Adobe Mittlerweile befinden sich Flash-Inhalte im Android-Bereich auf dem Rückzug und folgen damit Apples Strategie: Google verweigert ab Android-Version 4.1 die Unterstützung des proprietären Medienformats, und

Adobe bietet darüber hinaus keinen Flash Player für aktuelle mobile Plattformen an. Dennoch können Sie auf einigen älteren Android-Smartphones noch das Flash-Plug-in aus dem Google Play Store installieren.

FTP   Mit dem File Transfer Protocol greift man auf Internetserver zu und kann darauf befindliche Dateien mithilfe eines FTP-*Clients* herunterladen oder hochladen.

Galerie   In der Galerie Ihres Android-Smartphones werden üblicherweise alle Mediendateien abgelegt. Mithilfe eines speziellen Browsers können Sie die Galerie durchsuchen und die Materialien u. a. in Form einer Diashow wiedergeben. Die Galerie wird zunehmend von der Fotos-App abgelöst.

Google Play Store   Der Google Play Store ist Dreh- und Angelpunkt, wenn Sie Ihr Android-Smartphone mit Apps, Büchern und Medien ausstatten wollen. Die Installation einer App oder der Erwerb von Medien kann direkt von Ihrem Android-Smartphone per Play-Store-App, aber auch bequem am heimischen PC per Browser erfolgen.

GPS   Das Global Positioning System ist ein weltumspannendes System von Satelliten, mit deren Hilfe eine genaue Positionsbestimmung erfolgt. Ihr Smartphone muss dafür mit einem GPS-Empfangschip ausgestattet sein.

GSM   Das Global System for Mobile Communications ist der allgemein bekannte Standard für digitale Mobilfunknetze.

Homescreen   Auf dem Homescreen (zu Deutsch: Heimbildschirm) legen Sie Ihre beliebten *Widgets* und Apps ab, um schnell darauf zugreifen zu können. Android bietet Ihnen in der Standardkonfiguration mehrere Homescreens an, die Sie thematisch geordnet belegen können.

Hotspot   Ein Hotspot ist ein Zugangspunkt für drahtlose Verbindungen per *WLAN*.

Icon   Ein Icon ist ein kleines Symbol, das für eine App steht. Durch Antippen des Icons starten Sie die entsprechende App.

IMAP   Mithilfe des Internet Message Access Protocol, eines Internetprotokolls für den E-Mail-Zugriff, können Sie Ihr Mailpostfach so nutzen, dass E-Mails wie bei einem stationären Mailprogramm in eine Ordnerstruktur einsortiert und bei Bedarf auch gelöscht werden können. IMAP bietet sich an, wenn Sie viel unterwegs sind und Ihr Postfach parallel per heimischem PC sowie auf dem Smartphone nutzen möchten. Eine andere Möglichkeit, Mails abzuholen, bietet das *POP3-Protokoll*.

IP-Adresse Die Internetprotokolladresse (IP: Internet Protocol) ist eine Zahlenkolonne, mit deren Hilfe man ein an das Internet angeschlossenes Endgerät ansprechen kann. Ein Beispiel für eine IP-Adresse ist 192.168.0.1.

Label Mithilfe von Labels, also Markierungen, lassen sich die Mails in Ihrem Google-Mail-Postfach sortieren.

Linux Das freie Betriebssystem Linux ist der Urahne des Android-Betriebssystems. Linux wurde im Jahr 1991 von dem damals 21-jährigen Studenten Linus Torvalds entwickelt. Dieser führt bis heute die Aufsicht über die Entwicklung des Betriebssystemkerns, des sogenannten Kernels.

LTE Der neue schnelle Mobilfunkstandard LTE (= Long Term Evolution) ist der Nachfolger von UMTS und bietet Datenübertragungsraten, die man bislang nur von Breitbandanschlüssen gewohnt war.

MMS Der Multimedia Messaging Service stellt die Weiterentwicklung der klassischen SMS dar. Damit haben Sie die Möglichkeit, kleine Multimediadateien wie z. B. Fotos oder Videos an eine Kurznachricht zu heften.

MP3 Das MP3-Kompressionsverfahren bietet die Möglichkeit, Audiodateien – in der Regel Musik – auf einen Bruchteil ihrer Größe bei nahezu gleichbleibender Qualität zu komprimieren.

Multitasking Unter Multitasking versteht man das scheinbar parallele Abarbeiten von Programmen auf einem Computer oder Smartphone. »Scheinbar« deshalb, weil der Prozessor im Mikrosekundentakt zwischen den geöffneten Anwendungen hin und her wechselt und so der Eindruck der Parallelbearbeitung erweckt wird.

NFC Near Field Communication bedeutet die Möglichkeit, per Nahfeldverbindung eine direkte Verbindung zwischen zwei benachbarten Geräten aufzubauen. Dieses Verfahren soll in naher Zukunft auch für Bezahlvorgänge genutzt werden.

OCR Mittels Optical Character Recognition werden gescannte Texte auf Buchstaben und Zeichenfolgen hin untersucht. Damit können derartig erfasste Dokumente anschließend weiterverarbeitet und durchsucht werden.

PDF Das Portable Document Format ermöglicht die Darstellung von Dokumenten auf beliebigen Plattformen. Sie benötigen allerdings spezielle Apps, um PDF-Dokumente anzuzeigen – das Android-System selbst beherrscht dieses Format nicht.

PIN Mit der PIN, der persönlichen Identifikationsnummer, aktivieren Sie Ihre SIM-Karte.

Pinch to Zoom Eine Anleihe vom iPhone: Mit gespreizten Fingern können Sie Bildschirminhalte verkleinern oder vergrößern.

POP Das Post Office Protocol (POP) ist ein Standard zur Übertragung von E-Mails. In der Version 3 (POP3) findet es aktuell bei den meisten Mail-Dienstanbietern Anwendung. Im Gegensatz zum *IMAP*-Verfahren unterstützt es allerdings keine Ordnerstrukturen auf dem Server und ist dadurch unflexibler.

QR-Code Das ganze Buch wimmelt davon: Über diese praktischen kleinen Piktogramme, die Quick Response Codes, installieren Sie im Handumdrehen Apps mithilfe Ihrer Smartphone-Kamera und einer Scanner-App. Siehe den Abschnitt »Eine App per QR-Code installieren« ab Seite 72.

RAM Der Random Access Memory ist derjenige Speicher Ihres Smartphones, in dem die Programme ablaufen und temporäre Daten abgelegt werden. Alle Inhalte des RAM-Speichers werden beim Abschalten des Smartphones gelöscht.

Reset Durch das Zurücksetzen Ihres Smartphones gelangen Sie in einen definierten Ausgangszustand. Ein Reset ist dann sinnvoll, wenn das Telefon wider Erwarten einmal abstürzen oder »hängen bleiben« sollte.

ROM Im Read-Only Memory ist das Betriebssystem Ihres Smartphones untergebracht. Dieser im Normalbetrieb nicht beschreibbare Speicher enthält sämtliche Daten und Programme, die Android benötigt. Sie haben aber stets die Möglichkeit, das ROM zu flashen und ein neues Betriebssystem einzuspielen oder das bestehende System zu aktualisieren.

Rooten   Nur für Experten zu empfehlen: Durch das Rooten Ihres Smartphones verschaffen Sie sich Zugang zum Kern des Systems und zu systemkritischen Dateien.

RSS   Mit dem Really-Simple-Syndication-Format werden Überschriften von Nachrichtenkanälen des Internets oder ganz allgemein auch von Webseiten auf das Smartphone befördert. Dazu ist es nicht notwendig, die komplette Seite zu laden, was einem Smartphone-Nutzer aufgrund des dadurch reduzierten Datenaufkommens sehr entgegenkommt.

SD-Karte   Auf einer Secure Digital Memory Card lassen sich Daten ablegen, die auch nach einem Neustart des Geräts zur Verfügung stehen. Neben der fest verbauten internen SD-Karte bieten die meisten Smartphones die Möglichkeit an, den nicht flüchtigen Speicher mit einer externen SD-Karte zu erweitern.

SIM-Karte   Zum Telefonieren oder zur Nutzung des mobilen Internets benötigen Sie ein Subscriber Identity Module, kurz SIM genannt. Derartige Chips erhalten Sie von einem der zahlreichen Mobilfunkprovider.

SMS   Der Short Message Service ist der Dinosaurier unter den mobilen Kommunikationsformen und außer in Teeniekreisen vom Aussterben bedroht. Kein Wunder, stehen doch über das mobile Internet weit kostengünstigere Alternativen zur Verfügung.

Streaming   Beim Streaming werden Mediendateien (z. B. Musik oder Videos) direkt von einem speziellen Server wiedergegeben und nicht, wie oft üblich, zuvor komplett heruntergeladen.

Swype   Swypen statt tippen: Durch das Nachfahren von Buchstabensequenzen mit dem Zeigefinger steigern Sie nach kurzer Zeit Ihre Geschwindigkeit bei der Texteingabe beträchtlich.

Task-Manager   Moderne Betriebssysteme setzen auf Multitasking und lassen eine Vielzahl von Programmen und Diensten parallel laufen. Mit einem Task-Manager haben Sie die Möglichkeit, selektiv Anwendungen zu stoppen, die Ihr Gerät ausbremsen.

Tethering   Seit der Android-Version 2.2 Froyo können Sie den Internetzugang Ihres Handys anderen Geräten zur Verfügung stellen. Ihr Smartphone dient dabei als Hotspot, das Verfahren wird als Tethering bezeichnet.

UMTS (3G) Mit dem schnellen Standard Universal Mobile Tele-communications System (auch als 3G bekannt) lassen sich Dateien schnell übertragen, und auch das Surfen per Browser gestaltet sich äußerst flüssig.

URL URL steht für Uniform Resource Locator und ist dem Normalanwender besser bekannt unter dem landläufigen Begriff *Internetadresse*. Ein Beispiel für eine URL wäre *http://www.vierfarben.de*.

USB Per Universal Serial Bus erfolgt der Abgleich Ihres Smartphones mit Ihrem PC. Jedes moderne Gerät verfügt mittlerweile über einen entsprechenden Steckanschluss, der per Kabel mit einem PC verbunden werden kann.

VoIP Der Voice-over-IP-Standard ist jedem Computerkundigen unter dem Namen *Internettelefonie* ein Begriff. Skype verwendet dieses Verfahren, um kostengünstige Telefonate rund um den Globus zu ermöglichen.

Wallpaper Mit einem Wallpaper (zu Deutsch: Tapete) gestalten Sie den Hintergrund Ihres Desktops.

Widget Diese praktischen kleinen Helfer verwandeln Ihr Smartphone in eine Informationszentrale. Ob Wetter, Uhrzeit oder Kalendereinträge: Für jeden Zweck gibt es die passende Informationsanwendung für den Desktop.

WLAN oder Wi-Fi Über das Wireless Local Area Network gelangen Sie insbesondere im Ausland kostengünstig ins Internet. Mittlerweile ist jedes Standard-Smartphone mit einer WLAN-Schnittstelle ausgestattet, die die drahtlose Verbindung zu einem Hotspot herstellt.

Stichwortverzeichnis